比较

总第100辑

2019年第1辑

COMPARATIVE STUDIES

吴敬琏 主编

中信出版集团 · 北京

比较

COMPARATIVE STUDIES

主管 中信集团

主办 中信出版股份有限公司

出版 中信出版股份有限公司

主编 吴敬琏

副主编 肖梦 吴素萍

编辑部主任 孟凡玲

本辑特邀编辑 李一南 万军 郑江淮 郑文通

编辑 包敏丹 马媛媛

封面设计 李晓军 / **美编** 杨爱华

经营部

总经理 张立晖

副总经理 傅继红

发行总监 周广宇

品牌传播部高级总监 马玲

独家代理：财新传媒有限公司

电话：（8610）85905000 **传真**：（8610）85905288

广告热线：（8610）85905088 85905099 **传真**：（8610）85905101

电邮：ad@ caixin. com

订阅及客服热线：400-696-0110（8610）58103380 **传真**：（8610）85905190

香港地区订阅热线：（00852）21726522

订阅电邮：circ@ caixin. com **客服电邮**：service@ caixin. com

地址：北京市朝阳区工体北路 8 号院三里屯 SOHO 6 号楼 5 层（**邮编**：100027）

卷首语

世界经济在全球金融危机的余波中步入2019年。10余年前的那场危机重创了多国经济，《比较》一直关注且跟踪发表了相关的研究和文献，聚焦于这场危机如何影响了经济学理论与政策研究的议程。编委周小川在近期关于全球金融危机的反思和总结指出，"这是一个非常好的时机，扩大经济学和经济研究方面的工作"。本辑《比较》将为读者提供几位重量级经济学家对危机后经济学理论与政策研究的回顾、总结与展望。

本·伯南克的文章着重讨论2008年金融危机中信贷市场紊乱对实体经济的影响。他开宗明义地指出，经济学家和经济政策制定者未能预见这场危机，最好理解为经济工程与经济管理的失败，而非经济科学的缺陷，就好比桥梁突然坍塌应当改进桥梁设计和检测，而不是修订基本的物理学原理，未能预见危机应当促使我们改进监管和危机管理体系，而非从深层上重构经济学理论。文章总结了本轮危机后与信贷因素在经济行为和经济分析中的作用有关的研究。文章指出，就理论而言，应该在经济学模型和预测中更多地关注与信贷有关的因素；就政策而言，应该通过改革增强金融体系对未来不稳定状况的韧性，加强政策制定者有效应对恐慌的能力，哪怕此类改革会在信贷扩张或增长方面带来某些成本。

马克·格特勒和西蒙·吉尔克里斯特的文章主要概述危机后的宏观经济理论和实证研究，并以此来理解危机后的大衰退。为此，两位作者从外部融资溢价，金融加速器机制，杠杆的作用，危机的非线性影响以及家庭、企业和银行资产负债表的相互关联，货币政策的运行状况等因素入手，描述当代宏观经济学模型如何分析金融和实体部门之间的相互作用。文章指出，此次金融危机的复苏时间比常规情形下更长，而且直到最近，对家庭和小企业来说，信贷市场仍持续紧张。因此有关经济为何复苏缓慢，包括金融因素在其中发挥的作用，将是未来研究的重要课题。

危机后，宏观审慎政策得以建立。由此引发了一系列争论：货币政策和宏观审慎政策之间是什么关系，有何异同？两种政策的目标是相同还是不同？如何实施它们，是分别实施还是协同实施，由同一机构实施还是不同机构实施？货币政策是否会影响金融稳定？为了实现金融稳定的目标，货币政策该不该针对资产价格和信贷的过快增长进行逆向操作？拉尔斯·斯文森的文章回答了这些问题，在他看来，货币政策可以稳定通胀，但不能确保实现金融稳定，为此需要单独的宏观审慎政策。这两项政策是完全不同的政策，有着不同的目标，不同的工具，在许多国家由不同当局负责。但它们之间也存在一些相互影响，要通过单独实施成功实现政策目标，就要像纳什均衡一样，每项政策都侧重于实现自身的目标，同时考虑到其他政策实施的影响。总之，经济政策的目标应该量力而行，使每一项政策都有各自的目标和工具，从而变得更加清晰、透明和易于评估。

埃里克·布莱恩约弗森等人的文章旨在解答人工智能的索洛悖论，即人工智能取得了飞跃式发展，但在生产率统计数据中却看不见它们。他们给出的一个解释是“实施和重组滞后”。也就是说，在人工智能充分发挥其潜力之前，需要实现无数必要的互补性创新、克服数不清的障碍，做出许许多多的重组和调整。不管如何，经济学家可以为记录和解读人工智能带来的无形变化及其广泛的经济影响做出贡献。

丹尼·罗德里克教授常能言人所不能言，在本辑《比较》选取的文章中，他在肯定全球价值链和新技术为发展中国家创造机会的同时，也提醒我们注意，这两股力量不利于发展中国家经济增长的可能性。首先，新技术通常偏向于技能，从而削弱发展中国家在传统劳动密集型制造业中的比较优势，减少其贸易所得。其次，全球价值链降低了非技能劳动力替代其他生产投入的能力，从而使低收入国家更难利用劳动力成本优势来抵消技术劣势。从经济角度看，这两个冲击会相互加强，而且迄今为止的就业和贸易证据表明，这些劣势可能大到足以抵消优势。由此他主张，发展中国家的发展战略应减少对国际经济一体化的关注，而要更多地关注所谓的“国内一体化”，将最先进生产部门中已经具备的能力扩散至经济中的所有其他部门。他在文章中还特别强调了制造业是低收入国家实现发展的阶梯，在这方面，服务业无法替代制造业。

“法和经济学”栏目是著名法学家柯蒂斯·米尔霍特和合作者马里亚纳·帕根德勒关于全球上市国有企业治理的文章。他们结合企业混合所有制相关的治理挑战，考察了法国、美国、挪威、哥伦比亚、巴西、日本、新加坡和中国8

个国家的上市国有企业治理制度的演变过程及主要特点和现状，展现了各自不同的经济、法律和政治环境。根据这8个国家的治理经验，两位作者总结出了各自不同的治理模式并指出，国有企业治理没有既定的“路线图”，在给定的制度环境中，只要加上适当的创新和政治意愿，是可以利用现有的工具制定出有效的公司治理战略的。

魏加宁和杨光普的文章主要论述竞争政策在高质量发展中的作用。为此，他们论述了竞争政策的主要目标、内涵和理论基础，明确了竞争政策在政策体系中的定位，提出确立竞争政策的基础性地位，以竞争政策统领和协调其他各项经济政策及法律法规。针对我国经济运行中妨碍和限制竞争的各种现象，两位作者提出了确立竞争政策基础性地位的思路、路径与政策建议。

张晓晶等人的文章考察了发达经济体自1870年以来近150年的杠杆率长周期变化，探讨它与经济增长之间的关系。他们的研究表明，过多的信贷不能带来更快的增长，其理论原因在于：金融自由化、创新与发展导致信贷增长脱离实体经济，产生“异化”；为现存资产融资导致的信贷扩张对产出增长的作用甚微；贫富差距导致信贷扩张成为很多政府的制胜法宝；金融全球化、跨境资本流动与全球失衡进一步推动信贷攀升。从经验层面看，在其他条件不变的情况下，债务积累对经济增长有着显著甚至是“加速式”的负面影响。就政策含义而言，决策者应高度重视金融活动，特别是信贷行为能否以最小的成本和风险将储蓄转化为有效投资，带动经济增长，对杠杆率攀升要有合理的应对。

目　录

Contents

第100辑

1　信贷紊乱对实体经济的影响：来自本轮全球金融危机的教训

本·伯南克

The Real Effects of Financial Crisis *by Ben Bernanke*

66　究竟发生了什么？金融因素在大萧条中的影响

马克·格特勒　西蒙·吉尔克里斯特

What Happened: Financial Factors in the Great Recession

by Mark Gertler and Simon Gilchrist

94　货币政策与宏观审慎政策：各有千秋，分类施策？　拉尔斯·斯文森

Monetary Policy and Macroprudential Policy: Different and Separate?

by Lars E.O. Svensson

前沿　Guide

120　人工智能与现代生产率悖论：预期与统计数据的冲突

埃里克·布莱恩约弗森　丹尼尔·洛克　查德·西维尔森

Artificial Intelligence and the Modern Productivity Paradox: A Clash of Expectations and Statistics

by Erik Brynjolfsson, Daniel Rock and Chad Syverson

特稿 Feature

158 新技术、全球价值链与发展中经济体 丹尼·罗德里克
New Technologies, Global Value Chains, and the Developing Economies
by Dani Rodrik

法和经济学 Law and Economics

180 全球上市国有企业的治理挑战：各国经验以及一个改革框架
柯蒂斯·米尔霍特 马里亚纳·帕根德勒
Governance Challenges of Listed State-Owned Enterprises around the World: National Experiences and a Framework for Reform
by Curtis J. Milhaupt and Mariana Pargendler

改革论坛 Reform Forum

242 以竞争政策推动高质量发展 魏加宁 杨光普
Competition Policy for High-quality Growth
by Jianing Wei and Guangpu Yang

比较之窗 Comparative Studies

266 信贷、杠杆率与经济增长：150年的经验和启示
张晓晶 刘 磊 李 成
Credit,Leverage and Growth：Implication from 150-year Experiences
by Xiaojing Zhang，Lei Liu and Cheng Li

信贷紊乱对实体经济的影响

来自本轮全球金融危机的教训

本·伯南克

引　言

十年前可怕的金融危机及之后的严重衰退，暴露出经济学家和经济政策制定者在预测方面的两个重大缺陷。首先，虽然许多经济学家对风险溢价过低、风险承担激励错位、住房价格过高，以及危机酝酿时期的其他过度（excess）现象表示过担忧（Greenspan，2005；Rajan，2005；Shiller，2007），整个学术界却没有预见到这场危机的整体性质和规模，包括它在不同的市场、机构和国家之间的蔓延。其次，在金融危机的严重程度已变得非常明显时，经济学家和政策制定者依然显著低估了它对实体经济的最终影响，例如 GDP 增长率、消费、投资和就业等指标的表现。

以上缺陷是否意味着如某些人士所言，我们需要从头开始重建经济学，尤其是宏观经济学？弄清楚我们错在哪里当然是至关重要的。然而，我认为未能

---

* Ben S. Bernanke，美联储前主席，现为布鲁金斯学会杰出学者。本文的早期版本曾提交给在斯德哥尔摩举办的诺贝尔货币与银行研讨会（Nobel Symposium on Money and Banking），以及在巴塞尔举办的国际清算银行雅克布森讲座（Per Jacobsson Lecture）。原文见 *Brookings Paper on Economic Activity*，2018 年 9 月。感谢特邀编辑李一南在本文的翻译和出版过程中提供的帮助。——编者注

** 作者感谢 Olivier Blanchard、Barry Eichengreen、Raghuram Rajan 对本文的评论；感谢 Sage Belz 和 Michael Ng 出色的研究助理工作。

预见危机本身与低估危机的实际影响对经济学这门学科有不同含义。如本人在几年前的一篇演讲中所述（Bernanke，2010），爆发一场很大程度上未被预见的大规模金融危机，最好理解为经济工程与经济管理的失败，而非经济科学的缺陷。我的意思是说，我们对于几百年来全球时有发生的金融恐慌的基本理解并没有因为近期的事件而显著改变。事实上，19 世纪人士——特别是白芝浩（Walter Bagehot）——的著作深刻影响了对危机的政策响应。我们从这场危机中学到的教训是，金融监管体系和私人部门的风险管理技术没有跟上复杂且不透明的全球一体化金融市场的变化，尤其是我们没有充分识别和理解传统金融恐慌可能在新的历史制度环境中爆发的风险。一道桥梁的突然坍塌会让我们着手改进桥梁设计和检测，而不是修订基本的物理学原理。同样，未能预见和防止金融危机应该促使我们改进监管和危机管理体系，即经济工程学，而非从深层上重构经济学理论。

不过，第二个重大缺陷，即未能充分预见这场危机的经济影响，在我看来却对宏观经济学有着更为基本的不同含义。的确，历史和国际经验充分表明，在严重金融危机后往往会发生长期而大幅的衰退（Reinhart and Rogoff，2008）。作为危机时代的政策制定者，这方面的经历让我倾向于认为，危机会给更广泛的经济运行带来严重风险，我本人对大萧条（Bernanke，1983）以及信贷市场摩擦在宏观经济中的作用（Bernanke and Gertler，1995）所做的学术研究也得出了同样的结论。可是，这一普遍关切并没有得到可行的量化分析的充分支持。例如科恩等人（Kohn and Sack，2018）最近对危机时期货币政策的研究指出，美联储的预测显著低估了 2009 年的失业率增幅，即使采用反映极端金融紧缩的场景也是如此，后文还将对此展开讨论。这不是对美联储职员的指责，他们完全清楚自己当时身处未知领域。当时的几乎所有预测人员其实都犯了类似的错误。与未能预见危机不同，低估危机对实体经济的影响在我看来与宏观经济学的理论基础有关，要求对标准模型做某些重大的反思。

出于上述观察，本文的重点放在信贷市场紊乱与实际经济影响的关系上。笔者有两个相互关联但又最终独立的目标。第一个目标是总结本轮危机后与信贷因素在经济行为和经济分析中的作用有关的研究，此类研究数量丰富，近期的很多内容是在微观层面分析信贷和资产负债表对居民、企业及金融机构决策的重要性。本轮危机的经历大大促进了该领域的研究，不只是提供了激励，也相当于自然实验，让研究者能够考察重大信贷冲击对经济活动当事人的行为有何影响。除了微观层面新的实证研究之外，还有创新的宏观模型，着手为我们提供工具以考察信贷市场紊乱的量化影响。根据这一简要叙述，我认为把信贷因素纳入主流宏观经济学研究的理由已非常充分，不但能帮助我们理解近期的全球危机等极端事件，也可以提升对更寻常的经济波动的分析和预测。

本文的第二个目标是为近期的危机加重美国经济衰退的特定传导渠道提供新的研究证据。为什么大衰退（Great Recession）如此严重？笔者的重点是初期下滑的严重程度，而非复苏的缓慢，尽管信贷因素对后者的影响或许与对前者同样重要。大体上，不同研究者提出了两种作用渠道，各自强调信贷市场紊乱的一个不同方面。艾克曼等人（Aikman et al.，2018）认为，危机损害的两个根源分别是：（1）金融体系的脆弱性，包括过度风险承担以及依赖“浮躁的”批发融资，这会导致金融恐慌和信贷紧缩；（2）居民借款暴涨，其逆转加上住房价格崩溃会导致急剧的去杠杆，并打压居民支出。

根据前一个根源的“金融脆弱性”的说法，与抵押贷款有关的损失触发了大规模恐慌，包括批发投资人的挤兑和信贷关联资产（特别是证券化的贷款资产）的抛售（Brunnermeier，2009；Bernanke，2012）。这些问题对券商和其他非银行信贷提供人而言尤其严重，他们的市场份额与杠杆率在危机前数年均在提升。同 19 世纪和 20 世纪早期的传统金融恐慌类似，近期的恐慌——在批发融资市场，而非零售银行存款——造成了对流动性的哄抢和毁灭性信贷紧缩。根据这一说法，最主要的问题在信贷市场的供给方，其政策含义则是应该尽快结束恐慌、稳定金融体系，以恢复更为正常的信贷供给。

后一个根源的“居民杠杆率”的说法，则强调居民债务，特别是抵押贷款在 21 世纪最初 10 年早期住房繁荣中的积累。债务积累反映了借贷双方对住房价格将持续快速上涨的信念，继而造成信贷标准松弛、投机性住房购买（快速转手获利，flipping），以及通过二次抵押提取住房资产。由于杠杆率的大幅增加，住房价格自 2006 年后的下跌使居民财富急剧缩水，让大量房主陷入财务困境，导致消费支出快速减少（Mian and Sufi，2010）。与前一个金融脆弱性说法相比，这一观点更强调有效信贷需求（而非有效供给）的减少。从政策视角看，它虽然不否认稳定金融市场的必要性，却更重视稳定住房市场、调整遇到问题的抵押贷款以及帮助消费者的政策（Mian and Sufi，2014a）。老实说，这两种说法是相互补充的，而非彼此排斥。例如，居民杠杆率和抵押贷款违约会影响贷款人的财务状况，增大发生恐慌的风险；对信贷供给的限制则会打压住房价格和就业，最终也会影响居民家庭的财务状况。不过，这两种说法对政策与宏观经济分析有不同含义，因此需要评估它们的相对重要性。

近期的某些研究比较了上述两个渠道在危机中的宏观经济影响，发现各自都有显著作用（Gertler and Gilchrist，2018；Aikman et al.，2018）。本文第二部分将提供这一议题的某些新证据，比较金融恐慌与资产负债表（包括居民的资产负债表）恶化带来的实际影响。笔者将分两步开展分析。第一步对每日金融数据进行因子分析，以划分出金融危机的阶段，从投资者对次级抵押贷款的信心丧失开始，到短期资金的普遍抽逃、证券化市场的恐慌，以及银行体系的偿付能力下降。每个阶段都涉及信贷市场运行的紊乱，因此会造成实际影响，符合本文第一部分回顾的那些研究得出的论点。第二步则比较2006—2012年的估计因子（构建为正交性质）的月度宏观经济指标预测能力，发现与金融恐慌——短期资金挤兑和证券化市场恐慌——关系最密切的因子，也是一系列宏观经济指标反映的负向经济变化的最佳预测指标，而恐慌的结束同样与经济状况相对改善有关。与住房和抵押贷款质量有关的因子在宏观经济预测能力方面则相对弱得多。这些结果并不排除两个作用渠道都会发生重要影响，包括与居民资产负债表有关的渠道，但突出表现了恐慌在造成大衰退中发挥的核心作用。

笔者得出了几点结论。对宏观经济学而言，近期的经验和研究充分说明应该在经济建模和预测中更多地关注与信贷有关的因素。各国中央银行与其他政策制定者采用的标准模型包含基本的金融市场价格，如利率、股票价格、汇率等，但不容易反映2007—2009年出现的那种金融紧缩状况（包括信贷市场的严重紊乱）。这种忽略或许可以解释为什么标准研究方法严重低估了危机的经济冲击。此外，如果信贷市场效率的变化是大衰退期间的经济表现的重要决定因素，在分析普通的商业周期时或许也应该给予它们更大的关注。

对政策制定者而言，更好地理解金融紧缩为什么会造成经济损失，可以帮助他们采取措施防止和应对危机。具体来说，对2007—2009年金融危机的政策反应主要聚焦于结束金融恐慌和保护银行体系，其中包括某些极不受欢迎的措施，如用纳税人的资金拯救金融机构。虽然金融业对导致危机爆发的很多问题负有责任，政策制定者却对他们有明显照顾，其理由是稳定华尔街对于防止实体经济遭受更严重打击是必要措施。本文的结论支持这一理由。更一般地说，本文的结论认为应该通过改革增强金融体系对未来不稳定状况的韧性，以及政策制定者对恐慌做出有效反应的能力，哪怕此类改革会在信贷扩张或增长方面带来某些成本。

笔者将讨论的某些实证研究涉及本轮危机的国际传导，但本文的重心依然是美国的经验。把分析扩充到其他国家，特别是危机在美国之外表现得更为突出的某些方面（如主权债务问题），将是未来研究的重要方向。

一、信贷市场和外部融资溢价

本文的第一个目标是回顾与信贷市场紊乱的实际影响有关的近期研究，并探讨对宏观经济学的启示。作为背景，笔者先介绍一个简单理论。这里要用到的一个关键经济概念是外部融资溢价（external finance premium），它会随时间发生变化，并取决于借款人和贷款人双方的财务健康状况。

我们的出发点是如下常见情形，即信贷扩张过程充满了借贷双方的信息不对称问题。潜在的贷款人并不充分了解借款人的特征，包括他们的技能和信誉度；也不能轻易观察到借款人的投资机遇好坏或努力水平。借贷双方之间的信息不对称意味着，信贷扩张带有融资之外的成本，包括贷款人的筛查和监督成本，以及逆向选择或委托代理问题造成的无谓损失（deadweight losses）。还有即使信息充分的贷款人也会遇到向第三方传递与核实借款人信息的成本，迫使贷款人承担流动性风险和非系统回报风险（idiosyncratic return risk）。这些不同的成本导致了不同交易的外部融资溢价，其含义是借款的总成本同美国国债等充分流动的安全资产的回报率之差。

在大多数经济学领域（如公司金融学），信息不对称假设以及基于该假设的理论架构（委托代理模型、不完备合同理论等）是信贷关系研究的核心。但在宏观经济学中，主流研究对这些观念的重视不够。当然，与不同交易有关的外部融资溢价要同宏观经济学挂钩，必须有总量或者普遍的部分，具有数量上的显著性，随时间变化，并且与广泛的经济条件存在关联。笔者将采用信贷因子（credit factors）的概念代表对外部融资溢价的总量部分产生影响的经济变量，区别于更广义的金融因子（financial factors）概念，如股票价格和利率水平。

哪些因素影响着外部融资溢价？除其他条件外，外部融资溢价取决于潜在借款人和金融中介两方面的宽泛定义的财务健康状况。

借款人。从借款人方面看，一个主要直觉是当潜在借款人有利益绑定时，信息不对称问题会较为缓和，即借款人有足够的净财富、股权或抵押品投入，使其激励与贷款人的目标绑定，从而降低了贷款人的损失风险。例如，购房人支付较大额度的首付款，不但能保护贷款人免受房价下跌，还减轻了贷款人对借款人的收入前景做详细调查的需要，并促使借款人积极维护房屋。因此能够支付较大额度首付款的借款人，有望较轻松地获得贷款以及较有利的贷款条件。类似地，有能力为自己的初创企业提供较多股本金的企业家更容易获得外部融资，在企业决策中受贷款人的干预也会更少。

在宏观经济中，对借款人的平均财务健康状况（净财富、抵押品、杠杆率等）的总量描述是一些状态变量，它们（至少在原则上）可以影响外部融资溢价的总体部分，以及由此波及的宏观经济运行。在笔者与合作者提出的金融加速器模型中（Bernanke and Gertler，1989），借款人的净财富在经济下行期的内生恶化以及在经济上行期的内生改善，使总体的外部融资溢价具有反周期的性质。该指标的这一内生变化又会增强经济体对外部冲击的应对能力。其他学者的研究则描述了与此有关的运行机制（Kiyotaki and Moore，1997；Geanakoplos，2010）。

贷款人。贷款人的财务健康状况也会影响外部融资溢价。金融中介（银行）是专门致力于降低贷款成本的机构，银行职员有一般的贷款技能，也有关于特定产业、企业、社区乃至个别借款人的专门知识。金融服务提供中的互补性，如对于在银行有活期和储蓄账户的潜在借款人，银行掌握着更多信息，能进一步降低借款成本。银行通过持有大量非流动性贷款，也能实现贷款风险的更大分散化。

虽然银行有助于降低贷款的净成本，但它们自身也是借款人，必须从最终储户那里获取资金，以支撑发放的贷款。因此，银行的财务健康状况同样影响着外部融资溢价。例如，如果银行在经济下行期遭受贷款损失，资本金减少就将削弱它们继续吸引资金的能力。被削弱的银行将在贷款中变得更为挑剔，提高总体的外部融资溢价，强化金融加速器机制。银行的资本损失不会影响有政府保险的储户，但可能导致作为面临风险的纳税人代表的存款保险机构坚持实施更严格的贷款标准。

有研究利用简单的宏观模型，探讨银行资本减少以及中介服务的有效供给下降会如何抑制经济活动（Woodford，2010）。类似地，由于流动资产能促进贷款发放和风险承担，融资成本的提高或可用资源的收缩（如因为货币政策收紧所致）也会使银行信贷供给减少（Drechsler、Savov and Schnabl，2018）。[①]

恐慌。简化的资产负债表视角同样能帮助理解金融恐慌（即银行或其他信贷中介的系统性挤兑）的实际影响。

通常来说，恐慌可能发生在较长期的非流动性资产由极短期的债务支撑的情形中，例如由活期存款支撑的银行贷款。有大量研究分析过这样的融资模式为什么会存在，以及为什么有时会爆发恐慌。戴蒙德和迪布维格（Diamond and Dybvig，1983）的经典文献认为，这类安排让社会能够为长期投资提供必要的资源，同时又让个人储户能应对意外的流动性需要。这种安排虽有好处，却有可能爆发帕累托无效率的自我实现的恐慌。相比之下，其他研究把短期融资视为贷款人约束借款人的一种机制（Calomiris and Kahn，1991），在这一理论架构中，挤兑或恐慌无非是投资人对失去信任的借款人行使撤回资金的特权。

对理解本轮危机尤其有帮助并很好地结合了可变外部融资溢价概念的一种研究方法，来自戈登及其合作者的研究（Gorton and Pennachi，1990；Dang、Gorton and Holmstrom，2015）。在他们的描述中，中介机构的很大一部分融资需求是用发行“信息不敏感”债务来满足的，这类债务的构建方式使它们的价值在几乎所有情形下都会保持稳定。除活期存款外，现代金融中的信息不敏感债务的例子还包括超额的短期抵押贷款（如多种回购协议）、资产支持商业票据、低风险货币市场共同基金中的份额，以及由多种基本贷款构建的证券中的最优先层级等。

从最终投资人的角度看，信息不敏感债务的优点在于，持有这些债务不用承担评估其背后的个别贷款的成本（大多数投资人在这方面处于相对劣势），也不用担心借贷关系中经常出现的委托代理、逆向选择及其他成本。信息不敏感债务的流动性往往较强，因为潜在买家同样不需要承担较高的评估成本或担忧卖家中的逆向选择问题。于是，此类债务对面临不可预测的流动性需要的投资人（正如戴蒙德和迪布维格在研究中设定的情形）有好处。如果信息不敏感债务的期限较短，投资人的风险和交易成本将进一步降低，因为投资人在需要流动性时不用出售资产，只需在债务到期时不再展期即可。而从发行人角度

① 有关银行贷款渠道的早期研究包括：Kashyap、Stein and Wilcox（1993）；Van den Heuvel（2002）等。另有研究将量化宽松等非常规货币政策解释为中央银行能够在经济下行期部分抵消商业银行贷款能力下滑的一种手段（Gertler and Karadi，2011）。

看，信息不敏感债务的优势是回报率要求较低以及对类型广泛的投资人有吸引力。本轮危机前的大量金融创新，正是表现为发行人积极从高风险的基础资产中创造信息不敏感债务。①

在这种情形下发生恐慌，是由于出现意外事件或消息时，投资人开始担忧中介机构的债务不再是信息不敏感债务。继续持有这些债务的投资人将面临艰难的选择，要么对基础信贷做独立评估，但他们对此没有很好的准备；要么承担不确定性、非流动性和逆向选择的成本。如果这些债务的合同期限较短，许多投资人会决定停止展期，由此导致恐慌。

恐慌将导致总体的外部融资溢价提高，因为它会带来猛烈的去中介化，破坏信贷扩张中正常的有效劳动分工。在正常状态下，银行和其他中介机构负责发放贷款，管理现有贷款，并承担资产负债表上的大多数信贷风险。而在发生恐慌的状态下，中介机构失去了融资来源，如果这些融资无法替代，就必须处置现有的贷款，并停止发放新贷款。对现有贷款的紧急甩卖会把资产价格打压到最有能力评估和管理这些资产的（即对非流动性有最大容忍度的）那部分储户愿意持有的水平（Shleifer and Vishny，2010）。由于这些资产持有人并非发放和监督贷款的专家，而且他们面临去中介化均衡中的大量高风险信贷，新贷款的成本——外部融资溢价——将在恐慌中暴涨（Gertler and Kiyotaki，2015）。外部融资溢价的提高可以帮助解释金融危机造成的负面宏观经济影响（Bernanke，1983；Reinhart and Rogoff，2008）。②

恐慌现象在本轮危机中的不同情形下爆发。③ 压力最大的情形出现在如下一些领域：所谓的影子银行体系，那里发生了资产支持商业票据的挤兑（Covitz、Liang and Suarez，2009；Kaperczyk and Schnabl，2010；Schroth et al.，2014）；结构化投资工具和其他渠道（Gorton，2008）；证券化贷款（Keane，

① 有学者提出了这一过程的理论模型（Hanson and Sunderam，2013），认为因为有信息外部性，信息不敏感证券在景气时期过度发行。另有研究探讨了安全资产的全球“短缺”现象，这刺激了金融工程师创造此类资产（Caballero、Farhi and Gourinchas，2017）。还有研究分析了通过影子银行体系创造安全资产（Sunderam，2015）。与之相关，有学者分析了金融市场在最近几十年的发展，指出多方面的挑战强化了金融体系对“可挤兑”的批发融资的依赖（Peek and Rosengren，2016）。

② 风险规避和流动性偏好急剧提高的第二个效应是，随着套利资本减少，资产价格之间的正常关系破裂（Krishnamurthy，2010）。

③ 有研究提供了关于“可挤兑”债务的综合时间序列数据（Bao、David and Han，2015），并计算出在本轮金融危机期间，可挤兑债务从名义 GDP 的 80% 左右下降至约 60%。

2013)；货币市场基金（McCabe，2010）。值得特别关注的是关键的回购协议市场中的融资压力，券商和其他机构大量采用这种方式来支撑信贷资产。回购协议市场分为两个主要部分：三方回购协议（由两家大型清算银行作为中介）和双边市场（属于券商和其他参与者之间的直接借贷）。除了贝尔斯登和雷曼兄弟等借款人接近破产边缘时的情形外，第三方回购市场在危机期间出现的恐慌不太明显（Copeland、Martin and Walker，2010）。① 相比之下，双边市场似乎遭受了多个方面的挤兑，不只是拒绝贷款展期，还包括减少能接受的抵押品类型、增加要求的抵押品数量，以及缩短贷款期限等。有研究估算，从2007年第二季度到2009年第一季度，美国中介机构的净回购协议融资减少了约1.3万亿美元，超过危机前总额的一半。总之，影子银行部门的融资急剧收缩导致了痛苦的去中介化，继而使几乎所有类型的私人信贷的资产价格被打压，回报率被迫提高，而并不仅限于遇到麻烦的抵押贷款（Longstaff，2010；Scott，2016）。

虽然最严重的去中介化发生在券商和其他影子银行领域，商业银行也受到了压力，包括来自没有保险的储户（Rose，2015），来自批发融资和银行间贷款市场（Afonso、Kovner and Schoar，2011），以及来自借款人通过预定贷款额度储存流动性等（Ivashina and Scharfstein，2010）。银行还是结构性投资工具（SIVs）、资产支持商业票据计划（ABCP programs）和其他投资渠道背后的流动性提供方，因此在发生挤兑时不得不代为提供大量融资（Arteta et al.，2013）。有研究发现，从本轮危机爆发直到雷曼兄弟破产，即政府资本出现的时候，流动性一直是银行面对的重大事务（Acharya and Mora，2016）。不过商业银行通常有比经纪自营商（broker-dealer）更为稳定的融资来源，包括有保险的存款、联邦住房贷款银行的预付款（Gissler and Narajabad，2017，第一部分）及美联储贴现窗口融资等。因此随着危机的发展，银行可以利用资产甩卖的价格机遇来增加某些类型信贷的持有量（He、Khang and Krishnamurthy，2010）。

外部融资溢价的测量。以上的简要分析可以得出有关总体外部融资溢价的两个基本预测：反周期性质，当借款人和贷款人的资产负债表恶化时，其水平

---

① 三方市场也出现了担忧，因为中介银行可能在日间的回购融资延期时拒绝接受贷款风险。一家银行或两家银行都拒绝接受承担此风险，将等同于对回购协议借款人的大规模挤兑。

提高；在金融不稳定时期快速提高。为评估这些预测，我们需要有关外部融资溢价的测量指标。当然，尽管在宏观模型中我们可能讨论“一般外部融资溢价”，正如“一般利率水平”，但原则上该指标是异质性的，不仅受各个潜在借款人和贷款人的资产负债表的影响，也取决于借款人类型（居民还是企业）以及与借款成本有关的其他特征（如企业规模等）。

在上述提示的基础上，图 1 展示了吉尔克里斯特等人提出的反映非金融机构借款成本的两个相关联的指标（Gilchrist and Zakrajšek，2012a），这一研究延续了更早期的研究成果（Levin、Natalucci and Zakrajšek，2004）。在图 1 中，标记为 GZ 利差（GZ spread）的数字序列是非金融机构债券收益率同可比期限国债收益率的差额，利用各次发行的数据构建，以匹配期限，并根据买入期权和其他特征做了调整。第二个数字序列标记为 EBP，代表“债券超额溢价”（excess bond premium），是从 GZ 利差中减去与特定发行有关的违约概率，基于莫顿的违约距离测算方法（Merton，1974）。吉尔克里斯特等人把债券超额溢价解释为投资人对公司债务感兴趣程度的测量指标，设定预期违约风险为常数。他们发现两个指标都是实际经济活动很好的先导指标，但有意思的是，主要的预测力在债券超额溢价，而非违约概率。后面的分析将采用债券超额溢价指标。这里需要指出，两个指标通常都是反周期的，并都在 2008 年危机中暴涨，

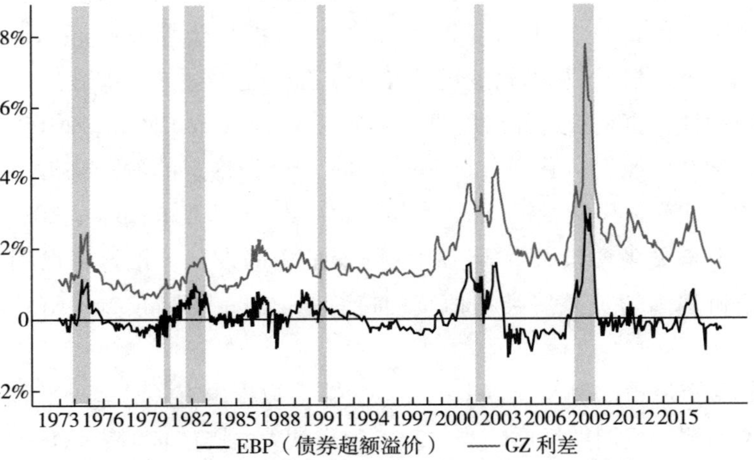

图 1　1973—2017 年非金融机构外部融资溢价的两个测量指标

注：阴影竖条代表 NBER 认定的衰退期。

资料来源：Gilchrist and Zakrajšek（2012a）。数据更新来自 Favara et al.(2016)。

符合以上理论推论。这些指标的周期特征似乎还在逐渐强化，符合20世纪80年代以来金融因素在商业周期中的作用有所增强的普遍感受。

从观测收益率推算的GZ利差指标反映了某些类型的借款人获得信贷的"价格"。研究信贷市场的学者早就注意到，同影响借贷双方关系的复杂的代理和监督问题一致，贷款往往涉及许多非价格因素，包括贷款规模的限制、合同条款和赎回条款等。理论上，非价格条件的隐含价值应该包含在外部融资溢价中。有研究表明，这些非价格条件与更容易直接观测的利差呈同向运动，此外非价格条件对经济活动有预测力。例如，利用美联储在银行层面的信贷员调查报告（Loan Officer Opinion Survey）的反应，有学者构建了关于贷款标准变化的指标（Bassett et al.，2014），根据影响贷款需求的因素加以调整，发现该指标能预测贷款和产出水平。另有研究在欧元区发现了类似的结果（Altavilla et al.，2015）。

危机前主流宏观经济学中的信贷因素。在本轮危机前，主流宏观模型（包括各国中央银行用于经济预测和政策分析的模型）并没有像上节所述那样，让信贷因素发挥很大作用。尤其是美联储的主力模型（针对美国经济的FRB/US模型）尽管（相对于学术研究普遍采用的模型）有较为广泛的对金融部门的描述，却基本上没为职员如何思考危机的经济影响提供指导。美联储职员根据历史案例研究、事件描述和判断，为该模型做了各种临时调整。然而如前文所述，这些研究人员和美联储公开市场委员会依然系统性地低估了本轮危机对实体经济的影响。

例如，有文献（Kohn and Sack，2018）指出，危机爆发一年后的2008年8月，美联储职员（在公开市场委员会的绿皮书简报中）预测失业率的峰值将低于6%。而实际上，失业率攀升到近10%的水平。这一低估部分反映了美联储职员对金融环境变化的过分乐观情绪。不过，绿皮书的另一个假设，即出现"严重金融紧缩"，尤其是住房价格下跌幅度将超过最终实际结果的情形，也认为失业率不会超过7%。此外，即使到2008年10月，在雷曼兄弟破产和美国国际集团（AIG）受到救助之后，美联储研究人员依然认为失业率的峰值会在7%—14%。①

---

① Kohn和Sack还提到了美联储Bob Tetlow的研究工作，他计算了当研究人员对模型中包含的金融变量有完美预见力时，FRB/US模型会得出怎样的预测结果。其结果表明，即使具备这些信息，该模型仍会严重低估失业率上涨的幅度和速度。

这一重大盲点是如何造成的呢？笔者再次强调，这是所有关键预测方共同犯下的错误。虽然上文概述的基础理论架构在危机前就已存在，但在许多经济学家看来，把信贷因素纳入宏观模型的好处不足以弥补其缺点。大多数宏观经济学模型聚焦于解释二战之后的美国经济表现，直至2007年，这段时期没有发生过重大的金融危机。从建模的视角看，加入信贷因素要求允许经济行为人（包括储户、借款人和中介机构）具有异质性，这会增加技术处理的复杂性。于是，对理论简约和计算便利的需要不赞成把信贷因素纳入标准模型。

有关信贷的已发表的研究文献的缺陷也发挥了影响。把信贷因素纳入标准宏观模型的金融加速器研究文献表明，这些因素可以提高模型与数据的吻合度（Bernanke、Gertler and Gilchrist，1999）。然而，此类研究文献与当时的其他新凯恩斯主义模型一样，主要关注通常的商业周期波动，而不是针对金融危机及其影响。

把信贷因素加入模型的另一个障碍在于，利用微观经济数据测算信贷影响会受到识别问题的困扰，而这是建立量化宏观模型的一个关键部分。信贷方面的理论假定：财务健康的测量指标（如净财富、杠杆率或抵押品价值）与多方面的经济行为（如借款、消费或投资）存在联系。可是，财务健康度测量指标通常是内生的，让识别变得复杂化。例如，该理论认为在其他情况相同时，有更多内部融资的企业会面临较低的外部融资溢价，因此愿意做更多投资。但在现实中，企业的内部现金流与投资存在关联关系的说法（Fazzari、Hubbard and Petersen，1988）面临如下质疑：两个方向的因果关系都可能成立。特别是，虽然较高的现金流可以促进投资，但也可能是因为有较好投资机遇的企业容易获得较高的利润和较强的现金流，即使不存在信贷市场摩擦，也同样如此。

不过，近期的危机已显著改变了经济学家对信贷因素重要性的认识。大衰退是20世纪30年代大萧条以来最糟糕的经济下滑，大体说来，其严重程度无法用信贷市场紊乱之外的因素来解释（Stock and Watson，2012）。因此，对近期事件的解释要求把信贷因素加入其他方面不变的标准模型，这一领域已涌现出大量的成果。微观经济学层面的研究也纷纷涌现，经济学家试图深入理解信贷因素同居民、企业和银行的各种行为之间的联系。本轮危机有意思的一面是，通过制造相当于自然实验的事件，帮助解决了困扰大家多年的识别问题。由于危机对大多数经济单位而言是一次外生事件，与初始财务健康度相关的行为差异提供了对信贷市场冲击效果的更便于识别的估计。

下节将简要回顾危机后在这方面的研究成果。所以总体上，这些研究充分支持如下观点，即影响信贷扩张成本的因素对信贷流量有重要的独立影响，并且极其关键的是，也强烈影响着居民和企业的经济选择。

二、对信贷因素和实体经济活动的关系所做的近期研究

本节首先将回顾关于信贷因素发挥作用的新的微观经济学证据，然后转向危机后纳入此类因素的宏观经济学模型研究。

微观经济学证据：居民。危机酝酿阶段出现了居民债务的显著扩张，尤其是抵押债务。急于成为房主的人们期待进入火热的房产市场，宽松的贷款标准让更多居民家庭得到了抵押贷款，现有的房主也利用住房资产借入资金。图2显示了2002—2012年的抵押债务的偿债收入比（service-to-income ratio）和房利美公司的独栋住房抵押贷款违约率。该图清楚地表明，自住房市场繁荣在2006年发生逆转及之后，居民家庭的偿债负担提高，财务压力增加。

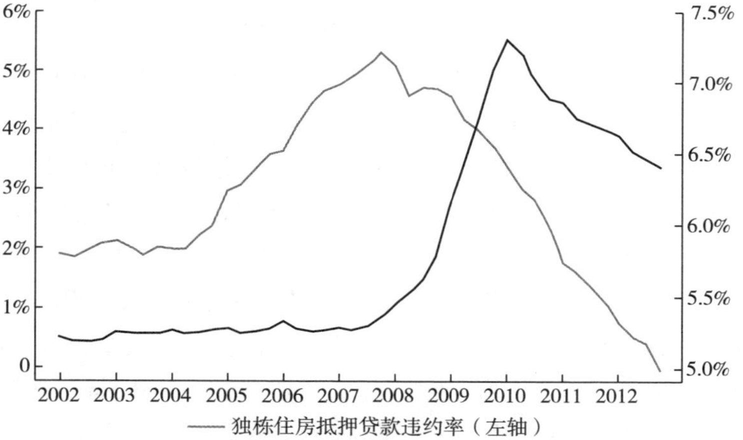

图2　2002—2012年居民偿债负担和违约率

注：抵押债务偿还负担由相对于个人可支配收入的比例来测量。违约率指通常的独栋住房抵押贷款中逾期90天以上或处于拍卖状况的部分所占比例。

资料来源：Haver Analytics，Fannie Mae，Federal Reserve Board Z. 1 Financial Accounts of the United States。

在没有摩擦的世界中，不存在信贷限制，由于居民能够用借款和储蓄熨平财富随时间变化带来的影响，住房价格下降可能只会给消费支出造成较小影

响。另外住房价格下跌对财富的负面影响，理论上，大部分会由与居住有关的用户成本的相应下跌抵消。简而言之，如果没有信贷限制，住房财富带来的边际消费倾向应该较小。

可是，当居民面临的外部融资溢价取决于其资产负债表状况时，住房财富下跌对支出的影响可能会大得多，这有两方面相互关联的原因：第一，住房财富下跌会减少居民可用于熨平支出的净财富积累；第二，净财富和住房抵押价值减少会提高房主的有效信贷成本（effective cost of credit，EFP）。请注意，住房价格涨跌对消费的影响可能是不对称的。在信贷约束不算太紧的住房资产水平上，住房财富增量带来的边际消费倾向可能较小，而导致信贷约束收紧的住房财富下降则可能导致消费显著减少。这一不对称的特点可以帮助我们解释，为什么住房市场繁荣对消费的促进效应似乎不及住房市场萧条带来的负面效应（Guerrieri and Iacoviello，2014）。

危机以来的这段时期出现了大量新的研究成果，旨在探讨有关居民资产负债表和居民支出的关系。阿蒂夫·迈恩（Atif Mian）和阿米尔·苏非（Amir Sufi）及其合作者在这一课题上尤其高产。例如，他们利用国家层面和邮政区域层面的数据，证实了理论上的基本预测，即住房财富的边际消费倾向比标准的生命周期理论的解释力高得多，而且较为贫穷、杠杆率较大的居民的住房财富的边际消费倾向更高（Mian、Rao and Sufi，2013）。他们还发现，与住房资产和信贷获取之间的联系相一致，住房价格降幅较大的地区平均而言在信用评分和信贷限额上恶化更严重，开展抵押再融资的概率降幅也更大。

迈恩和苏非别强调居民资产负债表恶化对触发大衰退的作用。例如，他们证明在2002—2006年出现住房市场繁荣伴随居民杠杆率大幅提升的国家，耐用品消费从2006年下半年开始收缩得更为猛烈（Mian and Sufi，2010）。类似地，他们还利用美国各郡的横截面数据发现，居民资产负债表的恶化与2007—2009年衰退期的就业减少有重要关联（Mian and Sufi，2014b）。这些研究很多都把住房市场的繁荣和萧条作为给定条件，集中分析其经济后果。不过迈恩和苏非（2018b）在最近的研究中也探讨了住房繁荣的信贷市场根源，他们发现，在2003年的私人企业的（private label）抵押贷款证券化市场加速中卷入最深的邮政区域，随后出现了抵押贷款发放和住房价格的突然提升，继而是住房价格的急剧崩盘。

其他研究者也分析过居民资产负债表与居民支出决策的关系。迈恩和苏非主要利用地理单位的综合数据开展研究，而贝克则采用了数百万户居民家庭的数据，并与雇主进行匹配（Baker，2018）。他认为居民的收入变化和其雇主所受的冲击有关，因此这些冲击对居民而言是外生的。该研究发现，高负债居民的消费明显对收入更敏感，而且这些差异几乎完全由借款和流动性约束决定。贝克估计，相对于20世纪80年代的居民资产负债表状况，2007—2009年衰退造成的消费降幅提高了20%。与迈恩和苏非的结论一致，另有研究发现偿债比率较高的房主，其住房财富边际消费倾向明显更高（Aladangady，2014）。卡普兰等人（Kaplan、Mitman and Violante，2016）的研究同样发现住房财富有较高的边际消费倾向，但与迈恩和苏非及其他研究者不同，他们并未发现杠杆率发挥了独立的作用。还有研究发现，居民资产负债表状况是其支出和储蓄行为对财政政策变化做出反应的一个关键影响因素（Sahm、Shapiro and Slemrod，2015）。

一段时间以来，我们已经知道居民资产负债表影响创业行为，因为许多小型初创企业是由个人资金支持的，包括利用住房资产借款。有研究发现，与这种“抵押融资渠道”一致的是，在本轮危机前的时期，小企业创业和小企业就业的增速在房产价格和杠杆率提高的地区最为突出（Adelino、Schoar and Severino，2015）。该研究并未在大企业的就业人数上发现类似的相对增长，这些企业的融资应该并不依靠住房抵押。

微观经济证据：非金融企业。非金融企业的资产负债表在衰退前和衰退中并未像居民资产负债表那样急剧恶化，但非金融企业确实也经历了资金紧张加剧的过程。图3显示了危机前后的公司偿债和违约状况。2001年衰退过去后，公司资产负债表有所改善，但从2006年左右起，非金融企业的偿债比率开始提高，到大衰退出现后，工商业贷款的违约率大大增加。

与对居民家庭的研究一样，对危机期间非金融企业的横截面研究为我们观察不同资产负债表状况如何影响这些企业在经济下行期的反应提供了机会。同居民对财富或收入改变的反应类似，初期资产负债表状况较差的企业（杠杆率较高、内部现金较少、可利用的抵押品较少）对收入或需求变化的反应更敏感——例如表现在雇佣和投资上。还有，每单位借款通常需要更多贷款人筛查和监督的较小型或较新的企业，对财务状况恶化的反应也更为敏感。

危机后的研究普遍证实了上述理论预测。例如，有研究发现在大衰退期间，面对本地消费者需求下降，高杠杆率企业裁员的幅度明显超过其他企业

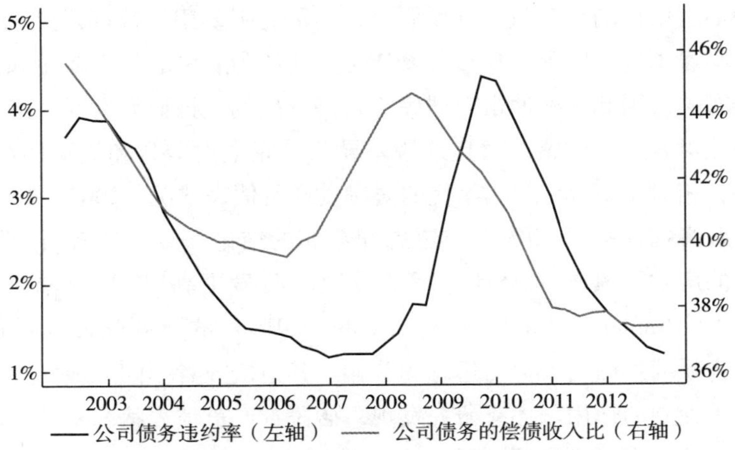

图 3　2002—2012 年公司偿债和违约状况

注：非金融企业的偿债压力由相对于税前利润的比例测算。违约率为商业银行提供的工商业贷款中逾期 30 天以上的部分所占的比例。

资料来源：Haver Analytics，Call Report，BIS。

(Giroud and Mueller，2017)，其结论是企业的资产负债表是最终需求与就业之间联系的重要组成部分。另有研究发现，危机对现金储备较少或短期净负债较高的企业的投资影响最严重（Duchin、Ozbas and Sensoy，2010）。吉尔克里斯特等人对之前的理论做了新的应用（Gilchrist et al.，2017），分析企业资产负债表对其定价行为的影响，发现内部流动性较少、经营杠杆率较高的企业在 2008 年紧缩中倾向于提价，而非降价。该研究把降价解释为维持客户关系的投资，发现财务紧张的企业付出此类投资的能力相对较低。

近期有关非金融企业研究的有趣之处是，研究者采用了不同的识别方法。例如，延续拉詹等人在危机前的考察思路（Dell'Ariccia、Detragiache and Rajan，2005），有多项研究比较分析了较为依赖外部融资和较为依赖自有资金的不同产业的企业。采用这一方法（及其他方法）并发现更依赖外部融资的产业对危机反应更激烈的研究包括达钦等人（Duchin、Ozbas and Sensoy，2010；Laeven and Valencia，2013；以及 Haltenhof、Lee and Stebunovs，2014）。另一种识别方法是利用房地产价格的地区变化作为拥有房地产的企业的抵押品价值变化的代理变量，发现企业层面的新资本投资同抵押品价值变化有强烈关联（Chaney、Sraer and Thesmar，2012）。还有一种识别方法是利用有长期负债的企业样本，发现有较大比例长期负债在危机期间到期的企业，相比其他方面类似但债务到期时间不同的企业，其投资削减幅度明显更大（Almeida et al.，2009）。不过持相反看法的另一项研究发现，更依赖银行信贷的企业在危机早期阶段的资本支出削减幅度并不高于其他方面类似的企业（Kahle and Stulze，2013）。

关注企业行为的学者还利用了调查数据。例如，有研究基于对全球 1050 位首席财务官的调查发现，说自己在危机期间信贷受约束的企业计划裁减员工和资本支出的幅度更大，包括放弃原本有吸引力的投资机会，以及取消或推迟投资计划等（Campello、Graham and Harvey，2010）。

小企业应该对信贷供给减少更为敏感，有关研究也证实这些企业在本轮危机中受创严重。例如，有学者借助企业层面的数据发现，2007—2009 年衰退期，在控制了总需求和其他因素的影响后，金融约束造成的小企业雇员减少幅度明显超过大企业（Siemer，2014）。针对信贷约束对小企业的产业进入、增长和生存影响的其他研究包括马奇和沃尔肯等人（Mach and Wolken，2012；Kennickell、Kwastand Pogach，2015；以及 Duygan-Bump、Lekov and Montoriol-Garriga，2015）。另有研究（Chen、Hanson and Stein，2017）发现，美国规模最大的银行在 2008—2010 年由于面临危机压力，有针对性地从小企业急剧撤回了大量贷款。

微观经济证据：银行和非银行贷款人。如前文所述，有关理论认为中介机构的资产负债表同样会影响外部融资溢价和信贷流动。危机后的研究普遍证实了这一预测，特别是发现贷款人在初始资本、融资来源和抵押贷款相关损失敞口等方面的横截面差异影响它们发放非抵押贷款的意愿和能力。虽然部分借款人有能力转向其他信贷来源，包括贸易信贷，但现有证据表明许多借款人做不到这点，或者必须支付高得多的利率。因此，贷款人的财务健康度所受冲击会对实体经济造成影响，包括消费、投资和就业等。图 4 显示了美国的商业银行在危机前后的资本金和不良贷款水平。尽管资本有所增加，银行的一级资本金比率（普通股与贷款之比）在 2007—2008 年仍急剧下跌，违约率随之提高。另外有研究分析了投资银行在本轮危机中的快速去杠杆化过程（Gertler and Gilchrist，2018，图 3）。

在许多研究中，本轮危机的冲击同样提供了帮助改善识别的一次天然实验。例如，由于若干原因，银行在住房和次级债市场崩溃导致的抵押贷款损失敞口各不相同。离开资产负债表效应，没有充分理由认为这些风险敞口的差异

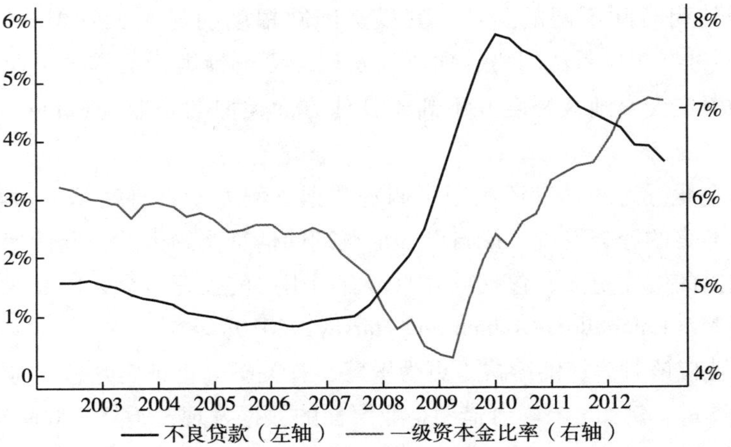

图4 2002—2012 年商业银行的资本金和不良贷款

注：不良贷款的定义是逾期 90 天以上的贷款所占的比例。

资料来源：Haver Analytics，Federal Reserve Bank of New York。

会影响各家银行发放非抵押贷款的意愿。然而许多研究发现，抵押贷款敞口与非抵押贷款之间存在联系，或许是因为与抵押贷款有关的损失冲减了银行的资本金。例如，有研究在控制了企业特定因素后，发现从次级债损失较大的银行借款的企业，相比从其他银行借款的企业支付的利率溢价更高、获得的金额更少（Santos，2011）。另有学者在英国获得了类似结果，发现在危机前住房抵押贷款风险敞口更多的英国银行在危机期间及之后更多减少了非抵押贷款（Zhang、Uluc and Bezemer，2017）。还有研究发现，在其他条件相同时，服务于大都市地区的银行因为在其他市场的抵押贷款损失而减少了它们在当地发放的抵押贷款（Berrospide、Black and Keaton，2016）。

前文提到，有证据表明资产负债表状况对居民支出的影响是不对称的，资产负债表恶化的影响大于改善的影响。银行似乎也存在类似效应。例如，有学者利用匹配的银行样本，并控制了若干影响因素后发现，银行资本变化对贷款的影响是非线性的。同理论预测相同，当资本金水平较高时较为温和，当资本金水平较低时更显著（Carlson、Shan and Warusawitharana，2013）。

有研究者分析了银行的贷款意愿同流动性来源以及资本金水平的关系。尤其是若干研究发现，能够通过小额存款而非批发融资来筹款的银行削减的贷款水平相对较少（Ivashina and Scharfstein，2010；Cornett et al.，2011；Dagher and Kazimov，2015；Irani and Meisenzahl，2014）。

如果借款人能轻松找到补偿方式，如转向其他贷款人或贸易信贷等其他信贷来源，则个别银行的贷款供给变化不会有多大影响。但如前文所述，这在大多数情况下似乎并不成立。有项出色的研究利用雷曼兄弟危机后贷款人财富的离散状况作为对借款人的信贷供给的外生变化根源（Chodorow-Reich，2014），借助在危机前与银行有往来的2000家非金融企业的数据，发现相关贷款人更为脆弱的企业比其他企业借款更少，支付的利率更高，削减的雇员人数更多。就业效应在中小型企业表现得最明显。发现银行资产健康状况、信贷扩张和实体经济活动存在明显联系的其他研究还包括戈茨等人（Goetz and Gozzi，2010；Falato and Liang，2016；Kandrac，2014；Alfaro Garcia-Santana and Moral-Benito，2018）。另有研究发现，某些大型非金融企业可以通过发行债券弥补一部分的银行贷款减少，但必须支付较高的利率（Adrian、Colla and Shin，2012）。这些学者认为，信贷危机对实体经济活动的影响是通过风险溢价的相应提高而非贷款总量的减少来起作用。不过，这一发现与关注外部融资溢价的方法得到的结论相吻合，如图1所示，外部融资溢价在危机期间确实显著提高。

在美国，非银行贷款人是重要的贷款提供方，许多非银行贷款人受到了危机的严重冲击。若干有意思的研究辨识出了非银行贷款同经济活动的关系。例如，有人利用美国每笔汽车销售同相关汽车信贷供应商相联系的数据库，找到了资产支持商业票据市场的崩溃同汽车销售之间的实证关联（Benmelech、Meisenzahl and Ramcharan，2017）。资产支持商业票据市场的崩溃对非银行汽车贷款人的融资能力的打击尤其严重（如捆绑租赁公司）。研究者发现，在非银行贷款人传统上占主导的美国各郡，汽车销售下滑比其他郡更为剧烈。另一项有意思的研究利用全国信用合作社的独特分层结构来识别信贷供给效应（Ramcharan、van den Heuvel and Verani，2016）。顶层机构的资产支持证券损失给地方信用合作社带来了成本，这种机制应该同各地的市场状况无关。可是学者发现，遭受此类损失的信用合作社，相比没有此类损失的信用合作社，对本地客户的消费信贷展期的收缩幅度更大。

微观经济证据：跨境银行。跨境效应是说某个国家的金融紧缩影响到另一个国家的信贷供给和经济活动，这是危机潜在的重要国际传导渠道。对这些效应的研究是弄清银行资产负债表、贷款和经济后果之间关系的另一种方法。

皮克和罗森格伦的经典论文是最早利用跨境联系来识别资产负债表效应的文章之一（Peek and Rosengren，2000）。他们借助了以下事实：（1）日本的银行在20世纪90年代的美国是活跃的贷款人；（2）那个10年的日本银行业危机可以视为美国经济发展的外生因素，从而构成了一次自然实验。利用日本的银行在美国不同商业房地产市场的贷款份额变化，他们发现，来自日本的贷款供给冲击对美国的经济活动产生了实际影响。

根据类似思路，本轮危机的证据表明，在海外遭受损失或承受外国资金来源压力的银行，其国内贷款的削减幅度超过其他银行。例如，有学者分析了德国的储蓄银行在2006—2008年的国内零售贷款，比较了在美国次级抵押贷款中是否有较大间接风险敞口的储蓄银行的情况（Puri et al.，2011），结果发现有较大敞口的银行拒绝的贷款申请明显更多。同样针对德国的另一项研究分析了德国商业银行（Commerzbank）——在国际交易中损失惨重的一家大型银行——削减国内贷款的影响（Huber，2018），发现该银行在德国削减的贷款并没有被其他贷款来源抵消，并且在危机前该银行占有较大市场份额的企业和地区，给产出、就业和生产率造成了持续的负面效应。

若干研究者在其他许多国家发现了类似的结果，包括英国（Aiyar，2011，2012）、意大利（Albertazzi and Merchetti，2010）、葡萄牙（Iyer et al.，2014）和丹麦（Jensen and Johannesen，2017）等。另一项跨国研究分析了雷曼兄弟破产后75家银行对59个国家的跨境银团贷款，发现被迫冲销次级资产或为大笔长期债务再融资的银行削减了对海外的贷款（De Haas and van Horen，2012）。并非所有跨境研究都关注美国的事件对外国经济的影响，例如有的研究发现，欧洲的主权债务危机影响了美国，欧元区银行在美国的分行遭受流动性紧缩后，对美国企业的贷款的削减幅度大于总部在欧洲之外的外国银行在美国的分行（Correa、Sapriza and Zlate，2013）。另有研究关注跨国银行在金融条件的国际传递中发挥的作用（Shin，2011）。

大萧条。有趣的是，本轮危机似乎还激发了对另一场全球范围的金融和银行危机——20世纪30年代大萧条——的新研究。笔者以前对大萧条的研究分析了银行与借款人的资产负债表恶化的实际影响（Bernanke，1983），还以国际比较作为研究证据（Bernanke and James，1991；Bernanke，1994）。不过，笔者当时的实证研究主要依靠总量时间序列数据，容易受常见的内生问题和识别问题的困扰。而值得注意的是，近期的研究开发出了有关30年代微观经济横截面的新数据库，便于采用更为接近自然实验的研究方法。

例如，有学者利用新收集的大型工业企业的数据，分析了当债券市场冻结、银行纷纷破产时，企业外部融资需求的既定变化（Benmelech、Frydman and Papanikolaou，2017），发现金融摩擦对大型企业的就业有较大的负面影响。之前有研究发现，20 世纪 30 年代的银行业困境在这些银行的经营区域造成了贷款供给和经济活动减少（Calomiris and Mason，2003）。以此为基础，新的研究分析了在两次大战间歇期的银行业发挥了重要作用的代理银行的影响（Mitchener and Richardson，2016），并发现银行的财务困境不只会使该银行减少对客户提供的信贷，还会使银行在各地区的代理行减少对客户的信贷，使代理行不得不面对流动性需求大增的局势。利用横截面数据研究大萧条时期银行困境的影响还有很多其他相关论文（Carlson and Rose，2015；Ramcharan and Rajan，2014；Cohen、Hachem and Richardson，2018 等）。总体而言，此类文献认为，银行业与信贷市场紊乱能帮助解释大萧条的严重性、持续时间和国际传染。

量化宏观经济模型中的信贷因素。微观经济研究得出的证据表明，居民、企业和银行的行为受资产负债表状况和关于信用的非对称信息的影响。但这些研究本身是局部均衡性质的。资产负债表效应尽管在横截面上很重要，却可能在总量时间序列中被“冲洗掉”（Jones、Midrigan and Philippon，2018）。例如，对总体经济而言，财务受约束企业的投资和雇佣减少可能被财务状况较好的企业的扩张所抵消。要评估信贷因素对宏观经济指标的重要性，不可避免地要求将这些因素纳入量化的一般均衡模型。

前文提到，在本轮危机之前，有少量研究文献把信贷因素纳入了标准模型，通常得到的结论是这样做可以改进模型与数据的吻合度（Bernanke、Gertler and Gilchrist，1999；Carlstrom and Fuerst，1997）。不过这些论文并不认为信贷因素是产出和就业变化的主要根源之一。更重要的是，早期的模型没有反映偶发的间断式严重危机，或者其他非线性效应。

本轮危机之后的研究在把信贷因素纳入动态宏观模型上取得了显著进步。这些研究支持两个独立但相关的重大结论。第一，信贷因素对理解大衰退非常关键。借用某些学者的话说：“大衰退期间的总量实体经济活动的变动有很大部分是由于和（短期利率）零下限的金融摩擦”（Christiano、Eichenbaum and Trabandt，2014）。其他许多研究也得出了类似结论。大衰退在很大程度上是金融和信贷市场紊乱所致，此刻看来当然并不令人意外，但在标准模型中证实信贷冲击对实体经济的量化影响，依然具有重要意义。

上述观察，加上斯托克等人的结论（Stock and Watson，2012）——大衰退与战后的其他商业周期在程度上有差别，但性质上相同——可以推导出第二个重大结论：即使在通常的商业周期里，信贷因素也可能发挥了比之前设想的更为重要的作用。作为对此的补充，基于模型的分析发现信贷冲击在大衰退与普通商业周期中都有核心作用的研究还包括诺兰等人的研究（Nolan and Thoenissen，2009；Hall，2010，2011；Jermann and Quadrini，2012；Gilchrist and Zakrajšek，2012b；Iacoviello，2014；Del Negro et al.，2017），以及其他很多人的研究。近期的一项相关研究指出，居民信贷供给的周期性扩张是全球商业周期的一个主要根源，而不限于美国的大衰退（Mian and Sufi，2018a，2017）。另有研究则显示，信贷市场摩擦可以帮助模型拟合宏观经济横截面数据（如不同企业的投资和雇佣分布）以及时间序列数据（Arellano、Bai and Kehoe，2018）。克鲁格曼等人利用典型化的宏观模型讨论了居民杠杆率同利率零下限之间的相互作用（Eggertsson and Krugman，2012）。还有研究利用两国模型分析了恐慌在不同经济体间的传导（Bacchetta and van Wincoop，2016）。

我们（Bernanke、Gertler and Gilchrist，1999）与其他同类论文探讨了围绕稳态的对数线性近似，由此分析了信贷因素在正常周期运动中的作用，但不包括经济活动剧烈的非连续变动。如前文所述，金融恐慌本质上是非连续的（即经济体从一种均衡跳跃到差异很大的另一种均衡），而下文将展示的实证分析正是基于这种非连续性进行识别。近期的建模已显示了如何重现这一重要的数据特征。其中两项研究把银行恐慌纳入了量化宏观经济模型（Gertler and Kiyotaki，2015；Gertler、Kiyotaki and Prestipino，2017），发现恐慌可以造成经济活动严重的高度非线性收缩。如前所述，这一效应的作用机制是剧烈去中介化和外部融资溢价攀升。在某些理论模型中，金融摩擦会造成经济活动的高度非线性收缩，并导致偶发的危机事件（Brunnermeier and Sannikov，2014）。其他研究中的模型也得出了非线性结果（如 He and Krishnamurthy，2013；Boissay、Collard and Smets，2016）。近期的研究还在一般均衡条件下给住房市场涨跌建模方面取得了进展（例如 Favilukis、Ludvigson and Van Nieuwerburgh，2010）。

总之，在把信贷因素纳入量化宏观经济模型方面（包括金融危机潜在的巨大而非线性效应），近期取得了丰硕成果。这些研究文献表明，为弥补本轮危机中凸显的模型和预测方面的缺陷，我们已经前进了一大步。

三、金融危机对实体经济的影响：某些新的证据

本轮金融危机后的研究表明，信贷因素至关重要。危机期间的信贷紊乱有若干形式，包括本文引言中描述的两大类机制：（1）投资人对金融机构和证券化贷款的信心丧失，由此引发的金融恐慌收紧了信贷供给；（2）居民资产负债表削弱，导致去杠杆化和居民支出缩减。本节将为金融危机与大衰退之间的联系提供某些新的证据，特别是上述两类机制的相对重要性。实证研究策略是利用金融数据识别危机发展中的非连续点，然后评估这些变化在多大程度上预示着标准的宏观经济变量组的运动。

后续的分析部分受到戈登等人研究（Gorton and Metrick，2012a）的启发，尤其是其中的图 8 和图 9。与之类似，本文图 5 的两个部分利用了四个代表性的每日金融数据序列，简略显示本轮危机的若干主要阶段，这些数据序列是：

- ABX BBB（2006-1）：2006 年度 BBB 级的次级抵押贷款支持证券的市场交易价值指数，是投资人对住房和抵押贷款市场的看法的代理变量。
- LIBOR-OIS：是指 1 月期伦敦同业拆借利率（LIBOR）减去隔夜指数掉期利率（OIS），该变量是反映银行间贷款市场以及更普遍的批发融资紧张度的指标。
- 由信用卡应收款支持的资产支持证券的利差（Barclay 指数）：表示某种重要类型的非抵押贷款支持证券（相对于国债）的收益，该利差测算的是投资人持有非抵押贷款（尤其是以证券化形式）的意愿。
- 一家大型银行的信贷违约掉期（CDS）的利差：反映该银行感知到的违约风险水平，以此测算银行体系的偿付能力。

利用这四个代表性的金融变量，图 5 显示了本轮金融危机的几个阶段。第一阶段的特征是次级抵押贷款价值的 ABX 指数下跌，住房泡沫破灭，对抵押贷款市场的担忧加剧。该变量在整个 2006 年的指数值接近 100，表明投资人对次级抵押贷款的前景依然乐观。但信心从 2007 年早期开始下降，此后继续走低。抵押贷款市场的情况变坏对应着居民资产负债表的恶化，最终也影响到抵押贷款债权人的资产负债表。

危机的第二阶段在图 5 中表现为 LIBOR-OIS 利差的变化，使金融机构的流

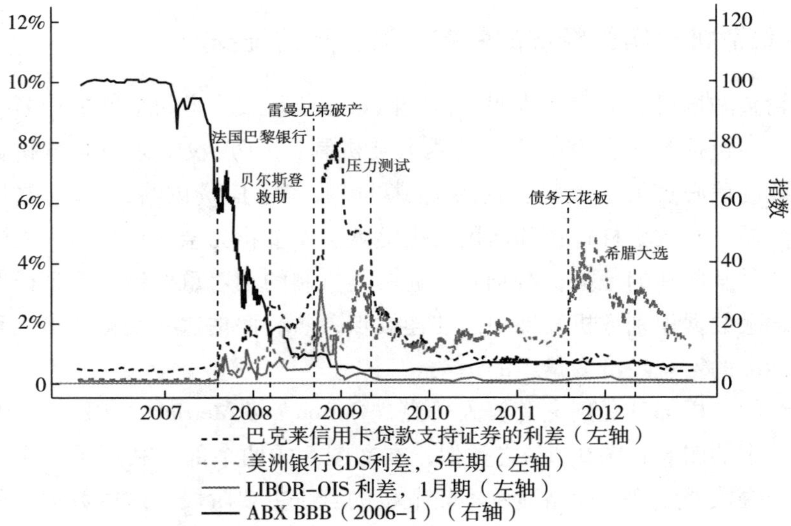

图5　2006—2012 年本轮金融危机的几个阶段

资料来源：Bloomberg，Haver Analytics。

动性压力从2007 年夏季开始加剧。如戈登等人所述，投资人最初对抵押贷款市场（ABX）的信心丧失并未反映在投资人对贷款人或证券化市场的担忧上。然而在法国巴黎银行于2007 年 8 月宣布不再能兑现其发起的基金中的次级抵押贷款后，批发融资市场的压力增大，首当其冲的是资产支持的商业票据及其他表外工具。由 LIBOR-OIS 利差代表的融资压力在2007 年下半年和2008 年持续增加，到2008 年 9 月雷曼兄弟破产和美国国际集团受到救助后爆发。融资压力到2008 年底之后放松，应该是强有力的政策措施的效果，到2009 年春季的银行压力测试结果发布后，融资压力继续下降。

按照此分类法，危机的第三阶段对应着2008 年 3 月的贝尔斯登公司出售，尤其是雷曼公司破产和美国国际集团救助行动之后，非抵押贷款的资产支持证券利差的急剧提高，在图 5 中具体表现为信用卡应收款。戈登等人的研究把这一时期描述为回购协议挤兑，回购协议的贷款人（尤其是双边回购市场中）停止对私人信贷证券化产品发放贷款，除非是极短的期限和极高的折扣（Gorton and Metrick，2012a）。笔者认为，证券化贷款的回收比戈登等人提及的更广泛，反映了几乎所有批发融资形式的挤兑（而不仅是回购协议），以及部分投资人和自营商及其他中介机构抛售贷款支持证券。风险厌恶情绪剧增也推动了贷款的回收。无论如何，第三阶段的一个反映恐慌和蔓延的关键特征是，除抵押贷款相关资产外，投资人已开始逃离非抵押贷款相关资产，尽管非抵押贷款的质量从未像大多数低评级抵押贷款那样严重恶化。如前文所述，恐慌导致了去中介化和抛售，推高了现有贷款的收益率，如图 5 中的资产支持证券的利差变化所示。这些紧张状况同样在 2008 年底前后略有缓和，但在次年仍持续了相当长时间。

虽然政府采取了干预行动来扶持银行，从注入资本到提供债务担保，抵押贷款损失、融资困难与非抵押贷款价格下跌相结合，依然给银行体系造成了严重打击。危机的第四阶段，银行和其他贷款人的资本损失在图 5 中由美洲银行的信贷违约掉期利差来代表。该变量显示，银行财务状况直到 2009 年早期持续恶化（利差越高，表明违约风险越大），在当年春季的压力测试后有所改善，到 2011 年美国政府信用评级下滑、欧洲国家压力持续时，银行的处境再度恶化。

如前文介绍的简要理论所述，危机的每个阶段都会给实体经济运行带来潜在影响。第一阶段，住房价格下跌和抵押贷款偿债收入比提高压迫了居民资产负债表和消费者支出，这可参见迈恩和苏非及其他人的研究。第二阶段表现出初步的恐慌迹象，批发投资人撤出贷款，包括表外工具和渠道。融资条件收紧反映在信贷供给的紧缩上。第三阶段是恐慌最剧烈的部分，投资人甚至拒绝给非抵押贷款证券化产品提供资金，导致非抵押贷款的利率大增。前文提到，恐慌从抵押贷款蔓延到非抵押贷款显然是本轮危机的转折点，对企业和居民借款人都具有广泛的影响。最后的第四阶段，商业银行体系进一步削弱，或许再度强化了贷款供给约束。由此产生了强大的反馈效应，涉及抵押贷款债权人的偿付能力、抵押贷款的供给、居民资产负债表和住房价格等，它们相互发生影响。金融体系与经济发展之间也存在强烈的反馈效应，金融紊乱使经济放缓，继而造成金融和信贷条件继续恶化。

当然，图 5 只是对危机过程的图解（如前文所述，笔者这里主要关注美国的情况，随着问题在欧洲和新兴市场经济体的延续与扩散，还可以划分出更多的危机阶段）。对该图展开详细介绍，有两方面的理由。

首先，下文将指出，图 5 展示的四个变量不是特定的，而是更多金融变量组的替代变量。也就是说，上文概述的内容反映了更广泛的一组金融指标，而非看似随意选择的四个变量。

其次，图 5 清晰地反映出本轮危机剧烈的非连续性和非线性特征。这些非连续性是本节采用的识别研究策略的基础。例如，尽管第一阶段的抵押贷款违约问题无疑是危机后续阶段重要的最终根源之一，但后续阶段的危机具体规模和时机还取决于很多偶然因素，从特定企业的资本和抵押贷款敞口，到市场参与者的心理状况等。按照断点回归设计的思路，这种非连续性可以帮助我们辨识危机的不同阶段对实体经济的影响。① 换句话说，我们可以设问，如果爆发住房和抵押贷款危机，但由于某些原因避免了非抵押贷款证券化市场的恐慌，实体经济会出现怎样的结果。这一识别研究应该能帮助理解危机对经济的影响机制，并对政策反应进行评估。

危机阶段的识别：方法论和数据

本文后续部分的内容采用了因子分析法（factor analysis），利用这种数据化约技术可以把 n 个时间序列变量表达为 k 个基本正交因子的线性组合加上异质性的噪音，k 远远小于 n。受图5的启发，笔者将采用因子分析来研究一组金融变量，它们是2006—2012年的日观测值。由于金融紧缩的时期相对较短，笔者希望每日数据能够更深入地反映指标之间的协变根源，并能更准确地识别危机的不同阶段。采用金融变量的原因是，它们能高频率地获得，并容易快速吸收金融市场和经济发展前景的新信息。笔者考察了75个数据序列，大致平均分为四组。这些分类和组别反映着上述危机阶段的划分。下面是有关变量的定性描述，这些数据及其来源的更详细信息参见本文的数据附录。

- 住房和抵押贷款（17个序列）：证券化抵押贷款价值指数（ABX）；住房净值型资产支持证券的利差；住房开发商股票价格；房地产投资信托（REIT）价格；次级贷款发放人股票价格（所有股票价格均为同标准普尔500指数的相对水平）
- 短期融资（15个序列）：不同期限的LIBOR-OIS利差，TED（3月期欧洲美元利率与3月期美国国债）利差，资产支持商业票据（ABCP）利差，金融机构商业票据利差，回购协议利差（一般抵押融资GCF、抵押贷款支持证券和政府支持机构债券的收益率与

① 断点回归设计（regression discontinuity design）考察实验结果相对于输入变量出现不连续性的情形。例如，假设只有在入学考试中取得一定分数以上的学生才可以上一门特定课程，研究者就可以对刚好在录取线上下的不同学生的成绩进行对比，以分析这门课程对学生成绩的影响。与之类似，如果在经济环境超过某个未知的界限之后爆发恐慌，恐慌爆发前后的经济活动的变化就可以说明恐慌造成的影响（相对于经济环境没有达到这个界限的情形）。类似方法还可以用于分析恐慌的严重程度，这取决于众多未观测因素，在很大程度上是不可预测的。

国债回购利率之差）

- 非抵押贷款（22 个序列）：资产支持证券利差（信用卡、汽车贷款和学生贷款）；资产支持证券指数（消费贷款）；公司债券利差指数；较低评级的 A2P2 商业票据利率（相对于 OIS）
- 银行偿付能力（21 个序列）：美国最大型商业和投资银行的偿付能力；信贷违约掉期利差和股票价格（相对于标准普尔 500 指数）

为解释这些数据，笔者做了两个整理工作。

首先，笔者把因子分析应用于所有 75 个变量，称之为全样本因子分析。该分析没有预先区分四个组别的金融变量，结果显示充分描述数据至少需要三个正交因子，边界情况需要包含第四个因子（下文还将展开讨论）。

其次，笔者把因子分析分别应用于这四组变量，从每组中抽象出一个因子，这里称之为子样本因子分析。结果发现每组一个估计因子似乎就足够了，单一因子通常能解释每个子样本残差平方和的 70%。与全样本因子不同，子样本因子反映了笔者对 75 个变量的预先分组。

通常而言，对于概括以及解释这些数据，全样本和子样本因子分析都各有其优点。全样本因子分析同时利用和描述了所有数据，没有预先分类的干扰，而且由于估计的全样本因子构造为正交性质，可以直接把经济预测分解到每个因子的影响上。但另一方面，由于没有更多假设，全样本因子对应的经济解释或许并不清晰。相比之下，各个子样本中估计的因子从构造上有更明确的经济解释。例如，从住房和抵押贷款组别中抽象的因子可以自然理解为反映在金融市场上的住房开发状况的一个汇总指标。然而，子样本分析通常也有其缺陷，特别是从子样本中单独估计出的因子不能保证共同的正交性，因此更难把预测力或因果关系分解到各个因子上。

但很重要的是，出于下文将阐述的某些原因，上述两种分析方法抽象出了非常相似的因子组合。图 6 比较了从全样本中估计的四个因子与四个子样本中分别估计的四个因子。对于 75 个变量的变化，图中的因子 1（Factor 1）能解释其中的最大部分，因子 2（Factor 2）是在控制了因子 1 之后，能解释剩余方差中的最大部分；因子 3（Factor 3）和因子 4（Factor 4）同理。① 从四个子样

① 因子 1 到因子 4 能变量中的 34%、24%、19%、8%。

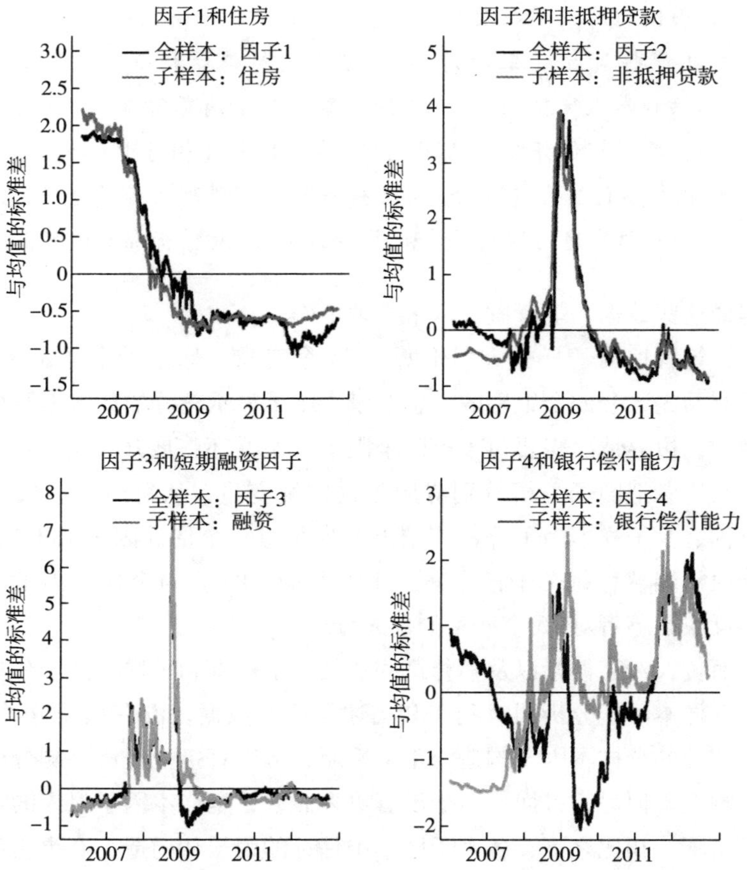

图 6　2006—2012 年估计因子，全样本与子样本

注：本图的各个部分反映了全样本和子样本的估计因子对比。

本中分别估计的因子在图中标记为如下因子："住房"（housing）、"非抵押贷款"（non-mortgage credit）、"融资"（funding）和"银行偿付能力"（bank solvency）。

图 6 对全样本因子估计和子样本因子估计的比较令人吃惊。全样本估计的因子 1 与住房子样本中估计的因子几乎完美拟合，见图 6 的左上部分。同样，全样本估计的因子 2 非常近似于从非抵押贷款相关的金融变量中估计的因子，全样本估计的因子 3 与短期融资变量中估计的因子也几乎重合。全样本估计的因子 4（如前文所述对全部数据的方差只有较小的解释力），显然与银行偿付能力变量中估计的因子存在相关关系（如图 6 的右下部分所示），但整体联动程度较弱。

表 1 罗列的全样本因子同子样本因子之间的相关关系确认了图 6 的视觉印象。尽管存在每日数据的噪音干扰，因子 1 与住房、因子 2 与非抵押贷款、因子 3 与融资的相关系数分别为 0.97、0.93 和 0.95。因子 4 与银行偿付能力的相关系数仅为 0.36。不过有趣的是，银行偿付能力同因子 1 的相关系数为 -0.89。由于因子 1 的经济解释是住房市场因子，这意味着住房和抵押贷款市场恶化是这一时期投资者评估银行偿付能力的主要驱动因素之一。

表 1　全样本因子与子样本因子的相关关系

	因子 1	因子 2	因子 3	因子 4
住房	0.97	-0.07	-0.14	0.13
融资	-0.08	0.29	0.95	-0.02
非抵押贷款	-0.15	0.93	0.33	-0.07
银行偿付能力	-0.89	0.20	0.03	0.36

在 75 个变量中估计出的全样本因子与从四分之一的变量中估计出的子样本因子，为什么存在如此紧密的关联度？对此，首先应注意到，通常而言估计因子只有通过正交旋转才能识别，保持正交性质的估计因子的任何线性组合都将准确解释相同比例的数据变化。为实现标准化，笔者在全样本估计中采用了最大方差旋转（varimax rotation）的标准程序。这一程序的设计容易造成某些变量对某个因子赋予很高的载荷，而对其他因子赋予的载荷接近于零。① 因此最大方差法容易把估计因子同一组相互间高度相关而与其他变量关联度较低的变量联系起来。

前文曾提到，图 5 中的四个变量是更广泛的数据集合的代表。因子分析证实了这点。全样本因子分析将较大的数据集划分为三组或四组变量，组内的相关度较高，而组间的相关度较低。对全样本因子与子样本因子的比较分析则显示，这些分组是有经济含义的，并对应着我们描述的金融危机阶段。图 7 显示的全样本估计因子从定性角度看与图 5 非常相似，而图 5 是通过少数几个显然是任意选择的变量来描述危机的不同阶段。简单地说，用少数特定变量在图 5 中阐述的内容，也可以用更大的金融变量组的共同因子来描述。

① 更具体地说，这一程序选择了特定的正交因子组合，使被解释变量与估计因子的相关系数平方的方差之和最大化。

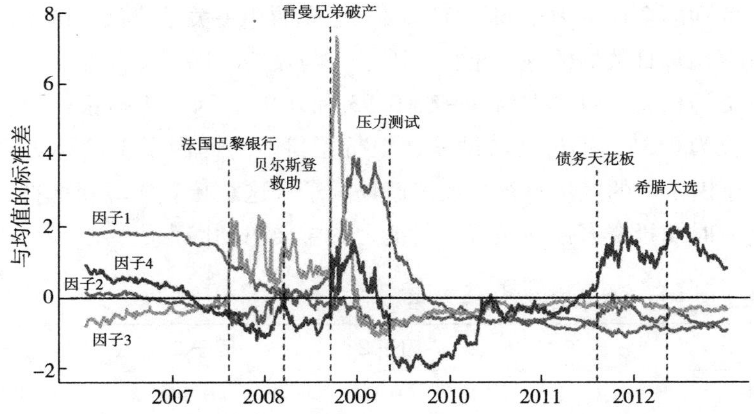

图 7　全样本得出的估计因子，2006—2012 年

注：图中数据反映了从 2006 年到 2012 年 75 个标准化变量中计算的全样本估计因子。

把估计因子与金融危机各阶段同等看待的另一个动机见图 8，图中展示了全样本因子的因子得分平方。该图大体上展示了 2006—2012 年金融数据的平均变化度，以及归因于每个因子的变化度的份额。前文提到，其中每个因子占据主导的时期紧密对应着危机的不同阶段。例如，从现在开始我们将视同于住房和抵押贷款的因子 1 是样本数据从 2006 年到 2007 年中期变动的主要根源。对应短期融资压力的因子 3，则在法国巴黎银行消息发布后成为重要因素，并在雷曼公司破产和美国国际集团救助事件后激增。因子 2（非抵押贷款）在雷曼兄弟和美国国际集团事件爆发后不久到 2009 年早期是主要影响因素。因子 4（银行偿付能力）则对其他滞后阶段发挥影响。根据我们对估计因子的经济解释，下文的分析将利用它们，以检验它们对实际经济活动的预测能力。

在介绍结果之前，还有一个与估计因子的经济解释有关的议题需要探讨。在全样本数据中得出的第二重要的估计因子，即因子 2，与非抵押贷款的恶化有关，例如反映在非抵押贷款支持证券的利差上面。然而，即使在强调信贷摩擦和信息不对称的理论架构中，对这一因子也至少有两种不同的经济解释。第一种，经济走弱以及居民和非金融企业的资产负债表随之恶化，显然导致消费者和企业的信用下降。理论上，借款人的财务健康状况恶化可视为非抵押贷款利差扩大的原因。第二种可能性则是，非抵押贷款利差扩大主要反映了投资人的行为变化，因为投资人对所有类型的私人信贷（特别是证券化信贷）都失

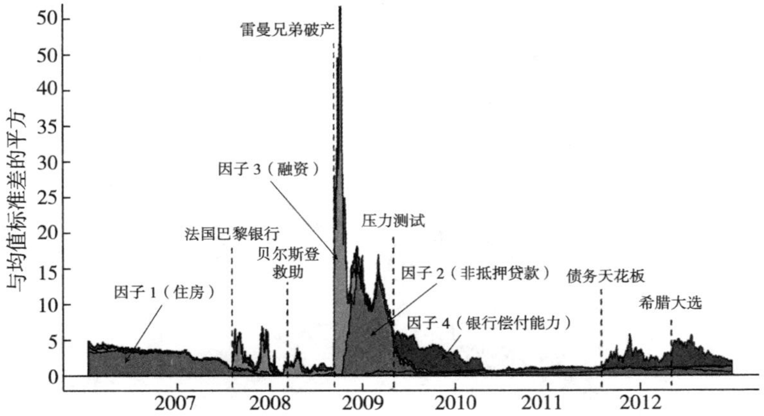

图 8　因子得分平方，2006—2012 年

注：同图 7。

去了信心。按此解释，从抵押贷款相关信贷和证券化信贷中恐慌撤出（包括 Gorton 和 Metrick 分析的回购协议挤兑）以及随后的抛售行为，导致非抵押贷款的价格也被急剧压低，利差迅速抬高。简而言之，在理论上因子 2 的运动既可以反映信贷市场需求方（借款人的财务健康状况）的变化，也可以受供给方的影响（贷款人的财务状况和投资人信心）。

虽然因子 2 的这两种解释并不互相排斥，实际证据却倾向于投资人主导的第二种解释。首先，总量资产负债表的变化相对较慢，这似乎不符合雷曼兄弟破产后非抵押贷款因子迅速恶化的情况，而且由于去杠杆化和金融复苏的步伐较慢，尤其不符合该因子在几个月后迅速改善的情况。这方面的更多证据可参见图 9，其中显示了分别对非抵押贷款子样本中的居民和非金融企业所做的因子估计。如该图所示，这两个估计因子几乎重合，表明两类贷款的利差呈现基本一致的变动。两个序列的每日数据的相关系数为 0.97。由于居民和企业的资产负债表在危机期间的变化显然并不相同（对比上文的图 2 和图 3），这种高度的相关性充分表明存在一种共同的决定因素，笔者认为，这个因素就是惊慌的投资人普遍逃离信贷产品以及随之而来的抛售。与此看法一致的是，有研究发现了恐慌和抛售从次级抵押贷款向其他市场蔓延的有力证据（Longstaff，2010），另有研究发现由于投资人对流动性的需求发生变化，出现了危机从有毒证券向公司债券蔓延的现象（Manconi、Massa and Yasuda，2012）。

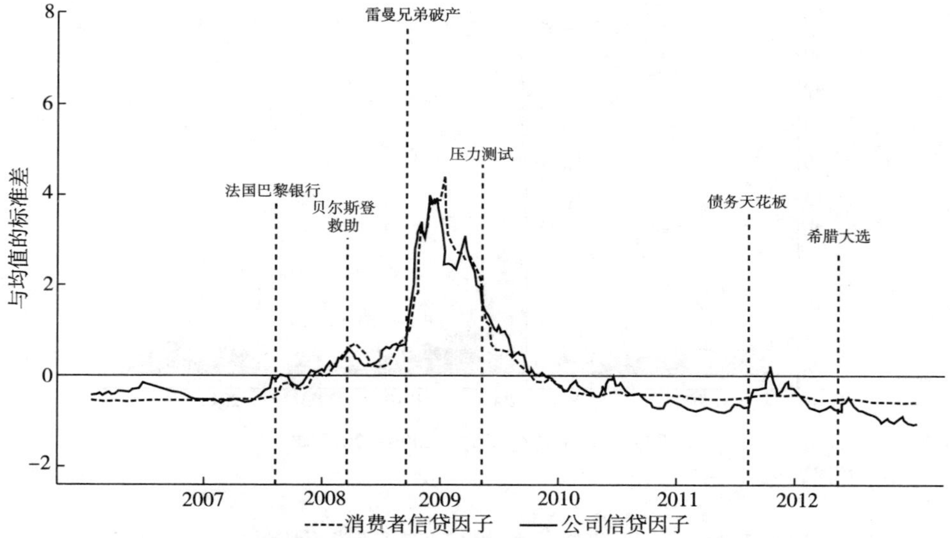

图 9　对居民和公司贷款变量的估计因子，2006—2012 年

注：图中数据显示了从消费者和公司非抵押贷款中分别估计的第一项因子。

危机的阶段划分如何预测经济走势？

下面转向一个关键问题：从金融变量中严格估计出来的、反映金融危机阶段划分的因子，在多大程度上预测了实体经济活动的走势？

为回答该问题，笔者列出了一系列月度经济指标，并将每日金融因子汇总成月度平均值。有关细节和经济数据来源参见本文的数据附录。这里的“GDP”是宏观经济咨询公司（Macroeconomic Advisers）构建的一个实际产出月度指标。其他所有数据序列则来自政府的官方报告。对每个经济指标，笔者用2006—2012 年的样本估计了一个预测方程式。这些用普通最小二乘法（OLS）估算的预测方程式包含一个常数、预测指标的两月滞后项，以及每个因子的当期项和按顺序的两月滞后项。①

表 2 展示了每个全样本因子在相应的预测方程式中的统计显著性，相对于简化的 AR2 基准情形。在该表中，因子 2（我们视同为非抵押贷款）与因子 3

① 当同一预测方程式包含多个因子时，这些结果从性质上是相似的。需要注意，每日数据构建的因子是正交性质的，但出于取样的原因，在汇总成月度数据序列时不是完全正交的。

（短期融资）对大多数变量在5%或1%的水平上统计显著。相比之下，因子1（住房）和因子4（银行偿付能力）的表现差得多。因子1只在ISM制造业指数的预测方程式中在10%的水平上显著。因子4只对零售业销售额与资本品订单在5%的水平上具有预测性。并不意外的是，因子1是新房开工量的最好预测指标，但没有一个因子对新房开工量的预测在统计上显著。

表2 将每个因子纳入预测方程式的F统计量

被预测变量	因子1（住房）	因子2（信贷）	因子3（融资）	因子4（银行）
GDP	0.06	4.89***	3.27**	0.63
工业产出	0.40	7.06***	4.87***	1.50
除建筑业外的就业率	1.29	9.61***	2.52**	0.61
失业率	1.60	11.33***	2.56*	1.26
实际PCE	0.58	3.68**	3.76**	0.78
实际PCE（耐用品）	0.33	3.51**	3.66**	0.44
零售额	0.14	10.36***	4.59***	3.29**
新房开工量	1.89	1.72	0.93	1.73
资本品订单	0.71	7.99***	2.96**	3.85**
ISM制造业指数	2.40*	22.69***	13.00***	2.16*
核心PCE通胀率	0.88	1.55	0.85	0.42
自由度	(3; 76)	(3; 76)	(3; 76)	(3; 76)

注：F统计量用于检验在预测方程式（包含被预测变量的两月滞后项）中顺序纳入每个因子的结果。***、**、*分别代表在1%、5%、10%水平上的统计显著性。

表2报告了因子作为预测变量的统计显著性。为评估经济显著性，笔者利用估计的预测方程式对2006—2012年样本期中的每个宏观变量做了模拟预测。这些模拟预测是动态的，即从样本初始值起对每个预测方程式进行模拟，动态地以自动回归系数应用于宏观变量的模拟值（而非实际值）。需要注意，为单独评估每个因子的重要性，动态预测每次利用一个因子，假设其他因子为零。

图10显示了对一个宏观经济变量——工业产出——的动态模拟结果。选择该变量是因为结果具有典型性。在该图的两个部分，黑色线显示工业产出（的增长率）在2006—2012年的实际历史轨迹。图中的其他线条代表根据各个

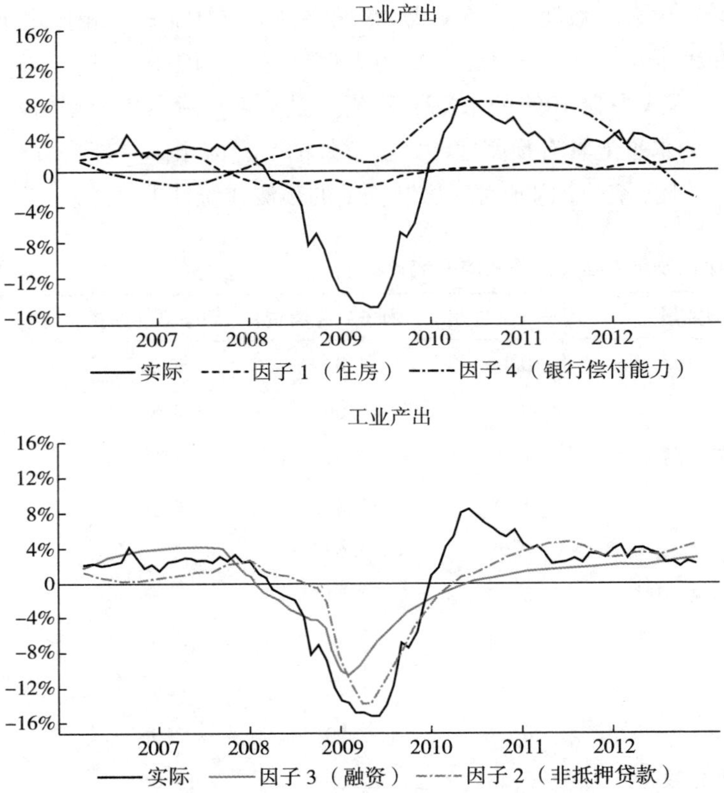

图 10　2006—2012 年工业产出动态模拟

注：图中显示了模型的动态模拟结果，根据工业产出的两月滞后项、每个因子及每个因子的两月滞后项进行回归。预测是动态的，滞后项的值是预测得出的，而非真实值。解释变量的值是年度的百分比变化。

全样本因子得出（每次选一个因子）的工业产出的动态预测轨迹。图 10 的上半部分表明，基于因子 1（住房）和因子 4（银行偿付能力）的动态预测并没有反映工业产出的大部分变化。鉴于这两个因子在表 2 中的统计显著性很低，该结果并不令人惊讶。相比之下，图 10 的下半部分表明，基于因子 2（非抵押贷款）和因子 3（融资）的动态预测有更好的拟合结果。特别是，这两个因子都在很大程度上反映了生产活动在 2008 年下半年的下降及 2009 年中期的复苏。融资因子比非抵押贷款因子反映经济下滑的程度略低，但时间上更为领先。这些定性结果对此类模拟而言同样具有典型性。表 3 显示了被预测的宏观变量与它们的动态模拟值之间的相关关系。

表 3　被预测变量的实际值与预测值之间的相关关系

被预测变量	因子 1（住房）	因子 2（非抵押贷款）	因子 3（融资）	因子 4（银行偿付能力）
GDP	0.46	0.88	0.80	0.07
工业产出	0.65	0.88	0.86	0.22
除建筑业外的就业率	0.67	0.94	0.69	0.23
失业率	0.90	0.99	0.93	0.90
实际 PCE	0.66	0.84	0.86	0.25
实际 PCE（耐用品）	0.54	0.85	0.86	-0.17
零售额	0.55	0.94	0.79	0.37
新房开工量	0.77	0.59	0.59	0.46
资本品订单	0.49	0.85	0.69	0.44
ISM 制造业指数	0.61	0.92	0.87	0.03
核心 PCE 通胀率	0.67	0.73	0.62	0.41

这里不再展示每个宏观变量的相似图形，而是考虑另外一个对比。在某些层面上，本轮危机的所有主要部分都是由住房市场涨跌及相应的抵押贷款变化推动的。但正如本文引言部分所述，住房和抵押贷款崩溃对经济的影响至少有两方面的渠道。第一是“金融脆弱性”观点，认为实际和潜在的抵押贷款损失，加上高杠杆率和依赖短期融资等弱点，摧毁了投资人对抵押贷款乃至更为广泛的各类证券的信心。投资人信心丧失导致了无差别的挤兑、去中介化以及抛售，迅速打压了大多数类型的私人信贷而不只是住房抵押贷款的资产价格，抬升了利率。根据上文的分析，该恐慌爆发渠道可以由因子 3（反映批发融资市场的紧张度）和因子 2（反映证券化信贷，尤其是非抵押贷款的普遍挤兑）的结合来代表。

第二个渠道，即使在没有恐慌时，住房和抵押贷款市场崩溃也会通过破坏资产负债表影响经济运行。居民资产负债表遭受的损失尤其严重，可能抑制了消费支出，这是引言中提到的“居民杠杆率”观点。此外，即使没有爆发恐慌，抵押贷款损失也会蚕食银行与其他贷款人的资本金，从而限制信贷的供给。根据上文的分析，住房和抵押贷款市场变化的这一“非恐慌”效应可以由全样本因子 1 代表，对银行偿付能力的后续影响则反映在因子 4 中。下面我们将把因子 1 和因子 4 的预测力结合起来，称之为“资产负债表渠道”，意指它们共同反映着居民和银行的资产负债表变化。不过，将因子4纳入产生的影响有限，相比于只包含因子1的情况，下面报告的结果并无太大不同。

为对比上述两个渠道的经济重要性，我们将考察“恐慌因子”（因子2和因子3）与“资产负债表因子”（因子1和因子4）对之前列示的经济指标的预测力。我们再次对每个月度经济指标做了预测方程式估计，每个方程式都包含被预测变量的两期滞后项，以及两个恐慌因子或两个资产负债表因子的当期项和两期滞后项。表4展示了纳入这些因子相对于AR2基准场景的F统计量。

表4　在预测方程式中纳入各对因子的F统计值

被预测变量	恐慌因子（因子2和因子3）	资产负债表因子（因子1和因子4）
GDP	3.57***	0.37
工业产出	5.29***	1.20
除建筑业外的就业率	5.07***	1.46
失业率	8.09***	1.99*
实际PCE	3.75***	0.88
实际PCE（耐用品）	6.00***	0.36
零售额	8.50***	1.94*
新房开工量	1.48	1.63
资本品订单	4.55***	2.46**
ISM制造业指数	15.66***	2.05*
核心PCE通胀率	1.01	0.72
自由度	（6；73）	（6；73）

注：F统计量是相对于AR2基准场景。***、**、*分别表示在1%、5%和10%水平上的统计显著性。

不出意料，与之前的结论相符，两个“恐慌因子”的预测力大大超过两个“资产负债表因子”。恐慌因子对除新房开工量和核心通胀率之外的其他所有经济指标的预测力在1%的水平上显著。资产负债表因子对失业和ISM制造业指数的预测力在10%的水平上显著，仅对资本品订单的预测力在5%的水平上显著。

图11显示了对某些代表性经济指标的动态模拟结果，分别基于资产负债

表因子和恐慌因子的估计值。其中的每个图都是在 2006—2012 年样本期内相应经济指标的实际值轨迹与模拟值轨迹的对比。

与表 4 一致的是，这些对比是非常“一边倒的”。在新房开工量上（图 11 的最后一个部分），资产负债表因子在样本期的第一时段产生了更好的拟合，但从 2008 年底之后不再如此。对图中显示的其他所有变量以及由于篇幅而省略的变量，恐慌因子产生的拟合结果都更好，而且相当接近实际值。

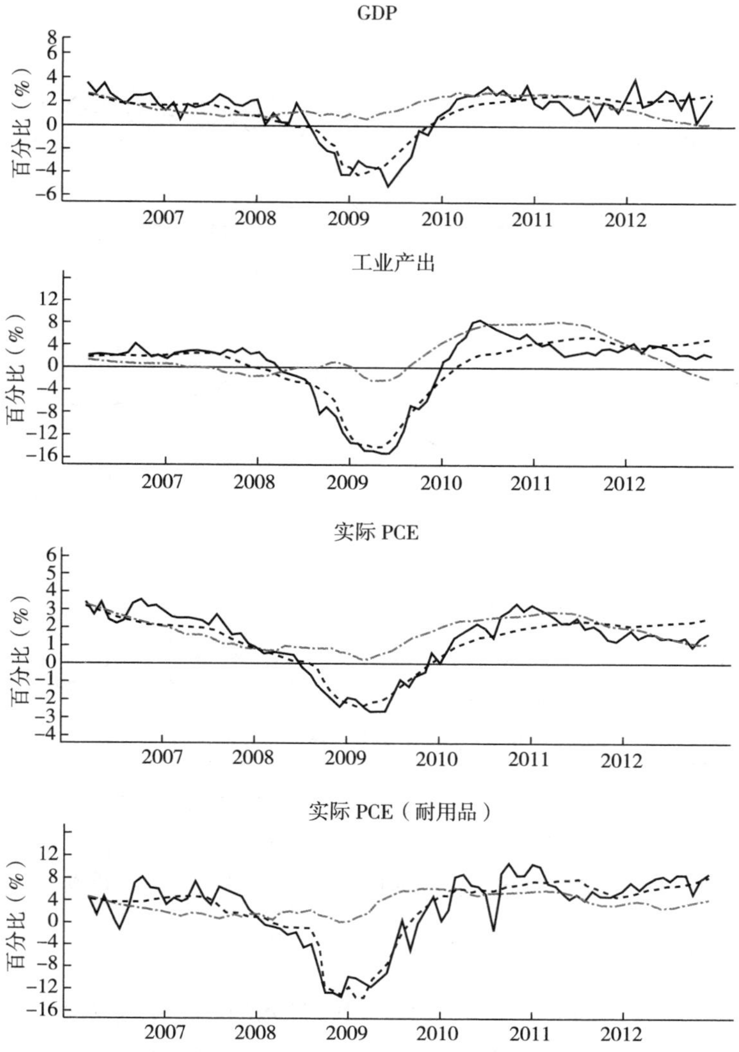

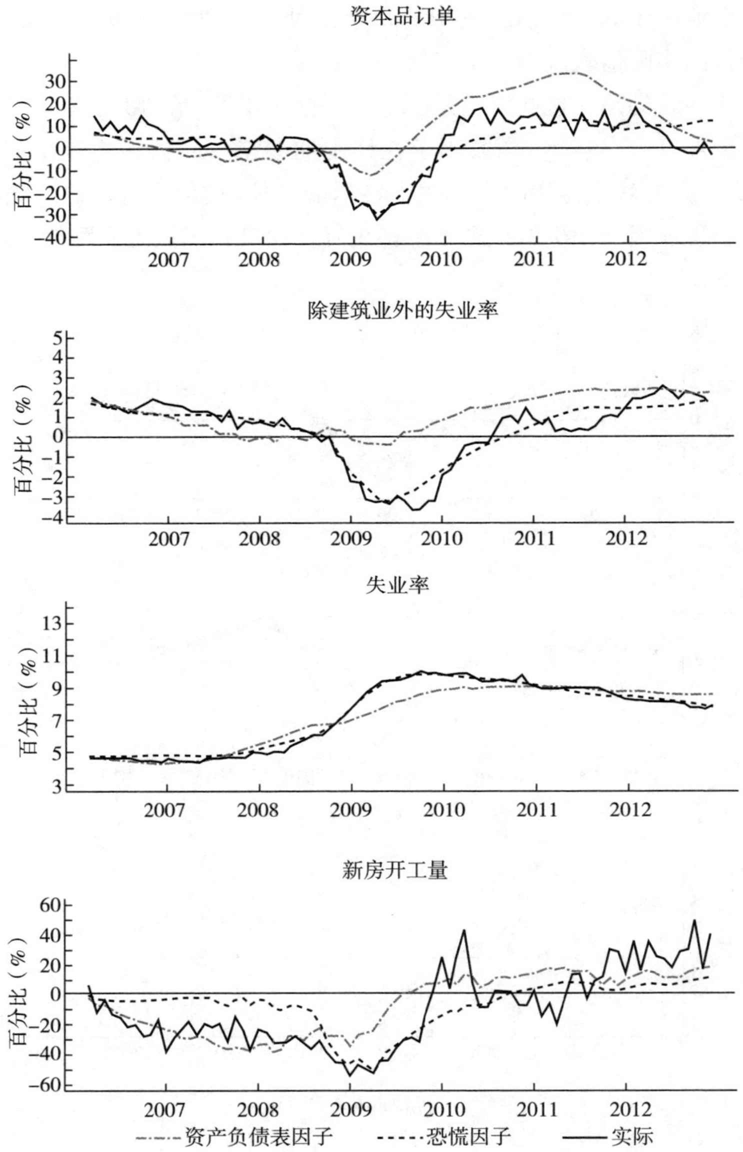

图 11　2006—2012 年恐慌因子与资产负债表因子动态模拟

注：恐慌因子包含因子 2（非抵押贷款）和因子 3（融资）。资产负债表因子包含因子 1（住房）和因子 4（银行偿付能力）。模拟过程如图 10 所示。

表 2 和表 4 展示的 F 统计量，以及图 11 展示的动态模拟结果，是本文这一部分的主要结果。笔者对这些结果（及下文要介绍的稳健性检验）的主要诠释

是，它们证实了恐慌对2008年后期到2009年初经济下滑严重程度的影响。从直觉上看，我们观察到金融市场在同一时期的特定时点出现了大幅度的非连续性断裂，这些断裂与反映融资和证券化市场恐慌的若干变量密切相关；另外这些变动又对广泛的宏观经济变量有强烈的预测力。发现恐慌的核心作用，能帮助我们解释在初期表现并不剧烈的经济衰退为什么会变得那么严重。

很重要的一点是，尽管资产负债表因子在上述设定环境下不能很好地预测经济走势，笔者却不认为，由此就能证实这些传递渠道并不重要，哪怕暂不考虑住房市场涨跌促成了最初的恐慌。原因在于：第一，全样本因子分析发现，与住房联系最密切的因子（因子1）可以最大程度地解释2006—2012年样本期内金融变量的变化，尤其是，住房因子决定了样本期的第一时段内发生的变化（图8）。显然，市场参与者认为住房和抵押贷款市场的变化有着重要经济影响，甚至在他们开始担忧更广泛的金融不稳定之前即是如此。第二，如前文所述，多项实证研究发现居民杠杆率和就业之间存在显著关联（其中包括：Mian and Sufi，2010，2014b；Hatzius，2008；Haltenhof、Lee and Stebunovs，2014；Juselius and Drehmann，2015）。除了根据美国经验开展的研究之外，其他几项研究借助国际和历史数据也得出了居民债务杠杆积累与随后的衰退之间的关系（包括Jordà、Schularick and Taylor，2016；Mian and Sufi，2018a）。结合所有这些及其他方面的证明，一个合理的结论是，居民资产负债表恶化造成了消费支出（特别是耐用消费品）在早期的下滑，并拖延了后来的经济复苏步伐。而恐慌则能很好比解释经济急剧下滑阶段。与此类似，出于上述的同样理由，笔者认为因子4的预测力并不表明银行的资产负债表（除对爆发恐慌的概率的影响外）在经济上不重要。或许是因为居民和银行的资产负债表变化都太慢，相对过于平滑，所以其效应没有被本文介绍的分析方法观察到。

两个稳健性检验。下面将简要介绍对本文的主要发现——危机的恐慌阶段是解释危机对实体经济形成破坏影响的核心所在——的两个稳健性检验。

第一，上述结果利用了全部75个金融变量的全样本所做的因子估计。另外，我们也可以利用四个子样本分别估计的因子来代表危机的各个阶段。由于子样本的因子不像全样本那样在构建时就具有正交性，我们按次序对其做正交化：住房、融资、非抵押贷款、银行偿付能力。这一次序与假设的危机进程相符（见图5的有关介绍）。特别是，该过程把住房子样本中估计的因子作为第一个因子，从而将住房变量和其他变量的联动完全归因于住房因子。当然这样做可能低估恐慌效应，因为它排除了恐慌本身造成住房市场下跌的可能性。

表5展示了全样本因子与正交化的子样本因子的相关系数，图12展示了它们的图像对比。前三个全样本因子分别与住房、非抵押贷款、融资子样本因子的相关度较高，同表1一致。而有趣的是，第四个全样本因子与银行偿付能力子样本中估计出来的因子也相当吻合——相比之下，在表1中则是因子1与银行偿付能力因子的相关度最高。从直觉来看，正交化过程似乎分离出了银行资产负债表中与住房和抵押贷款变化无关的变动，而这些变动可能构成了危机期间金融市场表现的一个独立的决定因素（虽然相对影响较小）。

表5　全样本因子与正交化子样本因子的相关关系

	因子1（住房）	因子2（非抵押贷款）	因子3（融资）	因子4（银行偿付能力）
住房	0.97	-0.07	-0.14	0.13
融资（正交化）	0.13	0.28	0.94	0.01
非抵押贷款（正交化）	0.04	0.95	-0.27	-0.05
银行偿付能力（正交化）	-0.16	0.09	-0.07	0.87

表6　在预测方程式中纳入成对因子的F统计量

被预测变量	恐慌因子（正交化）	资产负债表因子（正交化）
GDP	3.21***	0.18
工业产出	4.45***	0.81
除建筑业外的就业率	5.23***	0.25
失业率	7.52***	2.32**
实际PCE	3.25***	0.97
实际PCE（耐用品）	5.16***	0.28
零售额	7.31***	1.09
新房开工量	1.70	1.18
资本品订单	4.10***	1.29
ISM制造业指数	13.69***	1.96*
核心PCE通胀率	1.07	0.91
自由度	(6; 73)	(6; 73)

注：恐慌因子和资产负债表因子是正交化之后的部分因子。F统计量是包含成对因子后，相对于AR2基准场景。***、**、*分别表示在1%、5%、10%水平上的统计显著性。

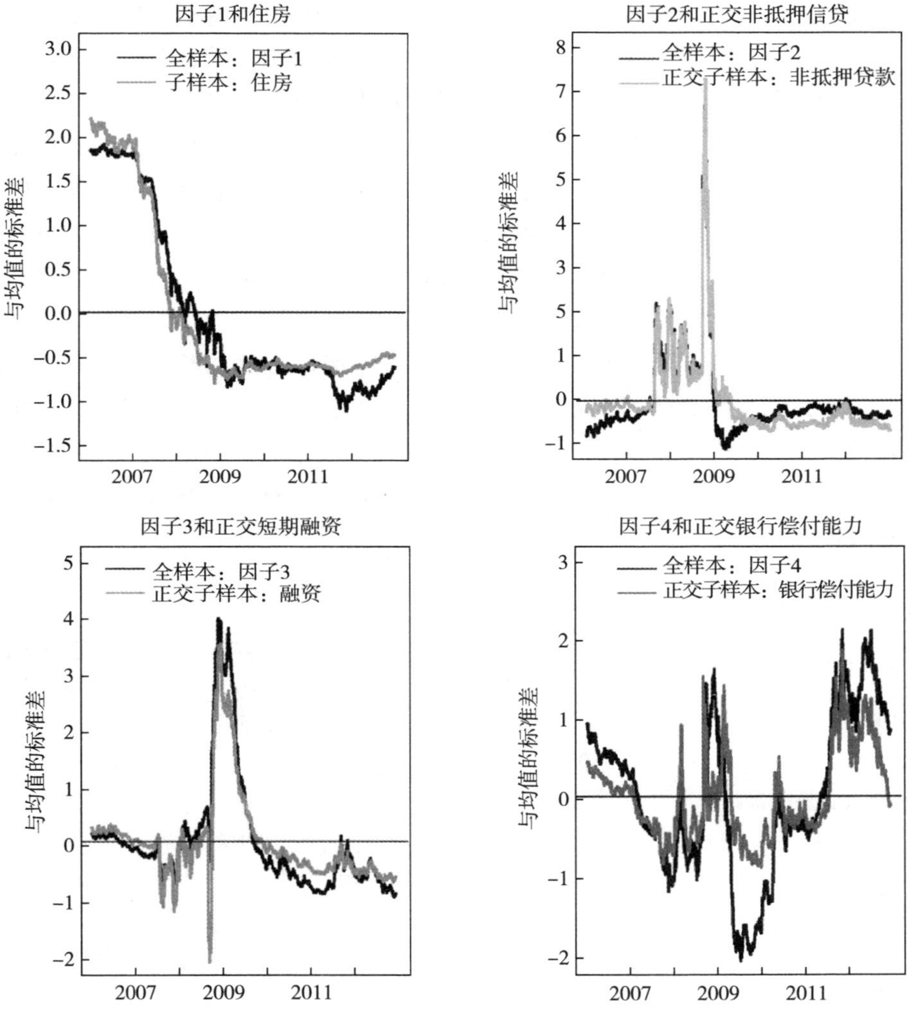

图 12　2006—2012 年估计因子：全样本与子样本

注：该图对比了全样本估计因子同子样本估计因子，后者按如下次序做了正交化处理：住房、融资、非抵押贷款、银行偿付能力。

表 6 报告了类似于表 4 的检验结果，对比了两个“恐慌”因子（融资与非抵押贷款）和两个“资产负债表因子”（住房和银行偿付能力）对月度宏观经济指标的预测力，但这里是用正交化的子样本因子替代全样本因子。恐慌因子的预测力再度表现得非常强，对除新房开工量和核心通胀率之外的所有变量的预测力在 1% 的水平上显著。资产负债表因子的表现同样弱得多。

在第二个稳健性检验中，笔者还考虑了没有使用因子分析的代理变量来反映恐慌和资产负债表的变化。表 7 报告了预测方程式的 F 统计量，其构建类似于表 4 和表 6，但利用了联邦住房金融局（FHFA）住房价格指数的月度数值、房利美公司的 3 月期抵押贷款拖欠率以及吉尔克里斯—扎克拉塞克债券超额溢价（见图 1）来替代估计因子。前两个变量反映了住房和居民资产负债表的变化。吉尔克里斯—扎克拉塞克债券超额溢价是控制了估计违约概率后的公司债券利差，主要反映投资人对公司信贷的态度。我们将这一指标作为恐慌的替代变量，图 1 明确显示它对恐慌有较高敏感度。

在表 7 中，前两列分别评估了住房价格与抵押贷款违约率（的对数值）的预测力，第三列是债券超额溢价的预测力。第四列展示了正交化的债券超额溢价的预测力，即债券超额溢价对住房价格和违约率做回归之后的残差。这一操作可以起到的效果是，把债券超额溢价与前两个变量的所有联合解释力都只归结到前两个变量上。

表 7　在预测方程式中纳入其他危机测量指标的 F 统计量

被预测变量	住房价格	违约率	债券超额溢价	债券超额溢价（正交化）
GDP	2.62*	1.54	7.85***	7.72***
工业产出	1.98	1.37	11.12***	15.89***
除建筑业外的就业率	0.75	1.49	8.44***	8.33***
失业率	1.71	3.74**	15.24***	9.31***
实际 PCE	2.51*	1.10	7.56***	7.42***
实际 PCE（耐用品）	2.55*	1.02	6.1***	5.06***
零售额	1.30	0.85	8.93***	10.08***
新房开工量	3.52**	1.68	1.71	2.04
资本品订单	1.08	1.39	7.91***	10.19***
ISM 制造业指数	1.81	1.04	15.47***	12.39***
核心 PCE 通胀率	1.01	1.71	1.86	1.21
自由度	(3; 76)	(3; 76)	(3; 76)	(3; 76)

注：F 统计量是相对于 AR2 基准场景。***、**、*分别表示在 1%、5% 和 10% 水平上的统计显著性。

表 7 显示，即使在正交化处理后，债券超额溢价也是宏观变量强有力的预测指标，在 11 个变量中，它对除新房开工量和核心通胀率之外的 9 个变量

的预测力在1%的水平上显著。有意思的是，住房价格能预测新房开工量与（统计显著性较低的）GDP、耐用品消费和总消费。违约率能预测失业率，但不能预测除建筑业外的就业水平。这些结果看起来同因子分析得到的结果非常接近。

四、结论和政策启示

在金融危机高峰期过去十年之后，本文重新梳理了信贷因素在危机乃至更一般地在宏观经济学中的作用。如今的大量研究表明，此类因素对居民、企业和金融中介的行为有重要影响。宏观经济学的建模和分析必须把它们考虑进来，否则可能如2008年所发生的那样，出现重大的预测失误。

具体来说，本文的实证研究部分显示，2007—2009年的金融恐慌（包括批发融资的挤兑和撤出证券化贷款）会严重冲击实体经济，这或许是经济衰退程度如此不同寻常的主要原因。也许，恐慌及相关的信贷去中介化的影响通过整个经济范围的外部融资溢价飙升，以及风险规避和流动性偏好的大幅提高而传导。这些结果支持了格特勒等人的模型（Gertler and Kiyotaki，2015）以及其他研究。在本文的分析中，对恐慌效应的识别同样基于决定危机主要阶段的显而易见的非连续性特征。尽管恐慌显然不是外生事件，而是广泛的结构因素和心理因素共同作用的结果，其时机与规模在很大程度上难以预见。恐慌的爆发似乎也不是由于投资人突然开始预期衰退会严重加深，也就是说，不存在反向因果关系。因此，恐慌出现在广泛的经济下行之前、结束在宏观经济条件改善之前这一事实，正是恐慌对实体经济具有重大影响的初步证据。

虽然与住房和居民财务困难有关的变量在笔者的设定中没有较好的预测力，但仍需要再次强调，不能就此认为此类因素并不重要——暂且不论它们在触发恐慌方面所起的作用。综合来看，横截面证据以及某些更有限的时间序列证据都表明，居民资产负债表的状况是支出决策（包括大衰退之前及之中）的重要决定因素。特别是，居民资产负债表的恶化有可能是危机前消费支出放缓的先导因素（Mian、Rao and Sufi，2013），居民需要去杠杆和修复资产负债表则不利于经济走向复苏。只是由于资产负债表状况的变化通常较慢且有连续性，通过时间序列方法识别它对宏观经济的影响（如笔者的研究）非常困难，尤其是在较短时期内。

与恐慌的重要性有关的研究发现具有关键的政策含义，包括回顾与前瞻两个方面。从回顾来看，包括美联储和美国财政部在内的政策制定者采取了激进并往往极为不受欢迎的措施抑制金融恐慌，如把贷款大幅扩张到银行体系之外，采取一系列干预对银行体系进行资本重组，以及避免系统重要性金融机构的倒闭等。支持这些行动的理由是政策制定者担心，如果恐慌失去控制，将给经济造成严重而持续的破坏，可能导致大萧条再现。

本文的结论为政策制定者的说法提供了某些事后支持。图 13 展示了对恐

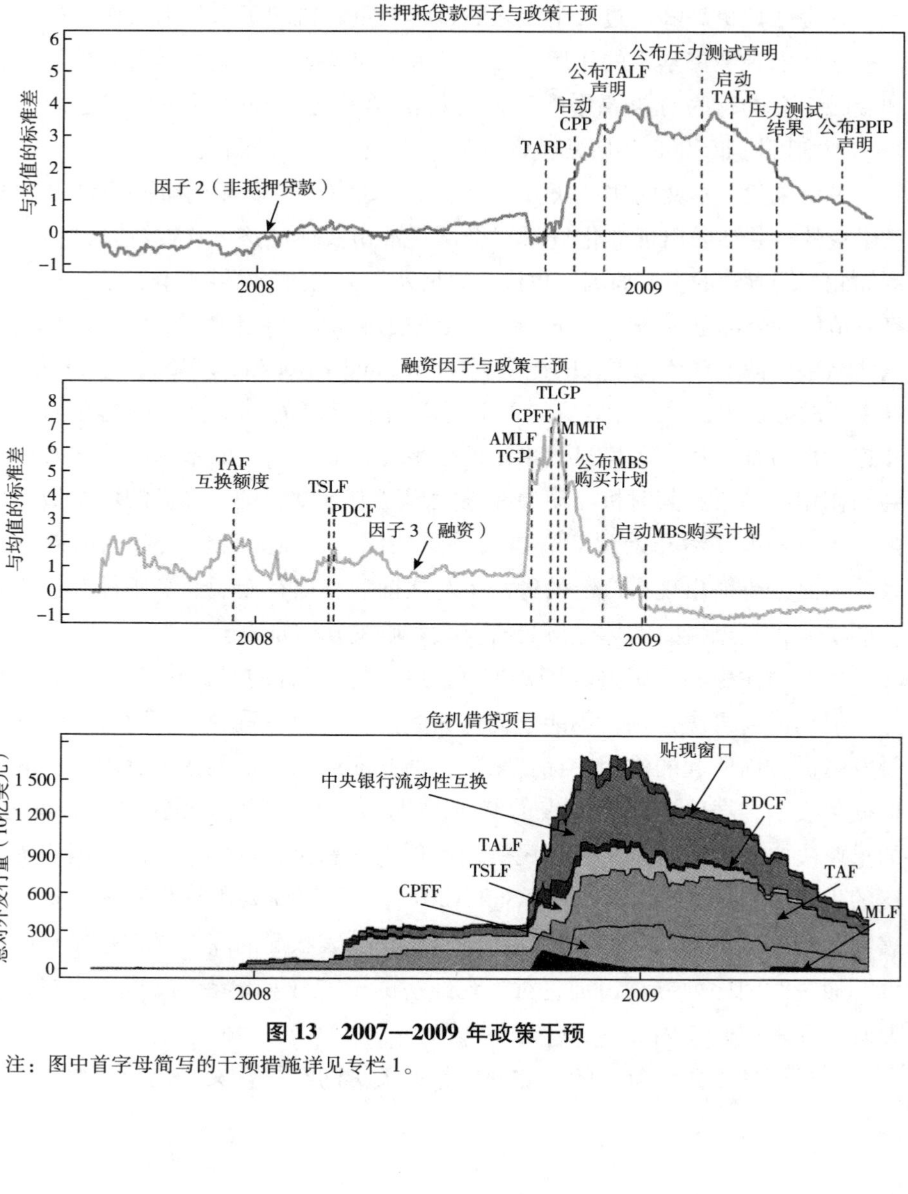

图 13　2007—2009 年政策干预

注：图中首字母简写的干预措施详见专栏 1。

慌和政策反应的图解说明。该图最上面两个部分显示的是对应非抵押贷款和融资的全样本估计因子，这两个“恐慌因子”对经济的预测力已经在上文做了介绍。图13最上面两个部分中的垂直线则代表美联储、财政部及联邦存款保险公司采取的某些重要政策措施。专栏1对这些措施做了简要的定义和描述。作为对政策反应力度的度量标准，图13的最下面部分展示的是美联储资产负债表中与不同的紧急贷款项目有关的部分（但不包括与量化宽松或稳定贝尔斯登公司及美国国际集团有关的资产购买）所占的份额。

专栏1　对恐慌的政策反应

图13中提到的政策措施包括：

1. 美联储的贴现窗口贷款（Discount window lending），包括一级信贷、二级信贷和季节性信贷，仅对存款类金融机构发放。

2. 定期拍卖工具（Term auction facility，TAF），是拍卖贴现窗口贷款的机制（详细介绍参见 Armantier、Krieger and McAndrews，2008）。有研究发现，与该工具有关的事件同 LIBOR 水平的下跌有关（McAndrews et al.，2017）。

3. 定期证券借贷工具（Term securities lending facility，TSLF）。根据此项计划，美联储把财政部证券借给一级交易商，以抵押贷款相关证券作为抵押品。有研究发现（Fleming et al.，2010），该工具的贷款缩小了回购协议利差，但另外的研究认为（Wu，2008），相比于 TAF，该工具和 PDCF（下文介绍）对银行间融资利差的影响极小。

4. 一级交易商信贷工具（Primary dealer credit facility，PDCF），在贝尔斯登公司濒临倒闭后设立，给交易商提供隔夜贷款（可参阅 Adrian and Schaumburg，2012）。

5. 资产支持商业票据和货币市场流动性工具（Asset-backed commercial paper and money market liquidity facility，AMLF），给愿意从货币市场基金购买资产支持商业票据的存款类金融机构提供抵押贷款。有研究发现该项目帮助稳定了货币市场基金，并改善了资产支持商业票据市场的流动性（Duygan-Bump et al.，2010）。

6. 美联储与外国中央银行的互换额度（Swap lines）。有研究总结了互换额度有效性的证据，发现这些额度减缓了国内外融资压力（Goldberg、Kennedy and Miu，2011）。

7. 定期资产支持证券贷款工具（Term asset-backed securities loan facility，TALF）。该工具由美联储与财政部联合操作，由美联储向 AAA 级资产支持证券（ABS）的持有者提供贷款。美联储按资产支持证券的市场价值减去估值折扣（haircut）后发放贷款，并通过财政部的临时资产救助计划（TARP）获得 200 亿美元的信贷保护。有研究发现，该工具增强了资产支持证券市场的信心（Covitz et al.，2011）。

8. 商业票据融资工具（Commercial paper funding facility，CPFF）。美联储利用该工具购买高评级无抵押商业票据和资产支持商业票据，以资产或发行人费用作担保。有研究介绍了该项目，发现各类被购买票据的利差相应下降（Adrian、Kimbrough and Marchioni，2011）。

9. 货币市场投资人融资工具（Money market investor funding facility，MMIF）。作为对 AMLF 的补充，该工具的目标是提高二级货币市场的流动性，但一直未被采用。

10. 货币市场基金临时担保计划（Temporary guarantee program for money market funds，TGP）。为停止货币市场基金的挤兑，财政部给参与该计划的基金的份额价格提供担保。

11. 临时流动性担保计划（Temporary liquidity guarantee program，TLGP）。根据该计划，联邦存款保险公司给存款类金融机构及其控股公司新的无担保优先债务提供保险，并全额保证无利息的交易账户。

12. 问题资产救助计划（Troubled asset relief program，TARP）。根据该计划，美国国会授权提供最多 7000 亿美元购买问题资产。这些资金用于给金融机构注入资本金，以及抵押贷款救助和稳定各汽车公司。

13. 资本购买计划（Capital purchase program，CPP）。利用问题资产救助计划的资金向大型和小型银行注入资本金。

14. 抵押贷款支持证券购买计划（MBS purchase program）。量化宽松行动的先导，根据该计划，美联储购买由政府扶持企业（GSE）发行或担保的抵押贷款相关证券。有研究发现，该计划在 2008 年后期显著降低了抵押贷款利率（Hancock and Passmore，2011）。

15. 压力测试（Stress tests，SCAP）。美联储、货币监理署和联邦存款保险公司的联合行动，由财政部支持，以评估大银行抵御紧张状况的能力。要求未通过测试的银行提高私人资本金，或接受来自问题资产救助计划的资本金（可参阅 Clark and Ryu，2015）。另有研究分析了公布压力测试与银行股票回报之间的关系（Morgan、Peristiani and Savino，2014）。

16. 公私合作投资计划（Public-private investment program，PPIP）。根据该计划，财政部承诺为购买“遗留的”住房和商业抵押贷款支持证券的公私合作基金提供股权和债权融资。

如图 13 所示，在危机爆发前一年左右，从 2007 年 8 月至 2008 年 8 月，大多数政策措施属于充当最后贷款人的类型，美联储把允许的交易对象扩大到银行体系之外。特别是，美联储通过定期证券借贷工具和一级交易商信贷工具计划，给一级交易商——同美联储直接交易的大型经纪自营商——提供流动性。为克服银行从贴现窗口借款的尴尬情绪，美联储还启动了定期拍卖贴现窗口贷款的计划（如 TAF）。针对全球货币市场紧张状况，美联储同 14 个外国中央银行达成了互换额度协议，其中包括四个新兴市场经济体。这些增强流动性的计划并未结束融资危机，而且如图 13 所示，在这一年里紧张态势也没有显著恶化。

然而，在 2008 年 9 月的雷曼兄弟破产与美国国际集团救助行动后，融资问题严重加剧。① 在持有雷曼兄弟商业票据的一家货币市场基金跌破面值后，这一领域爆发了广泛的挤兑，财政部对此实施了担保计划，美联储出台了新的流动性计划。但随着投资人对若干大型机构失去信心，融资忧虑越来越多地转化为机构的偿付能力问题（Sarkar and Shrader，2010）。这一时期的政策应对措施也相应改变。关键在于，《问题资产救助计划法案》的通过给财政部提供了资源，以便通过资本购买计划向银行体系注入资本。财政部之后还将利用该法案的资金来支持抵押贷款重组，以及阻止两家大型汽车公司破产。还有两项措施帮助稳定了银行体系：联邦存款保险公司通过临时流动性担保计划给新的

---

① 某些人认为，美国政府在 2008 年 8 月接手房利美和房地美公司是危机的触发事件。有研究指出，在雷曼兄弟破产后数周内围绕通过《问题资产救助计划法案》的斗争也加剧了市场的不确定性（Mishkin，2011）。

优先级银行债务提供保证，以及各监管机构在财政部支持下于2009年春对银行开展压力测试。美联储和财政部还通过定期资产支持证券贷款工具联合对资产支持证券市场提供了支持。

有大量研究评估了上述各项政策计划，大多数发现这些计划产生了预计的效果。有关介绍可参阅专栏1（综述可参阅 Logan、Nelson and Parkinson, 2018）。不过许多文献是基于事件分析（event study），并不总能得出明确的结论。按照类似思路，我们将重大政策发布或政策实施的日期同我们的每日因子估计相匹配，以寻找特定政策与某个或多个因子的急剧变化有关的证据。结果发现若干政策产生了有益的影响，包括资本购买计划、联邦存款保险公司的贷款担保计划、货币市场基金担保、压力测试结果的发布、定期证券借贷工具，以及定期资产支持证券贷款工具等。当然，这些结果并不都是稳健的，反映出通常难以评估政策发布在多大程度上出乎市场意料，以及许多政策计划在接近的时间引入，并伴随着金融市场混乱的发展形势。① 所以，我们需要更多研究来查明危机期间的不同政策的相对重要性和效果，而且最好是借助统一的理论架构。

不过图13明确反映了一个基本事实，即恐慌较快地得到了控制。图13的中间部分显示，融资条件到2008年底有显著改善。非抵押贷款市场的紧张状况持续到2009年，在引入定期资产支持证券贷款工具及成功开展银行的压力测试等干预措施后，这部分恐慌也随之退潮。根据本文的结论，恐慌因子与经济走势之间有强烈关联，控制了恐慌蔓延的政策组合应该帮助我们避免了严重得多的经济衰退。②

从前瞻角度看，本文的发现支持继续保持警惕以确保金融稳定。金融危机造成的损失极大，尤其是在持续的金融恐慌状态下。政策制定者应该宁可坚持较为保守的态度，确保金融机构有充足的资本率，不要过分依赖短期融资，并有良好的机制来测算和管理风险。监管机构应该努力揭开金融体系中的"黑暗角落"，采取系统性或宏观审慎的方法来处理风险。尽管这方面的积极讨论仍在继续（例如针对恰当的银行资本金水平），笔者依然认为后危机时代的改

① 有时要判断某项政策计划的"引入"时间也存在难度，例如，是公布的时间，实施的时间，还是其内容或规模发生变化的时间？

② 有学者利用带有金融摩擦的宏观经济模型证明，特别是美联储的流动性政策措施可能防止经济走向比实际情形严重得多的崩溃（Del Negro et al., 2017）。

革已显著增强了我们的金融体系应对未来冲击的韧性。

即使危机爆发的概率小于过去，政策制定者仍需要合适的工具来处理未来任何时候可能出现的危机。在这方面，我的乐观程度要低一些。《多德—弗兰克法案》创立的有序清算授权（liquidation authority）给政策制定者提供了新的权力，以有序的方式来处理陷入困境的系统重要性机构。这些新的授权尚未被试用过，有些人对它们在系统性恐慌中的效果心存疑虑。但笔者认为，无论如何，相对于本轮危机中临时赋予的授权而言，它们是明显的改进。不过自本轮危机后，其他紧急救助工具事实上已被削弱。例如，财政部已不再能给货币市场基金提供担保，联邦存款保险公司也不能给银行债务提供担保，而这两类措施在本轮危机中都发挥过非常正面的作用。美联储的紧急贷款授权也在一定程度上受到限制，新的信息披露要求或许会使贴现窗口及其他贷款工具污名化，使它们在危机中无法起到作用，遇到困难的机构也不愿意以此借款。

对紧急救助工具的限制大多反映了对危机期间的政策干预的政治反弹，这是完全可以理解的。然而本文的论述认为，这些干预对保护更广泛的经济活动基本上是必需的。笔者希望，随着时间的流逝，立法者会认识到可以对下次危机处理中能用到的政策工具开展中立的回顾和评估，并做出必要的调整。

（余　江　译）

参考文献

Acharya, Viral V., and Nada Mora. 2015. "A Crisis of Banks as Liquidity Providers." The Journal of Finance 70 (1): 1-43. https://doi.org/10.1111/jofi.12182.

Adelino, Manuel, Antoinette Schoar, and Felipe Severino. 2015. "Loan Originations and Defaults in the Mortgage Crisis: The Role of the Middle Class." Working Paper 20848. National Bureau of Economic Research. https://doi.org/10.3386/w20848.

Adrian, Tobias, Paolo Colla, and Hyun Song Shin. 2012. "Which Financial Frictions? Parsing the Evidence from the Financial Crisis of 2007-9." National Bureau of Economic Research Macroeconomics Annual 27 (August): 159-214.

Adrian, Tobias, Karin Kimbrough, and Dina Marchioni. 2011. "The Federal Reserve's Commercial Paper Funding Facility." FRBNY Economic Policy Review. New York, New York: Federal Reserve Bank of New York. https://www.newyorkfed.org/medialibrary/media/research/epr/11v17n1/1105adri.pdf.

Adrian, Tobias, and Ernst Schaumburg. 2012. "The Fed's Emergency Liquidity Facilities during the Financial Crisis: The CPFF." Federal Reserve Bank of New York. Liberty Street Economics (blog). August 20, 2012. http://libertystreeteconomics.newyorkfed.org/2012/08/the-feds-emergency-liquidity-facilities-during-the-financial-crisis-the-cpff.html.

Afonso, Gara, Anna Kovner, and Antoiinette Schoar. 2011. "Stressed, Not Frozen: The Federal Funds Market in the Financial Crisis." Federal Reserve Bank of New York Staff Reports. Federal Reserve Bank of New York. https://www.newyorkfed.org/medialibrary/media/research/staff_reports/sr437.pdf.

Aikman, David, Jonathan Bridges, Anil Kashyap, and Caspar Siegart. 2018. "Would Macroprudential Regulation Have Prevented the Last Crisis?" Bank of England Staff Working Paper, no. No. 747 (August). https://www.bankofengland.co.uk/working-paper/2018/would-macroprudential-regulation-have-prevented-the-last-crisis.

Aiyar, Shekhar. 2011. "How Did the Crisis in International Funding Markets Affect Bank Lending? Balance Sheet Evidence from the United Kingdom." Bank of England Staff Working Paper 424 (April). http://www.bankofengland.co.uk/research/Pages/workingpapers/2011/wp424.aspx.

——. 2012. "From Financial Crisis to Great Recession: The Role of Globalized Banks." American Economic Review 102 (3): 225-30. https://doi.org/10.1257/aer.102.3.225.

Aladangady, Aditya. 2014. "Homeowner Balance Sheets and Monetary Policy." Finance and Economics Discussion Series 2014 (98). https://www.federalreserve.gov/econresdata/feds/2014/files/201498pap.pdf.

Albertazzi, Ugo, and Domenico J. Marchetti. 2010. "Credit Supply, Flight to Quality and Evergreening: An Analysis of Bank-Firm Relationships after Lehman." Economic Research and International Relations Area 756. Temi Di Discussione (Economic Working Papers). Bank of Italy. https://ideas.repec.org/p/bdi/wptemi/td_756_10.html.

Alfaro, Laura, Manuel García-Santana, and Enrique Moral-Benito. 2018. "On the Direct and Indirect Real Effects of Credit Supply Shocks." SSRN Scholarly Paper ID 3132984. Rochester, NY: Social Science Research Network. https://papers.ssrn.com/abstract=3132984.

Almeida, Heitor, Murillo Campello, Bruno Laranjeira, and Scott Weisbenner. 2009. "Corporate Debt Maturity and the Real Effects of the 2007 Credit Crisis." Working Paper 14990. National Bureau of Economic Research. https://doi.org/10.3386/w14990.

Altavilla, Carlo, Matthieu Darracq Paries, and Giulio Nicoletti. 2015. "Loan Supply, Credit Markets and the Euro Area Financial Crisis." 1861. European Central Bank Working Papers. European Central Bank. https://www.ecb.europa.eu/pub/pdf/scpwps/ecbwp1861.en.pdf.

Arellano, Cristina, Yan Bai, and Patrick J Kehoe. 2016. "Financial Frictions and Fluctuations in Volatility." Working Paper 22990. National Bureau of Economic Research. https://doi.org/10.3386/w22990.

Armantier, Olivier, Eric Ghysels, Asani Sarkar, and Jeffrey Shrader. 2015. "Discount Window Stigma during the 2007-2008 Financial Crisis." 483. Federal Reserve Bank of New York Staff Reports. Federal Reserve Bank of New York. https://www.newyorkfed.org/medialibrary/media/research/staff_reports/sr483.pdf.

Arteta, Carlos, Mark Carey, Ricardo Correa, and Jason Kotter. 2013. "Revenge of the Steamroller: ABCP as a Window on Risk Choices." International Finance Discussion Papers 1076

(April) . https: //www. federalreserve. gov/pubs/ifdp/2013/1076/ifdp1076. pdf.

Bacchetta, Philippe, and Eric van Wincoop. 2016. "The Great Recession: A Self – Fulfilling Global Panic." American Economic Journal: Macroeconomics 8 (4): 177 – 98. https: //doi. org/10. 1257/mac. 20140092.

Baker, Scott R. 2018. "Debt and the Response to Household Income Shocks: Validation and Application of Linked Financial Account Data." Journal of Political Economy, March, 000 – 000. https: //doi. org/10. 1086/698106.

Bao, Jack, Josh David, and Song Han. 2015. "The Runnables." FEDS Notes (blog) . September 3, 2015. https: //www. federalreserve. gov/econresdata/notes/feds – notes/2015/the – runnables – 20150903. html.

Bassett, William F., Mary Beth Chosak, John C. Driscoll, and Egon Zakrajšek. 2014. "Changes in Bank Lending Standards the Macroeconomy." Journal of Monetary Economics 62 (March): 23 – 40.

Benmelech, Efraim, Carola Frydman, and Dimitris Papanikolaou. 2017. "Financial Frictions and Employment during the Great Depression." Working Paper 23216. National Bureau of Economic Research. https: //doi. org/10. 3386/w23216.

Benmelech, Efraim, Ralf R. Meisenzahl, and Rodney Ramcharan. 2017. "The Real Effects of Liquidity During the Financial Crisis: Evidence from Automobiles." Quarterly Journal of Economics 132 (1): 317 – 65. https: //doi. org/10. 3386/w22148.

Bernanke, Ben S. 1983. "Non – Monetary Effects of the Financial Crisis in the Propagation of the Great Depression." American Economic Review 73 (10): 257 – 76.

Bernanke, Ben S. 1994. "The Macroeconomics of the Great Depression: A Comparative Approach." Working Paper 4814. National Bureau of Economic Research. https: //doi. org/10. 3386/w4814.

Bernanke, Ben S. 2010. "Implications of the Financial Crisis for Economics." Speech presented at the Conference Co – sponsored by the Center for Economic Policy Studies and the Bendheim Center for Finance, Princeton, September 24. https: //www. federalreserve. gov/newsevents/speech/bernanke20100924a. htm.

——. 2012. "Some Reflections on the Crisis and the Policy Response." presented at the At the Russell Sage Foundation and The Century Foundation Conference on "Rethinking Finance," New York, New York. https: //www. federalreserve. gov/newsevents/speech/bernanke20120413a. htm.

Bernanke, Ben S., and Mark Gertler. 1989. "Agency Costs, Net Worth, and Business Fluctuations." The American Economic Review 79 (1): 14 – 31.

——. 1995. "Inside the Black Box: The Credit Channel of Monetary Policy Transmission." Journal of Economic Perspectives 9 (4): 27 – 48. https: //doi. org/10. 1257/jep. 9. 4. 27.

Bernanke, Ben S., Mark Gertler, and Simon Gilchrist. 1999. "The Financial Accelerator in a Quantitative Business Cycle Framework." Handbook of Macroeconomics 1 (C): 1341 – 93.

Bernanke, Ben S., and Harold James. 1991. "The Gold Standard, Deflation, and Financial Crisis in the Great Depression: An International Comparison." In Financial Markets and Financial Crises, 33 – 68. National Bureau of Economic Research. University of Chicago Press. http: //

www. nber. org/chapters/c11482. pdf.

Berrospide, Jose M., Lamont K. Black, and William R. Keaton. 2016. "The Cross – Market Spillover of Economic Shocks through Multi – Market Banks." Journal of Money, Credit and Banking 48 (5): 957 – 88.

Boissay, Frédéric, Fabrice Collard, and Frank Smets. 2016. "Booms and Banking Crises." Journal of Political Economy 124 (2): 489 – 538. https://doi. org/10. 1086/685475.

Brunnermeier, Markus K. 2009. "Deciphering the Liquidity and Credit Crunch 2007 – 2008." Journal of Economic Perspectives 23 (1): 77 – 100.

Brunnermeier, Markus K., and Yuliy Sannikov. 2014. "A Macroeconomic Model with a Financial Sector." American Economic Review 104 (2): 379 – 421. https://doi. org/10. 1257/aer. 104. 2. 379.

Caballero, Ricardo J., Emmanuel Farhi, and Pierre – Olivier – Gourinchas. 2017. "The Safe Assets Shortage Conundrum." Journal of Economic Perspectives 31 (3): 29 – 46.

Calomiris, Charles, and Joseph R. Mason. 2003. "Consequences of Bank Distress During the Great Depression." American Economic Review 93 (3): 937 – 47.

Calomiris, Charles W., and Charles M. Kahn. 1991. "The Role of Demandable Debt in Structuring Optimal Banking Arrangements." The American Economic Review 81 (3): 497 – 513.

Campello, Murillo, John R. Graham, and Campbell R. Harvey. 2010. "The Real Effects of Financial Constraints: Evidence from a Financial Crisis." Journal of Financial Economics, The 2007 – 8 financial crisis: Lessons from corporate finance, 97 (3): 470 – 87. https://doi. org/10. 1016/j. jfineco. 2010. 02. 009.

Carlson, Mark A., Hui Shan, and Missaka Warusawitharana. 2013. "Capital Ratios and Bank Lending: A Matched Bank Approach." Journal of Financial Intermediation 22 (4): 663 – 87.

Carlson, Mark, and Jonathan D. Rose. 2015. "Credit Availability and the Collapse of the Banking Sector in the 1930s." Journal of Money, Credit and Banking 47 (7): 1239 – 71. https://doi. org/10. 1111/jmcb. 12244.

Carlstrom, Charles T., and Timothy S. Fuerst. 1998. "Agency Costs, Net Worth, and Business Fluctuations: A Computable General Equilibrium Analysis." The American Economic Review 87 (5): 893 – 910.

Chaney, Thomas, David Sraer, and David Thesmar. 2012. "The Collateral Channel: How Real Estate Shocks Affect Corporate Investment." American Economic Review 102 (6): 2381 – 2409. https://doi. org/10. 1257/aer. 102. 6. 2381.

Chen, Brian S, Samuel G Hanson, and Jeremy C Stein. 2017. "The Decline of Big – Bank Lending to Small Business: Dynamic Impacts on Local Credit and Labor Markets." Working Paper 23843. National Bureau of Economic Research. https://doi. org/10. 3386/w23843.

Chodorow – Reich, Gabriel. 2014. "Employment Effects of Credit Market Disruptions: Firm – Level Evidence from the 2008 – 9 Financial Crisis." Quarterly Journal of Economics 129 (1): 1 – 59.

Christiano, Lawrence J., Martin S. Eichenbaum, and Mathias Trabandt. 2014. "Understanding the Great Recession." American Economic Journal: Macroeconomics 7 (1): 110 – 67.

Clark, Tim P., and Lisa H. Ryu. 2015. "CCAR and Stress Testing as Complementary Supervisory Tools." Board of Governors of the Federal Reserve System. June 24, 2015. https://

www. federalreserve. gov/bankinforeg/ccar – and – stress – testing – as – complementary – supervisory – tools. htm.

Cohen, Jon, Kinda Cheryl Hachem, and Gary Richardson. 2018. "Relationship Lending and the Great Depression." Working Paper 22891. National Bureau of Economic Research. https://doi. org/10. 3386/w22891.

Copeland, Adam, Antoine Martin, and Michael Walker. 2010. "The Tri – Party Repo Market Before the 2010 Reforms." 477. Federal Reserve Bank of New York Staff Reports. Federal Reserve Bank of New York. http://citeseerx. ist. psu. edu/viewdoc/download? doi = 10. 1. 1. 363. 5485&rep = rep1&type = pdf.

Cornett, Marcia Millon, Jamie John McNutt, Philip E. Strahan, and Hassan Tehranian. 2011. "Liquidity Risk Management and Credit Supply in the Financial Crisis." Journal of Financial Economics 101 (2): 297 – 312. https://doi. org/10. 1016/j. jfineco. 2011. 03. 001.

Correa, Ricardo, Horacio Sapriza, and Andrei Zlate. 2013. "Liquidity Shocks, Dollar Funding Costs, and the Bank Lending Channel during the European Sovereign Crisis." International Finance Discussion Papers 1059r (July). https://www. federalreserve. gov/pubs/ifdp/2012/1059/ifdp1059r. pdf.

Covitz, Daniel, Nellie Liang, and Gustavo A. Suarez. 2013. "The Evolution of a Financial Crisis: Collapse of the Asset – Backed Commercial Paper Market." Journal of Finance 68 (3): 815 – 48.

Covitz, Daniel M., Nellie Liang, and Gustavo A. Suarez. 2009. "The Evolution of a Financial Crisis: Panic in the Asset – Backed Commercial Paper Market." 2009 – 36. Finance and Economic Discussion Series. Washington DC: Federal Reserve Board. https://www. federalreserve. gov/pubs/feds/2009/200936/200936pap. pdf.

Dagher, Jihad, and Kazim Kazimov. 2015. "Banks' Liability Structure and Mortgage Lending During the Financial Crisis." Journal of Financial Economics 116 (3): 565 – 82. https://doi. org/10. 1016/j. jfineco. 2015. 02. 001.

Dang, Tri Vi, Gary Gorton, and Holmstrom. 2015. "The Information Sensitivity of a Security." http://www. columbia. edu/ ~ td2332/Paper_ Sensitivity. pdf.

De Haas, Ralph, and Neeltje Van Horen. 2012. "International Shock Transmission after the Lehman Brothers Collapse: Evidence from Syndicated Lending." American Economic Review 102 (3): 231 – 37. https://doi. org/10. 1257/aer. 102. 3. 231.

Del Negro, Marco, Gauti Eggertsson, Andrea Ferrero, and Nobuhiro Kiyotaki. 2017. "The Great Escape? A Quantitative Evaluation of the Fed's Liquidity Facilities." American Economic Review 107 (3): 824 – 57. https://doi. org/10. 3386/w22259.

Dell'Ariccia, Giovanni, Enrica Detragiache, and Raghuram Rajan. 2005. "The Real Effect of Banking Crises." Journal of Financial Intermediation 17 (1): 89 – 112.

Diamond, Douglas W., and Philip H. Dybvig. 1983. "Bank Runs, Deposit Insurance, and Liquidity." Journal of Political Economy 91 (3): 401 – 19.

Drechsler, Itamar, Alexi Savov, and Philipp Schnabl. 2018. "A Model of Monetary Policy and Risk Premia." The Journal of Finance 73 (1): 317 – 73. https://doi. org/10. 1111/

jofi. 12539.

Duchin, Ran, Oguzhan Ozbas, and Berk A. Sensoy. 2010. "Costly External Finance, Corporate Investment, and the Subprime Mortgage Credit Crisis." Journal of Financial Economics, The 2007 – 8 financial crisis: Lessons from corporate finance, 97 (3): 418 – 35. https://doi. org/10. 1016/j. jfineco. 2009. 12. 008.

Duygan – Bump, Burcu, Alexey Lekov, and Judit Montoriol – Garriga. 2015. "Financing Constraints and Unemployment: Evidence from the Great Recession." Journal of Monetary Economics 75 (October): 89 – 105.

Duygan – Bump, Burcu, Patrick M. Parkinson, Eric S. Rosengren, Gustavo A. Suarez, and Paul S. Willen. 2010. "How Effective Were the Federal Reserve Emergency Liquidity Facilities? Evidence from the Asset – Backed Commercial Paper Money Market Mutual Fund Liquidity Facility." QAU10 – 3. Federal Reserve Bank of Boston Working Paper. Federal Reserve Bank of Boston. https://www. bostonfed. org/publications/risk – and – policy – analysis/2010/how – effective – were – the – federal – reserve – emergency – liquidity – facilities – evidence – from – the – asset – backed – commercial – paper – money – market – mutual – fund – liquidity – facility. aspx.

Eggertsson, Gauti B., and Paul Krugman. 2012. "Debt, Deleveraging, and the Liquidity Trap: A Fisher – Minsky – Koo Approach*." The Quarterly Journal of Economics 127 (3): 1469 – 1513. https://doi. org/10. 1093/qje/qjs023.

Falato, Antonio, and Nellie Liang. 2016. "Do Creditor Rights Increase Employment Risk? Evidence from Loan Covenants." The Journal of Finance 71 (6): 2545 – 90. https://doi. org/10. 1111/jofi. 12435.

Favara, Giovanni, Simon Gilchrist, Kurt F. Lewis, and Egon Zakrajšek. 2016. "Updating the Recession Risk and the Excess Bond Premium," FEDS Notes (blog). October 6, 2016. https://www. federalreserve. gov/econresdata/notes/feds – notes/2016/updating – the – recession – risk – and – the – excess – bond – premium – 20161006. html.

Favilukis, Jack, Sydney C Ludvigson, and Stijn Van Nieuwerburgh. 2010. "The Macroeconomic Effects of Housing Wealth, Housing Finance, and Limited Risk – Sharing in General Equilibrium." Working Paper 15988. National Bureau of Economic Research. https://doi. org/10. 3386/w15988.

Fazzari, Steven M., R. Glenn Hubbard, and Bruce C. Petersen. 1988. "Financing Constraints and Corporate Investment." Brookings Papers on Economic Activity 1988 (1): 141 – 206. https://doi. org/10. 2307/2534426.

Fleming, Michael J., Warren B. Hrung, and Frank M. Keane. 2010. "Repo Market Effects of the Term Securities Lending Facility." The American Economic Review 100 (2): 591 – 96.

Geanakoplos, John. 2010. "The Leverage Cycle." NBER Macroeconomics Annual 2009, Volume 24, April, 1 – 65.

Gertler, Mark, and Simon Gilchrist. 2018. "What Happened: Financial Factors in the Great Recession." Working Paper 24746. National Bureau of Economic Research. https://doi. org/10. 3386/w24746.

Gertler, Mark, and Peter Karadi. 2011. "A Model of Unconventional Monetary Policy."

Journal of Monetary Economics 58 (1): 17 - 34.

Gertler, Mark, and Nobuhiro Kiyotaki. 2015. "Banking, Liquidity, and Bank Runs in an Infinite Horizon Economy." American Economic Review 105 (7): 2011 - 43. https://doi.org/10.1257/aer.20130665.

Gertler, Mark, Nobuhiro Kiyotaki, and Andrea Prestipino. 2017. "A Macroeconomic Model with Financial Panics." Working Paper 24126. National Bureau of Economic Research. https://doi.org/10.3386/w24126.

Gilchrist, Simon, Raphael Schoenle, Jae Sim, and Egon Zakrajšek. 2017. "Inflation Dynamics during the Financial Crisis." American Economic Review 107 (3): 785 - 823. https://doi.org/10.1257/aer.20150248.

Gilchrist, Simon, and Egon Zakrajšek. 2012a. "Credit Spreads and Business Cycle Fluctuations."

American Economic Review 102 (4): 1692 - 1720. https://doi.org/10.1257/aer.102.4.1692. ——. 2012b. "Credit Supply Shocks and Economic Activity in a Financial Accelerator Model." Rethinking the Financial Crisis, Russel Sage Foundation. January.

Giroud, Xavier, and Holger M. Mueller. 2017. "Firm Leverage, Consumer Demand, and Employment Losses During the Great Recession." The Quarterly Journal of Economics 132 (1): 271 - 316. https://doi.org/10.1093/qje/qjw035.

Gissler, Stefan, and Borghan Narajabad. 2017. "The Increased Role of the Federal Home Loan Bank System in Funding Markets, Part 1: Background." FEDS Notes (blog). October 18, 2017. https://www.federalreserve.gov/econres/notes/feds-notes/the-increased-role-of-the-federal-home-loan-bank-system-in-funding-markets-part-1-background-20171018.htm.

Goetz, Martin, and Juan Gozzi. 2010. "Liquidity Shocks, Local Banks, and Economic Activity: Evidence from the 2007 - 2009 Crisis." SSRN Scholarly Paper ID 1709677. Rochester, NY: Social Science Research Network. https://papers.ssrn.com/abstract=1709677.

Goldberg, Linda S., Craig Kennedy, and Jason Miu. 2011. "Central Bank Dollar Swap Lines and Overseas Dollar Funding Costs," Forthcoming, Federal Reserve Bank of New York Economic Policy Review." FRBNY Economic Policy Review. New York, New York: Federal Reserve Bank of New York. http://citeseerx.ist.psu.edu/viewdoc/download?doi=10.1.1.422.11&rep=rep1&type=pdf.

Gorton, Gary B. 2008. "The Subprime Panic." Working Paper 14398. National Bureau of Economic Research. http://www.nber.org/papers/w14398.pdf.

Gorton, Gary B., and Andrew Metrick. 2012a. "Securitized Banking and the Run on Repo." Journal of Financial Economics 104 (3): 425 - 51.

——. 2012b. "Who Ran on Repo?" Working Paper 18455. National Bureau of Economic Research. http://www.nber.org/papers/w18455.pdf.

Gorton, Gary, and George Pennacchi. 1990. "Financial Intermediaries and Liquidity Creation."

The Journal of Finance 45 (1): 49 - 71. https://doi.org/10.2307/2328809.

Greenspan, Alan. 2005. "Reflections on Central Banking." Speech presented at the Jackson Hole

Economic Policy Symposium, Jackson Hole, Wyoming, August 26. https://www.kansascityfed.org/publicat/sympos/2005/pdf/Green-opening2005.pdf.

Guerrieri, Luca, and Matteo Iacoviello. 2017. "Collateral Constraints and Macroeconomic Asymmetries." Journal of Monetary Economics 90 (October): 28-49.

Hall, Robert E. 2010. "Why Does the Economy Fall to Pieces after a Financial Crisis?" Journal of Economic Perspectives 24 (4): 3-20. https://doi.org/10.1257/jep.24.4.3.

——. 2011. "The High Sensitivity of Economic Activity to Financial Frictions." The Economic Journal 121 (552): 351-78. https://doi.org/10.1111/j.1468-0297.2011.02421.x.

Haltenhof, Samuel, Seung Jung Lee, and Viktors Stebunovs. 2014. "The Credit Crunch and Fall in Employment during the Great Recession." Journal of Economic Dynamics and Control 43 (June): 31-57.

Hancock, Diana, and Wayne Passmore. 2010. "Did the Federal Reserve's MBS Purchase Program Lower Mortgage Rates?" Finance and Economics Discussion Series 2011 (01). https://www.federalreserve.gov/pubs/feds/2011/201101/201101pap.pdf.

Hanson, Samuel, and Adi Sunderam. 2013. "Are There Too Many Safe Securities? Securitization and the Incentives for Information Production." Journal of Financial Economics 108 (3): 565-84.

Hatzius, Jan. 2008. "Beyond Leveraged Losses: The Balance Sheet Effects of the Home Price Downturn." Brookings Papers on Economic Activity 2008 (2): 195-228.

He, Zhiguo, In Gu Khang, and Arvind Krishnamurthy. 2010. "Balance Sheet Adjustments in the 2008 Crisis." Working Paper 15919. National Bureau of Economic Research. https://doi.org/10.3386/w15919.

Huber, Kilian. 2018. "Disentangling the Effects of a Banking Crisis: Evidence from German Firms and Counties." American Economic Review 108 (3): 868-98. https://doi.org/10.1257/aer.20161534.

Iacoviello, Matteo. 2014. "Financial Business Cycles." Review of Economic Dynamics 18 (1): 140-63.

Irani, Rustom M., and Ralf R. Meisenzahl. 2014. "Loan Sales and Bank Liquidity Risk Management: Evidence from a U.S. Credit Register." Finance and Economics Discussion Series 2015 (001). https://www.federalreserve.gov/econresdata/feds/2015/files/2015001pap.pdf.

Ivashina, Victoria, and David Scharfstein. 2009. "Bank Lending During the Financial Crisis of 2008." Journal of Financial Economics 97 (2010).

Iyer, Rajkamal, Samuel Lopes, Jose-Luis Peydro, and Antoinette Schoar. 2014. "Interbank Liquidity Crunch and the Firm Credit Crunch: Evidence from the 2007-2009 Crisis." The Oxford University P 27 (1). https://papers.ssrn.com/abstract=2263025.

Jensen, Thais Lærkholm, and Niels Johannesen. 2017. "The Consumption Effects of the 2007– 2008 Financial Crisis: Evidence from Households in Denmark." American Economic Review 107 (11): 3386-3414. https://doi.org/10.1257/aer.20151497.

Jermann, Urban, and Vincenzo Quadrini. 2012. "Macroeconomic Effects of Financial Shocks." American Economic Review 102 (1): 238-71. https://doi.org/10.1257/aer.102.1.238.

Jones, Callum, Virgiliu Midrigan, and Thomas Philippon. 2018. "Household Leverage and the Recession." Working Paper 16965. National Bureau of Economic Research. https://doi.org/10.3386/w16965.

Jordà, Òscar, Moritz Schularick, and Alan M. Taylor. 2016. "Macrofinancial History and the New Business Cycle Facts." Working Paper 22743. National Bureau of Economic Research. https://doi.org/10.3386/w22743.

Juselius, Mikael, and Mathias Drehmann. 2015. "Leverage Dynamics and the Real Burden of Debt." 501. BIS Working Papers. Bank of International Settlements. https://www.bis.org/publ/work501.htm.

Kacperczyk, Marcin, and Philipp Schnabl. 2010. "When Safe Proved Risky: Commerical Paper during the Financial Crisis of 2007 – 2009." Journal of Economic Perspectives 24 (1): 29 – 50.

Kahle, Kathleen M., and René M. Stulz. 2013. "Access to Capital, Investment, and the Financial Crisis." Journal of Financial Economics 110 (2): 280 – 99. https://doi.org/10.1016/j.jfineco.2013.02.014.

Kandrac, John. 2014. "Bank Failure, Relationship Lending, and Local Economic Performance." Finance and Economics Discussion Series 2014 (41). https://www.federalreserve.gov/pubs/feds/2014/201441/201441pap.pdf.

Kaplan, Greg, Kurt Mitman, and Giovanni L. Violante. 2016. "Non – Durable Consumption and Housing Net Worth in the Great Recession: Evidence from Easily Accessible Data." Working Paper 22232. National Bureau of Economic Research. https://doi.org/10.3386/w22232.

Kashyap, Anil, Jeremy C. Stein, and David W Wilcox. 1993. "Monetary Policy and Credit Conditions: Evidence from the Composition of External Finance." American Economic Review 83 (1): 78 – 98.

Keane, Frank M. n. d. "Securities Loans Collateralized by Cash: Reinvestment Risk, Run Risk, and Incentive Issues." Current Issues in Economics and Finance 19 (3). Accessed August 20, 2018. https://www.newyorkfed.org/medialibrary/media/research/current_issues/ci19 – 3.pdf.

Kennickell, Arthur B., Myron L. Kwast, and Jonathan Pogach. 2015. "Small Businesses and Small Business Finance during the Financial Crisis and the Great Recession: New Evidence From the Survey of Consumer Finances." Finance and Economics Discussion Series 2015 (039). https://www.federalreserve.gov/econresdata/feds/2015/files/2015039pap.pdf.

Kiyotaki, Nobuhiro, and John Moore. 1997. "Credit Cycles." Journal of Political Economy 105 (2): 211 – 48. https://doi.org/10.1086/262072.

Kohn, Donald, and Brian Sack. 2018. "Monetary Policy During the Financial Crisis," September (forthcoming).

Krishnamurthy, Arvind. 2010. "Amplification Mechanisms in Liquidity Crises." American Economic Journal Macroeconomics (2): 1 – 30.

Laeven, Luc, and Fabian Valencia. 2013. "The Real Effects of Financial Sector Interventions during Crises." Journal of Money, Credit and Banking 45 (1): 147 – 77.

Levin, Andrew T., Fabio M. Natalucci, and Egon Zakrajšek. 2004. "The Magnitude and Cyclical Behavior of Financial Market Frictions." 2004 – 70. Finance and Economic Discussion Series. Federal Reserve Board of Governors. https://www.federalreserve.gov/pubs/feds/2004/200470/200470pap.pdf.

Logan, Lorie, William Nelson, and Patrick Parkinson. 2018. "Novel Lender-of-Last Resort Programs," September (forthcoming).

Longstaff, Francis A. 2010. "The Subprime Credit Crisis and Contagion in Financial Markets." Journal of Financial Economics, The 2007-8 financial crisis: Lessons from corporate finance, 97 (3): 436-50. https://doi.org/10.1016/j.jfineco.2010.01.002.

Mach, Traci L., and John D. Wolken. 2012. "Examining the Impact of Credit Access on Small Firm Survivability." Finance and Economics Discussion Series 2012 (10). https://www.federalreserve.gov/pubs/feds/2012/201210/201210pap.pdf.

Manconi, Alberto, Massimo Massa, and Ayako Yasuda. 2012. "The Role of Institutional Investors in Propagating the Crisis of 2007-2008." Journal of Financial Economics, Market Institutions, Financial Market Risks and Financial Crisis, 104 (3): 491-518. https://doi.org/10.1016/j.jfineco.2011.05.011.

McAndrews, James, Asani Sarkar, and Zhenyu Wang. 2017. "The Effect of the Term Auction Facility on the London Interbank Offered Rate." Journal of Banking & Finance 83 (October): 135-52.

McCabe, Patrick E. 2010. "The Cross Section of Money Market Fund Risks and Financial Crises." Finance and Economic Discussion Series. Federal Reserve Board of Governors.

Merton, Robert C. 1974. "On the Pricing of Corporate Debt: The Risk Structure of Interest Rates." The Journal of Finance 29 (2): 449-70. https://doi.org/10.2307/2978814.

Mian, Atif R., Amir Sufi, and Emil Verner. 2017. "Household Debt and Business Cycles Worldwide." SSRN Scholarly Paper ID 2655804. Rochester, NY: Social Science Research Network. https://papers.ssrn.com/abstract=2655804.

Mian, Atif, Kamalesh Rao, and Amir Sufi. 2013. "Household Balance Sheets, Consumption, and the Economic Slump." The Quarterly Journal of Economics 128 (4): 1687-1726. https://doi.org/10.1093/qje/qjt020.

Mian, Atif, and Amir Sufi. 2018a. "Finance and Business Cycles: The Credit-Driven Household Demand Channel." Working Paper 24322. National Bureau of Economic Research. https://doi.org/10.3386/w24322.

——. 2018b. "Credit Supply and Housing Speculation." Working Paper 24823. National Bureau of Economic Research. https://doi.org/10.3386/w24823..

——. 2010. "Household Leverage and the Recession of 2007 to 2009." IMF Economic Review 58 (1): 74-117. https://doi.org/10.3386/w15896.

——. 2014a. House of Debt. First. Chicago: University of Chicago Press. https://www.press.uchicago.edu/ucp/books/book/chicago/H/bo20832545.html.

——. 2014b. "What Explains the 2007-2009 Drop in Employment?" Econometrica 82 (6): 2197-2223.

Mishkin, Frederic S. 2011. "Over the Cliff: From the Subprime to the Global Financial Crisis." Journal of Economic Perspectives 25 (1): 49-70. https://doi.org/10.1257/jep.25.1.49.

Mitchener, Kris James, and Gary Richardson. 2016. "Network Contagion and Interbank Amplification during the Great Depression." Working Paper 22074. National Bureau of Economic Research. https://doi.org/10.3386/w22074.

Morgan, Donald P., Stavros Peristiani, and Vanessa Savino. 2014. "The Information Value of the Stress Test." Journal of Money, Credit and Banking 46 (7): 1479 – 1500.

Nolan, Charles, and Christoph Thoenissen. 2009. "Financial Shocks and the US Business Cycle." Journal of Monetary Economics 56 (4): 596 – 604.

Peek, Joe, and Eric Rosengren. 2016. "Credit Supply Disruptions: From Credit Crunches to Financial Crisis." SSRN Scholarly Paper ID 2870864. Rochester, NY: Social Science Research Network. https://papers.ssrn.com/abstract=2870864.

——. 2000. "Collateral Damage: Effects of the Japanese Bank Crisis on Real Activity in the United States." American Economic Review 90 (1): 30 – 45. https://doi.org/10.1257/aer.90.1.30.

Puri, Manju, Jörg Rocholl, and Sascha Steffen. 2011. "Global Retail Lending in the Aftermath of the US Financial Crisis: Distinguishing Between Supply and Demand Effects." Journal of Financial Economics 100 (3): 556 – 78. https://doi.org/10.1016/j.jfineco.2010.12.001.

Rajan, Raghuram G. 2005. "Has Financial Development Made the World Riskier?" Working Paper 11728. National Bureau of Economic Research. https://doi.org/10.3386/w11728.

Ramcharan, Rodney, Skander Van den Heuvel, and Stephane H. Verani. 2016. "From Wall Street to Main Street: The Impact of the Financial Crisis on Consumer Credit Supply." The Journal of Finance 71 (3): 1323 – 56.

Ramcharan, Rodney, and Raghuram Rajan. 2014. "Financial Fire Sales: Evidence from Bank Failures." Finance and Economics Discussion Series 2014 (67). https://www.federalreserve.gov/pubs/feds/2014/201467/201467pap.pdf.

Reinhart, Carmen M., and Kenneth S. Rogoff. 2009. This Time Is Different: Eight Centuries of Financial Folly. Princeton: Princeton University Press.

Rose, Jonathan. 2015. "Old – Fashioned Deposit Runs." SSRN Scholarly Paper ID 2705730. Rochester, NY: Social Science Research Network. https://papers.ssrn.com/abstract=2705730.

Sahm, Claudia R., Matthew D. Shapiro, and Joel Slemrod. 2015. "Balance – Sheet Households and Fiscal Stimulus: Lessons from the Payroll Tax Cut and Its Expiration." Finance and Economics Discussion Series 2015 (037). https://www.federalreserve.gov/econresdata/feds/2015/files/2015037pap.pdf.

Santos, João A. C. 2011. "Bank Corporate Loan Pricing Following the Subprime Crisis." The Review of Financial Studies 24 (6): 1916 – 43. https://doi.org/10.1093/rfs/hhq115.

Sarkar, Asani, and Jeffrey Shrader. "Financial Amplification Mechanisms and the Federal Reserve's Supply of Liquidity during the Crisis." Federal Reserve Bank of New York Staff Reports 431 (March 2010). https://www.newyorkfed.org/medialibrary/media/research/staff_reports/sr431.pdf.

Schroth, Enrique, Gustavo A. Suarez, and Lucian A. Taylor. 2014. "Dynamic Debt Runs and Financial Fragility: Evidence from the 2007 ABCP Crisis." Journal of Financial Economics

112 (2): 164 – 89. https: //doi. org/10. 1016/j. jfineco. 2014. 01. 002.

Scott, Hal S. 2016. Connectedness and Contagion: Protecting the Financial System from Panics. Cambridge, MA: The MIT Press.

Shiller, Robert J. 2007. "Understanding Recent Trends in House Prices and Homeownership." In Housing, Housing Finance, and Monetary Policy. Jackson Hole, Wyoming. https: //www. kansascityfed. org/publicat/sympos/2007/PDF/Shiller_ 0415. pdf.

Shin, Hyun Song. 2011. "Global Banking Glut and Loan Risk Premium." In Mundell – Fleming Lecture. Washington DC: International Monetary Fund. https: //www. imf. org/external/np/res/seminars/2011/arc/pdf/hss. pdf.

Shleifer, Andrei, and Robert Vishny. 2010. "Asset Fire Sales and Credit Easing." American Economic Review Papers and Proceedings 100 (2): 46 – 50.

Siemer, Michael. 2014. "Firm Entry and Employment Dynamics in the Great Recession." Finance and Economics Discussion Series 2014 (56) . https: //www. federalreserve. gov/pubs/feds/2014/201456/201456pap. pdf.

Stock, James H., and Mark W. Watson. 2012. "Disentangling the Channels of the 2007 – 09 Recession." Brookings Papers on Economic Activity 2012 (1): 81 – 156.

Sunderam, Adi. 2015. "Money Creation and the Shadow Banking System." The Review of Financial Studies 28 (4): 939 – 77. https: //doi. org/10. 1093/rfs/hhu083.

Van den Heuvel, Skander. 2002. "Does Bank Capital Matter for Monetary Transmission?" Economic Policy Review, no. May: 259 – 65.

Woodford, Michael. 2010. "Financial Intermediation and Macroeconomic Analysis." Journal of Economic Perspectives 24 (4): 21 – 44. https: //doi. org/10. 1257/jep. 24. 4. 21.

Wu, Tao. 2008. "On the Effectiveness of the Federal Reserve's New Liquidity Facilities." Federal Reserve Bank of Dallas Working Paper 2008 (8) . https: //www. dallasfed. org/ ~ /media/documents/research/papers/2008/wp0808. pdf.

Zhang, Lu, Arzu Uluc, and Dirk Bezemer. 2017. "Did Pre – Crisis Mortgage Lending Limit Post – Crisis Corporate Lending? Evidence from UK Bank Balance Sheets." Bank of England Staff Working Paper 651 (March) . http: //www. bankofengland. co. uk/research/Pages/workingpapers/2017/swp651. aspx.

数据附录

因子模型的数据是每日数据（不包含假日），并前推了缺失值。回购协议数据的季度末日期由前一日的数值代替，以控制虚假价格。模型中用到的所有数据都对2006—2012年做了标准化。因子分析利用正交旋转估计了四个因子，最优化的唯一性的下限值为0.05。

序列	来源	原始来源	标记	调整	注释
标准普尔500	Haver	Standard and Poors	SP500@ DAILY	以2007年1月S&P指数作为100进行相应调整	原始数据，1941—1943年=10，未直接使用于因素模型
住房开发商和次级贷款发放人的股票价格	Yahoo Finance; Bloomberg	无	DHI，LEN，PHM，KBH，TOL，FNMA，FMCC，AHMI	以2007年1月的股价为100进行调整，作为S&P 500的比例（%）	用R软件的quantmod包导入数据：从雅虎金融API中直接获取股票代码。次贷发放人数据来自Bloomberg。更多的市值加权指数（截至2006年第四季度运用CWD、AHMI和NEW构造）
房地产投资信托（REIT）价格	Yahoo Finance; Bloomberg	无	AVB，EQR，UDR，BBREMTG	以2007年1月的价格为100进行调整，作为S&P 500的比例（%）	用R软件的quantmod包导入数据：从雅虎金融API中直接获取股票代码。Bloomberg REIT指数来自Bloomberg
ABX指数	Bloomberg	Markit	ABX [Rating] CDSI S6-1 PRC Corp	无	ABX HE BBB 06-01和ABX AAA HE 06-01
住房净值型资产支持证券收益率	Haver	ICE/BofA/ML	FMLSC@ DAILY	对于固定利率证券，表示与10年期国债的收益率差；对于浮动利率证券，表示与3月期LIBOR的利差	实际收益率
伦敦同业拆借利率	Haver	ICE	FLOD3@ DAILY	Libor-OIS	基于美元的年收益率（%）包括期限分别为3个月、1个月和1周的Libor

续表

序列	来源	原始来源	标记	调整	注释
商业票据利率	Haver	Fed	FLCP1D@ DAILY	与1月期OIS的利益	年收益率（%），包括1天、7天、15天、30天的AA级金融债，AA级资产支持证券以及A2P2非金融债
国债收益率	Haver	WSJ	F30JON@ DAILY	无	年收益率（%）；新发行国债；不直接用于因子分析模型
OIS（隔夜指数掉期）利率	Bloomberg	OTC composite（NY）	USSO［maturity］	无	美元隔夜固定/浮动指数利率掉期，其中指数利率里指联邦基金利率，不直接用于因子分析模型
一般抵押融资（GCF）回购利率	DTCC	无	无	抵押贷款支持证券和机构债券利率与国债利率之差	抵押贷款支持证券、机构债券、国债抵押品；根据以美元计算的隔夜交易进行票面加权平均；http://www.dtcc.com/charts/dtcc-gcf-repo-index
银行信贷违约掉期（CDS）利差	Bloomberg	Bloomberg CDS Intraday（NY）	［Ticker］ CDS USD SR 5Y D14 Corp	无	JP摩根、美洲银行、富国银行、花旗集团、汇丰银行、高盛、摩根士丹利、德意志银行、美林、瑞银、CS的5年期优先级基于2014年定义的单名信贷违约掉期（single name CDS）

续表

序列	来源	原始来源	标记	调整	注释
银行股价格	Bloomberg	无	JPM，BAC，C，HSBC，WFC，GS，MS，UBS，DB，CS	以 2007 年 1 月股价为 100 进行调整，作为 S&P 500 的比例（%）	直接获取自 Bloomberg
公司债券收益率	Haver	ICE/BofA/ML	FMLC3A@ DAILY	与 10 年期国债的收益率差	实际收益率；使用不同评级的全部公司债券；AAA 级、AA 级、A 级、BBB 级、HYO MasterⅡ级、BB 级、B 级、CCC 级、BB/B 级
资产支持证券（ABS）收益率	Haver	ICE/BofA/ML	FMLSC@ DAILY	对于固定利率证券，表示与 10 年期国债的收益率差；对于浮动利率证券，表示与 3 月期 LIBOR 的利差	实际收益率；使用固定和浮动利率；学生贷款（仅浮动利率）、信用卡（固定和浮动利率）、汽车贷款（固定和浮动利率）
资产支持证券指数	Bloomberg	Bloomberg/Barclays	LA ［asset］ TRUU（raw index）	无	Bloomberg 经期权调整后的利差；使用汽车贷款支持证券和信用卡总收益指数
CDX 指数	Bloomberg	OTC composite（NY）	CDX ［rating］ CDSI GEN 5Y PRC Corp	无	CIDIG（%）；指数水平的 CDX（HY）；期限为 5 年
商业票据利率	Haver	Fed	FLCP1D@ DAILY	与 1 月期 OIS 的利差	年收益率（%）；包括期限为 1 天、7 天、15 天、30 天的 A2P2 级非金融企业的商业票据

续表

序列	来源	原始来源	标记	调整	注释
GDP	Haver	Macroeconomic Advisers	MGDP@ USECON	同比增长率（%）	
工业产出	Haver	Federal Reserve	IP@ USECON	同比增长率（%）	
就业（不包括建筑业）	Haver	BLS	EA16@ EMPL; EAC16@ EMPL	同比增长率（%）	月度、季度调整后的家庭数据
住房开工量	Haver	Department of Commerce	HST@ USECON	同比增长率（%）	新住房建筑（表3）；新开工的私人住房单元，根据年增长率进行季度调整
失业	Haver	BLS	LR@ USECON	%（水平）	家庭调整，表A
零售	Haver	Department of Commerce	NRST@ USECON	同比增长率（%）	月度零售和食品服务；根据季度、假期和营业日差异调整
核心PCE通胀	Haver	BEA	JCXFEBM@ USECON	同比通胀率	不包括食品和能源
房价	Haver	FHFA	USPHPIM@ USECON	同比增长率（%）	经月度、季度调整后的购房价格指数
实际PCE	Haver	BEA	CBHM@ USECON	同比增长率（%）	月度、季度调整后的年增长率；个人收入和支出表1、表7

续表

序列	来源	原始来源	标记	调整	注释
实际 PCE 耐用品	Haver	BEA	CDBHM@ USECON	同比增长率（%）	月度、季度调整后的年增长率；个人收入和支出表 1、表 7
资本品订单（非国际，不包括飞机）	Haver	Census	NMOCNX@ USECON	同比增长率（%）	耐用品月度预报（NAICS），经季度调整
ISM 综合指数	Haver	Institute for Supply management	ISMC@ USECON	%（指数水平），经季度调整	数值高于 50 时表示增长

究竟发生了什么？
金融因素在大萧条中的影响

马克·格特勒　西蒙·吉尔克里斯特

至少自大萧条以来，重大经济危机改变了宏观经济学的研究进程。最近的全球金融危机也不例外。在危机开始时，最主要的宏观经济模型假定金融市场没有摩擦。因此，这些框架既不可能预测危机，也无法分析信贷市场紊乱是如何变化的，这些紊乱一开始只是温和的衰退，却逐渐演变成了大衰退。从那时起，大量理论和实证研究开始探究金融危机是如何出现的，以及又是如何传导到实体经济的。本文的目的是描述我们从这些新研究中学到了什么，以及如何通过它们来理解大衰退期间发生了什么。在此过程中，我们也展示了一些新的实证研究。

本文主要分为三节。我们首先以通俗语言描述了基本理论、概念和新的研究进展。本文重点关注资本市场不完全的情况下，借款人资产负债表在信贷紧缩过程中的作用，而金融危机前的研究大多集中在非金融企业面临的信贷约束。大

---

* Mark Gertler，纽约大学 Henry and Lucy Moses 经济学讲席教授；Simon Gilchrist，纽约大学经济学教授。原文 Mark Gertler and Simon Gilchrist，“What Happened：Financial Factors in the Great Recession”，*Journal of Economic Perspectives*，Volume 32，Number 3，Summer 2018，pp. 3 – 30，中文版获得了作者本人和 *Journal of Economic Perspectives* 的授权。感谢特邀编辑李一南博士在本文的翻译和出版中提供的帮助。——编者注

** 作者感谢 Ben Bernanke 的有益评论，感谢 Sneha Agrawal 和 James Graham 出色的研究协助工作。附录、数据库以及作者的披露陈述（disclosure statement）等补充信息请参见 http：//doi. org/10. 1257/jep32. 33。

衰退中的各种事件使人们更多地关注家庭和银行面临的资产负债表约束。此外，这场危机还带来了刻画非线性金融崩溃的迫切需求，并推动了新一波研究。

第二节从理论视角分析了金融危机中的主要事件。为了讲清楚这些问题，我们还应用了新一波实证研究，这有助于加深我们对金融危机如何发展演化的理解。为此，本文分别考察家庭资产负债表与银行资产负债表。我们认为对大衰退的完整描述必须同时考虑家庭和银行面临的财务困境，同时，随着危机的演化，还应该考虑非金融企业的财务危机。

在第三节，我们展示了有关家庭资产负债表在银行危机中发挥作用的一些新证据。我们研究了美国州层面的房价、抵押贷款、就业以及银行危机指标的季度面板数据。然后，利用面板数据和时间序列方法，我们分析了大衰退期间，房价下跌和银行危机指标对整体就业情况的影响。我们证实了文献中的一个共同结论：家庭资产负债表这个传导渠道对就业的地区差异有重要影响，但是，银行危机是整体就业萎缩的根本原因。

一、理论背景与基本概念

在这一节，我们描述了当代宏观经济学模型如何分析金融和实体部门之间的相互作用（最近的研究可参见 Gertler and Kiyotaki，2011；Brunnermeier、Eisenbach and Sannikov，2013）。虽然模型在细节上有所不同，但这些研究具有几个共同的关键特征：借方资产负债表的稳健性（以净债务的价值或资产净值衡量）能够影响可获得的信贷额度，进而影响借方的支出能力。然而，在金融危机时期借方资产负债表急剧收缩，直接导致信贷中断，继而造成消费与经济的急剧下滑。

早期的文献大多着眼于资产负债表约束对非金融企业的影响。然而，正如伯南克和格特勒（Bernanke and Gertler，1995）指出的，该理论同样适用于家庭和银行。事实上，在最近的金融危机中，非金融企业、家庭和银行三个部门均出现了财务困境，对此我们将详细阐述。

外部融资溢价

当摩擦阻碍了借贷时，资产负债表与信贷获取之间的联系就显现出来了。如果没有这种摩擦，借款人的财务能力与实际的投资决策无关（根据莫迪格里亚尼—米勒定理）。因此，在完全市场中，外部融资成本等于出借内部资金①的机会成本。

将金融市场摩擦内生化的共同方法之一是引入借贷双方之间的委托代理问题。这通常有以下两种途径：要么由于某种信息不对称使借款人比债权人更了解情况，要么债权人确保借贷双方履约时需要付出更高的成本。在这两种情况下，借款人都有可能通过不诚实的行为获利，而贷款人则可能因此蒙受损失。因此，在这种情况下，理性的贷款人会对贷款施加约束，比如信贷限额、抵押要求以及破产选择权等。总的来说，代理问题使得外部融资成本比内部融资成本高，伯南克和格特勒（1989）称之为“外部融资溢价”。事实上，我们也将论述外部融资溢价上升是金融危机的共同特征。

对外部融资溢价的计量取决于委托代理问题的细节。在许多情况下，它可以由借贷利差衡量。这一利差源自评估成本、监督成本以及（当借款人对自身信用比贷款人更知情时产生的）“柠檬”溢价。在另一些情况下，由于某种形式的信贷限制，合同约定，或者抵押品要求，外部融资是不按价格配给的，此时外部融资溢价可由“影子借款利率”与贷款利率之间的差额来衡量，其中影子借款利率是借款人的边际投资回报率。在这两种情况下，外部融资溢价都增加了资本成本。②

外部融资溢价变化的关键是借款人的资产负债表。在有代理问题的情况下，更健康的资产负债表能够使借款人提供更多的资本金或者更多的抵押品为债务担保。一个基本的预测是，随着资产负债表状况的改善，信贷可得性也会改善，这是现实世界中许多融资安排的特点，其中包括对借款人的首付款、担保以及财务比率施加约束。不管如何，在投资中获益越多的借款人，与出借人之间的代理冲突就越少，外部融资溢价就越低。

金融加速器/信贷周期机制与危机

借款人的资产负债表与外部融资溢价之间的联系造成了金融部门和实体

---

① 外部资金指的是不完全的抵押借款。完全抵押借款（成本）实际上与使用内部资金（成本）相同。

② 似乎另一种方法是考察信贷总量的变化，然后考虑信贷总量对实体活动的预测力。然而，这种方法不能说明需求或供给是否正在推动这些数量的变动。贷款需求很可能与实体活动呈正相关，因而信贷数量与产出之间也是正相关的。因此，即使没有金融市场摩擦，信贷总量的顺周期变化也会出现。我们并不是说信贷总量的变化对我们了解财务状况没有任何作用。它们可以揭示不同行业的风险敞口，这个敞口可以用杠杆率衡量。但仅仅衡量信贷数量并不能告诉我们财务约束有多紧或多松。

部门之间的反馈机制。资产负债表恶化推高了外部融资溢价，减少了借贷、消费和经济活动。经济活动的减少进一步导致现金流萎缩和资产价格下降，这又会进一步削弱借款方的资产负债表，如此往复。这种负反馈循环最初源于金融加速器模型（financial accelerator model）与信贷周期模型（credit cycle model），前者是由伯南克和格特勒等人提出的（Bernanke and Gertler，1989；Bernanke、Gertler and Gilchrist，1999），后者是由清泷信宏和穆尔提出的（Kiyotaki and Moore，1997）。① 现在的许多金融危机模型就是从这种方法演变而来的。

随着资产负债表的进一步恶化，外部融资溢价不断上升以致借款人被迫大幅削减支出，这时金融危机全面爆发。事实上，资产负债表恶化与外部融资溢价高企正是重大金融危机的两大特征。外部融资溢价的近似代理变量（proxy）就是私人债务工具利差，这些债务工具包括公司债、抵押贷款、商业票据以及相同期限的政府债券等。金融危机期间，这些利差往往都会扩大，并且在本次危机中表现得更加明显。

早期的文献主要关注非金融企业面临的约束。然而，在最近的金融危机中，高杠杆家庭和银行成为最初发生财务危机的部门。因此，受迈恩和苏非等人（Mian and Sufi，2014；Mian、Rao and Sufi，2013）开创性实证研究的启发，埃格森和克鲁格曼等人的研究（Eggertsson and Krugman，2012；Justiniano、Primiceri and Tambalotti，2010；Guerreri and Lorenzoni，2017）将家庭资产负债表的约束纳入分析框架。金融市场困境引发的其他研究，包括格特勒和清泷信宏（Gertler and Kiyotaki，2011）、何治国和克里希那穆提（He and Krishnamurthy，2013）、布伦纳梅尔和桑涅科沃（Brunnermeier and Sannikov，2014），他们考虑了银行的资产负债表约束。在这些研究中，金融加速器机制仍然有效，但是危机在不同经济部门之间的传导机制更接近现实。②

---

① Bernanke（1983）对大萧条时期金融因素作用的经典分析为这个方向的研究提供了动力。

② 读者如果对金融危机宏观模型的其他一些例子感兴趣，也可参阅 Geanakopolos（2010），Jermann and Quadrini（2012），Christiano、Motto and Rostagno（2014），Arellano、Bai and Kehoe（2016），以及 Iacoviella（2005）的文献。虽然现代文献已经正式确认这种金融危机理论，一些观点还是有更悠久的历史。例如，Irving Fisher（1933）关于大萧条的债务通缩理论认为，20 世纪 30 年代早期大幅通货紧缩削弱借款人的资产负债表是造成大萧条影响深远、长期持续的重要因素。因为大部分债务是以名义价值表示的，通货紧缩削弱了资产负债表。

杠杆的作用

金融危机对实体经济的影响与借款人对债务的依赖程度密切相关。债务与权益的比例越高，资产负债表对资产价格波动就越敏感。比如，假设一个借款人完全依赖自筹资金，而另一个借款人自筹10%的资金，其余部分以发行债务的方式融资。如果资产价值下降10%，前者的净资产将贬值10%，而后者将会彻底破产。

大萧条之前，家庭和银行业的杠杆率都空前之高。在房价急剧攀升的背景下，家庭杠杆主要以抵押贷款形式存在。投资银行和商业银行主要通过自身的短期负债为日益增加的抵押贷款融资。正如我们即将讨论的，银行债务以短期为主也使银行体系易受挤兑的影响。在2006年以前，家庭和银行的财务状况极易受到不久后房价下跌的影响。

金融危机的非线性影响

金融危机是高度非线性的事件（也可参见Krishnamurthy、Nagel and Orlov，2014）。此类危机通常以信贷利差迅速扩大、资产价格急剧下降和产出大幅下滑为特征。然而，在经济繁荣时期，这些变量并不会经历与此相对称的反向运动。此外，金融危机期间经济急剧萎缩也不会立即对非金融部门造成冲击，就像2008年最后几个月的美国经济一样。

早期的金融加速器模型（Bernanke、Gertler and Gilchrist，1999）考虑的是在确定的稳态周围的对数线性近似值，因此无法描述非线性动态。最近的文献为解决这个问题提出了许多方法。例如，门多萨（Mendoza，2010）、何治国和克里希那穆提（2014）假设资产负债表约束仅在（经济）萧条而非繁荣时期才收紧，也就是说，繁荣时期的经济很大程度上像无摩擦金融市场那样运行。然而，负面扰动可能会使经济进入一个各种约束都收紧的区域，这将放大冲击对经济衰退的影响。在相关方法中，布伦纳梅尔和桑涅科沃（2014）建立了一个分析框架：为了防患于未然，借款人在应对资产负债表收缩时减少的支出会多于资产负债表扩张时增加的支出。这种不对称有助于解释为何在经济衰退期间家庭消费对房价下降的反应比房价上涨更为强烈，因为前者会削弱家庭的资产负债表。

最近，格特勒、清泷信宏和普雷斯托皮诺（Gertler、Kiyotaki and Prestipino，2017）提出了一个新的框架，在这一框架下银行挤兑是非线性的关键来源。这里的核心要素是投资银行等金融机构是否对短期贷款展期。在这个模型中，在银行拥有健康资产负债表的正常时期，贷款人相信，即便其他债权人不给短期贷款展期，银行也有资源履行债务责任。然而，在银行资产负债表恶化的经济下滑时期，贷款人不再确信他们的存款是安全的，尤其是当其他债权人想要收回贷款时。于是，自我实现的展期恐慌就成为可能，这将导致信贷利差以非线性的方式急剧上升，资产价格和产出也随之下降。

相互依赖的家庭、企业和银行资产负债表

在分析金融危机的动态时，考虑各部门资产负债表间的相互依赖至关重要。图 1 解释了家庭、企业和银行资产负债表之间的相互联系（为了便于说明，我们做了简化）。对家庭而言，资产包括住房和金融资产，负债是银行贷款和资产净值。银行资产包括对家庭和企业的贷款，负债包括存款和权益。在企业方面，贷款和权益处于公司资产负债表的负债端，而资产则由资本组成。

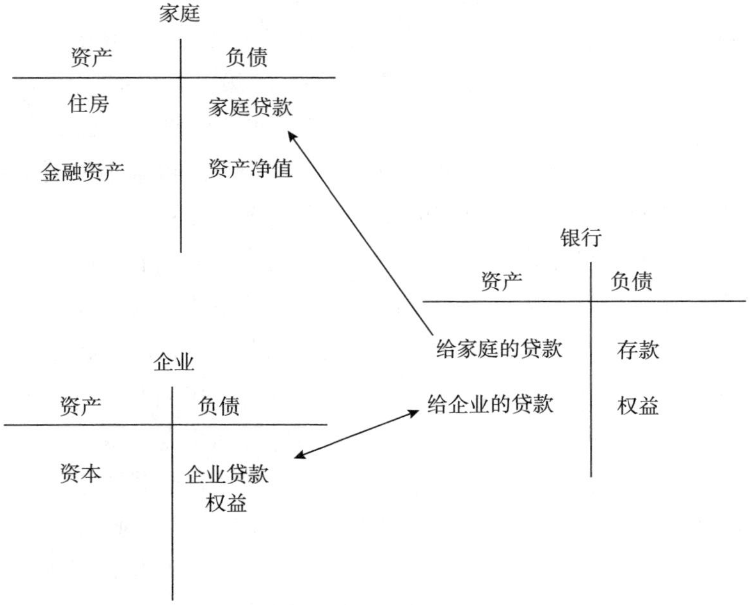

图 1　各部门的资产负债表

显然，经济中一个部门的资产负债状况会影响其他部门。家庭债务（特别是抵押贷款）在金融危机之前通常会激增（例如，Mian、Sufi and Verner，2017；Shularick and Taylor，2012）。大衰退的起源同样伴随着抵押贷款的激增以及房价和房屋建筑业的繁荣。随着房价涨势开始逆转，家庭资产负债表开始恶化，消费增长出现下滑。

抵押贷款也会出现在银行资产负债表的资产端。事实上，自20世纪90年代末以来，抵押贷款的大幅增长主要源于抵押贷款的证券化，而抵押贷款的证券化是由资本化程度不高且缺乏监管的影子银行创造的。当银行（广义概念上的）陷入财务困境时，信贷流动受到阻碍，无法流向非金融借款人，包括企业和家庭。

货币政策约束的重要性

金融危机的严重程度主要取决于货币政策的运行状况。当中央银行可以自主地对市场做出反应时，它可以（至少部分地）通过降低利率抵消危机对信贷成本的影响。相反，如果中央银行无法自主决策，危机更有可能会持续甚至失控。实际情况验证了这一观点。例如，在二战后的新兴市场经济中，全面爆发的金融危机更有可能发生在实行固定汇率制度的国家，相对于浮动汇率制的国家，固定汇率制的国家无法自由调整货币政策（Kaminsky and Reinhart，1999）。同样，埃肯格林（Eichengreen，1992）和其他研究也已表明，在大萧条时期，相比于推迟放弃金本位制的国家，那些很早放弃金本位制从而可以自由行使货币政策的国家在危机早期的经济衰退程度要更加温和。

对最近的金融危机而言，货币政策的重要约束是名义利率的零下限。2008年秋季以来，随着金融环境逐步恶化以及经济开始萎缩，美联储迅速降低了短期利率，在2008年12月前，利率几乎降至0。从那时起，美联储传统的工具已不再有效。零利率下限也限制了主要的中央银行，包括欧洲央行和英格兰银行。同样，日本央行早在20世纪90年代就经历了利率零下限。

在美联储的带领下，这些央行均采取了一系列非常规货币政策，以避免零利率下限的约束。这些政策中最著名的就是大规模资产购买政策（即“量化宽松”），这一举措是在危机达到高峰后首先由美联储于2009年初提出的。本文并非要以正式的方式详细地分析非常规货币政策如何影响经济，对此的详细分析可参见格特勒和卡拉蒂等人（Gertler and Karadi，2011；Curdia and Woodford，

2011）的文章。事实上，这些非常规货币政策在缓解金融危机方面广受认可。

二．金融危机的理论分析

在这一节，我们在第一节论述的理论框架下，识别金融因素在大衰退演变过程中扮演的角色。特别是，我们证明了家庭、银行与企业三个部门的资产负债表约束在何时、以何种方式相互关联。从伯南克等人的研究中（Bernanke，2010，2015；Gorton，2010；Adrian and Shin，2010；Gertler、Kiyotaki and Prestipino，2016）我们能找到更多的背景材料。

脆弱性的积累

金融危机之前，房地产业蓬勃发展，此时的特征是房价急剧上涨、房屋建筑业欣欣向荣、抵押贷款激增。许多因素促成了繁荣，包括长期利率持续下降、贷款标准放宽，以及对未来房价上涨的乐观预期。此外，不断增加的抵押贷款证券化产品使抵押贷款的发起功能（origination function）和融资功能出现分离。受监管更少的影子银行逐渐取代商业银行成为抵押贷款证券化的主要出资人。① 例如，资产支持商业票据通道开始兴起，它们持有抵押贷款和汽车贷款等证券化资产，并通过发行短期（例如30天）商业票据为这些资产融资。与传统商业银行相比，影子银行不受资本充足率的限制，也不会面临同样严格的监管，因此抵押贷款融资的成本有所下降。

房地产繁荣使家庭和银行的财务状况变得脆弱。图2提供了2004—2014年的家庭资产负债表信息。阴影区域是从衰退的顶峰到低谷的时间段，垂直线标志着雷曼兄弟破产，这被公认为是此次金融危机的风暴中心。该图描绘了衡量家庭杠杆率的两个指标：债务收入比（实线）和债务资产比（虚线），后者包括了住房与金融财富的市值。从2004年第一季度到经济危机爆发这段时间，家庭的债务收入比上升了约16%，主要由抵押贷款债务的快速增长推动。同时，由于房价快速上涨，家庭资产价值与抵押贷款债务以大致相同的速度增长，结果在大衰退开始前，债务资产比上升相对较少。

到2007年底，家庭变得极易受资产价值急剧下降的影响。房价在2006年底达到峰值后下跌25%。结果，从2007年初到这轮经济周期底部，家庭总杠杆率

① 政府支持企业（GSEs）继续提供抵押贷款，并在贷款提供者中扮演重要角色。

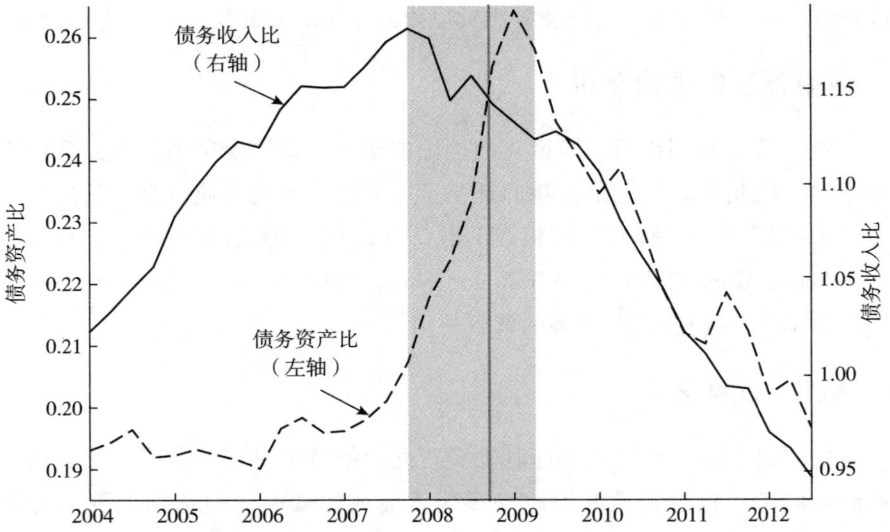

图 2　家庭部门的债务收入比和债务资产比

注：图 2 提供了 2004—2014 年的家庭资产负债表信息。阴影区域是大衰退顶峰到底谷的时间段，垂直线标志着雷曼兄弟破产，这被公认为是此次金融危机的风暴中心。该图描绘了衡量家庭杠杆率的两个指标：家庭债务收入比（实线）和家庭债务资产比（虚线），后者包括了住房和金融财富的市值。

（以债务资产比衡量）上升了约 25%。到 2008 年底，进入经济衰退后期，股票价格下跌进一步推动了家庭杠杆率的上升。当然，与全美平均水平相比，加利福尼亚州和佛罗里达州房价下跌得更厉害，家庭杠杆率提升幅度也更大。

家庭资产负债表恶化成为房价下跌影响家庭支出继而影响经济活动的渠道。家庭资产负债表恶化降低了信贷（如房屋净值贷款）获取能力，① 迈恩等人（Mian、Rao and Sufi，2013；Mian and Sufi，2014）的开创性工作研究了家庭资产负债表在大衰退期间发挥的作用。我们运用房价和家庭资产负债表的地区差异，确定这一传导机制的效力。稍后，我们将回到这一话题上来。

随着家庭资产负债表的脆弱性变成现实，银行资产负债表的脆弱性也开始显现。影子银行贷款从 20 世纪 80 年代初期不足 15% 增长到危机前夕的约 40%，与商业银行相当（参见 Gertler、Kiyotaki and Prestipino，2017）。如图 3

① 本文的论述基于不完全的金融市场。如果存在完全的金融市场，且能够根据终身收入随意借款，那么房价下跌就不会对家庭支出产生财富效应，因为房价下跌会被住房成本下降抵消（假设住户继续居住在这个房价下跌的街区）。

所示，实线表明从2004年到大衰退开始，投资银行（影子银行的主要组成部分）的实际债务水平增加了50%以上，这是它们在短期信贷市场上借款为快速扩张的证券化融资的结果。由于这些公司不受传统银行的资本充足率限制，同时，长期以来标准普尔、穆迪和惠誉等信用评级机构又对这些抵押贷款支持证券给予较高的评级，因此，相对于传统商业银行，投资银行往往以更高的杠杆率运营。在2008年9月雷曼兄弟公司崩盘之前，投资银行的债务资产比为20—25，约是商业银行的3倍。其他类型的影子银行，包括资产支持商业票据和金融公司也是以高杠杆率运营的。

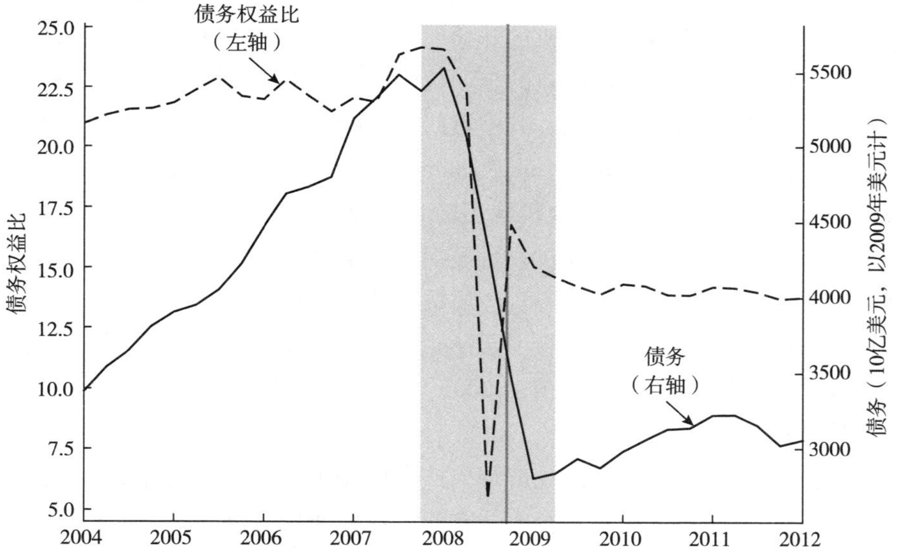

图3　债务和债务权益比：投资银行

注：图3提供了上市投资银行资产负债表的状况，这类投资银行也是影子银行的重要组成部分。阴影区域是大衰退顶峰到底谷的时间段，垂直线标志着雷曼兄弟的破产，这被公认为是这次金融危机的风暴中心。

抵押贷款债务在数量逐渐增加的同时，质量不断下降。伯南克（2015）的研究表明，风险最高的抵押贷款发放于2005年和2006年，那两年正是房价高涨的时期。这些抵押贷款从一开始就被明确认定为有风险的贷款，其中也包括“次贷”（面向低收入借款人）和“Alt A”（面向投机者发行和/或家庭获得的二次抵押贷款）。在2005年和2006年，新发放的事先就被认定为有风险的抵押贷款比例从2002年的10%升至约40%。贷款标准的普遍放宽也助推了这些高风险抵押贷款的增长。令事态更加复杂的是，在美联储仍处于紧缩周期的时候，约有30%的新抵押贷款是以浮动利率发放的，更进一步加剧了整体风险。

危机揭幕

房价下跌与短期利率提高共同导致了2007年抵押贷款违约率的上升，特别是违约首先在2005年与2006年发行的低等级浮动利率抵押贷款中出现。2007年7月，投资银行贝尔斯登发行的两只面临抵押贷款风险的共同基金出现了违约。2007年8月，法国巴黎银行暂停了有抵押贷款风险的资金提取，这一事件被认为标志着金融危机的开始。

在其他有抵押贷款风险敞口的金融机构，特别是那些严重依赖短期融资的金融机构，恐慌情绪迅速蔓延，其中资产支持商业票据市场是最早出现问题的（有关讨论可参见 Kacperczyk and Schnabl，2010；Covitz、Liang and Suarez，2013）。此外，这些市场的中介机构还曾为抵押贷款、汽车贷款和信用卡债务池等证券化资产融资。它们通过发行短期商业票据为这些资产提供资金，并将这些资产作为抵押品。由于担心资产质量，特别是有抵押贷款风险的资产，商业票据供应商（如货币市场基金）要么收紧信贷条款，要么完全退出该市场。结果是资产支持商业票据的市值从2007年6月的1.2万亿美元峰值下降到同年12月的8000亿美元。

我们应用第一节提到的理论解释资产支持商业票据市场收缩如何向实体经济传导。资产支持商业票据发行人持有的证券抵押品市值下降削弱了其资产负债表，进而提高了商业票据市场的融资成本。与相同期限的国债利率相比，资产支持商业票据的利率较高。同时，其他贷款条件，如抵押要求等也不断收紧。资产支持商业票据融资成本的提高进一步推高了抵押贷款、汽车贷款以及其他证券化借贷的成本。

资产支持商业票据市场的崩溃是金融危机对实体经济的第一次重创，它导致了住宅投资、汽车需求以及依赖该融资来源的其他支出下降。本米莱克等人的研究（Benmelech、Meisenzahl and Ramacharan，2017）表明，危机期间资产支持商业票据市场信贷条件收紧，可以解释汽车消费下降总额的1/3。

与此同时，房价下跌还削弱了家庭资产负债表，给消费支出带来压力。此外，房地产繁荣的终结也意味着住房投资急剧下降。伴随着资产支持商业票据等短期信贷市场的瓦解，以上因素共同促使美国经济在2007年底陷入衰退。

衰退开始时，美联储积极应对，一方面降低了联邦基金利率，另一方面采取了各种措施旨在增强短期信贷的可得性。这些措施包括放宽商业银行获得贴现窗口贷款的条件，同时允许投资银行通过这一方式获得贷款（此前投资银行不允许通过贴现窗口贷款）。美联储还通过政府债券交换高评级的私人证券，以此增加安全资产的供给，为短期借贷提供更多的抵押品。2008年春，为防止贝尔斯登偿付能力问题进一步扰乱信贷市场，美国政府还采取了最引人注目的干预措施之一：美联储为摩根大通并购贝尔斯登提供资金支持，该笔融资以贝尔斯登的资产作抵押。

金融和实体部门的全面崩溃

整个2008年夏天，美国经济仍然持续放缓。然而，当时的普遍看法是，美国将经历一场类似于1990—1991年的温和衰退。在那场危机中，虽然商业地产与商业银行受到了影响，但影响并未波及住宅地产与影子银行。

然而，在2008年9月，第二波更凶猛的金融危机袭来。雷曼兄弟（一家比贝尔斯登规模更大的投资银行）同样面临抵押贷款风险。雷曼兄弟的证券价值显著下降削弱了其资产负债表，并增加了短期债权人的风险，而雷曼兄弟的资金几乎全部来自这些短期债权人。一家名为主要储备基金（Reserve Primary Fund）的大型货币市场共同基金因持有雷曼兄弟的商业票据遭遇了挤兑，被迫清盘。得益于美国财政部提供的存款保险，其他类似的货币市场共同基金才能幸免于难。

接下来，危机进一步蔓延到雷曼兄弟的主要短期融资来源，即回购市场，在这里借款人以证券作抵押获得隔夜贷款。这些证券价值的不确定性，特别是在有抵押贷款风险敞口的迹象时，债权人不愿意接受它们作为抵押品，这导致许多人退出回购市场（相关讨论参见Krishnamurthy、Nagel and Orlov，2014）。于是，在批发融资市场（银行间）而不是零售（个人）融资市场，也出现了戴蒙德和迪布维格（1983）意义上的银行挤兑。此外，这些机构的资产负债表恶化也使它们面临挤兑风险，表现为债权人不再对贷款展期（如Gertler and Kiyotaki，2015；Gertler、Kiyotaki and Prestipino，2017）。

美联储不能作为最后贷款人给雷曼兄弟以支持，是因为雷曼兄弟不能提供足够的抵押品。缺乏短期信贷迫使雷曼兄弟违约。由于担心类似的脆弱性，其他主要投资银行迅速与商业银行合并，以获得美联储给商业银行的监管保护。投资银行业的收缩阻碍了信贷流动，进一步对经济活动施加了下行压力。

金融危机像癌症一样从主要由证券化资产融资的影子银行部门扩散到商业银行部门。当商业银行与投资银行合并后，它们吸收了一部分由投资银行融资的资产。但是商业银行受到资本充足率的限制，其股权资本可以吸收的资金数量有限，其杠杆率远低于投资银行的杠杆率。商业银行面临的另一个压力来源是其发起并出售的证券化资产出现亏损，即使银行已经卖出这些资产，它们也有吸收损失的隐性承诺。抵押贷款支持证券反过来削弱了商业银行的资产负债表，破坏了机构间的信贷流动。非金融企业和家庭等依赖银行的借款人同样面临着信贷成本的上升。

2008 年 9 月发生这些事件后，主要金融中介的破产导致经济活动全面萎缩（如图 4 所示）。图 4A 描述了三个关键信贷利差的表现：90 天资产支持商业票据利差；吉尔克里斯特和扎克拉塞克（Gilchrist and Zakrajsek，2012）的非金融债券超额溢价（EBP）；金融债券超额溢价。上述每种利差（溢价）衡量了债券收益率和相同期限的政府债券收益率之间的差异。① 2007 年资产支持商业票据的利差增加了约 150 个基点，表明在衰退开始前，金融中介市场首先出现了问题。在经历了小幅下探，随着 2008 年 9 月雷曼兄弟破产，商业票据市场的动荡再次使资产支持商业票据的利差上涨 100 个基点。此后，危机进一步蔓延至投资银行和商业银行，金融债券超额溢价涨幅超过 150 个基点。最终，影子银行业的萎缩以及商业银行业后续的震荡逐渐推高了非金融借款人的信贷成本，在雷曼兄弟违约时债券超额溢价上升了 275 个基点。②

图 4B 反映了危机发生期间实体部门的表现，包括 GDP 和四个核心部门：住房投资、耐用消费品、耐用生产品和非耐用消费品（所有变量均采取对数

① 债券超额溢价是非金融企业指数收益率和相同期限的政府债券收益率之间的差额，后者经过调整消除了违约风险。这里的想法是找到一个可以衡量超额收益的纯指标，它不受违约预期的影响。上市金融企业的债券超额溢价也以类似的方式构建。

② 正如 Adrian、Colla and Shin（2012）以及 Becker and Ivashina（2014）强调的，商业银行财务状况恶化导致许多非金融借款人从银行转向公开债务市场获得信贷，这给债券超额溢价造成了上行压力。这种银行贷款供给对企业债券利率影响的早期理论描述，参见 Kashyap、Stein and Wilcox（1993）。

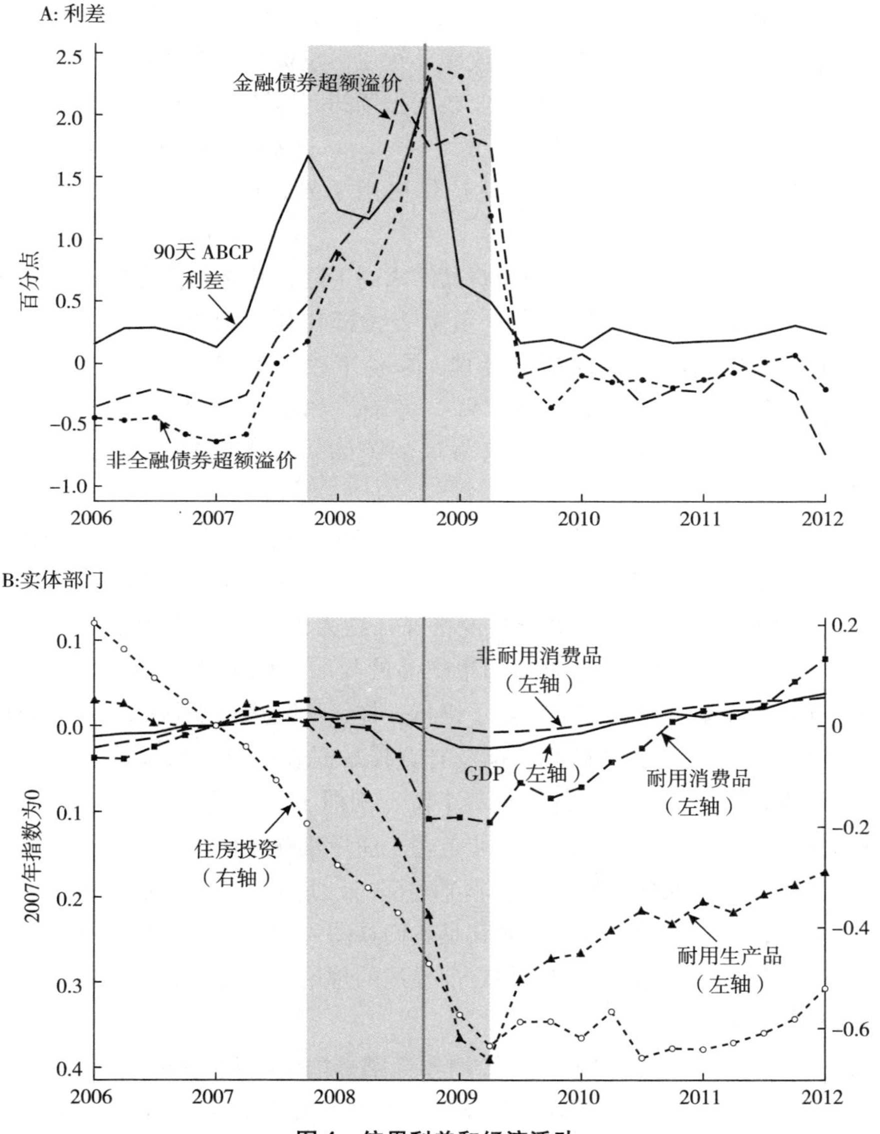

图 4　信用利差和经济活动

注：图 4 描绘了三个关键信贷利差的变化：90 天资产支持商业票据（ABCP）利差；Gilchrist and Zakrajsek（2012）的非金融债券超额溢价（EBP）；金融债券超额溢价。上述每种利差（溢价）衡量了证券收益率和相同期限的政府债券收益率之间的差异。图 4B 展示了实体部门的相应表现，包括 GDP 及四个关键组成部分：住房投资、耐用消费品、耐用生产品和非耐用消费品（所有变量均采取对数形式）。阴影区域是大衰退顶峰到底谷的时间段，垂直线标志着雷曼兄弟的破产。

形式）。在2007年末经济衰退开始阶段，GDP增长率略有下降。由于对未来房价的悲观情绪加剧，最初的经济放缓导致住房投资急剧下降。其中，金融因素也扮演着重要角色。资产支持商业票据市场的问题给抵押贷款成本带来上升压力。此外，正如吉尔克里斯特等人（Gilchrist、Siemer and Zakrajšek，2017）强调的，信贷市场危机也使那些建造住房用于投机的建筑公司的借款成本上升。

导致经济最初放缓的是耐用消费品需求的下降，特别是汽车需求的急剧下降。这些力量通过家庭和银行资产负债表发挥作用。迈恩等人（Mian、Rao and Sufi，2013）通过跨区域研究发现，房价下跌导致家庭资产负债表恶化，继而造成了汽车需求大幅下降。另一方面，如前文所述，本米莱克等人（2017）表明，资产支持商业票据市场的萎缩对汽车需求产生了重大负面影响。

继2008年第三季度末雷曼兄弟破产后，经济衰退程度日益加深。GDP急剧萎缩持续到2009年春天。随着信贷成本全面上升，耐用消费品和耐用生产品的需求均出现下降。耐用消费品价格降幅约为15%，而耐用生产品的价格降幅高达35%。金融因素也对耐用生产品的收缩造成了重大影响。在经济衰退中，非金融企业并未如家庭和影子银行一样，受到房价下跌的直接影响，它们（总体上）没有提高杠杆率，也没有直接暴露在房价下跌风险之中。另一方面，随着危机蔓延，股票价格显著下降，削弱了企业的资产负债表。此外，如前所述，商业银行的压力增加使非金融企业更难获得信贷。

图5阐释了金融危机如何影响非金融部门，其中图5A绘制了非金融企业的债务权益比和外部融资溢价，尤其是我们在图4中使用的吉尔克里斯特和扎克拉塞克的债券超额溢价。与我们之前描述的理论一致，更高的信贷利差与更高的杠杆率相联系。

图5B显示了银行业危机如何影响非金融部门的信贷流动，在该图中，我们比较了金融债券超额溢价（度量金融机构面临的困境）与银行信贷紧缩程度，该指标来自对资深贷款官员关于贷款条件的调查。从图中可知，两个指标密切相关。值得注意的是，调查数据显示，在经济衰退期间，贷款标准高度严格也与金融债券超额溢价的急剧上升相关，也就是说，后者是前者的影响因子。

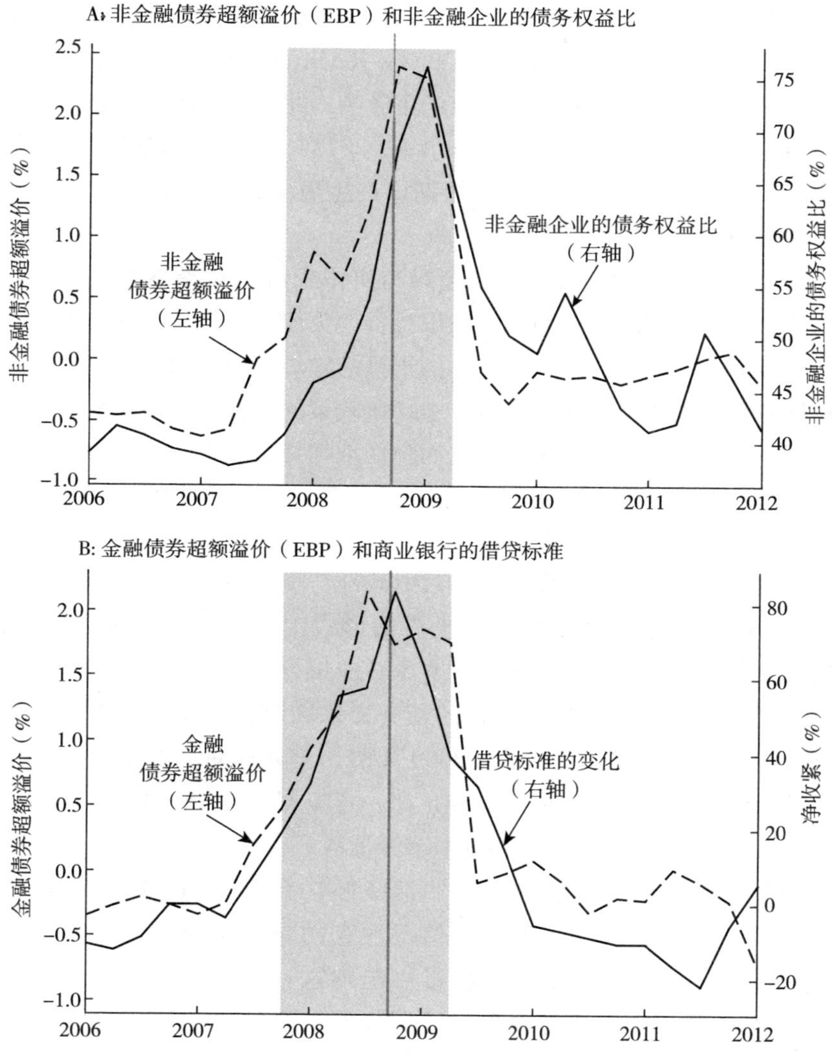

图 5　银行业危机如何影响非金融企业

注：图 5 阐释了金融困境如何影响非金融部门。图 5A 刻画了非金融企业的债务权益比和债券超额溢价，尤其是 Gilchrist-Zakrasjek 的债券超额溢价。图 5B 比较了银行信贷紧缩（由针对高级信贷官员有关贷款条件的调查得出）和金融债券超额溢价（金融企业面临困境的指标）。阴影区域是大衰退顶峰到底谷的时间段，垂直线标志着雷曼兄弟的破产。

许多研究还运用面板模型检验了影响非金融企业行为的财务因素的作用。例如，吉鲁德和穆勒（Giroud and Mueller，2015）发现，在大衰退之前就采取杠杆融资的公司应为当地就业下滑负主要责任。如前所述，乔达罗－赖克等人的研究（Chodorow-Reich，2014；Chodorow-Reich and Falato，2017）表明，银行健康状况会对非金融企业的信贷流产生影响。此外，吉尔克里斯特等人的研究（Gilchrist、Shoenle、Sim and Zakrajšek，2017）认为，流动性约束促使部分企业提高产品的价格加成，以便在短期内产生更多的现金流（但很可能以降低未来的市场份额为代价）。

2008 年 9 月雷曼兄弟破产后，金融与实体经济不断萎缩，政府出台了一系列政策措施，旨在解决金融中介和银行资产负债表危机。美联储不仅迅速将短期利率降为零，还采取了各种各样的干预措施。其中最引人注目的是通过发行带息储备大量购买抵押贷款支持证券。该政策的逻辑是通过扩大央行的中介作用，抵消私人中介业务的萎缩，进而降低抵押贷款成本。该计划公布后，抵押贷款支持证券的利率下降了 50 个基点，随着该计划的实施，第二年春天该利率又进一步下降了 100 个基点。

最著名的干预措施是 2008 年 10 月财政部与美联储共同实施的问题资产救助计划（TARP），这一计划以股权投资的形式为商业银行系统注入流动性。在问题资产救助计划下，政府购买了 9 家商业银行共计 2500 亿美元的优先股。这一干预措施（还包括对这些机构的债务提供临时公共担保）有助于补充和稳定这些金融机构的资产负债表。2009 年春，美联储对商业银行进行了压力测试，认为银行系统有合理的资本充足率，意味着金融危机的结束。然而，就在此后不久的 2009 年 6 月，经济衰退落入低谷。

众所周知，经济触底后的复苏非常缓慢，其原因仍然存在争议，本文也不会深入分析潜在原因。然而，值得注意的是，非耐用消费品实际上是在雷曼兄弟倒闭后才下降的，危机过后出现这一现象很不寻常。如图 4 所示，非耐用消费品在到达谷底后仍长期萎靡不振。一些研究认为，消费的缓慢反弹源于家庭去杠杆化的进程（也可参见 Midrigan、Jones and Philli-pon，2017）。

三、深入分析：来自州层面数据的证据

关于家庭资产负债表、金融摩擦和大衰退的经验研究不断增加，通常来说，这些研究运用的是横截面数据。作为该领域的开创者，迈恩和苏非（2014）运用地区差异识别房价下跌引致的家庭资产负债表恶化如何影响经济

衰退。[①] 还有一些研究聚焦于银行部门，如乔达罗－赖克（2014）利用银行财务健康状况的变化分析了银行危机对就业的影响。此外，还有研究运用横截面数据识别了非金融企业资产负债表的恶化如何导致就业下降（也可参见 Giroud and Mueller，2017）。

在考察家庭资产负债表恶化和金融中介紊乱的影响时，一个自然产生的问题是，在大衰退发生时其中一个因素是否比另一个因素起到了更为关键的作用。从金融市场中分离出家庭资产负债表对就业的影响是一项巨大的挑战，目前，这两个因素已经被分开研究。正如我们指出的，关于家庭资产负债表的已有文献主要通过横截面数据进行分析。相反，研究金融危机对宏观经济的影响（如 Gilchrist and Zakrajšek，2012）则主要采用时间序列方法。

在本节中，我们通过州层面的面板数据为这一问题提供了实证证据。在迈恩和苏非（2014）及其他研究的基础上，我们运用横截面数据识别房价对不同区域就业的影响。然后，我们将此与时间序列方法相结合，分离出房价和金融中介紊乱对就业总量下降的影响。

横截面和时间序列变量分析

在转向实证分析前，我们先对数据进行说明。图 6 描绘了四个变量的横截面变化和时间序列变化，这四个变量包括：房价、抵押贷款收入比、就业以及非建筑业就业。这些数据涵盖 2004—2015 年的季度数据。针对每个变量，我们根据 2006—2010 年房价下跌的严重程度将州分成三类。在此基础上，我们为这三类州分别构建了变量的总量，其中房价和抵押贷款收入比两个变量是按人口加权的，而就业指标是简单的加总。第一类州的房价跌幅最大，包括四个“沙漠”州、亚利桑那州、加利福尼亚州、佛罗里达州和内华达州，其人口占总人口的 20%。第二类州（房价下跌第二严重的州）包含 30% 的人口，另外一类则包含剩下的 50% 人口。请注意，第二类州的特点非常近似地反映了每个变量的加总变化，如图中的实线所示。

家庭资产负债表的横截面变化情况与迈恩和苏非（2014）的研究结果一致，如图 6A 和 6B 所示，房价涨跌幅最大的州也是抵押贷款债务积累最多的

① 这一领域的其他一些重要论文有 Kaplan、Mitman and Violante（2017），Midrigan、Jones and Phillippon（2017），以及 Berger、Guerrieri、Lorenzoni and Vavra（即将出版）。

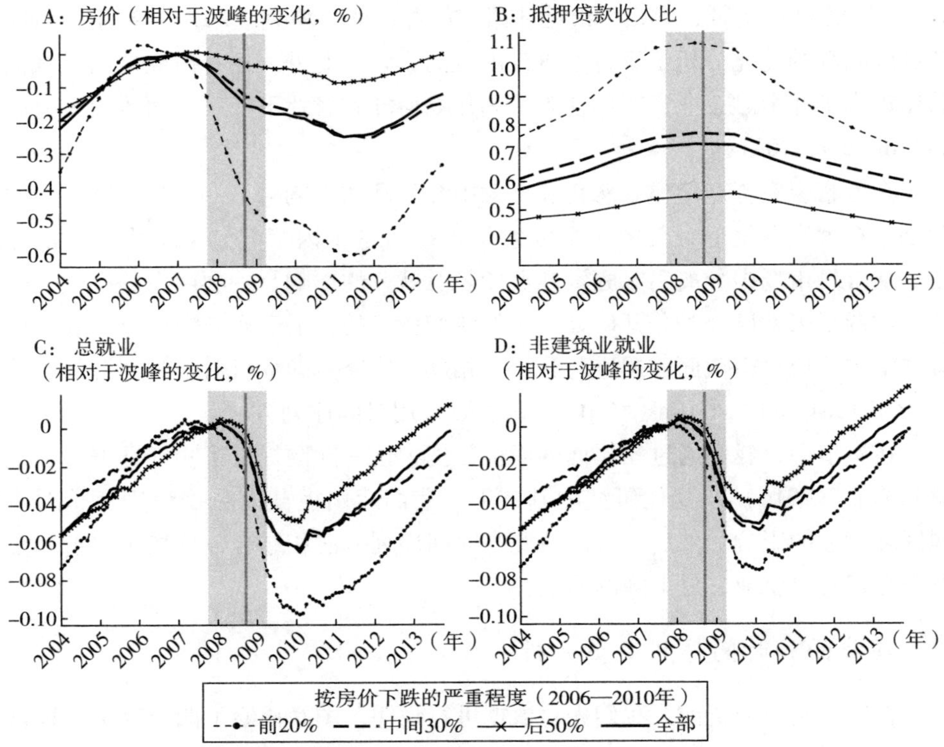

图6　州层面的房价、抵押贷款和就业

注：图6描绘了四个变量的横截面变化和时间序列变化：房价、抵押贷款收入比、就业和非建筑业就业。数据涵盖2004—2015年的季度数据。对于每个变量，我们根据2006—2010年房价下跌的严重程度将州分为三类。第一类经历了最严重的房价下跌，这类州的人口占总人口的20%，中间一类州人口占30%。剩下的50%人口所在州是第三类。实线展示了每个变量的加总变化。房价和抵押贷款收入比是按人口加权的，而就业指标是简单的加总。

州。相应地，房价下跌与就业减少之间也存在很强的相关性，如图6C所示①，沙漠州的就业减少程度要高于平均水平，且与家庭资产负债表的影响相比，就业减少的主因在于住房投资下跌。这些地区的建筑业就业人数下降了40%。在图6D中，我们从整体就业指标中去掉了建筑业就业人数，发现房价与总就

① 正如Mian and Sufi（2014）强调的那样，家庭资产负债表渠道应该直接影响取决于当地需求条件的非贸易行业的就业。尽管我们没有给出结果，但我们发现零售业就业（他们主要衡量非贸易行业的就业）呈现类似于房价和总体就业（情况）的横截面相关性。相反，虽然制造业总就业（可以视为可贸易品行业的就业）从大衰退的顶峰到谷底下降了18%，各个州的下降几乎没有差异。

业之间的横截面相关性也适用于非建筑业就业。不过与总就业相比，仍存在两个差异。首先，非建筑业就业人数累计下降约7.5个百分点，这意味着建筑业总就业人数下降约2.5个百分点。其次，对于我们更重要的是，从2007年初到2008年第一季度，也就是发生经济衰退的第二季度，尽管房价走势存在相当大的差异，但各地区的非建筑业就业变化几乎没有差异。随着经济衰退的展开，区域差异随之出现。

此外，我们的季度数据还显示了各地区就业在时间上的重要协同变化。首先，自2007年第四季度进入商业周期的高峰以来，各地区非建筑业就业增长普遍放缓，这一现象无法单纯用房价下跌来解释。如图6所示，沙漠州的总就业率下降主要是建筑业下滑的结果。然而，这种放缓与前面描述的资产支持商业票据市场的瓦解以及图4和图5中各类金融危机指标的变化相吻合。其次，更引人注目的是，雷曼兄弟破产的时间。在它破产时，各地区就业人数加速下降。而就业全面下滑的时点也与图4中各类金融危机的指标吻合，就业全面下滑之时恰逢金融危机达到高峰。因此，尽管不同州之间的重要差异说明了就业与房价之间的关联，但就业变化的相当一部分与金融危机的总体经济指标是相关的。

从金融危机中分离家庭资产负债表的影响

在本节中，我们运用一种简化方法分离出家庭资产负债表和金融部门动荡对大衰退时期总就业的影响。为此，本文同时考察了来自横截面和时间序列数据的证据（相关数据来源、方法和回归结果的详细信息，请参见本文的在线附录：http：//e-jep.org）。

我们首先使用面板数据向量自回归模型识别“冲击”对各州房价和总体财务状况指标的影响。这里“冲击”指的是与就业波动及相互之间不相关的那些变量突然出现波动或“创新”。

我们采用的金融压力指标是金融债券超额溢价。这一指标的内涵是金融企业的公司债券指数收益率与相同期限政府债券收益率之差（在控制违约风险之后）。因此，该指标既可以衡量金融机构的外部融资溢价，也能够合理地反映信贷中介受破坏的程度。如图4所示，这一溢价在资产支持商业票据危机期间以及雷曼兄弟倒闭期间均出现上涨。

为了识别对这一溢价的冲击，我们使用传统的时间序列方法：将每个时间段中金融债券超额溢价的4期滞后（four lags）项、季度房价现值及其4期滞后项、季度总就业增长率共同纳入回归方程。回归残差 ε_t 反映了对金融债券超额溢价产生冲击且与房价或就业不相关的因素。例如，这类冲击有可能是因金融恐慌导致雷曼兄弟破产而造成的利差激增。

回归结果无法推翻自变量与残差不相关这一假设，意味着冲击的确是突发的。这一方法还通过设置时间限制识别债券超额溢价方程中的外生冲击 ε_1。由于金融市场对冲击反应迅速，我们假设金融债券超额溢价也会立即对当前的房价上升或就业增长做出响应，因此在回归中采用的是这些变量的当前值。此外，我们还假设利差变动会影响房价与就业，但存在一个季度的滞后，这是因为实体部门的变量对冲击的反应较为迟缓。这种设置时间限制的方法在向量自回归模型中经常被采用，且我们的结果在不同时间假设下也是稳健的。

同样，为了获得对各州房价的冲击，我们将各州季度房价的4期滞后项、金融债券溢价的4期滞后项和各州就业量增长的当前值与4期滞后值纳入回归方程，残差 $\mu_{j,t}$ 反映了外生冲击在特定时间 t 对特定州 j 的房价的影响。例如，突然出现的对未来房价升值的乐观预期（如 Kaplan、Mitman and Violante，2017）。这一设定加入了跨州和跨时协同系数，但我们的总量分解对这个假设不敏感。在这个例子中我们做出的另一个时间假设是当前就业可以影响房价，但房价对就业的影响有一期滞后。

有了房价和金融压力冲击的这些指标，下一步我们将估计冲击对州层面总就业动态变化的影响。通过这种方式，我们将州层面的房价冲击指标与州层面的家庭债务指标作为交互项，这样可以在某种程度上将房价影响就业的家庭资产负债表渠道和其他渠道分离开（例如通过住宅建设产生的影响）。为了衡量资产负债表渠道产生的影响，我们可以考察各州的抵押贷款收入比。

我们感兴趣的是，估计冲击对不同时间段的房价和金融中介的影响。有了这一估计，我们就可以对危机的不同时期进行分解。因此，我们将1—10个季度内各州就业增长率作为因变量，估计了不同时间段的一组回归方程。在回归方程中我们设置了三个解释变量。第一个解释变量是对各州房价的冲击，$\mu_{j,t}$，计算方式如前文所示。第二个解释变量我们采用的是2006年第四季度房价暴涨结束时的抵押贷款收入比 M_j/Y_j，说明各州家庭易受房价下跌的影响程度。我们将抵押贷款收入比乘以一个指标变量，在2007年第一季度到2009年第四季度房价下跌的危机时期，该变量取值为1，其余时间取值为0；在此基础上，我们将这一项与各州的房价冲击相乘。构建房价冲击与抵押贷款收入比的交互项为我们识别资产负债表传导渠道提供了方法（参见 Mian and Sufi，2009）。将交互效应限制在危机时期反映了如下想法：资产负债表约束可能在危机期间最重要。[①] 第三个解释变量是金融压力冲击 ε_1，这一指标是前文所述的对金融债券超额溢价的冲击。

令 $E_{j,t+h}$ 表示 j 州在时间 $t+h$ 时的就业水平，j 州在 h 季之前的就业增长率回归方程为：

$$\log E_{j,t+h} - \log E_{j,t} = \beta_{p,h}\mu_{j,t} + \beta_{p,h}[Crisis = 1]\frac{M_j}{Y_j}\mu_{j,t} + \beta_{s,h}\varepsilon_t + \epsilon_{j,t,h} + \epsilon_{j,h}$$

这个回归包括表示特定时段的州固定效应项 $\epsilon_{j,h}$ 和误差项 $\epsilon_{j,t,h}$。还需注意的是，各州之间的系数是相同的，但在不同时间段有所不同。

对房价和金融状况的冲击是通过调整各州就业的当前值和滞后值及其他变量得到的，这些冲击与预测未来就业增长的信息并不相关。因此，普通最小二乘法给出了相同的系数估计值。在乔达（Jordà，2005）研究的基础上，我们用不同时间段的回归方程的估计值，构建相关指标来衡量就业对我们识别的冲击做出的回应。

表 1 给出了三个解释变量在 1—10 个季度不同时间段对就业增长影响的估计值。整个估计期间是 1992 年第二季度至 2015 年第四季度。表 1 的第一行给出了正常商业周期中房价冲击项产生影响的估计结果。第二行报告了危机期间房价冲击与抵押贷款收入比的交互项产生影响的估计值。第三行报告了金融中介受到冲击后产生影响的估计值。对于所有三个解释变量，我们还报告了这些估计值的标准方差（列示在括号中），以及在回归结果每个时段的解释力，用 R^2 表示。

我们发现，如果只考虑房价冲击，也就是说不通过资产负债表渠道产生影响，任一时间段的估计结果虽然统计上显著但只有温和影响。例如，系数估计结果显示，1% 的房价意外下跌导致了未来 8 个季度 0.3% 的就业增长率下降。如果我们考察经杠杆调整后的房价冲击，也就是说经家庭资产负债表效应调整后的房价冲击，它对就业增长率下降的影响将超过正常时期房价冲击对就业影

---

① 正如 Berger、Guerrieri、Lorenzoni and Vavra（即将出版）论述的那样，由于杠杆限制可能没那么有约束力，消费很可能对房价走势不太敏感。

响的2倍。正如我们预期的一样，不同州的就业对房价下跌的反应差别很大。例如，对于处于抵押贷款收入比分布前1/4的州，资产负债表效应是后1/4州的4倍。有趣的是，资产负债表效应直到房价下跌5个季度后才变得显著。这一发现与房价下跌一段时间后各州非建筑业就业情况出现分化的情形相一致。

表1　对冲击响应的分析：三个解释变量对就业的影响

	时间段									
	1	2	3	4	5	6	7	8	9	10
$\mu_{j,t}$	0.07	0.11	0.15	0.17	0.21	0.23	0.27	0.30	0.33	0.39
	(0.04)	(0.05)	(0.06)	(0.07)	(0.08)	(0.09)	(0.10)	(0.12)	(0.13)	(0.15)
$\frac{M_j}{Y_j}\mu_{j,t}$	−0.10	−0.08	0.03	0.18	0.38	0.55	0.68	0.72	0.72	0.70
	(0.09)	(0.14)	(0.18)	(0.21)	(0.24)	(0.25)	(0.27)	(0.29)	(0.29)	(0.31)
$\varepsilon_{j,t}$	−0.54	−1.14	−1.86	−2.46	−2.98	−3.48	−3.48	−3.61	−3.57	−3.62
	(0.07)	(0.01)	(0.12)	(0.14)	(0.15)	(0.17)	(0.18)	(0.19)	(0.19)	(0.19)
R^2	0.02	0.04	0.06	0.08	0.10	0.12	0.11	0.10	0.09	0.09

注：表1报告了三个解释变量对就业增长影响的估计结果，每个变量跨越1—10个季度的时间段。整个估计期间是1992年第二季度至2015年第四季度。表1的第一行给出了正常商业周期中房价冲击产生影响的估计结果。第二行报告了危机期间房价冲击与抵押贷款收入比的交互项产生影响的估计值。第三行报告了金融中介受到冲击后产生影响的估计值。对于所有三个解释变量，我们还报告了这些估计值的标准方差（列示在括号中），以及在回归结果每个时间段的解释力，用R^2表示。

从就业对金融债券超额溢价冲击的反应来看，其估计结果在统计上也相当显著，而且在经济上也相当大。金融债券超额溢价意外上升1%意味着两年期时间段的就业下滑3.6%。这些估计结果与吉尔克里斯特和扎克拉塞克（2012）的估计结果相当，他们使用标准的向量自回归方法估算冲击带来的影响。

在估计了各种冲击产生的影响后，我们的最后一步是对2007—2010年房价变化、家庭资产负债表渠道以及总体金融环境恶化对总就业的影响进行分解。我们首先将表1中的估计结果与预测方程中得到的相关冲击相乘。然后，计算各州效应的加权总和，进而得到给定时间段内发生冲击对未来h期总就业增长的影响。由于冲击并不是序列相关的，我们可以估计每个时间段发生的每个冲击的影响，然后加总得出所有冲击对就业的影响。

图7显示了在2007年第一季度到2010年第一季度这段时间中，各种冲击（分别为住房价格、家庭资产负债表和金融债券溢价冲击）的累积影响，以及

在此期间总就业的实际变化趋势。相对于这一时期的趋势而言，总就业下降了9个百分点。房价冲击对总就业的线性影响是温和的，仅推动这一时期的就业率下降1.7个百分点。相反，危机时期的家庭资产负债表效应相当大，推动总就业下降了4.1个百分点。金融债券溢价的冲击影响最大，导致总就业下降了5.7个百分点。特别是，在2008年第三季度雷曼兄弟倒闭这一时间段内，金融债券溢价导致总就业下降了3.5个百分点。雷曼兄弟的倒闭与房价或家庭资产负债表对就业下降的影响无关。因此，虽然房价对家庭资产负债表的直接影响是总产出下降的一个重要原因，但是我们的估计结果表明，如果随后没有发生金融风暴，经济衰退会温和得多。①

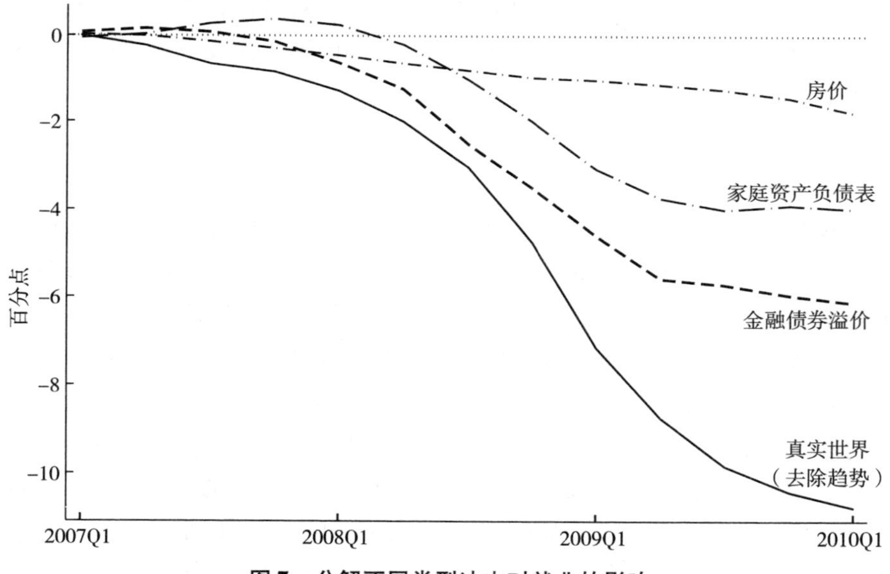

图7　分解不同类型冲击对就业的影响

注：图7显示了三类冲击（房价、家庭资产负债表和金融债券溢价）对2007年第一季度到2010年第一季度实际总就业人数和总就业变化的累积影响。

最后，我们还总结了本研究的两个限定条件。首先，有必要强调我们的研究具有简化的特点。我们有理由认为，房价下跌与杠杆率的相互作用刻画了家

---

①　需要指出的是，我们关于金融冲击对就业影响的估计是保守的。因为我们没有考虑债券超额溢价冲击对当前房价的影响，而是考虑了后者对前者的影响。在另一种极端情况下，债券溢价冲击影响当前房价而不是相反。金融冲击解释了6.4%的就业率下降，杠杆调整后的房价冲击解释了3.7%。

庭资产负债表效应，同时金融债券超额溢价冲击则刻画了金融中介业务的紊乱。但是，对就业的累积影响仍取决于所有发挥作用的传导机制。例如，经济对冲击的应对能力弱化有可能造成非金融企业的金融约束，这表明对金融危机的完整解释仍需要结构化的模型。

其次，我们运用线性向量自回归模型并对各种冲击同期交互作用施加限制，识别了房价与信贷利差的正交冲击。但是，图 4 和图 5 中的金融债券超额溢价大幅上涨可能源于房价下跌导致的抵押贷款违约，这转而导致金融市场动荡。线性回归方法可能难以很好地刻画这种现象。然而，通过纳入房价与杠杆率的相互作用，我们发现房价可能对就业有非线性影响，而且与金融市场紊乱的影响无关。因此，从识别房价冲击对就业影响的角度看，将信贷利差的冲击作为外生变量是合理的。此外，明确将非线性因素纳入模型也是可取的，这很可能还是需要更结构化的研究方法。

结　论

深入理解大衰退至关重要，因为这将影响我们对未来宏观经济运行的看法。我们已经从理论和实证两方面论证了三个主要部门（家庭、金融中介和非金融企业）的财务困境在大衰退的演变中扮演了重要角色。我们的实证研究表明，家庭资产负债表效应和金融中介紊乱对总就业下降有显著影响。如果金融中介不陷入紊乱，最近的经济衰退就会相对温和。

当然，理解大衰退不仅需要着眼于经济低迷期，还需要更好地理解危机如何演变以及经济如何缓慢复苏。例如，单纯基于基本面的模型难以解释房价大幅上涨和随后的急剧下跌。这就使我们有可能运用行为经济学的方法解释对住房市场的预期如何由乐观转为悲观，尽管沿着这些路线的研究方法还没有得到广泛认可。在经济缓慢复苏方面，莱因哈特和罗高夫（Reinhart and Rogoff，2009）的研究表明，此次金融危机的复苏时间比常规情形下更长。尽管众多有关金融压力的指标表明，到 2009 年金融市场基本恢复正常，但仍有一些证据表明，对家庭（Midrigan、Jones and Phillipon，2017）和小企业（Chen、Hanson and Stein，2017）来说，信贷市场仍持续紧张。有关经济为何复苏缓慢，包括金融因素的作用，将是未来研究的重要课题。

（钟　雯　杨白冰　李　犁　译）

参考文献

Adrian Tobias, Paolo, Colla, and Hyun Song Shin. 2013. "Which Financial Frictions: Parsing the Evidence from the Financial Crisis of 2007 to 2009." In *NBER Macroeconomics Annual 2012*, vol. 27, edited by Daron Acemoglu, Jonathan Parker, and Michael Woodford, 159 – 214. University of Chicago Press.

Adrian, Tobias, and Hyun Song Shin. 2010. "The Changing Nature of Financial Intermediation and Financial Crisis of 2007 – 2009." *Annual Review of Economics* 2: 603 – 618.

Arellano, Cristina, Yan Bai, and Patrick Kehoe. 2016. "Financial Frictions and Fluctuations in Volatility." NBER Working Paper 22990.

Becker, Bo, and Victoria Ivashina. 2014. "Cyclicality of Credit Supply: Firm Level Evidence." *Journal of Monetary Economics* 62: 76 – 93.

Benmelech, Efraim, Ralf R. Meisenzahl, and Rodney Ramacharan. 2017. "The Real Effects of Liquidity During the Financial Crisis: Evidence from Automobiles." *Quarterly Journal of Economics* 132 (1): 317 – 65.

Berger, David, Veronica Guerrieri, Guido Lorenzoni, and Joseph Vavra. Forthcoming. "House Prices and Consumer Spending." *Review of Economic Studies.*

Bernanke, Ben S. 1983. "Nonmonetary Effects of the Financial Crisis in the Propagation of the Great Depression." *American Economic Review* 73 (3): 257 – 76.

Bernanke, Ben S. 2010. "Causes of the Recent Financial and Economic Crisis." Statement before the Financial Crisis Inquiry Commission, Washington, DC, September 2. https://www.federalreserve.gov/newsevents/testimony/bernanke20100902a.htm.

Bernanke, Ben S. 2015. *The Courage to Act: A Memoir of a Crisis and Its Aftermath.* New York: Norton.

Bernanke, Ben, and Mark Gertler. 1989. "Agency Costs, Net Worth, and Business Fluctuations." *American Economic Review* 79 (1): 14 – 31.

Bernanke, Ben, and Mark Gertler. 1995. "Inside the Black Box: The Credit Channel of Monetary Policy Transmission." *Journal of Economic Perspectives* 9 (4): 27 – 48.

Bernanke, Ben S., Mark Gertler, and Simon Gilchrist. 1999. "The Financial Accelerator in a Quantitative Business Cycle Framework." Chap. 21 in *Handbook of Macroeconomics*, vol. 1, edited by Ben Friedman and Michael Woodford. Elsevier.

Brunnermeier, Markus K., Thomas M. Eisenbach, and Yuliy Sannikov. 2013. "Macroeconomics with Financial Frictions: A Survey." In *Advances in Economics and Econometrics: Tenth World Congress of the Econometric Society*, vol. 2: Applied Economics, edited by Daron Acemoglu, Manuel Arellano, and Eddie Dekel, 3 – 94. Cambridge University Press.

Brunnermeier, Markus K., and Yuliy Sannikov. 2014. "A Macroeconomic Model with a Financial Sector." *American Economic Review* 104 (2): 379 – 421.

Chen, Brian S., Samuel G. Hanson, and Jeremy C. Stein. 2017. "The Decline of Big-Bank Lending to Small Businesses: Impacts on Local Credit and Labor Markets." NBER Working Paper 23843.

Chodorow-Reich, Gabriel. 2014. "The Employment Effects of Credit Market Disruptions: Firm-level Evidence from the 2008 –9 Financial Crisis." *Quarterly Journal of Economics* 129 (1): 1 –59.

Chodorow-Reich, Gabriel, and Antonio Falato. 2017. "The Loan Covenant Channel: How Bank Health Transmits to the Real Economy." NBER Working Paper 23879.

Christiano, Lawrence J., Roberto Motto, and Massimo Rostagno. 2014. "Risk Shocks." *American Economic Review* 104 (1): 27 –65.

Covitz, Daniel, Nellie Liang, and Gustavo A. Suarez. 2013. "Evolution of a Financial Crisis: Collapse of the Asset-Backed Commercial Paper Market." *Journal of Finance* 68 (3): 815 –48.

Cúrdia, Vasco, and Michael Woodford. 2011. "The Central-Bank Balance Sheet as an Instrument of Monetary Policy." *Journal of Monetary Economics* 58 (1): 54 –79.

Diamond, Douglas W., and Philip H. Dybvig. 1983. "Bank Runs, Deposit Insurance, and Liquidity." *Journal of Political Economy* 91 (3): 401 –419.

Eichengreen, Barry. 1992. *Golden Fetters: The Gold Standard and the Great Depression, 1919 –1939*. New York: Oxford University Press.

Eggertsson, Gauti B., and Paul Krugman. 2012. "Debt, Deleveraging, and Liquidity Trap: A Fisher-Minsky-Koo Approach." *Quarterly Journal of Economics* 127 (3): 1469 –1513.

Fisher, Irving. 1933. "The Debt-Deflation Theory of Great Depressions." *Econometrica* 1 (4): 337 –57.

Geanakopolos, John. 2010. "The Leverage Cycle." Chap. 1 in *NBER Macroeconomics Annual* 2009, vol, 24, edited by Daron Acemoglu, Kenneth Rogoff, and Michael Woodford. University of Chicago Press.

Gertler, Mark, and Peter Karadi. 2011. "A Model of Unconventional Monetary Policy." *Journal of Monetary Economics* 58 (1): 17 –34.

Gertler, Mark and Nobuhiro Kiyotaki. 2015. "Banking, Liquidity and Bank Runs in an Infinite Horizon Economy." *American Economic Review* 105 (7) 2011 –43.

Gertler, Mark, and Nobuhiro Kiyotaki. 2011. "Financial Intermediation and Credit Policy in Business Cycle Analysis." Chap. 11 in *Handbook of Monetary Economics*, vol. 3A, edited by Benjamin M. Friedman, and Michael Woodford. Amsterdam, Netherlands: Elsevier.

Gertler, Mark, Nobuhiro Kiyotaki, and Andrea Prestipino. 2016. "Wholesale Banking and Bank Runs in Macroeconomic Modeling of Financial Crises." Chap 16 in *Handbook of Macroeconomics*, vol. 2, edited by John B. Taylor and Harald Uhlig.

Gertler, Mark, Nobuhiro Kiyotaki, and Andrea Prestipino. 2017. "A Macroeconomic Model with Financial Panics." NBER Working Paper 24126.

Gilchrist, Simon, Raphael Schoenle, Jae Sim, and Egon Zakrajšek. 2017. "Inflation Dynamics During the Financial Crisis." *American Economic Review* 107 (3): 785 –823.

Gilchrist Simon, Michael Siemer and Egon Zakrajšek. 2017. "The Real Effects of Credit Booms and Busts: A County-Level Analysis." Unpublished paper.

Gilchrist, Simon, and Egon Zakrajšek. 2012. "Credit Spreads and Business Cycle Fluctuations." *American Economic Review* 102 (4): 1692 –1720.

Giroud, Xavier, and Holger Mueller. 2017. "Firm Leverage, Consumer Demand, and Unemployment During the Great Recession." *Quarterly Journal of Economics* 132 (1): 271 –316.

Gorton, Gary B. 2010. *Slapped by the Invisible Hand: The Panic of* 2007. Oxford University Press.

Guerrieri, Veronica, and Guido Lorenzoni. 2017. "Credit Crises, Precautionary Saving and the Liquidity Trap." *Quarterly Journal of Economics* 132 (3): 1427 – 67.

He, Zhiguo, and Arvind Krishnamurthy. 2013. "Intermediary Asset Pricing." *American Economic Review* 103 (2): 732 – 70.

He, Zhiguo, and Arvind Krishnamurthy. 2014. "A Macroeconomic Framework for Quantifying Systemic Risk." NBER Working Paper 19885.

Iacoviello, Matteo. 2005. "House Prices, Borrowing Constraints and Monetary Policy." *American Economic Review* 95 (3): 739 – 64.

Jermann, Urban, and Vincenzo Quadrini. 2012. "Macroeconomic Effects of Financial Shocks." *American Economic Review* 102 (1): 238 – 71.

Jordà, Òscar. 2005. "Estimation and Inference of Impulse Responses by Local Projections." *American Economic Review* 95 (1): 161 – 82.

Justiniano, Alejandro, Giorgio E. Primiceri, and Andrea Tambalotti. 2010. "Investment Shocks and Business Cycles." *Journal of Monetary Economics* 57 (2): 132 – 45.

Kacperczyk, Marcin, and Philipp Schnabl. 2010. "When Safe Proved Risky: Commercial Paper During the Financial Crisis of 2007 – 2009." *Journal of Economic Perspectives* 24 (1): 29 – 50.

Kaminsky, Graciela L., and Carmen M. Reinhart. 1999. "The Twin Crises: The Causes of Banking and Balance of Payments Problems." *American Economic Review* 89 (3): 473 – 500.

Kaplan, Greg, Kurt Mitman, and Gianluca L. Violante. 2017. "The Housing Boom and Bust: Model Meets Evidence." NBER Working Paper 23694.

Kashyap, Anil K., Jeremy C. Stein, and David W. Wilcox. 1993. "Monetary Policy and Credit Conditions: Evidence from the Composition of External Finance." *American Economic Review* 83 (1): 78 – 98.

Kiyotaki, Nobuhiro, and John Moore. 1997. "Credit Cycles." *Journal of Political Economy* 105 (2): 211 – 48.

Krishnamurthy, Arvind, Stefan Nagel, and Dimitri Orlov. 2014. "Sizing Up Repo." *Journal of Finance* 69 (6): 2381 – 2417.

Mendoza, Enrique G. 2010. "Sudden Stops, Financial Crises, and Leverage." *American Economic Review* 100 (5): 1941 – 66.

Mian, Atif, Kamalesh Rao, and Amir Sufi. 2013. "Household Balance Sheets, Consumption, and the Economic Slump." *Quarterly Journal of Economics* 128 (4): 1687 – 1726.

Mian, Atif and Amir Sufi. 2014. "What Explains the 2007 – 2009 Drop in Employment." *Econometrica* 82 (6): 2197 – 2223.

Mian, Atif, Amir Sufi, and Emil Verner. 2017. "Household Debt and Business Cycles World wide." *Quarterly Journal of Economics* 132 (4): 1755 – 1817.

Midrigan, Virgiliu, Callum Jones, and Thomas Phillipon. 2017. "Household Leverage and the Recession." Unpublished paper.

Reinhart, Carmen M., and Kenneth S. Rogoff. 2009. *This Time is Different: Eight Centuries of Financial Folly*. Princeton.

Schularick, Moritz, and Alan M. Taylor. 2012. "Credit Booms Gone Bust: Monetary Policy, Leverage Cycles, and Financial Crises, 1870 – 2008." *American Economic Review* 102 (2): 1029 – 61.

货币政策与宏观审慎政策
各有千秋，分类施策？

拉尔斯·斯文森

1. 引言

货币政策和宏观审慎政策之间的关系是什么，它们之间如何区分，它们之间的异同点有哪些？这两种政策的目标是相同还是不同？它们应该如何实施？我们应当将这两种政策一起实施还是分别实施，是由相同的部门还是不同的部门实施？货币政策是否会影响金融稳定？为了实现金融稳定的目标，货币政策该不该针对资产价格和信贷的过快增长进行逆向操作？

人们一直都对这些问题争论不休。有必要具体说明如何区分不同的经济政策，特别是货币和宏观审慎政策；如何确定每项经济政策合适的政策目标和政

---

* Lars E. O. Svensson，瑞典斯德哥尔摩经济学院教授，欧洲政策研究中心和美国国民经济研究局研究员。本文的早期版本提交给2015年10月在波士顿联邦储备银行举行的“宏观审慎货币政策”会议，并在2017年11月智利中央银行举行的“货币政策与金融稳定：传导机制与政策影响”会议上宣读。

** 原文 Monetary Policy and Macroprudential Policy: Different and Separate? 发表于 *Canadian Journal of Economics*, Vol 51, No3, pp. 802 – 827, 2018年8月。感谢编辑 Tobias Adrian、Lars Hörngren、Donald Kohn、Frederic Mishkin、Edward Nelson、Lawrence Schembri、Philip Turner、Rodrigo Vergara 以及两次会议的参与者进行的有益讨论和评论，非常感谢 Knut 和 Alice Wallenberg 研究基金会的支持。作者文责自负。

策工具，决策当局和监管当局在实现政策目标和控制政策工具上应当如何各司其职？

本文的结构如下：第 2 节讨论如何从整体上区分不同的经济政策；第 3 节探讨如何具体区分货币政策和宏观审慎政策；第 4 节考察金融稳定是否适合作为货币政策的附加目标；第 5 节则分析在实施货币政策和宏观审慎政策的过程中，是各行其是还是协同运行更为有效；第 6 节阐述货币政策和宏观审慎政策是由不同的部门还是相同的部门实施效果更好；第 7 节讨论如果货币政策对金融稳定造成了影响，应该如何处理；第 8 节主要研究货币政策对资产价格和信贷过快增长进行逆向操作的问题，主要包括对瑞典案例的总结，介绍了最初实施逆向操作而最终政策却出现根本转变的戏剧性过程。这一节还研究并总结了逆向操作的成本和收益，指出逆向操作意味着更低的平均通胀率和更低的平均政策利率；第 9 节对全文进行总结并得出结论。

2. 如何区分不同的经济政策?

当我们讨论经济政策时，通常根据政策目标、政策工具以及操作政策工具以实现政策目标的管理当局的差异，区分不同的经济政策。例如，货币政策和财政政策明显是不同的经济政策，它们之间有不同的经济目标，不同的政策工具以及不同的政策实施当局。但这两种政策也明显相互关联，例如，财政政策会对通胀和就业产生影响，在实施货币政策时就要考虑这些影响。同样，货币政策也会影响政府收支，包括政府债务利息，在实施财政政策时也不能忽略这些问题。

尽管财政政策和货币政策有关联之处，但通常来说，我们会分别实施这两项经济政策，当然在实施一项政策时也会考虑另一项政策的影响。这很像博弈论中的纳什均衡，即每个主体在实现自身目标的过程中会独立选择不同的工具，但同时也会考虑其他主体实施的策略。但它又有别于合作均衡，在这种均衡中，两个主体会进行合作并共同选择工具以实现共同目标。

一个与之相关并且有趣的问题因此应运而生，既然我们已经对财政政策与货币政策之间的关系了如指掌，那么与前者相比，货币政策和宏观审慎政策之间的关系是大同小异还是大相径庭呢？

3. 货币政策和宏观审慎政策有何不同?

为了区分货币政策和宏观审慎政策，我们分别考察这两种政策的目标、工具和负责实施政策的当局。

在灵活的通胀目标制下，货币政策有两个目标：稳定物价和实际经济稳定。这意味着货币政策可以把通胀稳定在通胀目标附近，把资源利用水平稳定在预计的长期可持续利用率附近。长期可持续资源利用率可以用可持续最大就业率、可持续最低失业率或潜在产出水平衡量。例如，在美联储的双重目标框架下，这两个目标分别是物价稳定和就业最大化（通常被称为充分就业），联邦公开市场委员会实施货币政策的目标，就是将通胀率稳定在美联储的通胀目标附近，将就业水平稳定在预计的最高长期可持续就业率附近。①

货币政策工具通常由政策利率以及与市场沟通构成，后者主要包括公布对通胀和失业等目标变量的预测，以及可能的前瞻性指引，例如公布政策利率路径，即对政策利率的预测。在经济危机时期，货币政策工具的实施规模会更大，包括资产负债表政策，例如大规模的资产购买（量化宽松），更长期限的固定利率贷款，② 外汇干预和构建汇率走廊。负责操作这些货币政策工具并实现政策目标的管理当局是中央银行。

在讨论宏观审慎政策的目标、工具和责任当局之前，我需要澄清一点，宏观审慎政策属于广义金融稳定政策的一种，广义金融稳定政策不仅包括宏观审慎政策，也包括微观审慎政策。此外，还要区分正常时期防范金融危机的措施与危机时期的危机管理措施，这一点非常重要。宏观审慎政策被认为是防范危机的措施。③

宏观审慎政策的目标是金融稳定，金融稳定的定义不像物价稳定和充分就业那样清晰和明确。金融体系具有三个主要功能：将储蓄转化为融资、开展风

---

① 就像我之前（2011）解释的那样，我对潜在产出水平估计的有效性表示怀疑，预计的最低长期可持续失业率（或者在劳动力市场参与率充分内生时的最高长期可持续就业率）通常是更可靠的测量标准。

② 中央银行的固定利率贷款被归为货币政策，主要是因为这部分贷款可被视为一种承诺，即至少在贷款到期之前保持当前政策利率不变。而浮动利率贷款可被视为流动性支持（放松信贷）和最后贷款人的贷款。在危机期间和危机管理中，央行政策的分类标准有时不是很明显。同样的央行行为可能涉及财政政策、货币政策或金融稳定政策。这种情况下，我会更倾向于按照主要目标归类。

③ 参照 Tucker（2015，2016）对这些问题的深入探讨。但是他对宏观审慎政策的定义强调了参数调节的动态调整以保持金融体系的理想抗风险能力。我认为强调动态调节有局限性，宏观审慎政策很大程度上应包括相对稳定的政策，比如未经动态调节或者略有改变的固定资本要求。因此，我倾向于在广义上将宏观审慎政策定义为更结构性、更稳定的审慎政策。

险管理和进行转账支付，因此，金融稳定的一个合适定义是，对威胁金融体系功能实现的因素具有足够的抗风险能力，其中至关重要的一点就是要有足够的抗风险能力。在未来，某些未能预见的趋势和因素可能难以避免地导致金融体系面临动荡和冲击，只要金融体系对这些动荡具有足够的抗风险能力，就可以降低金融危机的发生概率和影响程度。①

我们需要更全面地考虑金融体系的抗风险能力，不仅要关注银行和其他金融中介等贷款人的抗风险能力，而且不能忽略家庭和企业部门借款人的抗风险能力，例如房地产和建筑业领域的借款人，他们的抗风险能力同样很重要。

重要的是，我们需要在金融稳定及抗风险弹性与效率、增长和繁荣之间进行权衡。我们肯定不愿看到缺乏活力的金融稳定。② 实施监管固然可以在某种程度上弥补市场失灵导致的外部性等负面效应，但竞争不足、资源配置效率低等问题也可能相伴而生。监管也可能对收入和财富分配产生影响，包括代际效应。这意味着宏观审慎政策需要有一个次要目标。例如，英格兰银行金融政策委员会的次要目标与货币政策委员会的目标相同，即“支持女王政府的经济政策，包括其增长和就业目标”（Hammond，2017）。然而，在本文中，我将不再进一步讨论这种次要目标的作用。③

在正常情况下，也就是在危机预防时期，宏观审慎政策的工具由监管、规制和沟通构成，主要包括资本和流动性要求、对期限转换的限制、抵押贷款价值比上限、银行及其他金融公司和家庭的压力测试、金融稳定报告等。④

在危机期间，即在危机管理期间，情况会变得大不相同。所有相关的管理当局（财政部门、货币部门和宏观审慎部门）会综合使用所有可行且恰当的政策工具，以尽量减小危机发生的范围和规模，并恢复金融稳定。尤其是多个当局

---

① 这种对宏观审慎政策目标的详述与国际货币基金组织（IMF，2013，第6页）的定义是一致的，当时国际货币基金组织的定义是“抑制系统风险的主要审慎工具。定义的核心是系统风险的概念同，这种风险是指金融服务的供给会因金融体系的全部或部分受损而中断，同时会对实体经济造成严重的负面结果”。同等条件下，更强的抗风险能力意味着更少的系统性风险。

② 只有在监狱和墓地方能寻觅到确定性的踪影（Friedman，1953，第202页）。

③ 考虑到抗风险能力和繁荣之间可能存在的长期权衡，Tucker（2015）讨论了对宏观审慎政策的抗风险能力标准做出明确政治决策的必要性。

④ 微观审慎政策和宏观审慎政策的工具重叠，两者的界限不是很清晰。在瑞典和加拿大，由于金融部门由几个具有系统重要性的大银行主导，针对个别金融机构的微观审慎政策对整个金融系统也产生了影响。国际货币基金组织在2013年广泛讨论了宏观审慎政策的目标和规模及其与微观审慎政策、危机管理和解决危机的政策之间的关系。

的政策组合对私人部门的预期可能会产生很大影响，从而有利于稳定形势。

对不同国家而言，实施宏观审慎政策工具以实现金融稳定的管理当局可能不尽相同，它可能是金融监管当局，也可能是中央银行、财政部或者其他监管当局。

综上所述不难发现，货币政策和宏观审慎政策是两种不同的政策。但是它们之间有什么样的紧密联系，它们真的应该有不同的政策目标吗？

4. 金融稳定是货币政策的第三个合适目标吗？

对货币政策来说，除了物价稳定和现实经济稳定的目标之外，金融稳定会是第三个合适的目标吗？首先我们需要认识到，"金融稳定是否可以作为货币政策的合适目标"这个问题，不同于"金融稳定是否可以作为中央银行的合适目标"这个类似的问题。后一个问题的回答取决于我们考虑的是危机预防还是危机管理。中央银行在危机管理时具有最后贷款人的职能。① 因此，在危机管理过程中，中央银行的目标显然应该包括维持金融稳定。而在危机预防中，这个问题的回答取决于中央银行是否可以使用宏观审慎政策工具。如果中央银行可以使用宏观审慎政策工具，金融稳定当然应该成为使用这些工具所要达到的目标。但中央银行的货币政策是否也应将金融稳定作为目标？如果像瑞典中央银行和加拿大银行的案例那样，中央银行不掌握宏观审慎政策工具，那么问题就变成了货币政策是否应该把金融稳定作为附加目标。

在考虑货币政策是否应当把金融稳定纳入政策目标的时候，先回顾一下制定经济政策目标的重要原则：只有能实现的目标才能被作为经济政策的目标。② 制定无法实现的经济政策目标毫无意义甚至会适得其反，让政策主管当

① 但是中央银行并不拥有作为最后贷款人提供贷款的垄断权。财政部或国债管理局都可以在短时间内提供流动资金。比如说在2008年危机中，瑞典国债管理局给瑞典的银行及时提供了流动资金，首先通过发行国债获得现金，然后把现金以抵押贷款支持证券形式借给银行（Riksgälden，2008）。

② 显然，这个原则与一般的公共政策有关，而不仅仅与经济政策有关。此外，对经济政策而言，最终目标可以说是维护和改善公民的福利。这个最终目标通常用一些有助于公民福利的具体目标来表达，例如，有效率的资源配置（包括有效率的金融体系），高速稳定的增长，充分稳定的就业，价格稳定，公平分配，区域平衡和良好的环境。每项经济政策都应该有这些目标。另一种方法是为每项经济政策提供一个可以实现的具体目标，并为实现最终目标做出贡献。通过这种方式，政策可以更加有效，并且可以更直接地分派实现每个具体目标的责任。

局对这些无法实现的政策目标负责，对它们是一种嘲弄。

因此，如果继续遵循这个原则，货币政策应当只完成它可以实现的目标，那么问题便来了，什么目标是货币政策可以实现的?

货币政策可以将通胀稳定在既定的目标通胀率附近，将资源利用水平稳定在预计的长期可持续利用率左右。从长期来看，通胀率通常是由货币政策决定的，因为可以为通胀率选择一个确定的目标水平，货币政策在长期内可以实现将平均通胀水平稳定在目标水平附近。相反，长期可持续的资源利用率（比如，可以用长期可持续的最高就业率或者长期可持续的最低失业率表示）在很大程度上并不是由货币政策决定的，而是由影响经济结构和经济运行的非货币因素决定的。这些因素可能会随着时间而改变，也可能难以被直接观察和计量。这意味着为实现长期资源利用率设定固定的货币政策目标是不恰当的，相反，必须先对长期资源利用率进行估计，尽管这种估计的结果必然是不确定且有待修正的（FOMC，2018）。

因此，由于货币政策通常不能提升长期可持续的资源利用率，我们必须使用结构性政策。① 一般来说，货币政策不能解决结构性问题。

如前所述，物价稳定和实际经济稳定是货币政策的合适目标。② 那么金融稳定是不是合适目标呢？货币政策可以实现金融稳定吗?

全球金融危机让我们明白，价格稳定并不意味着金融稳定。货币政策可以实现价格稳定，但不能实现金融稳定。回顾一下金融稳定的定义，其核心要点就是充分的抗风险能力。货币政策还不足以推动金融体系全面形成充分的抗风险能力。例如，货币政策在确保金融体系具备充足的资本和流动性缓冲方面显然就无能为力。

由于货币政策无法实现金融稳定，按照上述原则，金融稳定就不是货币政策的合适目标。

那么怎么看待逆向操作呢？这涉及更加严格的以金融稳定为目标的政策，而不仅仅是确定可灵活调整的通胀目标，它曾被国际清算银行积极倡导（例如，BIS，2014，2016），此后被挪威中央银行（Olsen，2015）和瑞典中央银行采用（但在不久之后的2014 年春天，瑞典中央银行又戏剧性地放弃了这一

---

① 也会有例外需要考虑：货币政策有时对劳动力市场参与率或失业率存在着滞后效应或者持久的影响。

② 毫无疑问，财政或金融不稳定会导致货币政策很难甚至根本无法实现其目标。

做法）。但一个明显的结果是逆向操作的成本远高于收益。提高政策利率对金融危机发生的可能性及其程度的影响太小而且不确定，不足以弥补包含更低通胀水平和更高失业率在内的确定的高额成本（Svensson，2017a）。

斯泰因（Stein，2013）提出了一个有争议但强有力的论据，以支持逆向操作有助于实现金融稳定目标这一结论：

> 尽管货币政策并非实现就业的恰当工具，但是它相对于监督和管理来说有一个重要的优势，即它能够渗透金融体系的所有领域。

但是根据现有的经验估计，温和地提升政策利率很难对所有金融领域产生深刻影响，要想提高政策效力，就需要进一步提升政策利率，但这又可能会对经济产生不利影响（Svensson，2017a）。通常而言，进行定性分析还不够，对于最终评估来说，定量分析必不可少。

图 1 展示了相关定量分析的结果，它比较了未来季度内的逆向操作和宏观审慎政策对爆发危机可能性的影响，逆向操作体现为 1—4 季度中将政策利率提高 1 个百分点，宏观审慎政策体现为银行资本占加权风险资产 20% 的长期资本要求。这是基于笔者（2017a）提出的模型和估计，更详细的解释见笔者 2017 年的那篇文章。图中的实线表示［当每年发生危机的可能性是 3.2%（与大概每 33 年发生一次危机相符）并且危机的持续时间为 2 年时］未来危机发生的基准概率（Svensson，2017a，图 2）。① 细虚线显示了在 1—4 季度政策利率提高 1% 的逆向操作如何影响未来每年发生危机的可能性。假设政策利率（这并不现实）对真实债务有持久影响，那么逆向操作就可能发挥作用。这种影响很小，最多能够将 17 个季度中发生危机的可能性降低 0.2%，但它的影响不会持久。

粗虚线显示了要求银行资本充足率为 20% 的宏观审慎政策对未来危机发生概率的影响。这个影响比较明显，它使未来发生危机的概率持续降低了 4.8 个百分点，降到了 1.2%，只有基准概率的 1/5。这是从达格等人（Dagher、Dell'Ariccia、Laeven、Ratnovski and Ton，2016，图 7）的研究成果中推断出来

① 第 1 季度不会爆发金融危机。当危机爆发的季度性概率为 0.8% 且危机持续期为 8 个月时，未来季度发生危机的概率会提高到 6% 左右的稳态值（基于在任意 8 个季度中最多出现一次危机的简化假设，这个稳态值会略低于 8 × 0.8% = 6.4%）。

的。这个结果表明，OECD 国家对银行资本充足率 20% 的要求能够消除掉 1970 年以来银行危机损失的 80%。从图 1 中不难看出这个结果，即把未来危机发生的概率减少到原来的 1/5。

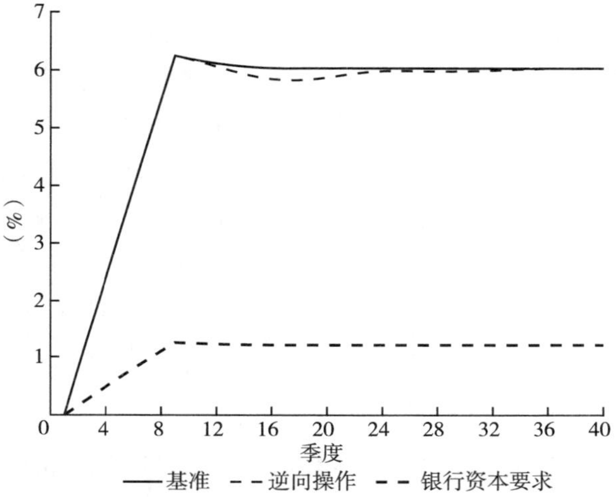

图 1　在 1—4 季度内政策利率提高 1%或银行资本占加权风险资产 20%的情形下对未来季度中发生危机可能性的影响

资料来源：Dagher、Dell'Ariccia、Laeven、Ratnovski and Ton（2016，图 7）；Svensson，（2017a，图 2 和图 7）。

有时候人们认为，所谓的风险承担渠道会增加货币政策对危机发生概率和程度的影响（例如 Borio and Zhu，2008；Adrian and Liang，2018）。但任何风险承担渠道是否都有足够强大的经济影响，我们对此表示怀疑。戴尔阿里卡、拉文和苏亚雷斯（Dell'Ariccia、Laeven and Suarez，2017）详尽地研究了风险承担渠道，并利用大量可靠的联邦储备数据研究了实际联邦基金利率对美国银行贷款风险的影响。他们发现实际联邦基金利率提高 1% 会导致贷款风险显著下降 0.052（表 5，柱状图 4）。但是它对经济的影响并不显著。贷款风险的标准差是 0.85（表 I，B 组），所以实际联邦基金利率提高 1% 对贷款风险标准差的影响只有 0.052/0.85 = 6.1%。这说明贷款风险主要受联邦基金利率之外的其他因素影响。风险承担效应能够对危机发生的概率和程度产生实质性影响，而从这一研究中看不出存在风险承担效应。此外，正如作者强调的，他们的结论也不适合回答一个问题，即从社会福利的角度看，当面临更宽松的货币政策时，银行额外的风险承担是否过高。

结论便是，在面临金融稳定的问题时，为保证金融稳定，除了宏观审慎和微观审慎政策（或者其他政策，比如住房政策，以及适合解决当下问题的其他政策）之外，很难找到能替代货币政策的其他政策。仅仅依靠货币政策是没有办法实现金融稳定的，如果现有的宏观审慎政策没有得到充分实施或者没有产生效果，那除了制定和实施更好的宏观审慎政策之外别无他法。

此外，如果宏观审慎政策力度不足或者付之阙如，那就没法强化逆向操作。反之，在这种情况下，令人惊讶的是逆向操作的边际成本与边际收益之间的差异可能会更大（Svensson，2017a）。因为此时力度微弱的货币稳定政策也会导致信贷泡沫，从而使危机发生的概率更大、程度更严重、持续时间更长，这些变化都会增加货币政策的成本而非收益。这个结果和威廉姆斯（Williams，2015）得出的结论是一致的，也就是说，“即便将货币政策作为最后手段，它也并不适用于应对金融稳定问题”。我们将在第 8 节更多地讨论逆向操作。

5. 货币政策和宏观审慎政策最好是独立使用还是协同使用?

按照前述确定政策目标的原则，由于货币政策无法实现金融稳定，因此，金融稳定并非货币政策的合适目标。那么对于宏观审慎政策又如何呢？它能否实现金融稳定?

宏观审慎政策可通过足够的政策工具实现金融稳定。因此，金融稳定可以作为宏观审慎政策的目标。但是，宏观审慎政策无法将通胀稳定在通胀目标水平附近，也无法将资源利用率稳定在预期的长期可持续发展水平上。因此，根据上述原则，价格稳定不适合作为宏观审慎政策的目标。

可见，我们同时需要货币政策和宏观审慎政策，从而既能实现货币政策的物价稳定和经济稳定目标，又能实现宏观审慎政策的金融稳定目标。

那么货币政策和宏观审慎政策应该独立使用还是协同使用呢？在考虑两种政策独立使用的时候，在我看来，两种政策的实施状态就像博弈论中的纳什均衡，即每项政策在实施过程中，在实现自身目标的同时，也要考虑其他政策的实施和影响，但不考虑能否实现其他政策的目标。至于两项政策的共同实施，在我看来就像博弈论中的合作均衡，即两项政策一起实施，以同时实现其目标。

需要注意的是，政策是独立使用还是共同使用，这与中央银行是否同时负责这两项政策也有关系。这时候问题就变成了：央行内部制定不同政策的决策当局能否合作，以更好地实施目标与工具都不同的两项政策。

这两项政策之间一定存在着某些相互作用。宏观审慎政策会通过不同利率间的利差和银行信贷来影响金融市场。它会通过贷款价值比上限来影响家庭借贷、住房需求、房价和住宅建设。根据情况的不同，它会间接影响通胀和资源利用，但这种影响并非系统性的且并不显著，也不总是朝着同一个方向。比如，一些规则会恶化经济运行、削弱经济活力，降低可持续的资源利用率，但实施更好的规则和更有效的信贷标准能够推动金融深化、向合适的借款人发放更多贷款、增强经济活力、提高可持续的资源利用率。

货币政策会影响利率、产出与就业、利润、信贷损失和资产价格，进而会影响债务偿还、资产负债表和杠杆率。因此，货币政策可能会间接影响金融稳定，但这种影响是非系统性的且并不显著，也不总是朝着同一个方向。①

总的来说，货币政策对通胀和资源利用率有显著的系统性影响，但对金融稳定的影响既不显著，也缺乏系统性。宏观审慎政策与货币政策相反，即在金融稳定方面有着显著的系统性影响，但对通胀和资源利用率的影响既不显著，也缺乏系统性。这就意味着，货币政策通常可以调节宏观审慎政策在通胀和资源利用率方面的影响；宏观审慎政策通常可以调节货币政策在金融稳定方面的影响。如果制定一项政策时，对另一项政策的有关情况了解充分，并且也考虑到了另一政策运行的影响，这就如同满足了最优纳什均衡所需的条件，意味着两种政策可以顺利地分开实施。因此，在充分考虑另一项政策的实施和影响的情况下，分别实施货币政策和宏观审慎政策，这两项政策的目标就都能实现。②

---

① 此外，正如伯南克（2015）强调的，中性/自然/均衡利率不是由货币政策决定的，而是由结构性因素决定的。实施紧缩性货币政策时，政策利率略高于中性利率；实施扩张性货币政策时，政策利率略低于中性利率。因此货币政策的类型不是由政策利率决定的，而是由政策利率和中性利率之间的差异决定的。货币政策的影响应该由政策利率和中性利率的差值决定，而不是政策利率单方面决定。政策利率的影响包括货币政策类型影响和中性利率影响。

② 尽管处于不同的框架中，这和 Mundell（1962）提出的有效市场分类的原则是一致的，即“政策应与它们最具影响力的目标相匹配”。更准确地说，政策中也要应用到比较优势原则。Bean（2014）很好地讨论了在货币政策和宏观审慎政策都专注于实现各自的目标时，两项政策为什么以及如何得到好的结果。

此外，每项政策各自独立使用会产生显著的优势，具有不同目标和工具的各项政策都会变得更加明确、透明和易于评估。这反过来使政策制定者更易于担负起实现每项政策目标的责任，这将进一步促进每项政策目标的实现。

正如前文强调的，货币政策和宏观审慎政策截然不同，它们有着不同的目标、不同的政策工具。尤其是它们通过不同的机制发挥作用。实现价格稳定和实际经济稳定的机制和促进金融体系形成充分抗风险能力的机制是不同的。相比之下，博里奥（Borio，2017，第41页）认为，货币政策和宏观审慎政策可能由于政策方向相反而引起矛盾，“这就好比在开车时同时踩油门和刹车一样，并不是我们通常建议的方式”。他以驾驶隐喻暗示货币政策和宏观审慎政策可以通过相似的机制实施。但我认为这样的比喻具有误导性。还是以驾驶为例，我认为一个更加合适的比喻是，用货币政策控制油门和刹车以达到最优稳态车速，即处在上坡路时货币政策应该踩油门，下坡路时踩刹车。而宏观审慎政策就是要确保安全带和安全气囊处于良好状态，安全带可以被使用，安全气囊可以被激活。两项政策或多或少是关联的。

尽管如此，当两项政策存在很大的相互作用并且有必要进行协调时，如果可以处理好这种罕见的情况，那么整体政策体系就会更加稳健。更确切地说，我认为的一种罕见情况是，货币政策可能对金融稳定产生重大威胁而宏观审慎政策不能用现有工具来遏制这种状况。这个问题会在第7节讨论。

以上都是基于正常时期和危机预防的情况。在危机时期，当存在危机管理而非危机预防时，情况就完全不同了。各个相关部门将进行充分合作和政策协调，这些部门通常包括金融监管部门、中央银行、财政部和银行处置当局。特别是在危机时期，不同部门之间的政策协调对私人部门的预期会产生显著影响，这有助于稳定形势。

中央银行在危机管理中扮演着传统的角色——最后贷款人，即凭借其能力为市场提供流动性支持，但正如前面提到的，中央银行对危机中的流动性支持没有垄断权，财政部或国债管理局同样也能在非常短的时间里提供流动性支持。2008年经济危机时瑞典国债管理局的做法就能证明这一点。

在瑞典，中央银行参与危机管理并提供流动性支持，这被瑞典中央银行用于解释为什么它应该负责危机预防并实施宏观审慎政策。但是，这一论据很难令人信服。按照相同的逻辑，由于外交政策可能引起战争，国防部应该对外交政策负责。此外，在危机管理中，中央银行也不是唯一的责任当局，并且如前所述，中央银行也不是危机中提供流动性支持的唯一当局。

然而，中央银行在危机管理中的角色意味着，中央银行和负有类似责任的其他管理当局一样，应该对危机管理未雨绸缪，包括与其他当局合作进行危机管理的模拟演练。这和危机预防大不一样。

6. 货币政策和宏观审慎政策应该由同一部门还是不同部门实施?

如果货币政策和宏观审慎政策由不同的决策当局分别实施，每一个管理当局都有各自的目标，使用各自的调节工具，并且都对实现各自的目标承担责任。在这种情况下，货币政策和宏观审慎政策由相同的或是不同的当局实施，哪一种情况会更好?

首先，如果一个管理当局能够运用所有的宏观审慎工具，那么在危机预防情况下宏观审慎政策的有效性和问责性就会得到提高。将政策工具分散在几个不同的管理当局，很难形成政策合力。而且，不同管理当局可能使用不同的政策工具以实现不同的政策目标，这样至少导致效率低下。在危机管理情况下，当所有相关管理当局合作并协调其政策，以减少危机规模并恢复金融稳定时，让各个管理当局承担责任显然更为困难。

目前，世界上至少有两个简洁的模式可谓运行良好。一种是英国模式，英格兰银行同时负责货币政策和宏观审慎政策。它有两个决策当局，货币政策委员会负责货币政策，金融政策委员会负责宏观审慎政策。每个委员会都有其目标和工具，都有责任实现自己的目标。此外，每项政策都以公开透明的方式进行，同时两个委员会的成员有重叠，这使得每一个委员会可以充分了解另一个委员会的政策。①

另一种是瑞典模式。2013 年 8 月，瑞典政府宣布了巩固金融稳定的新框架，明确了各管理当局的作用和职责。瑞典金融监管局（FSA）主要负责金融稳定，能够使用包括反周期资本缓冲在内的所有宏观审慎工具。因此，瑞典央行没有用于危机预防的宏观审慎工具（除了沟通手段），只有用于危机管理的终极方案——最后贷款人。

通过将所有的宏观审慎工具都集中在一个管理当局，这种目标和手段的配

① 关于英国模式和两个委员会的案例，请参见 Kohn（2015）

置提高了效率和问责性。由于金融监管局已经获得了所有的微观审慎工具，因此它同时拥有了微观和宏观审慎工具。一般来说，微观审慎和宏观审慎工具之间的界限可能不太清晰，而宏观审慎政策可以说更接近于微观审慎政策，而非货币政策。另外，在瑞典金融部门中，处于寡头垄断地位的四家大银行控制着金融部门，微观审慎政策很容易产生宏观审慎的结果，微观和宏观审慎政策之间的区别就更不清晰了。总之，在将微观和宏观审慎政策结合起来的过程中，在效率和问责性方面可能会有一些额外的收益。因为金融监管局是一家政府部门，政府对金融稳定负有最终责任，包括对代际分配和其他分配的后果进行权衡。①

瑞典的货币政策和宏观审慎政策的执行通常是公开透明的，这让瑞典央行和金融监管局更容易全面了解其他管理当局的政策实施及其效果。此外，政府新成立了一个金融稳定委员会，由财政部负责金融市场的部长担任主席，金融监管局、瑞典国债管理局（它也是瑞典的银行处置当局）和瑞典央行行长作为委员。委员会定期举行会议，开展信息交流并讨论金融稳定问题，其内容包括由委员会委托、由会员单位的工作人员组成的工作组提交的报告。委员会没有决策权，这项权力属于委员会的会员机构。委员会设立了一个论坛，让有关管理当局就金融稳定的观点和政策交换各自的信息。在危机时期，委员会将领导和协调危机管理事项。

加拿大的金融监管框架比瑞典和英国更复杂，也更缺乏连贯性。拉根（Ragan，2012）、詹金斯和朗沃斯（Jenkins and Longworth，2015）强调了金融稳定和宏观审慎政策需要一个更连贯的框架，更具透明度和问责性。

加拿大的金融监管框架涉及了几个联邦管理当局，即加拿大财政部、金融机构负责人办公室（OSFI）、加拿大银行、加拿大存款保险公司（CDIC）、加拿大抵押和住房公司（CMHC）以及加拿大金融消费者协会（FCAC）。至于宏观审慎政策，其主要的监管工具由金融机构负责人办公室负责实施。抵押贷款保险工具（见下文）由加拿大抵押和住房公司负责。加拿大银行没有宏观审慎工具，但通过以下四个方面对金融稳定做出贡献：一是监管关键的金融市场基础设施；二是开展研究和发布报告，特别是两年一次的《金融稳定评论》（FSR）；三是协助制定和实施政策；四是在危机管理期间，提供流动性和作为

① 在瑞典，瑞典央行隶属于瑞典议会，而不是政府当局。

最后贷款人（加拿大银行，2017）。《金融稳定评论》是关于加拿大宏观金融发展和脆弱性状况的公共信息的主要来源，包括关于反周期资本缓冲的设置（OSFI，2016）。

加拿大财政部、金融机构负责人办公室、加拿大银行、加拿大存款保险公司和加拿大金融消费者协会的负责人定期在几个不同的论坛就不同的监管政策进行会谈，特别是在高级咨询委员会（SAC）就宏观审慎政策展开讨论。高级咨询委员会是一个由财政部副部长担任主席的非法定机构，按照咨询机构来运作，为讨论和确定宏观审慎政策提供交流平台。例如，金融机构负责人办公室通过与高级咨询委员会合作伙伴的协商，确定了逆周期资本缓冲（OSFI，2016）。

加拿大宏观审慎政策的一个显著特点是政府在抵押贷款保险中扮演了重要角色。超过一半的未偿还抵押贷款被抵押贷款保险覆盖，因为借款人必须为贷款价值比较高（超过80%）的抵押贷款购买保险。政府支持的抵押贷款保险主要由加拿大抵押和住房公司提供。政府完全担保了加拿大抵押和住房公司的债务，并对私人抵押贷款保险公司的债务提供支持，其免赔额相当于抵押贷款原始本金的10%。为了应对与提供这些担保相关的风险，政府设定了抵押贷款保险的资格要求。对负责金融稳定的监管当局来说，这是传统宏观审慎工具之外的一种补充（Allen、Grieder、Peterson and Roberts，2016；IMF，2017）。

在现实中，不同国家对宏观审慎管理的制度安排各有千秋，这是由各国的历史、政治、经济决定的。在美国，宏观审慎工具、管理和监督通过不同的授权被安排给几个不同的部门实施。这种制度安排再加上既得利益者和金融业的广泛游说，对相关管理当局形成了很大的政治影响，使得有效的宏观审慎监管很难开展。

7. 如果货币政策威胁到金融稳定会怎样?

货币政策可能在极少数情况下出现不可预见的情况，即尽管实现了货币政策目标，但是会对金融稳定构成威胁。宏观审慎当局原则上应该能够利用其现有工具应对这种情况。但是，当这种威胁不能轻易控制时，应该如何处理呢?

英格兰银行货币政策委员会在2013年8月发布的前瞻性指引就提供了一个很好的例子。货币政策委员会同意，除非出现三个可终结前瞻性指引的情况，否则当失业率至少降到7%之前，不打算提高政策利率。其中第三种情况是，金融政策委员会认为货币政策对金融稳定构成了重大威胁，而货币政策委员会、金融行为监管当局和审慎监管当局能够采取的系列缓和政策无法以符合其目标的方式遏制这种威胁。

因此，按照这个例子，宏观审慎当局应该警告货币政策当局，一旦货币政策对金融稳定构成威胁，宏观审慎当局用现有的政策工具是没法遏制的。那么货币政策当局可能会选择调整货币政策，或紧缩或宽松，依据情况相机抉择，从而暂时偏离货币政策的目标。这明确了每一个管理当局的责任，并使其有可能承担这些责任。实际上，货币政策当局会处于“服从或解释”的地位。然而，由于调整货币政策的最终决定权掌握在货币政策当局手中，因此其执行货币政策的独立性依然得以保持。

基本的原则当然应当由负责实现某项目标的管理当局，而不是其他管理当局，来判断目标是否受到了威胁，是否有必要从其他管理当局获得帮助。为了使某个管理当局能有效地负责实现其目标，它就不能负责实现其他管理当局的目标，也不能允许它为了实现其他管理当局的目标而主动偏离自己的目标。根据这个原则，在这种情况下，应当由宏观审慎当局而不是货币政策当局来判断货币政策是否已经对金融稳定构成了威胁而宏观审慎当局无法用其现有的工具来控制局面。如果宏观审慎当局没有提出需要帮助的请求，就不允许货币政策当局偏离货币政策目标。

如果这一原则在2010年就在瑞典得到应用，而金融监管局有权判断货币政策是否对金融稳定构成了其现有工具无法遏制的威胁，那么2010—2011年由瑞典央行承担的一项备受争议和批评的激进逆向操作就不太可能实施。这自然会引发一场讨论，即货币政策是否应该逆风而行以促进金融稳定，以及这样做的成本和收益是什么。

8. 货币政策应该“逆风而行”吗？

正在进行的关于货币政策和金融政策的讨论中，很多人都十分关注货币政策是否应该对资产价格和信贷的快速增长进行逆向操作，更准确地说，使政策利率略高于合理水平，即高于使通胀率稳定在通胀目标附近并使资源利用率保持在长期可持续利用率的水平，以促进金融稳定。国际清算银行（2014，2016）一直大力提倡这种做法。

8.1 瑞典的经验

最近的瑞典经验首先提供了一个引人注目的逆向操作的例子，其次是同样令人瞠目的政策的彻底转变。① 2010 年 6 月，在对本国通胀和失业率的预测方面，瑞典央行和美国联邦公开市场委员会的预测非常相似，通胀预测都低于 2%，失业率预测则远高于各国央行对长期可持续资源利用率的估计（Svensson，2011，图 1 和图 2）。参照 2010 年 6 月联邦公开市场委员会的预测，伯南克（2010）的结论是“如果（联邦公开市场委员会的）目标已定，在其他条件相同的时候，似乎就有理由采取进一步行动”，这意味着进一步放松货币政策。事实上，当时联邦公开市场委员会不仅将政策利率继续维持在接近零的水平，而且还准备进行第二轮量化宽松。相反，尽管有类似的预测，但瑞典央行执行董事会的多数成员没有继续将政策利率维持在接近零的水平，也没有进行任何量化宽松的准备，而是迅速将政策利率从 2010 年 7 月的 0.25% 上调至 2011 年 7 月的 2%，理由是对房价和居民债务的担忧。②

在图 2 中，左上角的图显示了瑞典、美国、英国的政策利率和欧元区的欧元隔夜平均利率。我们看到瑞典央行的政策利率从 2010 年中开始大幅上升。右上角的图显示的是通胀率［欧洲国家和地区以消费者价格协调指数（HICP）衡量通胀，美国则用核心个人消费支出（PCE）衡量通胀］。瑞典的通胀率在 2014 年初降至零。中间左边的图显示了相应的实际利率（以利率减去通胀率衡量）。瑞典的实际利率大幅上升，和其他经济体形成了巨大的反差。下面的图表显示了瑞典的实际和名义有效汇率。瑞典克朗在 2008 年秋季大幅贬值，这缓解了危机的影响，但在 2010—2011 年紧缩政策期间也大幅升值。中间右边的图则表明，瑞典的失业率在 2010 年初见顶后开始下降，在政策收紧后则稳定在高位，之后甚至有所上升。而德国和美国的失业率则在稳步下降。③

2014 年初，执行董事会的大多数人显然意识到了失业率非常高、通胀接

---

① Turner（2017）用几个国家的例子广泛讨论了逆向操作。

② 当时，作为冰岛央行副行长和执行董事会成员，我反对每一次加息，而后赞成更大幅度的减息，原因我在 2010 年的一篇论文中做了解释，更详细的说明参见瑞典央行的政策会议记录，如 2010 年 6 月/7 月会议记录，Sveriges Riksbank（2010）（英文版本见 www.larseosvensson.se 或 www.riksbank.se）。我在 2013 年 5 月结束的六年政策制定经验总结见 Svensson（2013）。

③ Turner（2017，第 17—20 页）比较了英格兰银行和加拿大银行的政策，并指出英格兰银行在 2001 年末至 2004 年中由于对金融失衡的担忧而收紧了政策，这导致英镑对美元大幅升值。

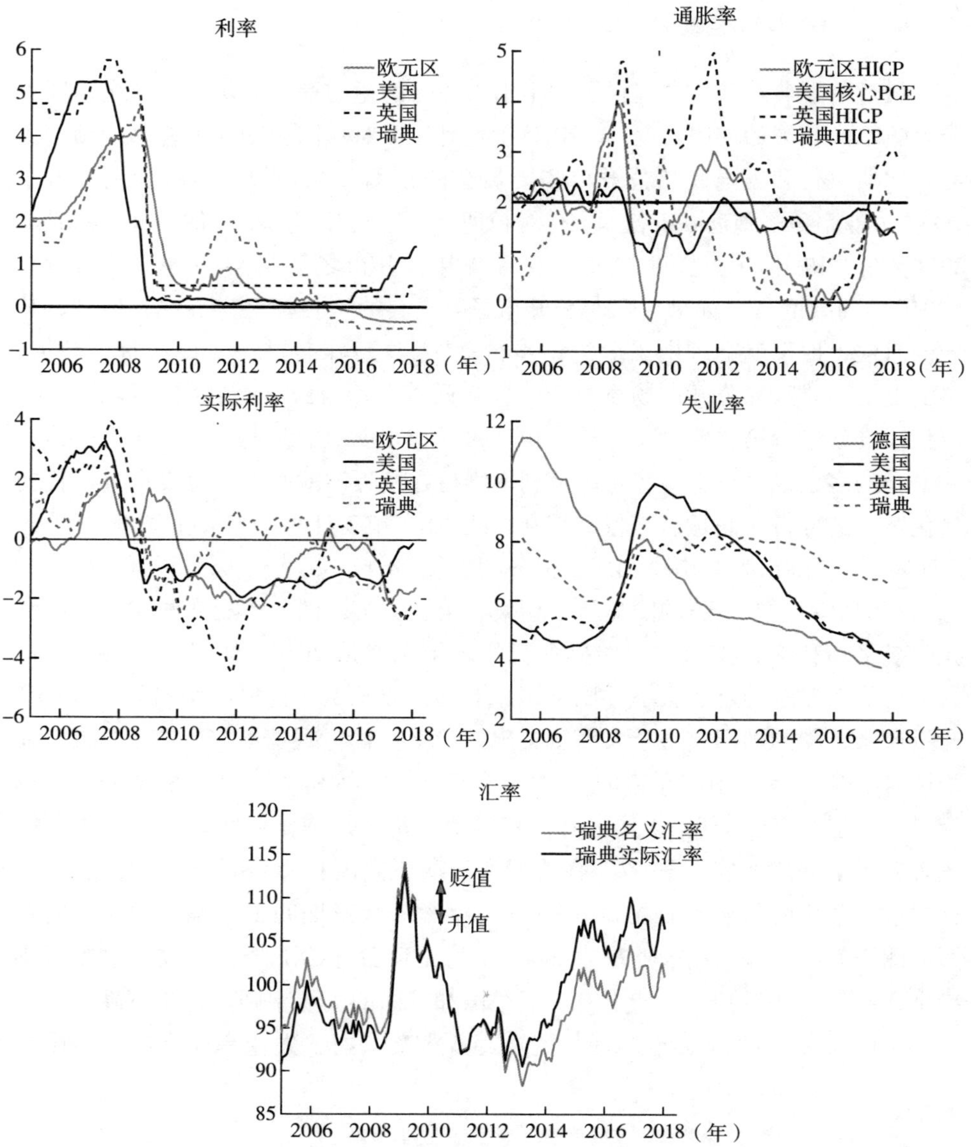

图2　各经济体的利率、通胀率、实际利率、失业率以及有效汇率（瑞典、欧元区、美国、英国、德国）

资料来源：汤森路透 Datastream。

近于零的情况是不可持续的。于是瑞典央行的政策发生了戏剧性逆转，政策利率被下调，并在10月份达到零。2015年2月，政策利率进入负区间。然后瑞典央行启动资产购买计划，政策利率进一步下调，最终在2016年2月达到-0.5%（左上图）。通胀率回升到接近2%的目标（右上图），实际利率则下降到-2%以下（左中图），克朗大幅贬值（下图），失业率也开始下降（右中图）。

显然，瑞典的货币政策是按照教科书运作的。紧缩会导致克朗升值，通胀下降，失业上升。反之亦然。①

在尚未就政策利率对控制居民债务和房价上涨的效果进行任何支持性分析，特别是，没有任何明确的成本收益分析的情况下，瑞典在2010—2011年就实施了大幅紧缩措施。我在2010年曾指出，当时可获得的实证研究表明，这项政策在产出和失业方面的成本非常高，而对债务和房价的影响很小。②

此外，没有任何研究表明，房产价格和家庭债务水平构成了金融监管局无法单独管理的风险，例如，金融监管局将2010年秋季推出的新抵押贷款价值比上限设定为85%。同时，金融监管局还在其值得称道的报告《瑞典抵押贷款市场》中相当准确地评估了与房价和家庭债务相关的风险。其中还使用从贷款银行收集的微观数据，对获得新抵押贷款的家庭进行了压力测试。压力测试显示，这些家庭有很强的偿债能力，对抵押贷款利率上升、房价下跌和失业造成的收入损失等冲击有相当大的抗风险能力。③

8.2 逆向操作的成本收益分析

瑞典的经验无疑激发了我对逆向操作的成本收益进行分析的兴趣。我曾对

---

① 一个进出口量都很大的开放经济体意味着在货币政策传导机制中有强大的汇率渠道。可调整抵押贷款利率的高家庭债务也意味着有可以影响家庭消费的强大的现金流渠道（Flodén、Kilström、Sigurdsson and Vestman，2016）。

② 可参见 Assenmacher-Wesche and Gerlach（2010），Bean、Paustian、Penalver and Taylor（2010），Dokko、Doyle、Kiley、Kim、Sherlund、Sim and Van den Heuvel（2011）（2009年工作论文）。特别是，瑞典央行工作人员 Claussen、Jonsson and Lagerwall（2011）利用瑞典的数据表明，要阻止房价涨幅超过2004—2010年的趋势，需要将政策利率上调5个百分点，通胀率比通胀目标低6个百分点，GDP累计损失达到12%左右。

③ 2010年的报告只有瑞典语版本；从2011年开始，《瑞典抵押贷款市场》也有英文版本。最近的是 Finansinspektionen（2018）。

逆向操作的边际成本和收益进行过评估（Svensson，2017a）。逆向操作被定义为将政策利率提升到高于标准的灵活通胀目标制的合理水平，而无视可能导致金融危机风险的做法。如果不发生危机，逆向操作产生的第一项成本就是使经济疲软，通胀率下降，失业率上升。重要的是，逆向操作也会产生第二项成本，即危机发生时产生的成本。这是因为，如果最初成本是因为逆向操作导致经济疲软，那么对于一场给定规模的危机，其代价就会更大。第二项成本是逆向操作的主要成本，它被之前的文献忽略了（包括我自己之前的作品）。

逆向操作可能带来的好处是降低危机发生概率或减小危机的规模。但是，根据现有的实证估计，政策利率对危机发生概率或规模的影响太小，无法防止边际成本远远超过边际收益。成本大于收益的结果对其他假设也相当稳健。为了实现盈亏平衡，即边际成本等于边际收益，政策利率效应需要比基准实证估计的高出5—40个标准差。①，②

此外，有些令人惊讶的是，一项不那么有效的宏观审慎政策在一定程度上增加了危机发生的可能性、严重性或持续时间，增加的边际成本大于增加的边际收益，这使得反对逆向操作的理由更加充分。原因是，上述逆向操作预期的第二项成本，即由于最初经济疲软造成的危机成本，比逆向操作所致的危机发生的可能性和规模更小或持续时间更短带来的好处要大得多。

最近一篇国际货币基金组织的工作论文（IMF，2015）对逆向操作的利弊进行了全面的分析和调查，并发现，除非在最特殊的情况下，一般都是成本大于收益。它的结论是，“根据目前的知识，逆向操作的例子是有限的，因为在大多数情况下，成本会大于收益”。美联储前主席伯南克、银行行长埃文斯

① 如笔者之前讨论的那样（2017a，第5节；2017c），如果忽略了逆向操作的第二项成本，如以前的作品和最近的论文 Filardo and Rungcharoenkitkul（2016）及 Gourio、Kashyap and Sim（2017）那样，那么在零逆向操作时，则边际成本为零。如果边际收益为正，那么进行适当的逆向操作是最优的。然而，边际成本上升得相当快，因此逆向操作的最优值是相当小的，即对应的政策利率的上升空间很小，就像 Gourio，Kashyap and Sim（2017）讨论的，每年发生危机的概率只下降几个基点。之前 Ajello、Laubach、Lopez、Salido and Nakata（2016）也给出过类似的结果。

② 为了实现盈亏平衡，政策利率效应需要比基准经验估计高5—40个标准差的结论与 Adrian and Liang（2018）相矛盾。他们认为关于政策利率对危机发生的可能性或规模的影响的合理替代假设会推翻这种结论。

(Charles Evans) 和威廉姆斯此前也得出过类似结论。① 美国联邦公开市场委员会也得出了类似结论。②

国际清算银行研究的独立评论 (Allen、Bean and De Gregorio, 2016) 指出:

> 到目前为止,国际清算银行关于逆向操作的争论似乎对那些真正负责制定货币政策的人并没有起到什么作用。在某种程度上,这是因为缺乏令人信服的证据证明预期收益大于预期成本。
>
> 在某些情况下,研究计划显得有些不公平。(在 9 个关于金融稳定和货币政策的项目中) 第一个和 (在某种程度上) 第五个似乎主要是想要推翻斯文森 (Svensson, 2017a) 关于逆向操作不可取的结论。
>
> 研究工作……似乎过分专注于为逆向操作创建案例,而不是调查其他政策行动的范围来解决金融稳定的风险。

瑞典央行现在似乎也得出结论,逆向操作的成本大于收益。③

8.3 逆向操作可能导致较低的平均通胀率和较低的平均利率

一般来说,一项政策利率较高的逆向操作意味着达到了较低平均通胀率和较低平均政策利率的均衡 (Svensson, 2017b)。为了证明它,我们使用最简单的逆向操作政策规则,

$$i_t = r + \pi_t + \gamma(\pi_t - \pi^*) + \alpha_t, \tag{1}$$

i_t表示第 t 季度的政策利率,r 表示平均真实利率,π_t表示通胀率,π^* 表

---

① Bernanke (2015) 指出:"正如学者 (和以前的学者) 喜欢说的,这个问题需要更多的研究。但早期的结果并不支持央行应大幅改变利率制定政策以减轻金融稳定风险的观点。" Evans (2014) 认为:"事实上,任何依靠更严格的利率政策来实现金融稳定而牺牲宏观经济的决定,都必须通过成本收益检测,并且这种检测必须清楚地表明,与仅使用强化的监管工具来应对金融稳定风险相比,更严格的利率政策带来的负面经济结果将更好,也更容易为社会接受。我还没见过有说服力的论证。" Williams (2015) 说:"货币政策并不适合应对金融稳定,即使是作为最后的手段。"

② 联邦公开市场委员会 (FOMC, 2016) 指出:"大多数参与者认为,使用货币政策解决对金融稳定的威胁的收益通常高于……一些人还指出收益是高度不确定的。"

③ Sveriges Riksbank (2017, 第 13 页) 说:"回购利率小幅上调不太可能对家庭负债产生任何切实影响。回购利率的大幅提高肯定会减缓债务的增长,但也会导致更高的失业率、更强劲的克朗和更低的通胀。其他旨在降低家庭债务风险的更具体措施对整体经济的负面影响较小。"

示固定的通胀目标，并且 $\gamma>0$。此外，α_t表示为实现金融稳定目标进行的利率调整，例如，表示政策利率对债务与 *GDP* 之比的反应，有关金融周期的一些度量，或与金融稳定有关的其他指标，特别是，假设逆向操作意味着 α_t的无条件均值是正的，

$$\mathrm{E}[\alpha_t] \equiv \alpha > 0 \tag{2}$$

对（1）式取无条件均值，

$$\mathrm{E}[i_t] = r + \mathrm{E}[\pi_t] + \gamma(\mathrm{E}[\pi_t] - \pi^*) + \alpha \tag{3}$$

此外，假设费雪方程基本上成立，这意味着：

$$\mathrm{E}[i_t] = r + \mathrm{E}[\pi_{t+1}] = r + \mathrm{E}[\pi_t] \tag{4}$$

利用（3）式和（4）式，求出无条件的通胀均值：

$$\mathrm{E}[\pi_t] = \pi^* - \alpha/\gamma \equiv \pi^{**} < \pi^* \tag{5}$$

也就是说，平均通胀率低于通胀目标。此外，结合（4）式和（5）式得出：

$$\mathrm{E}[i_t] = r + \pi^{**} < r + \pi^* \tag{6}$$

也就是说，平均利率也低于没有逆向操作政策和 $\alpha=0$ 时的情形。

由此可见，逆向操作由（1）式和（2）式表示，意味着平均通胀率等于“有效的”低通胀目标 π^{**} 而非“官方”通胀目标 π^*，平均政策利率也将相应降低。

因此，如果逆向操作意味着较低的平均通胀率和较低的平均政策利率，那么很明显，政策利率有效下限受约束的概率将会更高。此外，由于平均通胀率较低，任何固定的名义债务的实际价值随时间下降得更慢。总的来说，这似乎使经济对冲击更加敏感。

9. 结论

经济政策的目标应该量力而行，这是一个基本原则，这意味着我们不应该对货币政策要求太多。货币政策最多只能将通胀稳定在一个给定的通胀目标附近，将资源利用率稳定在预期的长期可持续利用率附近，这样才能使平均通胀率保持在目标水平，平均资源利用率等于其长期可持续利用率。特别是货币政策不能确保实现金融稳定，为此需要单独的宏观审慎政策。从经济政策目标的原则可以得出，金融稳定不是货币政策的合适目标。

深入研究就会发现，货币政策和宏观审慎政策是完全不同的政策，有着不

同的目标，不同的工具，在许多国家由不同当局负责。尽管如此，它们之间还是存在一些相互影响。货币政策对价格稳定和实际经济稳定具有较强的系统性影响，但对金融稳定的影响较小、间接且缺乏系统性。宏观审慎政策对金融稳定具有较强的系统性影响，但对通胀和资源利用率的影响较小、间接且缺乏系统性。鉴于此，要想通过单独实施一项政策成功实现政策目标，就要像纳什均衡一样，每项政策都侧重于实现自身的目标，同时考虑到其他政策实施的影响。可以说，较之于货币政策和财政政策，货币政策和宏观审慎政策之间的相互影响要更弱、更缺乏系统性；这使得要将货币政策与宏观审慎政策区分开来的观点，要比将货币政策与财政政策区分开来的论点更有说服力。

此外，分开实施货币政策和宏观审慎政策具有相当大的优势，即每一项政策都有其各自的目标和工具，因此变得更加清晰、透明和易于评估。这反过来又使每项政策的决策当局更容易对实现其目标负责。这为每一项政策目标的实现创造了更强的动力，从而使目标更有可能实现。正如货币政策和财政政策的情况一样，透明度和问责制为区分货币政策和宏观审慎政策提供了有力的额外论据。

然而，货币政策也可能会对金融稳定构成威胁，而宏观审慎当局的政策工具对此却无能为力，这种情况尽管罕见，但也不能排除。因此，可能需要对政策之间进行一些明确的协调。在这种情况下，可以保持透明度和问责性，由宏观审慎当局来判断这种情况是否已经发生，如果是，应当警告货币政策当局，然后由货币政策当局决定是否调整货币政策。因此，货币政策的独立性也应当受到尊重。

发生在瑞典货币政策中的从逆向操作到戏剧性大反转的例子，为其他央行（以及瑞典央行本身）提供了一个强有力的警告。在目前的知识水平上，为了金融稳定目标而实施逆向操作的货币政策得不到多少理论和经验的支持，也就是说，较之于不考虑金融稳定目标时的货币政策，逆向操作的货币政策效果未必更好，其潜在的成本远远大于可能的收益。要避免政策上的失误，就必须对任何逆向操作的政策进行彻底的、令人信服的成本收益分析，以获得足够的支持。考虑到目前已有的证据，证明的任务由那些逆向操作的支持者来完成或许是恰当的。

（对外经济贸易大学金融学院　郭晓宇　吴姝雅　译）

参考文献

Adrian, Tobias, and Nellie Liang (2018), "Monetary Policy, Financial Conditions, and-Financial Stability," *International Journal of Central Banking* 14 (1), 73 – 131.

Ajello, Andrea, Thomas Laubach, David Lopez-Salido, and Taisuke Nakata (2016), "Financial Stability and Optimal Interest-Rate Policy," Finance and Economics DiscussionSeries 2016 – 067, Federal Reserve Board.

Allen, Franklin, Charles Bean, and José De Gregorio (2016), "Independent Review of BISResearch: Final Report," www. bis. org.

Allen, Jason, Timothy Grieder, Brian Peterson, and Tom Roberts (2016), "The Impact ofMacroprudential Housing Finance Tools in Canada: 2005 – 10," Bank of Canada StaffWorking Paper 2016 – 41, www. bankofcanada. ca.

Assenmacher-Wesche, Katrin, and Stefan Gerlach (2010), "Credit and Bubbles", EconomicPolicy 25 (63), 437 – 482.

Bank of Canada (2017), *Financial System Review*, November 2017, www. bankofcanada. ca.

Bank of England (2013), *Monetary Policy Trade-offs and Forward Guidance*, August 2013, www. bankofengland. co. uk.

Bean, Charles, Matthias Paustian, Adrian Penalver and Tim Taylor (2010), "Monetary Policyafter the Fall," *in Macroeconomic Challenges: The Decade Ahead*, Federal Reserve Bank of-Kansas City, www. kansascityfed. org.

Bean, Charles (2014), "The Future of Monetary Policy," speech in London, May 20, www. bankofengland. co. uk.

Bernanke, Ben S. (2010), "Monetary Policy Objectives and Tools in a Low-InflationEnvironment," speech in Boston, October 15, www. federalreserve. gov.

Bernanke, Ben S. (2015), "Should Monetary Policy Take into Account Risks to Financial-Stability?" blog post, April 7, 2015, www. brookings. edu.

BIS (2014), *84^h Annual Report*, Bank for International Settlements, www. bis. org.

BIS (2016), 86th *Annual Report*, Bank for International Settlements, www. bis. org.

Borio, Claudio (2017), "Macroprudential Frameworks: (Too) Great Expectations?" in-Schoenmaker (ed.), *Macroprudentialism*, A VoxEU. org eBook, CEPR, 29 – 45.

Borio, Claudio, and Haibin Zhu (2008), "Capital regulation, risk-taking and monetary policy: A missing link in the transmission mechanism?" BIS Working Paper No. 268, Bank forInternational Settlements, www. bis. org.

Claussen, Carl Andreas, Magnus Jonsson, and Bj. rn Lagerwall (2011), "A Macroeconomic Analysis of House Prices in Sweden," in Sveriges Riksbank, *The Riksbank's Inquiry into the Risks in the Swedish Housing Market*, 67 – 95, www. riksbank. se.

Dagher, Jihad, Giovanni Dell'Ariccia, Luc Laeven, Lev Ratnovski, and Hui Ton (2016), "Benefits and Costs of Bank Capital," IMF Staff Discussion Note SDN/16/04, www. imf. org.

Dell'Ariccia, Giovanni, Luc Laeven, and Gustavo Suarez (2017), "Bank Leverage and Monetary Policy's Risk-Taking Channel: Evidence from the United States," *Journal of Finance* 72

(2), 613 –654.

Dokko, Jane, Brian M. Doyle, Michael T. Kiley, Jinill Kim, Shane M. Sherlund, Jae Sim, and Skander Van den Heuvel (2011), "Monetary Policy and the Global Housing Bubble," *Economic Policy* 26 (66), 237 –287.

Evans, Charles L. (2014), "Thoughts on Accommodative Monetary Policy, Inflation and Financial Instability," speech in Hong Kong, March 28, 2014, www. chicagofed. org.

Filardo, Andrew, and Phurichai Rungcharoenkitkul (2016), "Quantitative Case for Leaning Against the Wind," BIS Working Paper No. 594, Bank for International Settlements, www. bis. org.

Finansinspektionen (The Swedish Financial Supervisory Authority) (2018), *The Swedish Mortgage Market*, www. finansinspektionen. se.

Flodén, Martin, Matilda Kilstr. m, Jósef Sigurdsson, and Roine Vestman (2016), "Household Debt and Monetary Policy: Revealing the Cash-Flow Channel," CEPR Discussion Paper No. 12270, www. cepr. org.

FOMC (2016), "Minutes of the Federal Open Market Committee, April 26 –27, 2017," Board of Governors of the Federal Reserve System, www. federalreserve. gov.

FOMC (2018), "Statement on Longer-Run Goals and Monetary Policy Strategy," Adopted effective January 24, 2012, amended effective January 30, 2018, www. federalreserve. gov.

Friedman, Milton (1953), *Essays in Positive Economics*, University of Chicago Press.

Gourio, Francois, Anil K. Kashyap, and Jae Sim (2017), "The Tradeoffs in Leaning Against the Wind," NBER Working Paper No. 23658, www. nber. org.

Hammond, Philip (2017), "Letter to Mark Carney," March 8, HM Treasury.

IMF (2013), "Key Aspects of Macroprudential Policy," Staff Report, International Monetary Fund, www. imf. org.

IMF (2015), "Monetary Policy and Financial Stability," Staff Report, International Monetary Fund, www. imf. org.

IMF (2017), "Macroprudential Tools at Work in Canada," Canada: Selected Issues and Analytical Notes, IMF Country Report No. 17/211, International Monetary Fund, www. imf. org.

Jenkins, Paul, and David Longworth (2015), "Securing Monetary and Financial Stability: Why Canada Needs a Macroprudential Policy Framework," Commentary No. 429, C. D. Howe Institute.

Kohn, Donald (2015), "Implementing Macroprudential and Monetary Policies: The Case for Two Committees," paper presented at the conference "Macroprudential Monetary Policy," Federal Reserve Bank of Boston, October 2 –3, www. bostonfed. org.

Mundell, Robert A. (1962), "The Appropriate Use of Monetary and Fiscal Policy for Internal and External Stability," *Staff Papers* (*International Monetary Fund*) 9 (1), 70 –79.

Olsen, . ystein, "Integrating financial stability and monetary policy analysis," speech in London, April 27, 2015, www. norges-bank. no.

OSFI (2016), "Capital Adequacy Requirements (CAR): Chapter 1 – Overview," December, 2016, Office of the Superintendent of Financial Institutions, www. osfi. gc. ca.

Ragan, Christopher (2012), "Financial Stability: The Next Frontier for Canadian Monetary

Policy," Commentary No. 338, C. D. Howe Institute.

Riksg. lden (The Swedish National Debt Office) (2008), *Central Government Borrowing, Forecast and Analysis* 2008: 3, www. riksgalden. se.

Stein, Jeremy C. (2013), "Overheating in Credit Markets: Origins, Measurement, and Policy Responses," speech in St. Louise, February 7, 2013, www. federalreserve. gov.

Svensson, Lars E. O. (2010), "Some Problems with Swedish Monetary Policy and Possible Solutions," speech in Stockholm, November 24, www. larseosvensson. se.

Svensson, Lars E. O. (2011), "Practical Monetary Policy: Examples from Sweden and the United States," *Brookings Papers on Economic Activity*, Fall 2011, 289 – 332, www. brookings. edu.

Svensson, Lars E. O. (2013), "Some Lessons from Six Years of Practical Inflation Targeting," *Sveriges Riksbank Economic Review* 2013: 3, 29 – 80, www. riksbank. se.

Svensson, Lars E. O. (2017a), "Cost-Benefit Analysis of Leaning Against the Wind," *Journal of Monetary Economics* 90, 193 – 213, www. larseosveonsson. se.

Svensson, Lars E. O. (2017b), "Leaning Against the Wind: Costs and Benefits, Effects on Debt, Leaning in DSGE Models, and a Framework for Comparison of Results," *International Journal of Central Banking* 13 (September 2017) 385 – 408, www. larseosvensson. se.

Svensson, Lars E. O. (2017c), "Leaning Against the Wind: The Role of Different Assumptions About the Costs," Working Paper, Stockholm School of Economics, www. larseosvensson. se.

Sveriges Riksbank (2010), *Minutes of the Monetary Policy Meeting on 30 June 2010*, www. riksbank. se.

Sveriges Riksbank (2017), *Monetary Policy Report July 2017*, www. riksbank. se.

Tucker, Paul (2015), "Microprudential versus Macroprudential Supervision: Functions That Make Sense Only as Part of an Overall Regime for Financial Stability," presented at "Macroprudential Monetary Policy," the Federal Reserve Bank of Boston's 59th annual conference held at the Boston Fed on October 2 – 3, 2015, www. bostonfed. org/macroprudential2015/papers/Tucker. pdf.

Tucker, Paul (2016), "Macroprudential Policy Regimes: Definition and Institutional Implications," in Blanchard, Olivier, Raghuram G. Rajan, Kenneth S. Rogoff, and Lawrence H. Summers (eds.), *Progress and Confusion: The State of Macroeconomic Policy*, ch. 9, MIT Press.

Turner, Philip (2017), "Did the Central Banks Cause the Last Financial Crisis? Will They Cause the Next?" NIESR Discussion Paper No. 484, National Institute of Economic and Social Research, www. niesr. ac. uk.

Williams, John C. (2015), "Macroprudential Policy in a Microprudential World," speech in Singapore, May 28, www. frbsf. org.

前沿

Guide

Comparative

人工智能与现代生产率悖论

预期与统计数据的冲突

埃里克·布莱恩约弗森　丹尼尔·洛克　查德·西维尔森

围绕近期总体生产率增长模式的讨论凸显了一个看似矛盾的问题。一方面，有令人惊讶的例子显示，潜在的变革性新技术可以大大提高生产率和经济福利（Brynjolfsson and McAfee，2014）。早先也有一些具体迹象呈现了这些技术的前景，最近人工智能（AI）性能上的飞跃就是最突出的实例。然而与此同时，过去10年测算到的生产率增长显著放缓。这一减速幅度很大，在经济放缓前的10年里，生产率增长减少了一半甚至更多。这种减速也很普遍，已经发生在整个经合组织（OECD）成员国，最近更蔓延到许多大型新兴经济体（Syverson，2017）。①

---

*　Erik Brynjolfsson，麻省理工学院斯隆管理学院教授，美国国民经济研究局研究员；Daniel Rock，麻省理工学院斯隆管理学院教授；Chad Syverson，芝加哥大学布斯商学院教授，美国国民经济研究局研究员。感谢作者授权发表。——编者注

本文在美国国民经济研究局第24001号工作论文的基础上做了一些小修改。感谢 Eliot Abrams、Ajay Agrawal、David Autor、Seth Benzell、Joshua Gans、Avi Goldfarb、Austan Goolsbee、Guillaume Saint-Jacques、Andrea Meyer、Manuel Tratjenberg，以及2017年9月人工智能与经济学NBER研讨会的众多与会者。特别是，Rebecca Henderson 对早期版本进行了详细而有益的评论，Larry Summers 提出了与J曲线的类比。另外，麻省理工学院数字经济倡议项目（Initative on the Digital Economy）为这项研究提供了部分慷慨资助。

①　关于潜在的技术进步，一场类似但更悲观的激烈争论是：机器人从越来越多工人手里抢走工作（例如 Brynjolfsson and McAfee，2011；Acemoglu and Restrepo，2017；Bessen，2017；Autor and Salomons，2017）。

因此，我们似乎正在面临“索洛悖论”（Solow，1987）的重演：到处都能看见变革性新技术，但在生产率统计数据中却看不见它们。

本文回顾了现代生产率悖论的证据和解释，并提出解决方案。换句话说，前瞻性的技术乐观主义和事后的失望之间并无内在矛盾。两者可以同时存在。实际上，当经济经受与变革性技术相关的结构调整时，理论上，我们有充分的理由认为它们会同时存在。本质上，在技术变革时期，未来公司财富的预测者和历史经济表现的测量者表现出最大的分歧。在本文中，我们将论证经济正处于这样一个阶段。

技术乐观主义的来源

联合利华首席执行官保罗·波尔曼（Paul Polman）最近感叹：“技术创新的速度从未如此之快。”同样，微软联合创始人比尔·盖茨发现，“创新正以惊人的速度发展”。科斯拉风险投资公司（Khosla Ventures）的维诺德·科斯拉（Vinod Khosla）认为：“在未来10年、15年、20年内……技术进步将迅猛加速。”谷歌母公司Alphabet的埃里克·施密特（Eric Schmidt）更是相信：“我们正在进入……富足时代，在富足时代，我们将见证一个新时代……智能的时代。”① 类似的断言在技术领袖和风险资本家中尤其常见。

这些断言某种程度上反映了信息技术（IT）在许多领域的持续发展，从核心技术进步，比如基础计算机能力加倍（但基数越来越大），到成功投资必需的互补性创新（complementary innovations），比如云基础设施和新的服务型商业模式。但乐观主义的更大源泉在于最近人工智能的进步浪潮，特别是机器学习。机器学习是第一波计算机化浪潮掀起的根本转变。历史上，大多数计算机程序都是通过对人类知识进行精心编码，将输入映射到程序员规定的输出而创建。相反，机器学习系统主要使用各种一般算法（例如神经网络）单独计算相关映射，通常依靠输入非常庞大的样本数据集。借助这些利用总体数据增长及数据处理资源的机器学习方法，机器在感知和认知方面取得了令人瞩目的进步，这可是大多数人类工作的两种基本技能。例如，在ImageNet（一个含有

---

① http：//www. khoslaventures. com/fireside-chat-with-google-co-founders-larry-page-and-sergey-brin. ttps：//en. wikipedia. org/wiki/Predictions_made_by_Ray_Kurzweil#2045：_The_Singularity. https：//www. theguardian. com/small-business-network/2017/jun/22/alphabets-eric-schmidt-google-artificial-intelligence-viva-technology-mckinsey.

1000多万张图像的大型可视化数据库）上标记照片内容的错误率，已经从2010年的超过30%下降到2016年的低于5%，最近在2017年大规模视觉识别挑战赛（ILSVRC2017）中使用SE-ResNet152产生的错误率更是降至2.2%（见图1）。① Switchboard语音数据库的语音识别错误率（通常用于衡量语音识别的进展），从2016年的8.5%下降到2017年的5.5%（Saon et al.，2017）。5%的阈值很重要，因为这大致就是人类在相同测试数据上执行这些任务时的表现。

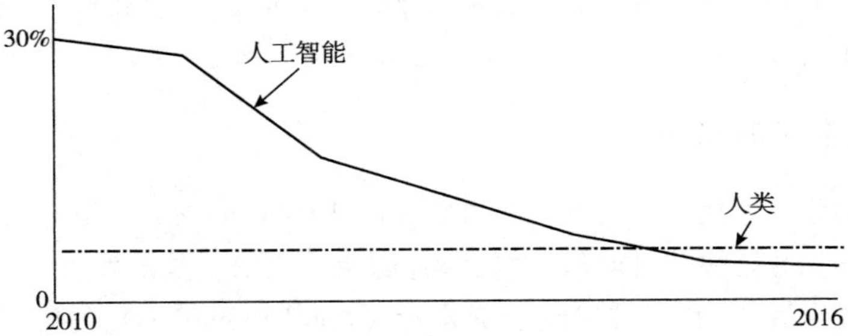

图1　人工智能与人类的图像识别错误率

尽管尚未达到人类专业表现的水平，但脸书（Facebook）的人工智能研究团队最近已然采用卷积神经网络序列预测技术，改进了现有的最佳机器语言翻译算法（Gehring et al.，2017）。另外，深度学习技术与增强式学习相结合，成为一套强大的技术，用于生成控制和操作系统，通过这些系统训练，自治智能体（autonomous agents）在给定环境下采取行动，最大限度地提高未来的回报。虽然这个领域刚刚起步，但是进展令人难忘。而谷歌的DeepMind（深度思维）公司，除了在围棋比赛中获胜，还在许多雅达利游戏中展示了超凡的表现（Fortunato et al.，2017）。

这些都是值得关注的技术里程碑。它们甚至有可能改变经济格局，为创造商业价值和降低成本创造新的机会。例如，一个使用深层神经网络的系统和21名经过认证的皮肤科医生的对比测试表明，两者在诊断皮肤癌方面的表现旗鼓相当（Esteva et al.，2017）。还有脸书，每天运用神经网络进行45亿多次翻译。②

---

① http://image-net.org/challenges/LSVRC/2017/results. ImageNet含有每个图像的标注，它们最初由人类提供。譬如，有339000个标记为花，1001000个标记为食物，188000个标记为水果，137000个标记为真菌，如此等等。

② https://code.facebook.com/posts/289921871474277/transitioning-entirely-to-neural-machine-translation/.

越来越多的公司对这些机会做出响应。如今，谷歌将其重点定位为“人工智能第一”，微软 CEO 萨提亚·纳德拉（Satya Nadella）则表示人工智能是技术领域的“终极突破”。他们对人工智能的乐观绝不止于空口白话，而是大量投资于人工智能，苹果、脸书、亚马逊也不例外。到 2017 年 9 月，这些公司成为世界上最有价值的五大公司。与此同时，以科技股为主的纳斯达克综合指数（NASDAQ composite index）在 2012 年至 2017 年间翻了一倍多。据调研公司 CBInsights 称，全球对专注人工智能的私营公司的投资增长得更快，从 2012 年的 5.89 亿美元增加到 2016 年的逾 50 亿美元。①

令人失望的现实

虽然上述技术具有很大的潜力，但是几乎没有迹象表明它们已经影响总体生产率统计。21 世纪头 10 年中期，大部分发达经济体的劳动生产率增速有所下降，此后一直处在较低水平。例如 2005—2016 年，美国的总劳动生产率平均每年仅增长 1.3%，不到 1995—2004 年年均增长率 2.8% 的一半。在经合组织为其编制生产率增长数据的 29 个国家中，有 28 个国家出现类似的减速。1995—2004 年，这些国家的未加权劳动生产率年均增速为 2.3%，但 2005—2015 年仅为 1.1%。② 更严峻的是，自 20 世纪 90 年代末以来，实际收入中位数始终停滞不前，一些群体的非经济福利指标（如预期寿命）已经下降（Case and Deaton，2017）。

图 2 复制了世界大企业联合会（Conference Board，2016）对国家层面总经济数据库的分析。它为美国及其他成熟经济体（这些经济体与前面提到的经合组织样本匹配）、新兴和发展中经济体乃至整个世界，绘制了高度平滑的年度生产率增速系列图。美国和其他成熟经济体的上述经济放缓情况在图中一览无遗。该图还显示，21 世纪前 10 年新兴和发展中经济体的生产率增长加速在大衰退时期结束，导致这些国家近期的生产率增速也出现了下滑。

这些经济放缓现象似乎并不仅仅反映了大衰退的影响。经合组织的数据显

---

① 交易数量从 160 宗增加到 658 宗。参见 https：//www.cbinsights.com/research/artificial-intelligence-startup-funding/。

② 这些减速在统计上显著。对于美国，如果使用季度数据衡量经济放缓的情况，则两个时期的增长率并不相等，t 统计量为 2.9。经合组织的数字来自 30 个国家的年度数据。在这里，两个时期增长率相等的原假设不成立，t 统计量为 7.2。

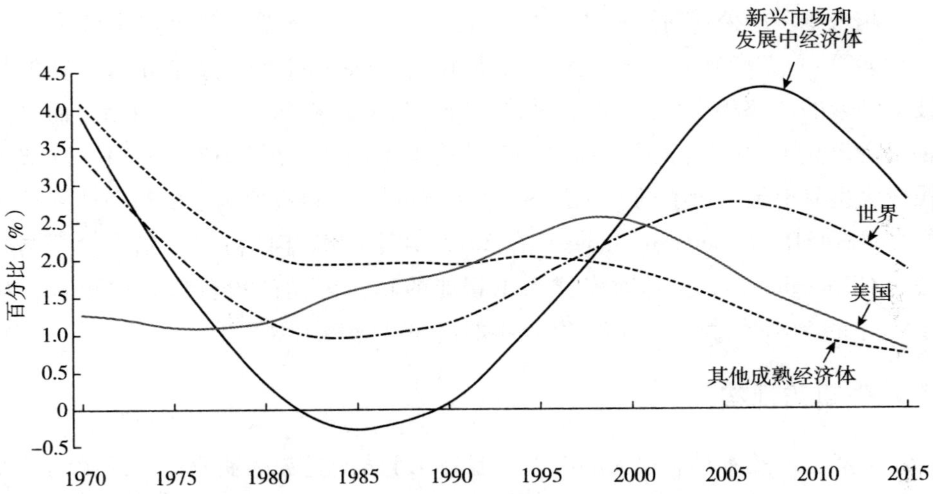

图 2　按地区绘制的平滑的劳动生产率年均增速

注：假设 al = 100，使用 HP 滤波获得趋势增速。

资料来源：*The Conference Board Total Economy Database*（修订版），2016 年 11 月。

示，如果将 2008—2009 年的增速排除在外，30 个国家中也有 28 个国家的生产率仍呈下降趋势。塞特等人（Cette、Fernald and Mojon，2016）使用其他数据，也发现有大量证据表明，经济放缓始于大衰退之前。

资本深化和全要素生产率（TFP）的增长可以带来劳动生产率增长，但这两者似乎都在放缓（Fernald，2014；OECD，2015）。令人失望的技术进步现状可能与这两个因素有关。全要素生产率直接反映技术进步。资本深化则受技术变革的间接影响，因为企业的投资决策会对当前或预期的资本边际产量的提高做出反应。

有人表示，这些事实导致人们对人工智能等新技术显著影响生产率和收入的能力产生悲观情绪。戈登（Gordon，2014，2015）认为，生产率增长一直处于长期下滑状态，而 1995—2004 年由信息技术驱动的加速增长属于一次性的偶然现象。虽然戈登没有声称未来几十年内技术进步将为零，但他基本认为，我们一直在经历新的低增长常态，未来仍会延续这种状况*。考恩（Cowen，2011）同样提出种种理由，说明至少在可预见的未来，创新或将放慢脚步。布卢姆等人（Bloom et al.，2017）指出，在许多技术进步领域，科研生产率一

* 详细分析见中信出版社 2018 年出版的《美国增长的起落》。——编者注

直在下降；诺德豪斯（Nordhaus，2015）更是发现，技术驱动增长加速的假设甚至通不过各种检验。

这类对未来技术进步的悲观看法已经渗入长期政策规划。譬如，美国国会预算办公室（CBO）将其对美国劳动生产率年均增长的10年预测，从2016年的1.8%（CBO，2016）下调至2017年的1.5%（CBO，2017）。虽然表面上看，美国GDP的下降幅度可能不大，但这意味着10年后美国的GDP将远低于更乐观的情形——这一差额相当于以2017年美元计的约6000亿美元。

悖论的可能解释

对于当前的技术乐观主义和生产率表现不佳并存，主要有四种可能的解释：（1）不切实际的希望，（2）错误的测算，（3）集中分布与租金耗散，（4）实施和重组滞后。①

不切实际的希望

最简单的可能解释是，对潜在技术的乐观情绪不仅错误而且毫无根据。也许这些技术不会像许多人期待的那样具有变革性，它们或能对特定行业产生适度甚至显著的影响，但其总体影响可能非常小。如果是这种情况，悖论将可在未来得到解决，因为实际生产率增长永远无法摆脱当前的低迷，这会迫使乐观者将自己的信念与市场对标。

历史和目前的一些例子为这种可能性提供了大量证据。诚然，人们可以指出，先前许多令人兴奋的技术并没有达到最初的乐观预期。比如核电仍不可能廉价到近乎免费，说20年内能利用核聚变提供能源，已经说了60年。尤金·塞尔南（Eugene Cernan）登上月球已经40多年了，但我们似乎仍然只能遥望火星。飞行汽车还没法起飞，② 超音速客机还没法大规模推广使用。甚至人工智能——我们这个时代可能最有前途的技术，还远远落后于马文·明斯基1967年的预测：“在一代人之内，创造‘人工智能’的问题将得到实质性解决。”（Minsky，1967，第2页）

不过，还是有令人信服的理由保持乐观。正如下文要概述的，构建粗略的

---

① 在某种程度上，这些解释与索洛悖论的解释相同（Brynjolfsson，1993）。

② 但飞行汽车会很快面世吗？参见 https://kittyhawk.aero/about/。

情景并不困难，在此类情景中，即使少量的现有技术也可以组合起来，大幅提高生产率增长和社会福利。事实上，有见识的投资者和研究人员都把金钱和时间投注在这些结果上。因此，尽管我们认识到过度乐观的可能性，而且人工智能的早期预测经验尤其提醒我们在本文中要谨慎，但我们认为，此时此刻就摒弃乐观主义显得过于草率。

错误的测算

悖论的另一种可能解释是对产出和生产率的错误测算。这里，错误的是对过去经验的悲观解读，而不是对未来的乐观。实际上这一解释意味着，大家已经在享受新一波技术带来的生产率收益，但尚未对此做出准确的测算。按照这种解释，过去10年的经济放缓显然是错觉。有几部作品已经提出这一“错误测算假设”（例如Mokyr，2014；Alloway，2015；Feldstein，2015；Hatzius and Dawsey，2015；Smith，2015）。

错误测算假设初看起来似乎言之有理。许多新技术，比如智能手机、在线社交网络和可下载媒体等，只需要很少的资金成本，但消费者会花大量时间使用这些技术。因此，哪怕这类技术由于相对价格低而只占GDP的很小份额，它们也可能带来巨大的效用。另有若干学者（Guvenen、Mataloni、Rassier and Ruhl，2017）也表明，日益扩大的离岸利润转移可能是错误测算的另一根源。

然而，最近一系列研究以充分的理由指出，错误测算不是经济放缓的全部原因，甚至不是实质性原因。相关学者（Cardarelli and Lusinyan，2015；Byrne、Fernald and Reinsdorf，2016；Nakamura and Soloveichik，2015；Syverson，2017）分别使用不同的方法和数据，证明错误测算绝非生产率放缓的主要原因。毕竟，虽然有确凿证据表明，当今技术的许多好处并未反映在GDP和生产率统计数据中，但在早期，情况也是如此。

集中分布与租金耗散

第三种可能解释是，新技术已经产生收益，但是这些收益分布集中，而且获得或保存这些收益会有消耗（假设技术至少部分具有竞争性），因此它们对平均生产率增长的总体影响不大，对中等收入工人的影响几乎为零。例如迄今为止，人工智能最有利可图的两个用途是在线广告的定位与定价以及金融工具的自动交易，这两个应用在很多方面却是零和的。

这种解释的一个版本断言，新技术的好处只被经济中相对较少的一部分人享有，但这些技术范围狭窄且竞争性强，所以造成浪费的“淘金热”型活动。寻求成为少数受益者之一的人，以及已经得到某些利益并试图阻止他人获益的人，都在参与这些耗散性的活动，继而破坏了新技术的诸多好处。①

最近的研究为上述说法提供了一些间接支持。近年来，同行业中前沿企业和普通企业的生产率差异不断加大（Andrews、Criscuolo and Gal，2016；Furman and Orszag，2015）。在大多数行业中，表现最好的企业和表现最差的企业之间的利润差距也在扩大（McAfee and Brynjolfsson，2009）。少数巨星级企业持续获得市场份额（Autor et al.，2017；Brynjolfsson et al.，2008），而员工的收入则越来越与企业层面的生产率差异挂钩（Song、Price、Guvenen、Bloom-and von Wachter，2015）。有人担心，由于市场势力的扭曲，产业集中正在导致总体福利的大量损失（例如 De Loecker and Eeckhout，2017；Gutiérrez and Philippon，2017）。此外，即便总收入继续增长，日益严重的不平等也可能造成收入中位数停滞不前，相关社会经济成本增加。

尽管这些证据很重要，但并不是决定性的。产业集中的总体影响仍然备受争议，而且仅仅是技术收益分布不均并不能说明在获取这些收益的过程中资源就一定会被浪费，尤其是浪费大到足以消除显著的总收益。

实施和重组滞后

所有前三种可能解释，特别是前两种，都侧重于阐释高期望值与令人失望的统计现实之间的不一致性。人们通常认为，这两个要素中总有一个是“错误的”。在盲目乐观的情形下，技术专家和投资者对技术的预期有偏差。在错误测算的解释中，我们用来衡量经验现实的工具难以精确地完成测算任务。而在集中分布的解释里，少数人获得私人收益可能是事实，但这些收益无法转化为多数人的更广泛收益。

但第四种解释使得两个看似矛盾的部分都是正确的。这一解释认为，的确有充分理由对新技术的未来生产率增长潜力持乐观态度，但同时应认识到，近

---

① Stiglitz（2014）提出一种不同的机制：在有重组成本的情况下，收益集中分布的技术进步可能导致不平等加剧，甚至在短期内引发经济滑坡。

期的生产率增长一直很低。这种解释的核心是，需要相当长的时间才能充分利用新技术，通常比人们认为的时间长。让人哭笑不得的是，对于那些最终对总体统计和福利有重要影响的主要新技术，情况尤其如此。换言之，这类技术具有广泛的应用潜力，完全符合通用技术（GPTs）的标准。事实上，潜在的重组越深刻、影响越深远，从技术的最初发明到它对经济和社会产生全面影响的时间间隔就越长。

这种解释意味着，技术需要一段时间，才能发展到即便对近期的生产率增长没有明显影响，也足以让投资者、评论人士、研究人员和政策制定者可以畅想其潜在的变革性效应。直到建立起足够的新技术储备，并发明出必要的互补性工序和资产，技术才有望真正在总体经济数据中"开花结果"。投资者是前瞻性的，经济统计数据则是后瞻性的。在技术稳定或稳定变化（固定速度）时期，独立的测算结果似乎会相互追随。但在快速变化时期，这两种测算可能变得毫不相关。

识别新技术的潜力与测算其影响之间出现延迟主要有两个原因。一个原因是，建立足以产生总体效应的新技术储备需要时间。另一个原因是，若想收获新技术的全部收益，必须进行互补性投资，而挖掘和发展这些互补性投资并付诸实施也需要时间。虽然人们一开始就可能清楚地认识到核心发明的根本重要性及其社会潜力，但其间需要实现无数必要的共同发明、克服数不清的障碍，做出许许多多的调整，前进的道路可能漫长而艰辛。可谓看似近在眼前，实则远在天边。

上述解释承认看似矛盾的两个部分实际上并不冲突，从而解开了这一悖论。不过，从某种意义上说，这两个部分都是应用新技术这一基本现象的自然表现。

虽然对悖论的前三种解释可能在描述悖论的根源方面颇有见地，可这些解释在描述关键数据方面也面临着严重问题。根据下文讨论的证据，我们发现"实施和重组滞后"这第四种解释是最具说服力的，因此，它是本文其余部分要探讨的重点内容。

支持实施和重组滞后这一解释的论据

对未来持悲观态度的观点或明或暗地认为，近期生产率增长放缓预示着未来生产率增长放缓。我们首先确定这一解释的一个最基本要素是，今天生产率增长缓慢并不排除未来生产率增长可能很快。事实上有证据清楚地表明，这几乎是无法预测的。

全要素生产率增长是总产出增长的组成部分，不能用可观测的劳动力和资本投入的变化来解释。它被称为“衡量我们无知的标准”（Abramovitz，1956），是一种余值，难以根据过去的水平做出预测，计量经济学家对此不应该感到惊讶。劳动生产率是类似的衡量标准之一，但它并不计算资本积累，而是简单地将总产出除以生产该产出所用的劳动时间。

图3和图4分别绘制了自1948年以来美国生产率指数和10年期生产率增长的情况。数据包括平均劳动生产率（LP）、平均全要素生产率（TFP）和根据弗纳尔德方法（Fernald，2014）经利用率调整后的全要素生产率（TFPua）。①

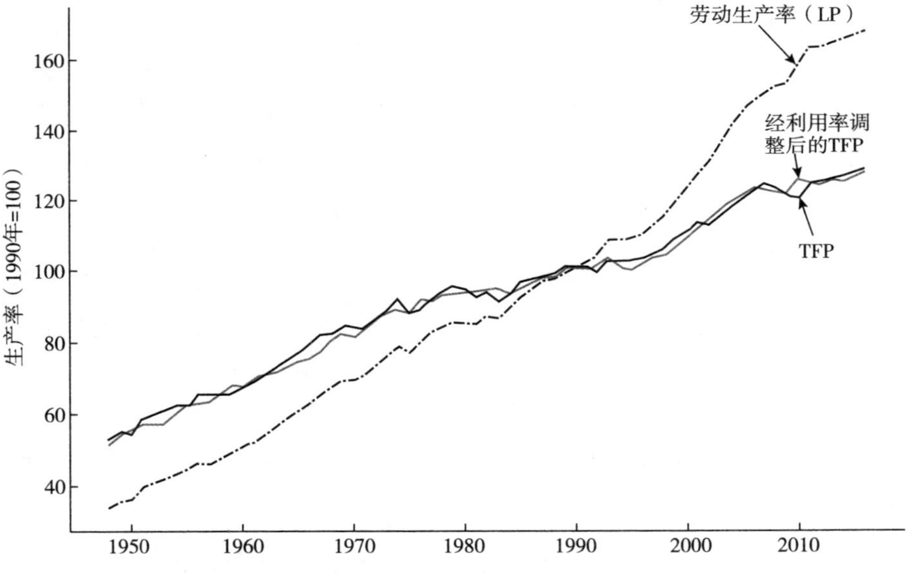

图3 1948—2016年美国全要素生产率和劳动生产率指数

在战后时代，生产率持续增长，尽管不同时期有不同的增速。然而，历史上看，哪怕是持续增长，过去的生产率增速并不能用来很好地预测未来的生产率增长。换句话说，过去10年的生产率增长对了解未来10年的生产率增长几乎毫无帮助。只看生产率数据，很难预测20世纪70年代初生产率增长的放缓，也预见不了20世纪90年代信息技术的有益影响。

① 参见 http：//www. frbsf. org/economic-research/indicators-data/total-factor-productivity-tfp/。

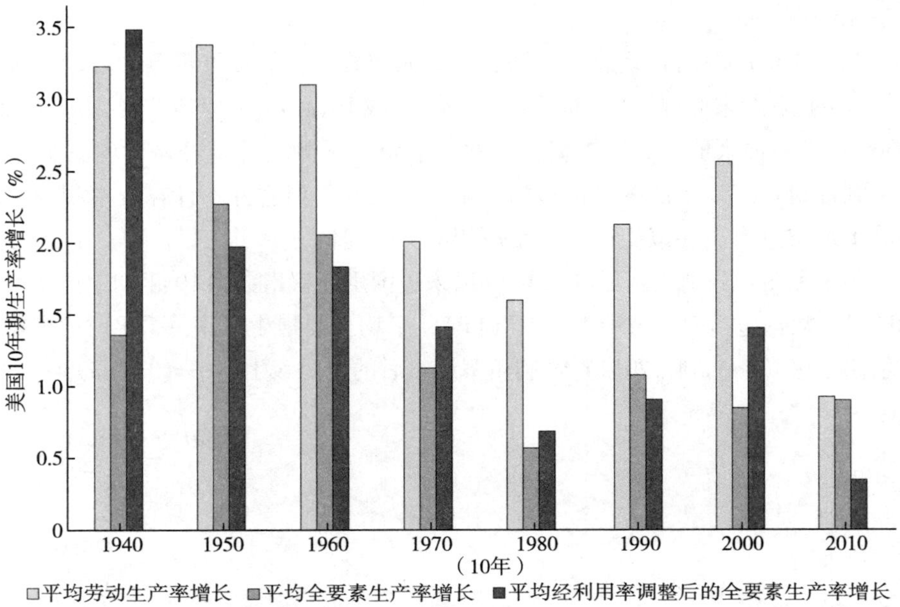

图 4　美国 10 年期全要素生产率与劳动生产率增长

事实证明，虽然短时段之间的生产率增速存在一定的相关性，但相邻 10 年之间的相关性在统计上并不显著。以下是平均生产率增长的不同测量值对前一时期 10 年平均生产率增长的回归结果，以及每 10 年的生产率与下一时期的生产率的散点图。表 1 中的回归考虑到了多年误差项的自相关（滞后 1 期）。表 2 按 10 年期对标准误差进行聚类处理。附录给出的结果考虑了较长时间尺度的自相关。

在所有情形中，这些回归的 R^2 都很低，并且过去 10 年的生产率增长对未来 10 年的生产率增长没有统计上显著的预测力。劳动生产率相应的 R^2 是 0.009。虽然回归中的截距明显不为零（平均生产率增长为正），但前一时期的增长系数在统计上不显著。点估计值的经济意义也非常小。从表面看，过去 10 年的劳动生产率每年增长 1%（约为每年 2% 的无条件均值），对应未来 10 年的增长率不到 0.1%。在全要素生产率增长回归中，R^2 为 0.023，前一时期的增长系数也不显著。类似的模式在经利用率调整后的全要素生产率回归中同样成立（R^2 为 0.03）。而且散点图也显示，过去的生产率增长缺乏解释力。

表 1　具有 Newey – West 标准误差的回归

Newey – West 回归（允许滞后 1 期）10 年平均生产率增长	(1) 劳动生产率增长	(2) 全要素生产率增长	(3) 经利用率调整后的全要素生产率增长
过去 10 年平均劳动生产率增长	0.0857 (0.177)		
过去 10 年平均全要素生产率增长		0.136 (0.158)	
过去 10 年平均经利用率调整后的全要素生产率增长			0.158 (0.187)
常数项	1.949*** (0.398)	0.911*** (0.188)	0.910*** (0.259)
观测值	50	50	50
R^2	0.009	0.023	0.030

注：括号中为标准误差，显著性分别为 *** $p<0.01$，** $p<0.05$，* $p<0.1$。

表 2　标准误差按 10 年聚类的回归

10 年平均生产率增长（标准误差按 10 年聚类）	(1) 劳动生产率增长	(2) 全要素生产率增长	(3) 经利用率调整后的全要素生产率增长
过去 10 年平均劳动生产率增长	0.0857 (0.284)		
过去 10 年平均全要素生产率增长		0.136 (0.241)	
过去 10 年平均经利用率调整后的全要素生产率增长			0.158 (0.362)
常数项	1.949** (0.682)	0.911** (0.310)	0.910 (0.524)
观测值	50	50	50
R^2	0.009	0.023	0.030

注：括号中为标准误差，显著性分别为 *** $p<0.01$，** $p<0.05$，* $p<0.1$。

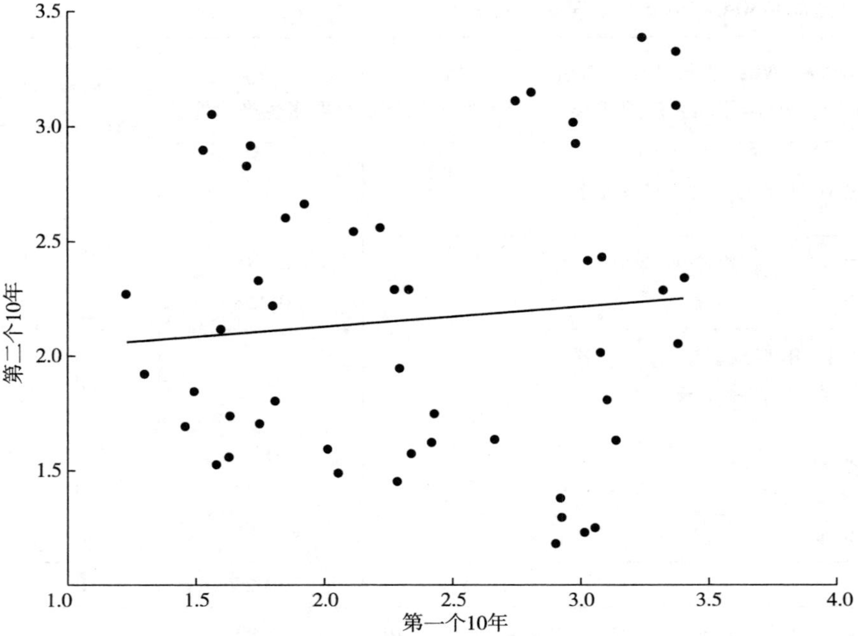

图 5　10 年平均劳动生产率增长散点图

“过去的表现不能预测未来的结果”，这句老话非常适用于尝试预测未来几年（尤其是 10 年或更长时间）生产率增长的努力。历史上的停滞实在不能证明前瞻性悲观主义是合理的。

对生产率持乐观态度的技术理由

简单地预测近期的生产率增速并非预测未来 10 年生产率增长的好方法。可这是否意味着人们根本无法预测生产率增长？我们并不这么认为。

我们不依赖过去的生产率统计数据，而是考虑在不久的将来期望看到的技术创新环境。特别是，我们需要研究和了解实际存在的具体技术，并评估其潜力。

我们不需要太深入地研究现有技术，也不需要从任何一种技术中获取巨大利益，才能证明这些处于萌芽阶段的现有技术可以结合起来，对总体生产率增长产生明显的促进作用。大家先来看一些具体例子，我们将证明人工智能是一种通用技术，具有更广泛的含义。

首先，考虑自动驾驶汽车的生产潜力。根据美国劳工统计局（BLS）的数

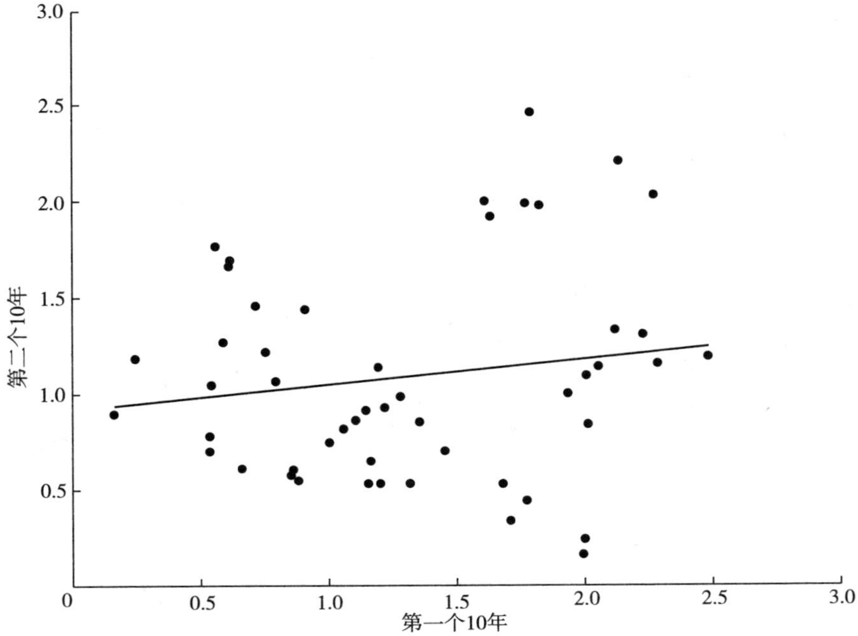

图 6　10 年平均全要素生产率增长散点图

据，2016 年，有 350 万人在私营部门从事各种“机动车操作”的工作（包括卡车司机、出租车司机、公共汽车司机和其他类似职业）。假设在某段时间里，自动驾驶车辆可以把完成当前工作量所需的驾驶员数量减至 150 万人。鉴于该项技术的潜力，我们认为这一前景并非遥不可及。2016 年中，非农业私营部门就业人数为 1.22 亿人。因此，自动驾驶汽车可把实现相同产出所需的工人数量减至 1.2 亿人。这将导致总劳动生产率（使用标准 BLS 非农私营序列数据计算）提高 1.7%（=122/120）。假设这种转变发生在 10 年之内，那么单此项技术将直接促进该 10 年里生产率每年增长 0.17%。

这个收益十分显著，这还没包括自动驾驶汽车普及可能引发的互补变化带来的潜在生产率增长。例如，自动驾驶汽车是对交通服务的自然补充，不同于个人拥有汽车。目前，一般车辆有 95% 的时间是闲置的，以便车主或主要用户随时使用（Morris，2016）。然而在人口密度足够大的地方，人们可以根据需要召唤自动驾驶汽车。这可使汽车能够在更多时间内提供有用的运输服务，即便计入汽车磨损的增加，也可降低每位乘客每英里的资本成本。因此，替代驾驶员除了显著提高劳动生产率之外，也将显著提高资本利用率。当然，技术

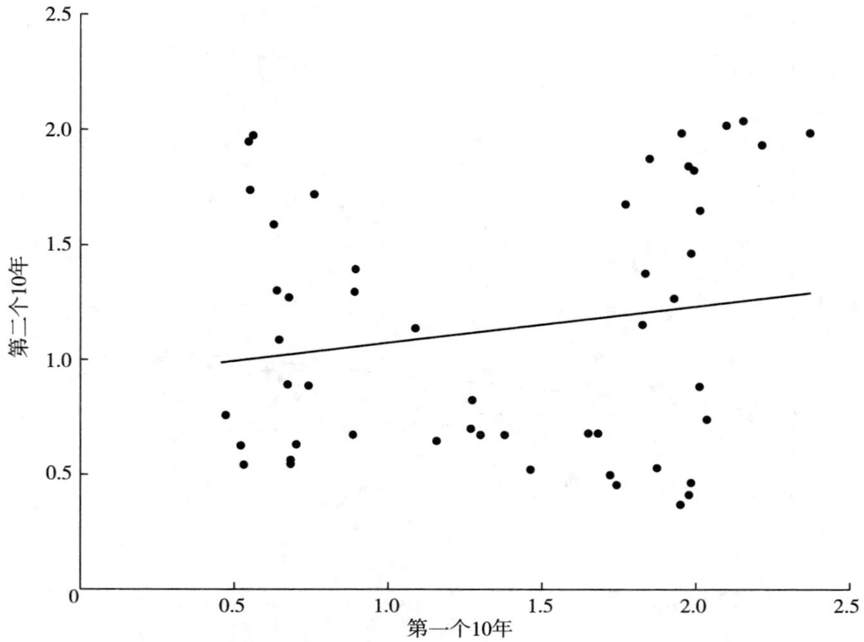

图7　10年平均经利用率调整后的全要素生产率增长散点图

采用的速度对于评估技术的影响十分重要。莱维（Levy，2017）就较为悲观地指出，从近期看长途卡车司机的就业将在2014—2024年增长约2%。这比不采用自动驾驶汽车技术时的就业增长减少3%（这类工作有近55000个工作岗位），约占长途卡车司机总就业人数的3%。

第二个例子是呼叫中心。截至2015年，美国约有220万人在超过6800个呼叫中心工作，另有数十万人在家里或小型站点担任呼叫中心代理。① 语音识别系统的改进与智能问答工具（如IBM公司的沃森）相结合，大概能够处理60%—70%或更多的呼叫电话，特别是根据帕累托原则，很大一部分呼叫量都可归因于少量基本查询的变化。如果人工智能使工人数量减少60%，那么美国的劳动生产率将提高1%，甚至10年内还会继续升高。同样，这可能刺激互补性创新，从购物推荐和旅行服务到法律建议、咨询建议和实时个人辅导。相应地，莱维援引人工智能辅助客户服务方面的进展，预测2014—2024年客

① https：//info. siteselectiongroup. com/blog/how-big-is-the-us-call-center-industry-compared-to-india-and-philippines.

户服务代表的人数将是零增长，与美国劳工统计局的预测相差26万个工作岗位（Levy，2017）。

除了节省劳动力，人工智能的进步还可能提高全要素生产率。尤其是，许多大型工厂的能源效率和材料使用可以得到改善。譬如，谷歌深度思维团队最近训练了一组神经网络，以期优化数据中心的耗电量。通过仔细跟踪从数千个传感器收集到的数据，分析温度、用电量以及泵转速，系统学会了如何调整操作参数。结果，与人类专家达到的水平相比，人工智能可以将用于冷却的能量减少40%。该算法是一种旨在计算复杂动力学问题的通用框架，所以人们很容易弄懂这类系统如何应用于谷歌或世界各地的其他数据中心。总体而言，美国数据中心的电力成本每年约为60亿美元，其中约20亿美元专门用于制冷。①

此外，机器学习的类似应用可以在各种商业和工业活动中实施。例如，制造业每年的增加值约为2.2万亿美元。像通用电气这样的制造公司已经在使用人工智能预测产品需求和未来的客户维护需求，同时分析来自其资本设备传感器的性能数据。最近，训练深层神经网络模型感知物体并实现感觉运动控制的研究，已经生产出能够执行各种手眼协调任务（比如拧开瓶盖和挂衣架）的机器人（Levine et al.，2016）。一些学者（Liu et al.，2017）还运用一种名为“模仿学习”的技术训练机器人做家务，譬如扫地或把杏仁倒进锅里。② 在这个方法中，机器人根据原始视频演示，学习如何执行它的任务。这些技术对未来自动化制造流程无疑具有重要意义。研究结果表明，人工智能可能很快也会提高家庭生产任务的生产率，2010年，家庭生产任务的非市场增加值高达2.5万亿美元（Bridgman et al.，2012）。③

虽然这些例子无不暗示了显著的生产率增长，但到目前为止，它们只是人工智能和机器学习应用程序的一小部分。詹姆斯·曼伊卡（James Manyika）和同事分析了2000项任务，预测在美国经济中，大约45%的有偿活动可以使

---

① 根据2017年8月24日与劳伦斯伯克利实验室Jon Koomey、Arman Shehabi和Sarah Smith的个人交流。

② 以下是这类活动的视频网址：https：//sites.google.com/site/imitationfromobservation/。

③ 或许能缓解人工智能驱动生产率增长总体影响的一个因素是，对具有最大人工智能生产率增幅的行业的产品需求缺乏足够弹性。在这种情况下，这些行业在总支出中的占比将缩小，活动将转向增长较慢的部门，并使总体生产率增长减缓（参见Baumol and Bowen，1966）。目前尚不清楚哪类产品的需求弹性最有可能受到人工智能的影响。

用现有的人工智能和其他技术实现自动化。他们强调，自动化的速度将取决于技术可行性以外的因素，包括自动化的成本、监管障碍和社会接受度。

人工智能是一种通用技术

人工智能的具体应用固然重要，不过我们认为，人工智能、机器学习以及相关新技术的更重要的经济影响源于它们体现了通用技术的特征。布雷斯纳汉和特拉伊滕贝格（Bresnahan and Trajtenberg，1996）指出，通用技术应该具有普遍性，可以随着时间推移得到改进，并且能够孕育互补性创新。

蒸汽机、电力、内燃机和计算机都是通用技术的经典实例。它们不仅直接提高生产率，更是催生了重要的互补性创新。例如，蒸汽机除了帮助从煤矿坑中抽水（这是其最重要的初始应用），还刺激发明出更有效的工厂机械，推动了轮船、铁路等新型交通工具的出现。反过来，这些共同发明促成供应链和大规模营销的创新，产生了拥有数十万员工的新组织，甚至激发了看似不相关的创新，比如管理铁路时刻表所需的标准时间。

人工智能，尤其是机器学习，必定具有普及的潜力，能够随着时间推移不断进步，同时产生互补性创新，令自身成为重要的通用技术。

正如一些学者（Agrawal、Gans and Goldfarb，2017）指出的，当前的机器学习系统极其适用于扩展或者将某些广义的预测任务自动化。它们涵盖广泛的任务、职业和行业，从驾驶汽车（预测转动方向盘的正确方向）和诊断疾病（预测病因），到推荐产品（预测顾客的喜好）和谱写歌曲（预测哪个音符序列会最受欢迎）。对人类完成的许多任务而言，现行机器学习系统处理的感知和认知核心能力即使并非不可或缺，也是普遍存在的。

机器学习系统还被设计成可以随时间而改进。事实上，它们与早期技术的区别就在于它们被设计成能够随时间推移自我完善。机器学习算法不要求发明人或开发者对流程的每个步骤进行编码以实现自动化，而是可以自行发现函数，将一组输入 X 连接到一组输出 Y，只要给它足够大的标记示例库把一些输入映射到输出（Brynjolfsson and Mitchell，2017）。这些改进不仅反映新算法和新技术的发现（特别是针对深层神经网络），而且折射了它们与功能更强大的计算机硬件的互补性，以及可用于训练机器学习系统的更大数字数据库的可用性（Brynjolfsson and McAfee，2017）。越来越多的数字数据被收集起来，作为数字化操作、客户交互、通信等生活方面的副产品，为更多更好的机器学习应用提供素材。①

最重要的是，机器学习系统能够激励各种互补性创新。例如，机器学习已经改变了机器执行多种基本感知的能力，从而为更广泛的应用程序赋能。考虑机器的视觉能力，也即查看和识别对象、在照片中标记对象以及解释视频流的能力。随着识别行人的错误率从每 30 帧 1 次降低到每 3000 万帧大约 1 次，自动驾驶汽车变得越来越切实可行（Brynjolfsson and McAfee，2017）。

改进的机器视觉甚至可以实现各种工厂自动化任务和医疗诊断。吉尔·普拉特（Gill Pratt，2015）以 5 亿年前动物视觉的发展进行类比，正是视觉发展引发了寒武纪生命大爆发和地球上新物种的大量出现。他进而指出，机器具有生物物种没有的新能力：几乎能够在瞬间与他人分享知识和技能。确切地说，云计算的兴起大大简化了以更低成本扩展新想法的过程。这对于提高机器学习的经济影响尤其重要，因为它使云机器人技术成为可能，即机器人之间共享知识。一旦机器在一个地方学会新技能，它就可以通过数字网络将其复制到其他机器。数据和技能均可共享，从而增加任何给定的机器学习者可以使用的数据量。

这反过来又加快了技术改进的步伐。譬如当自动驾驶汽车遇到异常情况，它可以通过共享平台上传信息，在这个平台上聚集足够多的示例以便推断模式。只要一辆自动驾驶汽车经历异常情况，其他车辆就可以从中学习。谷歌子公司 Waymo 拥有 2.5 万辆“真正的”自动驾驶汽车，每周模拟行驶里程约 1900 万英里。② 所有的 Waymo 汽车都从其他汽车的共同经验中学习。类似地，与采用兼容性知识表达（knowledge-representation）框架的其他机器人共享数据和共同学习，能让正在处理任务的机器人获益匪浅。③

当人们把人工智能视为通用技术，它对产出和福利收益的影响就会远远超出我们之前的分析。例如，自动驾驶汽车可以显著改变许多非运输行业。零售业可能进一步转向按需求送货上门，从而创造消费者福利收益，并进一步释放目前用于停车的宝贵的高密度土地。交通和安全问题可得到优化，保险风险可降低。鉴于美国每年有超过 3 万人死于车祸，全世界有近 100 万人死于车祸，

---

① 例如，通过工厂、互联网商务、移动电话和物联网中的企业资源计划系统收集数字数据。

② http：//ben-evans. com/benedictevans/2017/8/20/winner-takes-all.

③ “再想想机器人”公司（Rethink Robotics）正在开发这样的平台。

我们将有机会拯救大量生命。①

为什么未来的技术进步与当前的低生产率增长并不矛盾

阐述了技术乐观的理由之后，接下来我们探讨它们与当前低生产率增长并不矛盾，实际上两者甚至可能天然关联的原因。

和其他通用技术一样，人工智能很可能成为生产率的重要推动力。然而，正如若干学者（Jovanovic and Rousseau，2005）指出的［另见 David（1991）列举的历史案例］："某项通用技术不会一面世就立即提高生产率。"（第 1184 页）这项技术可能存在并得到足够发展，以让人们了解它的变革性效应，即便它没有以任何明显的方式影响当前的生产率水平。我们认为当前经济可能正处于这种状态。

前面我们讨论过，如果需要建立足够大的新资本存量，或者需要识别、生产和配置互补类有形和无形资本，以充分利用一项通用技术的生产率优势，那么此项通用技术可能会在某个时刻出现而不影响当前的生产率增长。

建立充足资本存量所需的时间可能很长。例如，直到 20 世纪 80 年代末，即集成电路发明 25 年之后，计算机资本存量才达到长期稳定状态，占非住宅设备总资本的约 5%（按历史成本计算）。而 10 年前该比例仅为这一水平的一半。因此，当索洛提出以他名字命名的悖论时，计算机才总算发展到了随处可见的程度。

大卫（David，1991）注意到电气化推广过程中也存在类似现象。直到 1919 年，大约在转向多相交流电 30 年后，美国至少还有一半制造企业没有通电。最初，人们接受电气化仅仅是因为电动机提供动力节约了成本。在出现互补性创新之后，最大的收益接踵而至。管理人员开始彻底重新组织工作，更换工厂的集中电源，给每台机器配备单独的电动机。这样一来，设备的位置变得更加灵活，最终实现了原材料流动的有效装配线。

现在回头看，这种组织工厂的方法可谓平淡无奇，却花了漫长的 30 年时间才被广泛采用。为什么？正如亨德森（Henderson，1993，2006）指出的，

---

① 自动驾驶汽车的后两个结果虽然肯定反映了福利的改善，但是需要以商品或服务的价格进行资本化，从而用标准的 GDP 和生产率指标来测算。我们将在后面深入讨论与人工智能相关的测算问题。当然，应当记住的是，自动驾驶汽车也有可能产生新的经济成本，譬如因开车的边际成本降低而造成的拥堵无法通过交通管理技术的充分改进或某些基础设施投资来抵消时。

正是因为现有企业都是围绕当前的运作方式设计的，而且精于此道，以致它们对新方法视而不见或无法吸收，进而受制于现状，也即遭遇了“知识的诅咒”。①

工厂电气化的例子阐明，还有一个因素导致技术的兴起与其可测算的生产率效应之间出现时间差：对配置（往往是发明）互补性资本的需求。这包括有形投资和无形投资。发明、获取和配置这些互补品所需的时间，通常比刚才讨论的建设时间更长。

让我们再来探讨信息技术领域的大量投资与公司内部生产率收益之间的测算滞后问题。有学者（Brynjolfsson and Hitt，2003）发现，当考虑一年的差异时，较小的生产率收益与公司的信息技术投资相关；但是随着检验的时间变长，收益大幅增加，大约 7 年后达到峰值。他们把这种模式归因于业务流程需要互补性的改变。譬如在实施大型企业规划系统时，公司在业务流程重新设计和培训上的花费，几乎总是比开发硬件和软件的直接成本高出好几倍。招聘和其他人力资源实践常常需要相当大的调整，以使公司的人力资本与新的生产结构相匹配。实际上，相关学者（Bresnahan、Brynjolfsson and Hitt，2002）发现，有证据显示，信息技术、人力资本、投资决策的组织变化与生产率水平之间存在三重互补。此外，我们的研究（Brynjolfsson、Hitt and Yang，2002）表明，每 1 美元的信息技术资本存量与大约 10 美元的市值相关。这足以说明存在大量与信息技术相关的无形资产，将信息技术投资与特定组织实践相结合的企业不仅生产率更高，其市场价值也远高于只投资其中一项的企业。数据呈现的这种模式与长期研究十分一致：一般而言，在进行信息技术等投资时，组织乃至文化变革起着重要作用（例如 Aral et al.，2012；Brynjolfsson and Hitt，2000；Orlikowski，1996；Henderson，2006）。

但是，这种变化需要大量的时间和资源，因而造成组织惰性。企业是复杂系统，需要有广泛的互补性资产网络才能借助通用技术完全改造自身。尝试转型的公司必须重新评估和重新组合的不仅仅是内部流程，还有供应链和分销链。这些变化需要时间，但管理者和企业家总会以节省最昂贵投入的方式指导发明（Acemoglu and Restrepo，2017）。根据勒夏特列（LaChatelier）原理（Milgrom

① Atkeson and Kehoe（2007）指出，在向电力过渡的初期，制造商并不愿意放弃其庞大的知识储备以便采用起初只有略微优越的技术。David and Wright（2006，第 147 页）的阐述更为具体，他们着重探讨“定义并构造任务和产品的方式需要组织上和概念上的改变”。

and Roberts，1996)，随着准固定要素的调整，长期弹性往往大于短期弹性。

调整并不必然成功。的确有证据表明，通用技术级的模态变换会失败。相关学者（Alon、Berge、Dent and Pugsley，2017）发现，五年以上的企业对总体净生产率增长的贡献很小，也就是说，在老牌企业中，一家企业的生产率提高会被其他公司的生产率下降抵消。俗话说“老狗学不会新把戏”。何况老狗（此处指企业）常常有不学习新把戏的内在动机（Arrow，1962；Holmes、Levine and Schmitz，2012）。从某种意义上说，工业技术每进步一次，就会导致某家企业的消亡。

转型的产业和部门甚至需要更多的调整和重组。零售业就是一个生动的例子。尽管零售业是20世纪90年代互联网热潮中的最大创新之一，但在随后的20年里，零售业最大的变化不是电子商务，而是仓库和超级购物中心的扩张（Hortacsu and Syverson，2015）。直到最近，电子商务才成为一般零售商考虑的力量。为什么花了这么长时间？布莱恩约弗森和史密斯（Brynjolfsson and Smith，1999）记述了现有零售商在调整业务流程以充分利用互联网和电子商务时面临的困难。诸多互补性投资尚待挖掘；整个行业需要构建完整的分销基础设施；客户必须“重新培训”。这一切都不可能很快发生。电子商务掀起零售业变革的潜力早已得到广泛认可，甚至在20世纪90年代末被大肆宣传，但它在零售业中的实际份额微乎其微，仅占1999年零售总额的0.2%。经过20年被广泛预测但耗时的行业变化之后，电子商务才慢慢趋近零售总额的10%，像亚马逊这样的公司才开始对传统零售商的销售和股票市场估值产生重要影响。

前面讨论的自动驾驶汽车案例提供了一个更具前瞻性的例子，说明生产率如何滞后于技术。大家想想当引入自动驾驶汽车时，现有的车辆生产和车辆操作工会发生什么情况？生产方面的就业率首先会提高，以应对研发、人工智能开发以及新的汽车工程等问题。此外，学习曲线问题很可能意味着早期制造这些车辆时生产率较低（Levitt、List and Syverson，2013）。因此，对于生产相同数量的车辆，短期内的劳动力投入其实可能会增加而不是减少。在自动驾驶车辆开发和生产的早期，生产者增加的边际劳动超过机动车操作工被替代的边际劳动。直到部署的自动驾驶汽车接近稳定状态之后，测算的生产率才能反映出该技术的全部好处。

透过以往的通用技术看待今天的悖论

我们在前文的讨论中指出，当前的悖论与过去出现的那些悖论有相似之处。它不仅与1990年左右的索洛悖论时代息息相关，也与便携式电源扩散过程的经验（结合了电气化和内燃机的同期增长和变革效应）密切相关。

比较这两个时期的生产率增长模式很有启发意义。图8来自西维尔森（Syverson，2013）的更新版分析。该图覆盖了1970年以来美国的劳动生产率，另外从1890年到1940年，便携式电源技术问世并开始投入生产［历史序列数据来自肯德里克（Kendrick，1961）］。现代序列数据的时间轴以1995年的值100为基数，年份标记在上横轴上。便携式电源时代的指数在1915年的值为100，年份显示在下横轴上。

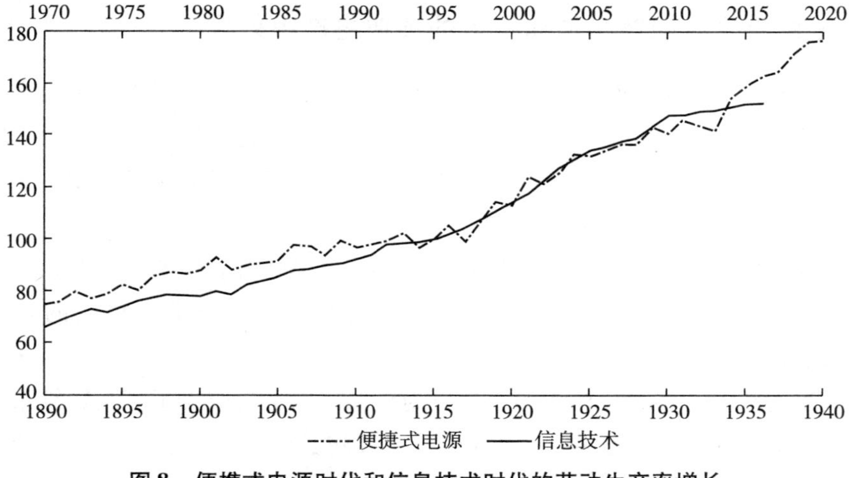

图8　便携式电源时代和信息技术时代的劳动生产率增长

便携式电源时代的劳动生产率与当前的生产率序列数据有着非常相似的模式。在这两个时代，最初大约25年的生产率增长都相对缓慢。然后，两个时代出现了长达10年的生产率增长加速：一个在1915—1924年的便携式电源时代，另一个在最近的1995—2004年。

20世纪90年代后期的加速（至少部分）解答了索洛悖论。我们猜想，20世纪10年代后期的加速可能同样回答了一些经济学家在1910年提出的问题：到处都能看见电动机和内燃机，但为什么在生产率统计数据中却看不到它们？①

① 我们不知道有谁确实这么说过，当然，当时并不存在今天的国民经济核算体系，但我们觉得这个有趣的情景很具启发性，而且在某种程度上是合理的。

非常有趣且与当前情况极其相关的是，2004 年后出现的生产率增长放缓也与历史数据（即从 1924 年到 1932 年的放缓）有相似之处。从图中可以看出，对于人工智能和相关技术的新浪潮（可能有人更喜欢称之为基于信息技术的第二波浪潮）能否重新加速生产率增长，颇具启发意义的是在便携式电源时代结束时，劳动生产率增长再次加速，1933—1940 年年均增长 2.7%。

诚然，过去的突破性增长并不能保证今天的生产率必定再次加速。然而，它确实引出了两个相关的观点：首先，这是生产率增长放缓然后加速的另一个例子；其次，它表明由核心通用技术驱动的生产率增长可以出现多段起伏。

由人工智能驱动的技术加速带来的预期生产率效应

要了解人工智能对生产率产生的可能影响，将人工智能视为一种资本，特别是一种无形资本，是很有用的。它可以通过投资进行积累，是一种持久的生产要素，还可能贬值。将人工智能当成一种资本类型，可以厘清它作为生产要素的开发和建设将如何影响生产率。

与任何资本深化一样，人工智能的发展可以提高劳动生产率。无论人工智能资本的测算质量如何（我们也许认为其测算不会出于下面讨论的几个原因），这都是事实，尽管可能存在滞后问题。

人工智能对全要素生产率的影响更为复杂，而且将取决于其测算结果。如果能够完美地测算人工智能（及其产出），并将其包含在全要素生产率的分母输入束和分子输出束中，由此测的全要素生产率将准确地反映真实的全要素生产率。这种情况下，可以像对待其他可测算的资本投入一样对待人工智能。后者对产出的影响可以通过全要素生产率投入量适当地计算和“消除”，从而使全要素生产率保持不变。这并不是说人工智能的扩散不会带来生产效益，而是说它可以像其他类型的资本投入那样进行估值。

经济学家和国家统计机构在处理人工智能时可能面临测算问题，这是有原因的。一些属于比较普遍的资本测算问题，另一些则可能涉及人工智能的特殊之处。我们接下来讨论这个问题。

测算人工智能资本

无论人工智能及其相关技术对实际产出和生产率的影响如何，上文的生产率展望清楚地表明，测算人工智能影响的方式取决于各国统计程序如何测算人工智能资本。

如前所述，人工智能资本测算的主要困难在于，它的许多产出都是无形的。由于人工智能作为一种投入而非最终消费品广泛使用于制造各种资本，包括新型软件以及人力和组织资本，这个问题变得日益严重。和人工智能一样，大部分这类资本（包括人力资本）也是无形的（Jones and Romer，2010）。

更具体地说，若想有效利用人工智能，需要开发数据库、培育企业特有的人力资本，并实施新的业务流程。因此大量的资本支出和维护必不可少。这些无形支出的有形对应项，包括购买计算资源、服务器和房地产，很容易用标准的新古典增长核算模型来衡量（Solow，1957）。但是，互补性无形投资的资本品生产价值就很难量化。有形和无形资本存量都会产生随时间累积的资本服务流收益。实现这些收益需要的不只是租赁资本存量。购买资本资产会给公司带来额外的调整成本（例如，业务流程重新设计和安装成本）。这些调整成本使资本无法像无摩擦租赁市场隐示的那么灵活。人工智能资本以及更一般的信息技术资本的大部分市场价值，可能来自资本化的短期准租金，那些完成重组进而从新投资中提取服务流的公司可以获得这类租金。

然而，虽然有形资产存量记入公司资产负债表，但人工智能投资的无形补充支出和调整成本一般并不记入。如果不考虑无形人工智能资本的生产和使用，常规的增长核算对增加值变化的分解，会把人工智能无形资本深化误认为是全要素生产率的变化。正如霍尔等人（Hall，2000；Yang and Brynjolfsson，2001）讨论的，这将导致在计算最终产出时遗漏资本品生产的潜在重要部分。因此，对全要素生产率的估计可能会出现两个方向上的不准确：当无形人工智能资本存量增长快于产出时，全要素生产率增长将被低估，而如果资本存量增长慢于产出，则全要素生产率增长会被高估。

对这种效应的直观认识是，在任意给定的时期 t，时期 $t+1$ 内（未测算到的）人工智能资本存量的产出是时期 t 内（未测算到的）现有人工智能资本存量投入的函数。当人工智能存量快速增长时，未测算到的产出（创造的人工智能资本存量）将大于未测算到的投入（使用的人工智能资本存量）。

此外，假设我们测算创造无形资产所需的劳动力和其他资源的相关成本，可是由此产生的无形资产增加并不计为对产出的贡献。在这种情况下，不仅 GDP 总量会被低估，以 GDP 为分子的生产率也会被低估。因此，即便真实的生产率在提高，无形资本快速积累时期也可能只测算到较低的生产率增长。

在遗漏资本品生产的情况下，测算到的生产率只反映一个事实，即更多的资本和劳动力投入完全用于生产能测算到的产出。用于生产不能测算的资本品投入，则类似于损失的潜在产出。例如，布鲁金斯学会（Brookings Institution）最近的一份报告估计，2014—2017 年，对自动驾驶汽车的投资已经超过 800 亿美元，但迄今为止消费者对这项技术的接受程度仍然极低。① 该数字大约相当于 2016 年 GDP 的 0.44%（跨度为 3 年）。如果自动驾驶汽车的全部资本形成都是由同样昂贵的劳动力投入产生的，那么估算的劳动生产率在过去 3 年里每年降低 0.1%，因为自动驾驶汽车尚未促使可测算到的最终产出有任何显著增加。类似地，根据人工智能指数，过去 10 年间，顶尖大学人工智能和机器学习课程的入学人数大约增加了 2 倍，风险投资型人工智能相关初创企业的数量更是翻了两番。倘若它们创造的无形资产超出生产成本，GDP 将被低估。

最终，被错误测算的无形资本品投资预期将给投资者带来收益（即产出）。一旦这些隐性资产产生可测算的产出，另一个导致生产率高估的错误测算效应就会出现。当错误测算或遗漏的资本产出份额和存量增加时，该资本生产的可测算产出增加将被错误归因于全要素生产率提高。随着未测算到的资本品投资增长率下降，未测算到的资本品的资本利息流对全要素生产率的影响可能超过未测算到的资本品导致的低估误差。

这两种效应相结合产生了“J 曲线”，其中无形资本的早期生产导致对生产率增长的低估，但后期未测算到的资本存量的收益带来了可测算产出的增长，而这一产出增长可能被错误地归因于全要素生产率。

我们可以将上述观点用公式表述如下：

$$Y + zI_2 = f(A, K_1, K_2, L) \tag{1}$$

$$dY + zdI_2 = F_A dA + F_{K_1} dK_1 + F_L dL + F_{K_2} dK_2 \tag{2}$$

产出 Y 和价格为 z（zI_2）的未测算到的资本品由生产函数 f 产生。f（·）的投入是全要素生产率 A、普通资本 K_1、未测算到的资本 K_2 和劳动力 L。方程（2）将产出的全微分作为生产函数的输入函数。如果普通资本的租赁价格为 r_1，未测算到的资本的租赁价格为 r_2，工资率为 w，那么我们得到：

$$\hat{S} = \frac{dY}{Y} - \left(\frac{r_1 K_1}{Y}\right)\left(\frac{dK_1}{K_1}\right) - \left(\frac{wL}{Y}\right)\left(\frac{dL}{L}\right) \tag{3}$$

① https：//www.brookings.edu/research/gauging-investment-in-self-driving-cars/.

$$S^* = \frac{dY}{Y} - \left(\frac{r_1K_1}{Y}\right)\left(\frac{dK_1}{K_1}\right) - \left(\frac{wL}{Y}\right)\left(\frac{dL}{L}\right) - \left(\frac{r_2K_2}{Y}\right)\left(\frac{dK_2}{K_2}\right) + \left(\frac{zI_2}{Y}\right)\left(\frac{dI_2}{I_2}\right) \quad (4)$$

其中 $\hat{S}$ 是测算到的索洛余值，S^* 是正确的索洛余值，它包含了错误测算的资本投资和资本存量。

错误测算的等式如下：

$$\hat{S} - S^* = \left(\frac{r_2K_2}{Y}\right)\left(\frac{dK_2}{K_2}\right) - \left(\frac{zI_2}{Y}\right)\left(\frac{dI_2}{I_2}\right) = \left(\frac{r_2K_2}{Y}\right)g_{K_2} - \left(\frac{zI_2}{Y}\right)g_{I_2} \quad (5)$$

等式的右边描述隐性资本效应和隐性投资效应。当未测算到的资本的新投资增长率乘以其产出份额大于（小于）未测算到的资本存量的增长率乘以其产出份额时，估算的索洛余值将低估（高估）生产率的增长。一开始，新型资本有较高的边际产量。企业将积累该资本，直到其边际收益率等于其他资本的收益率。随着资本的积累，对未测算到的资本的净投资增长率将变为负值，导致对全要素生产率更加高估。在稳定状态下，无论是净投资的产出份额还是未测算到的资本净存量都没有增长，生产率的测算误差为零。图 9 对此给出了说明。①

放眼未来，这些问题可能对人工智能资本尤为明显，因为这类资本的积累在短期内几乎肯定会超过普通资本积累的速度。人工智能资本是新的资本类别，不仅在经济统计方面无疑是很新的，甚至在实际运用中也算得上是新的。

这也意味着，根据类别内的资本增长计算的资本数量指数可能不适合作为基准，用于测算人工智能的早期规模和效应。各国统计机构并不真正专注于测算尚未普遍存在的资本类型。新型资本往往被纳入现有类型，还可能被推断为边际产量很低（进而导致低估新资本的生产效应）；或者干脆被忽略。这一点类似于价格指数中的新商品问题。

一个相关的问题是，一旦人工智能被单独测算，那么相对于其他资本存量，其测算单位能在多大程度上反映人工智能的边际产量。也就是说在经济中，如果 1 美元人工智能存量的边际产量是 1 美元非人工智能资本的 2 倍，那么人工智能的数量指标是否会反映这一点？这需要测算人工智能和非人工智能资本的相对价格，从而反映边际产量的差异。正确测算精确的比例差异（无论是在时间上还是在横截面上），比正确测算各种水平更加重要。最后我们需

---

① 在该模型经济（toy economy）中，新投资的价格 z 和资本的租赁价格 r 分别为 0.3 和 0.12。用于创建该图的其他值参见附录。

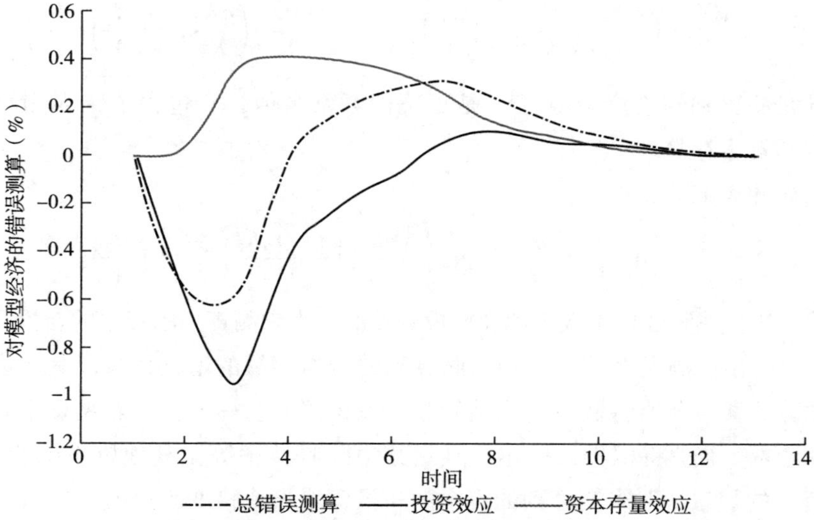

图 9　对一个积累新型资本的经济错误测算的 J 曲线（示例）

要知道，一单位人工智能资本的生产率是另一种资本的 2 倍，其资本存量也应该是后者的 2 倍。

需要注意的是，这些都是资本测算中的经典问题，并非人工智能面临的新问题。对人工智能来说，这些问题可能会系统性地更加糟糕，但在事前并不显而易见。这一点的真正含义是，经济学家和国家统计机构即使不能完全解决这类问题，也至少应该拥有处理这类问题的经验。换言之，一些测算问题对人工智能来说可能尤为普遍。例如，很大一部分的人工智能产出值可能是企业特有的。设想如下程序：它能够算出个人消费者的产品偏好或价格弹性，并将产品和定价与预测相匹配。这对不同的企业有不同的价值，取决于它们的客户群和产品选择，而且知识可能无法在企业之间转移。这一价值还取决于公司实施差别定价的能力。这些限制既可能来自企业的市场特点，比如转售机会，并不总是在企业的控制之下；也可能来自企业拥有互补性的执行资产（implementation assets）或执行能力。同样，每家公司都有可能在其员工中寻找不同的技能组合，对其生产过程有独特的需求以及一套特定的供给约束。在这种情况下，企业特有的数据库和这些数据的应用程序，将使不同企业的机器学习能力各有不同（Brynjolfsson and McAfee，2017）。

结　论

对于技术和增长，总是不乏乐观主义者和悲观主义者。乐观主义者往往是技术专家和风险资本家，大都聚集在技术中心。悲观主义者往往是经济学家、社会学家、统计学家和政府官员，多数聚集在主要的州和国家首都。这两个群体之间的互动比各自内部的互动要少得多，他们似乎常常忽视彼此。在本文中我们指出，从某种重要的意义上讲，他们确实是各说各话，缺少沟通。

与乐观主义者交谈时，我们深信最近人工智能和机器学习方面的突破真实而有意义。我们甚至认为，它们是经济上重要的潜在通用技术的新核心。而与悲观主义者交谈时，我们又相信近期生产率增长确已放缓，从中获得的收益分布不均，导致许多人收入停滞不前，健康和福祉指标持续下降，大家有充分理由感到担忧。未来充满不确定性，很多曾经称霸就业和市场价值排行榜的产业巨头都陷入了困境。

这两种叙事并不矛盾。实际上无论从哪方面看，它们都是转型期经济的一致症状。我们的分析表明，虽然最近一段时间经济陷入困顿，但这决定不了什么。尽管做预测总是危险的，而且我们对自己预测未来的能力并非十分有信心，然而我们对证据的解读确实提供了一些乐观的理由。人工智能技术的突破性进展尚未对经济产生大的影响，但是随着扩散，它们的效应将越来越大。更重要的是，它们能够促进互补性创新从而加倍发挥其影响力。人工智能投资和互补性变革都是昂贵和难以测算的，实施起来也需要时间，这至少会在最初阶段降低测算的生产率。企业家、管理者和终端用户将为机器找到强大的新应用程序，这些机器现在就可以学习如何识别对象、理解人类语言、说话、做出准确的预测、解决问题，以及如何以越来越灵活机动的方式与世界互动。

机器学习的核心技术的进一步发展可能带来实质性的利益。然而我们的观点是，被低估的研究领域涉及人工智能新技术的互补品，不仅在人力资本和技能方面，还包括新的流程和商业模式方面。上一轮计算机技术催生的无形资产大约 10 倍于计算机硬件本身的直接投资。我们认为，与人工智能相关的无形资产看起来有类似甚至更大的规模。鉴于人工智能可能引发协调和生产可能性方面的巨大变化，我们以往组织工作和教育的方式在未来极可能无法保持最佳状态。

相应地，我们需要更新手中的经济测算工具箱。随着人工智能及其互补技术更快地增加我们的（无形）资本存量，传统的指标如GDP和生产率等，可能更难以测算和解释。成功的企业不需要大量投资于工厂甚至计算机硬件，但它们的确拥有难以复制的无形资产。与开发和实施人工智能的企业相关的巨大市场价值表明，投资者相信这些企业具有真正的价值。如果企业资产的所有权公开交易并且市场是有效率的，金融市场就会恰当地评估企业经风险调整后的现金流现值。这可以用来评估企业拥有的有形资产和无形资产的价值。更重要的是，生活水平受到的影响甚至可能超过投资者希望获得的收益。当然更有可能的是，很多人不会分享这些好处。经济学家有能力为研究议程做出贡献，记录和解读人工智能带来的无形变化及其更广泛的经济影响。

人工智能带来的利益还无法自动实现。这需要努力和企业家精神，发展必要的互补技术，培养个人、组织和社会层面的适应性，以推动相关的结构调整。理论预测，赢家将是那些调整成本最低并尽可能多地将合理的互补技术付诸现实的企业。这一定程度上需要运气，但如果有正确的路线图，这些企业和我们所有人就可以未雨绸缪。

（颜超凡　译）

参考文献

Abramovitz, Moses (1956). "Resource and Output Trends in the U. S. since 1870." *American Economic Review*, May 1956 (Papers and Proceedings), 46 (2): 5 - 23.

Acemoglu, D., & Restrepo, P. (2017). The Race between Machine and Man: Implications of Technology for Growth, Factor Shares and Employment (No. w22252). National Bureau of Economic Research.

Agrawal, Ajay, Joshua Gans, and Avi Goldfarb (2017). "What to Expect from Artificial Intelligence." *Sloan Management Review*. February 7.

Alloway, Tracy (2015). "Goldman: How 'Grand Theft Auto' Explains One of the Biggest Mysteries of the U. S. Economy." *Bloomberg Business*, May 26. http://www.bloomberg.com/news/articles/2015-05-26/goldman-how-grand-theft-auto-explains-one-of-the-biggest-mysteries-of-the-u-s-economy.

Alon, Titan, David Berger, Robert Dent, and Benjamin Pugsley (2017). "Older and Slower: The Startup Deficit's Lasting Effects on Aggregate Productivity Growth." NBER Working Paper No. 23875, September.

Andrews, Dan, Chiara Criscuolo, and Peter Gal (2016). "The Best versus the Rest: The Global Productivity Slowdown, Divergence across Firms and the Role of Public Policy." OECD Productivity Working Papers, No. 5, Paris: OECD Publishing, December 2.

Aral, Sinan, Erik Brynjolfsson, and Lynn Wu (2012). "Three-Way Complementarities: Performance Pay, HR Analytics and Information Technology." *Management Science*, 58 (5): 913 – 931.

Arrow, Kenneth (1962). "Economic Welfare and the Allocation of Resources for Invention." in *The Rate and Direction of Inventive Activity: Economic and Social Factors*, Richard R. Nelson (ed.), Princeton: Princeton University Press: 609 – 26.

Atkeson, Andrew and Patrick J. Kehoe (2007). "Modeling the Transition to a New Economy: Lessons from Two Technological Revolutions." *American Economic Review*, 97 (1): 64 – 88.

Autor, David (2014). "Polanyi's Paradox and the Shape of Employment Growth," presentation to the Federal Reserve Bank of Kansas City's Jackson Hole central banking conference.

Autor, David, David Dorn, Lawrence F. Katz, Christina Patterson and John Van Reenen (2017). "Concentrating on the Fall of the Labor Share." *American Economic Review Papers and Proceedings*, American Economic Association, 107 (5): 180 – 185, May.

Autor, D. H., Levy, F., & Murnane, R. J. (2003). "The Skill Content of Recent Technological Change: An Empirical Exploration." *Quarterly Journal of Economics*, 118 (4): 1279 – 1333.

Autor, David and Anna Salomons (2017). "Robocalypse Now-Does Productivity Growth Threaten Employment?" European Central Bank Conference Proceedings, June.

Barter, Paul (2013). "'Cars are Parked 95 percent of the Time.' Let's check!" Reinventing Parking blog. http://www.reinventingparking.org/2013/02/cars-are-parked-95-of-time-lets-check.html.

Baumol, William and William Bowen (1966). *Performing Arts, The Economic Dilemma: A Study of Problems Common to Theater, Opera, Music, and Dance.* New York: Twentieth Century Fund.

Bloom, Nicholas, Charles I. Jones, John Van Reenen, and Michael Webb (2017). "Are Ideas Getting Harder to Find?" NBER Working Paper No. 23782, September.

Bresnahan, Timothy, Erik Brynjolfsson, and Lorin Hitt (2002). "Information Technology, Workplace Organization, and the Demand for Skilled Labor: Firm-Level Evidence," *Quarterly Journal of Economics*, 117 (1): 339 – 376.

Bresnahan, Timothy F., Manuel Trajtenberg (1996). "General Purpose Technologies: 'Engines of Growth'?" *Journal of Econometrics*, *Annals of Econometrics*, 65 (1): 83 – 108.

Bridgman, B., Dugan, A., Lal, M., Osborne, M., & Villones, S. (2012). "Accounting for Household Production in the National Accounts, 1965 – 2010." *Survey of Current Business*, 92 (5): 23 – 36.

Brynjolfsson, Erik. 1993. "The Productivity Paradox of Information Technology," *Communications of the ACM*, 36 (12): 66 – 77.

Brynjolfsson, Erik and Lorin Hitt (2000). "Beyond Computation: Information Technology, Organizational Transformation and Business Performance." *Journal of Economic Perspectives*, 14 (4): 23 – 48.

Brynjolfsson, Erik and Lorin Hitt. (2003). "Computing Productivity: Firm-level

Evidence." *Review of Economics and Statistics*, 85 (4): 793 – 808.

Brynjolfsson, Erik, Lorin Hitt, and Shinkyu Yang (2002). "Intangible Assets: Computers and Organizational Capital." *Brookings Papers on Economic Activity*, 2002 (1), Brookings Institution.

Brynjolfsson, Erik and Andrew McAfee (2011). *Race Against the Machine.* Digital Frontier, Lexington, MA.

Brynjolfsson, Erik and Andrew McAfee (2014). *The Second Machine Age: Work, Progress, and Prosperity in a Time of Brilliant Technologies.* WW Norton & Company.

Brynjolfsson, Erik and Andrew McAfee (2017). "What's Driving the Machine Learning Explosion?" *Harvard Business Review*, July 18: 3 – 11.

Brynjolfsson, Erik, Andrew McAfee, Michael Sorell, and Feng Zhu (2008). "Scale Without Mass: Business Process Replication and Industry Dynamics." *Harvard Business School Technology & Operations Mgt.* Unit Research Paper 07 – 016.

Brynjolfsson, Erik and Tom Mitchell (2017). "What can Machine Learning Do? Workforce Implications." *Science*, 358 (6370): 1530 – 1534, December 22.

Byrne, David M., John G. Fernald, and Marshall B. Reinsdorf (2016). "Does the United States Have a Productivity Slowdown or a Measurement Problem?" *Brookings Papers on Economic Activity.* Spring: 109 – 182.

Cardarelli, Roberto and Lusine Lusinyan (2015). "U. S. Total Factor Productivity Slowdown: Evidence from the U. S. States." IMF Working Paper WP/15/116.

Cette, Gilbert, John G. Fernald, and Benoit Mojon (2016). "The Pre-Great Recession Slowdown in Productivity." *European Economic Review*, 88: 3 – 20.

Congressional Budget Office (2016). *The Budget and Economic Outlook*: 2016 to 2026.

Congressional Budget Office (2017). *The 2017 Long-Term Budget Outlook.*

Cowen, Tyler (2011). *The Great Stagnation: How America Ate All the Low-Hanging Fruit of Modern History, Got Sick, and Will (Eventually) Feel Better.* New York: Dutton.

David, Paul (1991). "Computer and Dynamo: The Modern Productivity Paradox in a Not-Too-Distant Mirror." *In: Technology and Productivity: The Challenge for Economic Policy*, Paris: OECD Publishing: 315 – 47.

David, Paul A. and Gavin Wright (2006). "General Purpose Technologies and Surges in Productivity: Historical Reflections on the Future of the ICT Revolution." *in The Economic Future in Historical Perspective*, Volume 13, Paul A. David and Mark Thomas (eds.). Oxford: Oxford University Press/British Academy.

Deng, Jia, et al. (2009). "ImageNet: A Large-Scale Hierarchical Image Database." CVPR. *IEEE Conference Computer Vision and Pattern Recognition* IEEE.

De Loecker, Jan and Jan Eeckhout (2017). "The Rise of Market Power and the Macroeconomic Implications." NBER Working Paper 23687.

Esteva, A., Kuprel, B., Novoa, R. A., Ko, J., Swetter, S. M., Blau, H. M., & Thrun, S. (2017). "Dermatologist-Level Classification of Skin Cancer with Deep Neural Networks." *Nature*, 542 (7639): 115 – 18.

Feldstein, Martin (2015). "The U. S. Underestimates Growth." *Wall Street Journal*,

May 18.

Fernald, John G (2014). "A Quarterly, Utilization-Adjusted Series on Total Factor Productivity." FRBSF Working Paper 2012 – 19 (updated March 2014).

Fortunato, Meire, Mohammad Gheshlaghi Azar, Bilal Piot, Jacob Menick, Ian Osband, Alex Graves, Vlad Mnih et al. (2017). "Noisy Networks for Exploration." *arXiv preprint arXiv: 1706. 10295.*

Furman, Jason, and Peter Orszag (2015). "A Firm-Level Perspective on the Role of Rents in the Rise in Inequality." Presentation at "A Just Society" Centennial Event in Honor of Joseph Stiglitz at Columbia University.

Gehring, J., Auli, M., Grangier, D., Yarats, D., & Dauphin, Y. N. (2017). "Convolutional Sequence to Sequence Learning." *arXiv preprint arXiv: 1705. 03122.*

Gordon, R. J. (2014). The Demise of US Economic Growth: *Restatement, Rebuttal, and Reflections* (No. w19895). National Bureau of Economic Research.

Gordon, Robert J. (2015). *The Rise and Fall of American Growth: The U. S. Standard of Living since the Civil War.* Princeton, NJ: Princeton University Press.

Gutiérrez, Germán and Thomas Philippon (2017). "Declining Competition and Investment in the U. S." NBER Working Paper No. 23583.

Guvenen, Fatih, Raymond J. Mataloni, Jr., Dylan G. Rassier, and Kim J. Ruhl (2017). "Offshore Profit Shifting and Domestic Productivity Measurement." NBER Working Paper No. 23324.

Hatzius, Jan and Kris Dawsey (2015). "Doing the Sums on Productivity Paradox v2. 0." *Goldman Sachs U. S. Economics Analyst*, No. 15/30.

Hayashi, Fumio (1982). "Tobin's Marginal q and Average q: A Neoclassical Interpretation." *Econometrica*, 50 (1): 213 – 24.

Hayashi, Fumio and Tohru Inoue (1991). "The Relation between Firm Growth and Q with Multiple Capital Goods: Theory and Evidence from Panel Data on Japanese Firms." *Econometrica*, 59 (3): 731 – 54.

Henderson, Rebecca (1993). "Underinvestment and Incompetence as Responses to Radical Innovation: Evidence from the Photolithographic Industry." *Rand Journal of Economics*, 24 (2): 248 – 70.

Henderson, Rebecca (2006). "The Innovator's Dilemma as a Problem of Organizational Competence." *Journal of Product Innovation Management*, 23: 5 – 11.

Holmes, Thomas J., David K. Levine, and James A. Schmitz (2012). "Monopoly and the Incentive to Innovate When Adoption Involves Switchover Disruptions." *American Economic Journal: Microeconomics*, 4 (3): 1 – 33.

Hortaçsu Ali and Chad Syverson (2015). "The Ongoing Evolution of US Retail: A Format Tug-of-War." *Journal of Economic Perspectives*, 29 (4): 89 – 112.

Jones, C. I., & Romer, P. M. (2010). "The New Kaldor Facts: Ideas, Institutions, Population, and Human Capital." *American Economic Journal: Macroeconomics*, 2 (1): 224 – 245.

Jovanovic, Boyan and Peter L. Rousseau (2005). "General Purpose Technologies." in *Handbook of Economic Growth, Volume 1B.* Philippe Aghion and Steven N. Durlauf, eds. Elsevier

B. V. : 1181 – 1224.

Kendrick, John W. (1961). *Productivity Trends in the United States.* National Bureau of Economic Research. Princeton University Press.

Levine, S., Finn, C., Darrell, T., & Abbeel, P. (2016). "End-to-end Training of Deep Visuomotor Policies." *Journal of Machine Learning Research*, 17 (39): 1 – 40.

Levitt, Steven D., John A. List, and Chad Syverson (2013). "Toward an Understanding of Learning by Doing: Evidence from an Automobile Plant." *Journal of Political Economy*, 121 (4): 643 – 681.

Levy, Frank (2017). "Computers and Populism: Artificial Intelligence, Jobs, and Politics in the Near Term." *Oxford Review of Economic Policy.* Forthcoming.

Liu, Y., Gupta, A., Abbeel, P., & Levine, S. (2017). "Imitation from Observation: Learning to Imitate Behaviors from Raw Video via Context Translation." *arXiv preprint arXiv: 1707. 03374.*

Lucas, Jr., Robert E. (1967). "Adjustment Costs and the Theory of Supply." *Journal of Political Economy*, 75 (4, Part 1): 321 – 334.

Manyika, James, Michael Chui, Mehdi Miremadi, Jacques Bughin, Katy George, Paul Willmott, and Martin Dewhurst (2017). "Harnessing automation for a future that works." *McKinsey Global Institute January.* https://www.mckinsey.com/global-themes/digital-disruption/harnessing-automation-for-a-future-that-works.

McAfee, Andrew, and Erik Brynjolfsson (2008). "Investing in the IT that Makes a Competitive Difference." *Harvard Business Review.* July: 98.

Milgrom, P., & Roberts, J. (1996). The LeChatelier Principle. *American Economic Review*, 173 – 179.

Minsky, Marvin (1967). *Computation: Finite and Infinite Machines.* Upper Saddle River, NJ: Prentice-Hall.

Mokyr, J. (2014). Secular Stagnation? Not in Your Life. Secular Stagnation: Facts, Causes and Cures, 83.

Morris, David Z. (2016). "Today's Cars Are Parked 95 percent of the Time." *Fortune, March* 13, 2016.

Nakamura, Leonard and Rachel Soloveichik (2015). "Capturing the Productivity Impact of the 'Free' Apps and Other Online Media." Federal Reserve Bank of Philadelphia Working Paper: 15 – 25.

Nordhaus, W. D. (2015). *Are We Approaching an Economic Singularity? Information Technology and the Future of Economic Growth* (No. w21547). National Bureau of Economic Research.

Orlikowski, W. J. (1996). Improvising Organizational Transformation over Time: A Situated Change Perspective. *Information Systems Research*, 7 (1): 63 – 92.

Organization for Economic Cooperation and Development (2015). *The Future of Productivity.* https://www.oecd.org/eco/growth/OECD-2015-The-future-of-productivity-book.pdf.

Pratt, Gill A. (2015). "Is a Cambrian Explosion Coming for Robotics?" *Journal of Eco-*

nomic Perspectives 29，(3)：51 –60.

Saon，G.，Kurata，G.，Sercu，T.，Audhkhasi，K.，Thomas，S.，Dimitriadis，D.，et al. (2017). English Conversational Telephone Speech Recognition by Humans and Machines. *arXiv preprint arXiv：1703. 02136.*

Smith，Noah. (2015). "The Internet's Hidden Wealth." *Bloomberg View*，June 6. http：//www. bloombergview. com/articles/2015-06-10/wealth-created-by-the-internet-may-not-appear-in-gdp.

Solow，Robert M. (1957). "Technical Change and the Aggregate Production Function." *Review of Economics and Statistics*，39 (3)：312 –20.

Solow，Robert. (1987). "We'd Better Watch Out." *New York Times Book Review*，July 12：36.

Song，Jae，David J. Price，Fatih Guvenen，Nicholas Bloom，and Till von Wachter (2015). "Firming Up Inequality." NBER Working Paper No. 21199.

Stiglitz，Joseph E. (2014). "Unemployment and Innovation." NBER Working Paper No. 20670.

Syverson，Chad (2013). "Will History Repeat Itself? Comments on 'Is the Information Technology Revolution Over?'" *International Productivity Monitor*，25：37 –40.

Syverson，Chad (2017). "Challenges to Mismeasurement Explanations for the US Productivity Slowdown." *Journal of Economic Perspectives*，31 (2)：165 –86.

Wildasin，David E. (1984). "On Public Good Provision with Distortionary Taxation." *Economic Inquiry*，22 (2)：227 –43.

Yang，Shinkyu and Erik Brynjolfsson (2001). "Intangible Assets and Growth Accounting：Evidence from Computer Investments." *Unpublished paper. MIT*，*85* (61)：28.

附录 1　具有 Newey-West 标准差的回归结果（允许多期滞后的情形）

Newey-West 回归 10 年平均劳动生产率增长	(1) 允许 1 期滞后	(2) 允许 2 期滞后	(3) 允许 3 期滞后	(4) 允许 4 期滞后	(5) 允许 5 期滞后
过去 10 年平均生产率增长	0. 0857 (0. 177)	0. 0857 (0. 207)	0. 0857 (0. 227)	0. 0857 (0. 242)	0. 0857 (0. 278)
常数项	1. 949*** (0. 398)	1. 949*** (0. 465)	1. 949*** (0. 511)	1. 949*** (0. 545)	1. 949*** (0. 624)
观测值	50	50	50	50	50
R^2	0. 009	0. 009	0. 009	0. 009	0. 009

注：括号内为标准差。显著水平为：*** p<0. 01，** p<0. 05，* p<0. 1。

Newey-West 回归 10 年平均全要素生产率增长	(1) 允许 1 期滞后	(2) 允许 2 期滞后	(3) 允许 3 期滞后	(4) 允许 4 期滞后	(5) 允许 5 期滞后
过去 10 年平均全要素生产率增长	0.136 (0.158)	0.136 (0.181)	0.136 (0.197)	0.136 (0.208)	0.136 (0.233)
常数项	0.911*** (0.188)	0.911*** (0.216)	0.911*** (0.233)	0.911*** (0.244)	0.911*** (0.257)
观测值	50	50	50	50	50
R^2	0.023	0.023	0.023	0.023	0.023

注：括号内为标准差。显著水平为：*** p<0.01，** p<0.05，* p<0.1。

Newey-West 回归 10 年平均经利用率调整后的全要素生产率增长	(1) 允许 1 期滞后	(2) 允许 2 期滞后	(3) 允许 3 期滞后	(4) 允许 4 期滞后	(5) 允许 5 期滞后
过去 10 年平均经利用率调整后的全要素生产率增长	0.158 (0.187)	0.158 (0.221)	0.158 (0.246)	0.158 (0.266)	0.158 (0.311)
常数项	0.910*** (0.259)	0.910*** (0.306)	0.910** (0.341)	0.910** (0.368)	0.910** (0.412)
观测值	50	50	50	50	50
R^2	0.030	0.030	0.030	0.030	0.030

注：括号内为标准差。显著水平为：*** p<0.01，** p<0.05，* p<0.1。

附录 2　模型经济 J 曲线的参数

时间	净投资	净资本储备	投资增长率	资本储备增长率	产出
0.0	1.0	10.0			10000.0
1.0	15.0	25.0	14.0	1.5	10500.0
2.0	80.0	105.0	4.3	3.2	11025.0
3.0	160.0	265.0	1.0	1.5	11576.3
4.0	220.0	485.0	0.4	0.8	12155.1
5.0	250.0	735.0	0.1	0.5	12762.8

续表

时间	净投资	净资本储备	投资增长率	资本储备增长率	产出
6. 0	220. 0	955. 0	−0. 1	0. 3	13401. 0
7. 0	140. 0	1095. 0	−0. 4	0. 1	14071. 0
8. 0	100. 0	1195. 0	−0. 3	0. 1	14774. 6
9. 0	50. 0	1245. 0	−0. 5	0. 0	15513. 3
10. 0	20. 0	1265. 0	−0. 6	0. 0	16288. 9
11. 0	10. 0	1275. 0	−0. 5	0. 0	17103. 4
12. 0	0. 0	1275. 0	−1. 0	0. 0	17958. 6

作者：罗伯特·戈登

在 1870 年至 1970 年的一个世纪里，一场经济变革席卷美国，使美国人民的生活水平空前提高。内燃机、电力、电灯、室内管道、汽车、电话、飞机、空调、电视等一系列伟大发明和后续的增量式创新不仅推动了美国经济的高速增长，也彻底改变了美国人的生活和工作方式。户外体力劳动被空调环境中的室内劳动替代，烦琐的家务劳动越来越多地由电器设备承担，光明驱走了黑暗，取代隔离的不仅是旅游还有将世界带入客厅的电视。更重要的是，一个新生儿预期将活到 72 岁而不是 45 岁。全球金融危机后，美国能重续这一“特殊世纪”的辉煌吗？互联网和人工智能等新技术的发展能带来同样的经济改革吗？

此书将经济学与历史学相结合，既有对历史的生动叙述，也有对经济现象的深入分析，既从普通民众视角考察家庭日常生活和工作的细节，又以经济学家视角在经济增长这一更广阔的背景下解释这些细节，为读者呈现了一个“特殊世纪”的全景图。通过这样的分析，作者对上述两个问题的回答是：1870 年至 1970 年的颠覆式经济变革及其创造的辉煌不可再现。在他看来，美国的生产率增长已经开始放缓，不平等加剧、教育停滞、人口老龄化、大学生债务和联邦政府债务不断增加，都将进一步阻碍生产率增长。走出困境必须找到新的办法。

此书既是对过去一个世纪的彻底变革的致敬，也是对未来更艰难时代的预言。在当前关于经济增长前景的争论中，此书所做的分析不容忽视。

特稿

Feature

Comparative

新技术、全球价值链与发展中经济体

丹尼·罗德里克

1. 引言

新技术的出现对发展中国家的经济来说是机遇还是挑战？乐观主义者认为知识经济、人工智能以及机器人的不断改进是发展中经济体向更发达状态飞跃的历史性机遇。而其他人则担心贫穷国家难以与有更多资本投资于新技术的国家进行竞争。正如关于技术影响劳动力市场和富裕国家内部不平等的讨论那样，乐观主义者和悲观主义者对低技能劳动者受到的影响也持不同看法。技术能否通过提高整体生产率，带来“水涨船高”的好处？还是说这些成果只能为少数高技能劳动者、专业人士和大企业享有？

新技术往往会推动商品和服务价格的下降，促进产品创新。无论是发达国家还是发展中国家的消费者，都能从技术进步中获益。手机便是一个很好的例子：移动电话使人们实现了远距离的便捷通信。在明确可见的跨越式发展中，

---

* 本文是为牛津大学“技术和包容性发展的繁荣之路委员会（The Pathways for Prosperity Commission on Technology and Inclusive Development）”而写的背景论文，旨在汇集证据、想法和研究，以供委员会思考。本文仅代表作者本人的观点和立场。委员会由牛津大学布拉瓦特尼克政府学院主办和管理，与国际发展伙伴、发展中国家政府、私营部门领导者、新兴企业家和民间社会联合，旨在促进新的对话，并鼓励共同设计国家层面的解决方案，使前沿技术为世界上最贫穷、最边缘化的人们服务。

它们使发展中国家的穷人能实现长途通信，而不需政府高成本地投资于土地和其他基础设施。同样，通过移动银行，没有银行分支机构的偏远地区也可以享受到金融服务。

这些都是技术提高穷人生活水平的清晰例证。但是，如果要对发展做出真正的可持续贡献，技术不仅要提供性价比更高的产品，还应带来更多报酬更高的工作。换句话说，它必须同时帮助发展中国家的生产者和消费者。泰勒·考恩（Tyler Cowen，2016）提出了“手机而非汽车工厂”的增长模式，由此引出一个问题：首先，发展中国家的人们怎样才能买得起手机？新产品和服务可能更便宜，但如果没有更高效的工作岗位，发展中国家的工人必然会落后。

再来看看移动电话和银行业务。在一定程度上，这是生产者服务，也是消费者服务；通信和金融是生产的中间投入，有利于生产领域。例如，一项著名研究表明，手机在印度喀拉拉邦的普及使当地渔民可以利用市场上的价格差异套利，平均增加8%的利润（Jensen，2007）。肯尼亚无处不在的移动银行服务M-Pesa使贫困妇女能够从自给自足的农业转向非农业活动，从而促进最低收入水平显著增长（Suri and Jack，2016）。

新的数据技术在改变拉丁美洲和其他地方的大规模农业方面发挥了重要作用。大数据、GPS（全球定位系统）、无人机和高速通信有效改进了推广服务，优化了灌溉、农药和化肥使用，提供了预警系统，并实现了更好的质量控制和更高效的物流和供应链管理（Deichmann et al.，2016）。这反过来又提高了农业生产率，促进了更高回报的非传统作物的多样化。

2. 全球价值链、贸易和令人失望的影响

新技术往往通过全球价值链（GVCs）引入发展中国家的生产。事实上，全球价值链是新技术的重要组成部分。信息和通信技术的发展使发达国家的大公司（无论是零售商还是制造商）可以将生产链进一步细化分工，再分散到全球各地以降低成本。全球价值链又可以作为主导企业（lead firms）向其供应商传播技术的媒介。大家普遍认为，全球价值链从根本上改变了现代农业、制造业和可贸易服务的全球贸易性质。

理论上，全球价值链放宽了进入全球市场的壁垒，使发展中国家从中受益。发展中国家的企业通过从事价值链中的特定生产任务进入全球市场，无需以发展附属产业（side industries）为前提；所需的投入和服务都可以通过进口

实现，不必在当地生产。这使跨国公司更容易在发展中国家找到细分的特定汽车零部件或消费电子产品的生产阶段。

但是，在发展中国家面临所有这些可能性中，仍然隐含着问题。生产效益是否足够大？它们能否在其他经济体迅速传播？（再次注意发达国家的类似争论）。对全球价值链所做贡献持乐观态度的人都必须清醒地认识到三个基本事实：第一，近年来全球价值链的扩张似乎停滞不前；第二，除了部分亚洲国家，发展中国家在全球价值链和世界贸易中的参与度仍然非常有限；第三，近期贸易趋势对国内就业的影响令人失望，这也许是最令人担忧的。

首先考虑全球价值链中的发展趋势。如图 1 所示，从 20 世纪 90 年代中期到全球金融危机爆发之前，全球价值链在全球贸易中的重要性稳步上升。金融危机爆发之后，世界贸易遭受重大冲击，创造增加值的生产活动占 GDP 的比重显著下降。尽管此后出现了一些回升，但从 2011 年开始，这一趋势基本持平。这对"简单的全球价值链"（国内要素跨越国界一次）到更复杂的全球价值链（其中国内要素跨越国界不止一次）都是如此。同样，蒂默等人（Timmer et al.，2016）发现，2011 年以来全球生产分散化（fragmentation of production）程度一直在下降，这其实是 2011 年之后世界贸易比率（trade ratios）下降的重要影响因素。这种逆转是由一系列相互关联的因素造成的，包括生产分散化的可能性已趋于饱和，与贸易相关的风险和成本增加，制造业从中国回流以及需求从

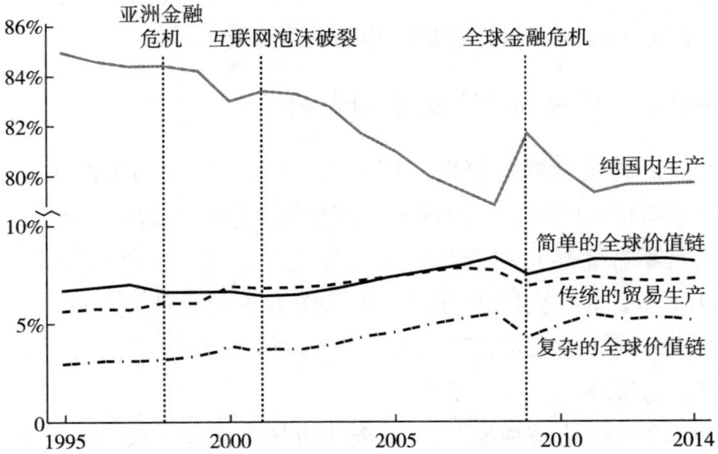

图 1 全球价值链趋势（创造增加值的生产活动占全球 GDP 的比重）

资料来源：World Bank et al.（2017）。

货物转向可贸易性更低的服务。这些趋势还会持续。因此，在不久的将来，贸易水平和全球价值链网络都不会进一步活跃起来。

现在，我们转而讨论发展中国家的贸易状况。在亚洲之外的国家和地区，贸易一体化的总水平并没有提高，很多国家甚至下降了。太多国家依赖大宗商品出口，GDP 中的贸易份额仍然紧随大宗商品周期变动。图 2 显示，1995—2013 年，许多撒哈拉以南非洲国家的出口占 GDP 比重下降。贸易上呈现消极表现的不仅包括石油出口国，还包括肯尼亚、埃塞俄比亚和乌干达等其他国家。金融危机以来，越南、孟加拉国和印度的全球价值链参与度继续上升，然而很多原本就处于相对较低水平的非洲国家的参与度都下降了（图 3）。

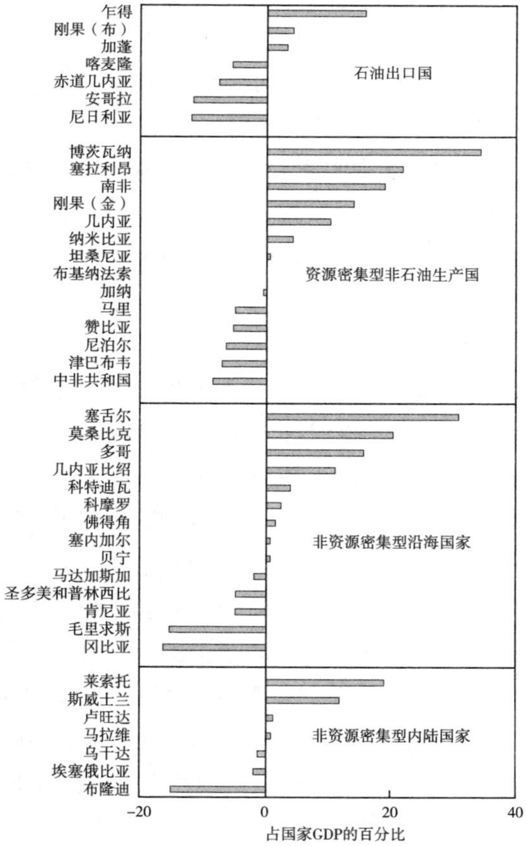

图 2　撒哈拉以南非洲地区的贸易一体化

资料来源：IMF（2016）。

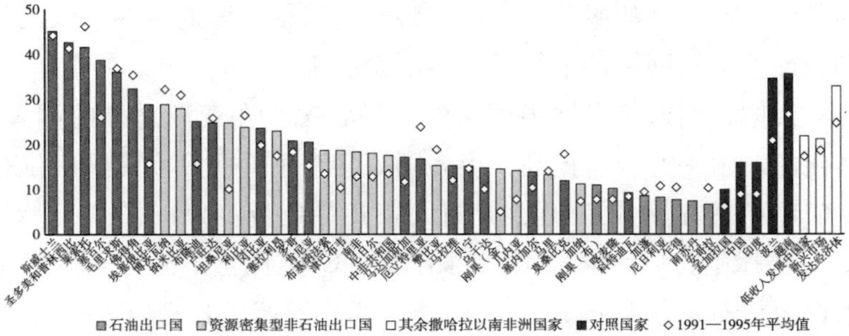

图 3　非洲和对照国家的全球价值链

资料来源：Brookings Institution（2017）。

令人惊讶的是，这种参差不齐的贸易状况发生在撒哈拉以南非洲低收入国家进入前所未有的高增长时期。一般情况下，高增长与出口导向型工业化和融入全球生产链有关，比如亚洲。显然，其他地区的模式与亚洲有所不同。在埃塞俄比亚等增长最快的撒哈拉以南非洲国家，工业化和贸易几乎跟不上 GDP 增长。相反，增长似乎主要受内需驱动，而内需则得益于由国外转移支付、公共投资或农业政策改善（基础设施、化肥、灌溉）带来的农村收入增加。正如我和我的合作者提到的，现代制造业和服务业的总体生产率增长趋缓（Diao et al.，2017）。也就是说，无论这些国家在融入全球生产网络时扮演怎样的角色，总体经济受到的影响都是相对较小的。

就业最能说明问题。世界银行汇编的数据库使我们能够度量各个国家与出口相关的就业水平和趋势（Cali et al.，2016）。该数据库的一个关键创新是运用投入产出表估计直接和间接创造的工作岗位数量，这在生产过程明显分散化的情况下尤为重要。例如，当出口导向型企业将某些投入品的生产外包给本国经济中的其他供应商时，出口对就业的影响可能会被低估。报告显示，制造业出口是创造就业的重要途径。低收入国家每出口 1 美元的就业率往往较高，这与劳动密集型生产模式是一致的。此外，发展中国家通过出口创造的大多数就业机会都在服务业部门，而这些部门的出口很少。最重要的也许是，从 2001 年左右开始，发达国家和发展中国家的出口就业强度（job intensity of exports）都在稳步下降。这在发达国家可能并不意外，因为技能偏向型技术变化无处不在，这种技术变化也是制造业就业份额下降的主要原因。但这在低收入国家更令人费解和失望，人们并没有看到自然资源出口多样化以及向劳动密集型制造业转型带来的就业增长。

图 4 展示了埃塞俄比亚、菲律宾和泰国三个不同收入水平的发展中国家的

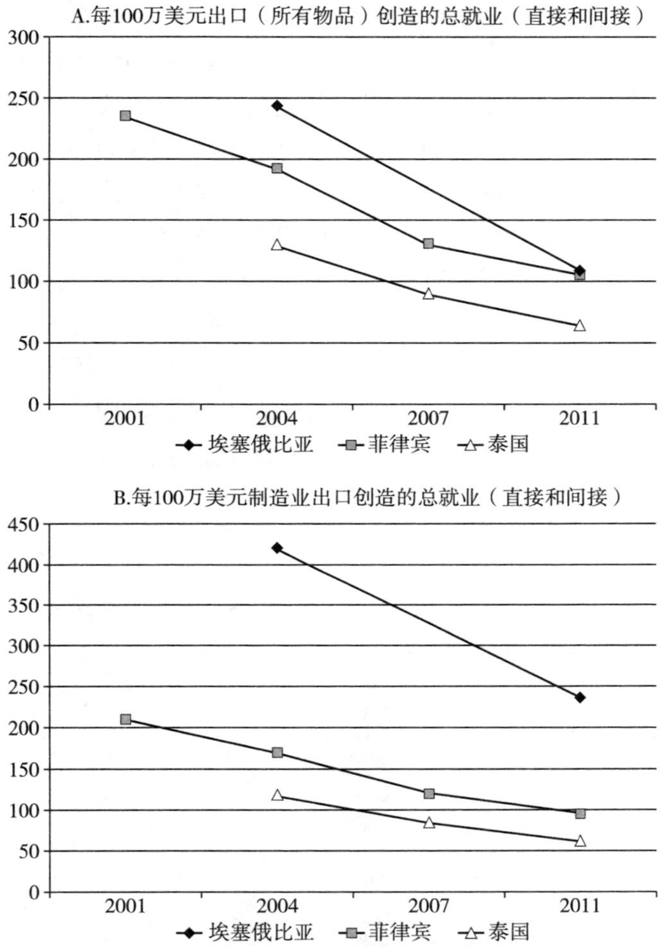

图 4　三个国家与出口相关的就业

资料来源：作者根据世界银行 Laber Content of Export Database 计算所得（Cali et al，2016）。

情况。图 4A 包含了所有出口，图 4B 只包括制造业出口。两幅图都显示出口就业强度急剧下降。由于数据的可得性不同，图中涵盖的时期也不同。在相对较短的七年（2004—2011 年）期间，埃塞俄比亚每 1 美元出口创造的就业岗位数量大幅下降，从 243 个减少到 110 个，降低了一半以上。制造业的就业强度下降幅度相似，但基数水平更高，从 419 个下降到 234 个。其他两个有更长时期数据的国家，自 2001 年以来也出现大幅下降，尽管没有埃塞俄比亚那么急剧。这些结果不太可能是由这些国家的数据来源的特殊性造成的，因为其他发展中国家也表现出类似的下降趋势。

一个可能的异议是，这些发现也许是由全球价值链引起的统计假象。当各国参与全球价值链时，每 1 美元总出口创造的国内增加值（及相应的就业数量）自然会下降，而生产环节所需的投入更多地依靠进口供应。出口总值中的国内增加值份额减少可能由（总）出口量的增加抵消了。这似乎不太可能，因为发展中国家在全球价值链中的参与度没有大幅增加，而 GDP 中的贸易份额也没有增加。图 5 提供了更直接的证据，即与出口相关的就业岗位数量（直接和间接）占总就业岗位的比例。在这三个国家中，这一指标显著下跌。在埃塞俄比亚和菲律宾，出口相关工作的比例减半。泰国的下降幅度虽然没有那么明显，但依然存在。同样，这些国家不是特例，而是代表了发展中经济体的整体趋势。图 6 显示了世界范围内多个国家的就业创造与全球价值链参与度之间的负相关关系。

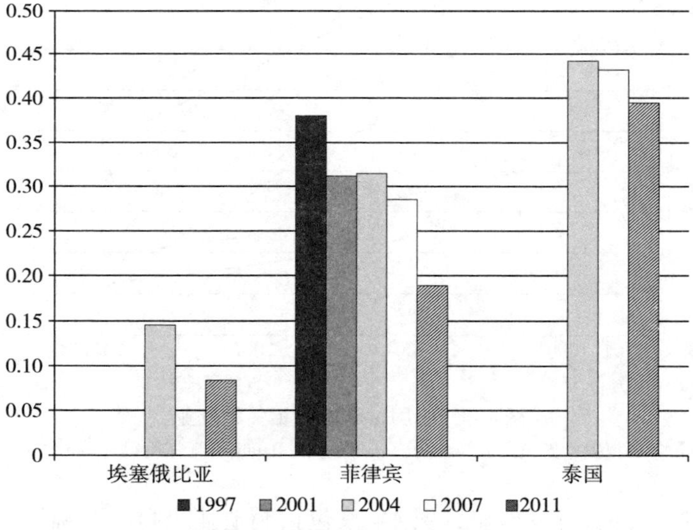

图 5　出口创造的直接和间接就业占总就业的份额

资料来源：作者根据世界银行 Labor Content of Export Database 计算所得（Cali et al.，2016）。

可以说，出口创造的就业机会越来越少，而全球价值链并没有促进就业，与出口相关的技术和组织效益并未在整个经济中传播，这令人失望。贸易作为增长引擎这一观点受到了挑战。由于出口往往与薪酬较高的工作有关，工资水平和包容性问题受到了一定程度的关注。

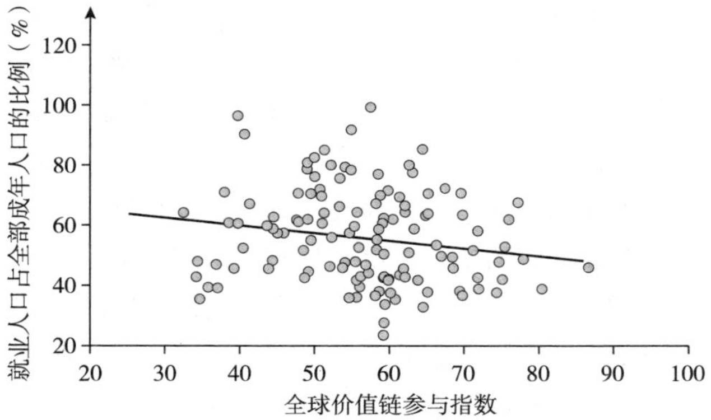

图 6　全球价值链与就业创造的关系

世界银行最近公布了一份有趣的实证研究结果，该研究将出口分为两类——“全球价值链产品”和“非全球价值链产品”，前者是指通常在生产网络内交易的产品。将每类产品的出口业绩指数对一些国家特征进行回归，包括与主要市场的邻近程度、自然资源、人力和物质资本、制度质量、物流/连通性和工资竞争力。对于非全球价值链产品，只有工资竞争力与出口业绩显著相关。相比之下，对于全球价值链产品，除了工资竞争力，所有变量都与出口业绩密切相关（World Bank，2016，第 34 页）。这些结果意味着，全球价值链对发展中国家的比较优势有不利影响。全球价值链需要的技能和资本都是发展中国家稀缺的，这削弱了发展中国家在非技能劳动力方面的传统比较优势。

3. 全球价值链、技能和互补性

几乎所有涉及全球价值链的政策建议都强调，如果要把参与贸易和全球价值链的潜在好处转变为现实，互补性技能和能力至关重要。发展中国家必须提升教育体系和技术培训，改善商业环境，并加强物流和运输网络，以便充分利用全球价值链。但是，这些劝诫都是老生常谈，不得要领，它们往往更多地强调新技术的内在缺陷及其在全球价值链上的部署，却忽略了新技术对经济发展的潜在贡献。事实上，指出发展中国家需要在所有方面取得进步并无新意，也不是什么有益的发展建议，而只是相当于说“发展需要发展”。

如果贸易和技术能够撬动现有的各种能力，就会给发展中国家带来机遇，进而提供更直接和可靠的发展途径。为什么工业化在历史上一直是经济增长的强大引擎？一直以来，制造业与其他经济活动相比有三个显著的特征：

首先，制造技能比较容易在各国之间转移，特别是从富国到穷国。制造业或许是唯一能够在长期推动无条件经济趋同的产业，即制造业中生产率较低的国家往往在随后几十年中表现出更高的生产率增长。而且，无论国家的政策、制度或地理位置如何，这种生产率趋同都会发生（Rodrik，2013）。更好的制度和政策当然可以提高趋同速度。但需要注意的是，数据显示，即使经济管理不善的国家，其制造业部门的生产率也会趋同。这就提出了一个显而易见的问题：为什么制造业可以趋同而所有经济体却没有趋同？原因在于，那些没有趋同的国家无法将劳动力迅速投入制造业，即无法迅速实现工业化。

其次，制造业是可贸易的。由于外部市场的存在，国内制造业生产不必受制于国内需求（和收入）。即使其他经济部门的生产率很低，制造业仍可以形成较大的发展规模。相比之下，非贸易品受本地市场规模的制约，而后者又取决于其他产业和部门的生产率。由于贸易条件的变化，很多非贸易部门的生产率很难提高。相比之下，制造业的发展能够促使国内生产的产品流向世界市场，增长可以长期持续。

再次，工业化模式面临较少的供给限制。制造业需要物质资本和设备，这些要素在发展中经济体可能是稀缺的。但传统上，制造业主要的可变投入是非技能劳动力。生产简单服装、玩具甚至汽车的工厂可以雇用未受过教育的工人从事生产，他们除了本岗位技能和基本的手脚灵活性外很少需要其他技能。发展中国家的农村地区可以无限供应非技能工人。因此，劳动密集型制造业特别适合发展中国家，即使进一步扩大规模，也不会遇到劳动力供给方面的瓶颈。

这三个特征让制造业成为发展中国家迈向更高收入国家的神奇阶梯。发展中国家可以从非常糟糕的初始条件开始，实施一些合理的举措，推动少数劳动密集型制造业的国内生产。于是，增长引擎开始启动。没有必要改革所有部门或全面改善制度。随着经济增长，预算约束逐渐放宽，资本也不断积累，很多艰巨的任务就可以迎刃而解。

但是，请注意，我之前一直围绕着两点说明：技术知识的可获得性和制造业生产的低技能强度。制造业产品仍然是可贸易品，但技术变革严重削弱了发展中国家的另外两个优势。在下一节，我将更深入地探讨这些技术变化及其影响。

4. 技术和比较优势的变化

发达经济体制造业部门的技能偏向型技术进步过程已经持续了几十年之

久。由此造成的两个直接后果是，制造业部门的就业机会持续流失（从其占总就业数量的比重看），以及技能溢价（即技能劳动力和非技能劳动力之间的工资差异）持续上升。除此之外，由于制造业的生产率增长比其他行业更快，工业制成品的相对价格有所下跌。

在市场全球化的今天，发达国家的相对价格变化也影响了发展中国家。只要发展中国家都是制成品的消费者，相对价格变动就意味着发展中国家贸易条件的改善，对于资本品和许多高科技产品来说，的确如此。然而，只要发展中国家在制成品方面具有现实或潜在的比较优势，这种相对价格下降就是一种损失。此外，制成品相对价格的下降还降低了低收入国家工业投资的盈利水平，使其工业化进程更为艰难。如果工业化进程由于学习外部性或协调失灵而处于不利地位，那么发展中国家受到的负面冲击无疑会更大。

对于大多数发展中国家而言，这些由技术变革导致的不利盈利趋势因其进口商品市场对中国和其他亚洲制造业中心国家的不断开放而日趋复杂。在数十年前，由于高运输成本和限制性贸易政策的影响，国内市场还能在一定程度上与全球市场隔离。在初级消费品等基础工业部门，进口替代和本土企业的发展空间较大。而今天，从亚洲低成本企业进口的产品已经使新产业很难从小规模和初始成本劣势起步而获得发展。

生产技术的最新趋势对发展中国家而言只不过是更多的坏消息。自动化、机器人和3D打印技术都极大地节约了劳动力。它们将增加对技能劳动力的需求，因为这些新技术与技能劳动力是互补的，对低技能劳动力的需求将因此减少，而低技能劳动力正是所有低收入国家拥有的重要资源。① 例如，当鞋子可以通过3D打印廉价生产时，那些大品牌将不再倾向于离岸外包给劳动力价格低廉的发展中国家，这些离岸业务的回流将日益普遍。

换言之，许多（尽管不是大多数）新技术都意味着低收入国家在标准制造业中的比较优势将趋于消失。技能偏向型技术变革要求发展中国家为了维持其产业现状至少要加倍投资于人力资本。而这正是我描述的“互补性技能和能力”难题。

新技术的另一个特征，特别是与全球价值链相关的特征，也值得注意。新

---

① 在只有两种生产要素（非技能劳动力和技能劳动力）的生产函数中，只要替代弹性绝对值小于1，有效增加非技能劳动力的技术变革也可能是技能偏向的（即增加对技能劳动力的需求）。

技术的引入也使非技能劳动力更难替代生产中的其他投入品，包括技能劳动力、资本和其他能力。换句话说，非技能劳动力和其他参与分配的要素之间的替代弹性下降了。

在发展中经济体的制造业中，无论技术是否为外资企业所有，通常都需要从发达国家进口它需要的机械、软件和工人才能运作。不过，企业的精英规划可能会灵活考虑如何组合不同的生产要素。由于非技能工人相对便宜，企业的所有者可能希望节省物质资本和人力资本，从而使用更多的非技能工人。在发达经济体中能自动化完成的一些任务（例如包装）可以由发展中经济体的体力劳动者完成。在经济学术语中，这被称为沿着等产量线进行的技术调整。布鲁姆（Blum，2010）使用1973—1990年的数据，从定量分析角度说明这种调整非常重要。他发现，各国相对要素禀赋的变化主要会诱发部门内生产技术的变化而不是产出组合本身的变化。换句话说，非技能劳动力供给的增加导致整个经济都更加密集地使用他们。

我的观点是，新技术使这种类型的要素替代变得更加困难，生产环节被整合到全球价值链的先进企业尤其如此。这是因为新技术带来了更严格的精确度和质量标准。手工操作不可能达到这些标准，因为它必然会导致生产中的不合规格。全球价值链的形成还意味着生产环境的治理从地方政府、生产者和消费者转移到跨国公司，致使当地公司更加依赖跨国公司的需求。离岸外包提高了发达国家的生产者替代国内劳动力的能力，但是，由于生产要求更加严格，离岸外包使发展中国家的非技能劳动力更难替代其他投入。

即使在技术复杂度不高的劳动密集型经济中也是如此。例如，发达国家的购买者对非洲园艺施加的标准非常严格：

> 标准一直是推动园艺全球价值链、区域价值链动态发展的最重要驱动力之一，在很多方面创造了参与和升级的规则。随着欧洲超市全球价值链的兴起，越来越多地对供应链实施标准化管理，这些标准基于西方消费者的偏好，如质量、外观、卫生、安全性和可追溯性。坚持超市的园艺标准是一把双刃剑——特别是在非洲……一方面，这样做为生产者升级到更高附加值的活动提供了大量机会（肯尼亚鲜花供应链中的产品、流程、冷链和功能升级就是范例），在某些情况下，还加强了对工人的社会保护，推动了社会进步（在乌干达花卉修剪链中出现了更多长期就业合同、工

会和集体谈判)。另一方面，这样做使得只有对合规进行必要投资的生产者才能参与。(Goger et al, 2014)

正如作者观察到的，这解释了为什么（生产水果和蔬菜的）小农户很难融入全球价值链。由于缺乏互补的技能和能力，投入再多的体力劳动也于事无补。融入全球价值链带来的好处绝大部分由现有正规企业的工人获得。（相比之下，非洲消费市场没有那么高的要求，因此，为非洲零售连锁店服务的小农户面临的进入壁垒较少。）劳动密集型制造业也出现了类似的困难（AfDB，2014）。

全球价值链促进生产技术趋同的一个指标就是，要素份额在发达国家和发展中国家中有相似的变动趋势。表1显示了一组典型国家的资本和三种不同劳动力（低技能、中等技能、高技能）在制造业全球价值链中的增加值份额变化。在发达国家，技能劳动力的增加值份额有所提高，而在表中列出的所有国家，低技能劳动力的增加值份额都有所下降。这一现象并不令人陌生，它与发达国家对低技能工人的相对需求减少有关。颇有些令人惊讶的是，发展中国家低技能劳动力的增加值份额也出现了下降趋势。差别只在于发展中国家低技能劳动力的增加值份额下降得比发达国家更快。

表1　制造业全球价值链的要素份额变化　　（单位：百分点）

	资本	低技能劳动力	中等技能劳动力	高技能劳动力
美国	3.9	-1.9	-5.9	4.0
日本	4.5	-5.4	-2.1	3.1
德国	6.8	-2.8	-7.4	3.4
法国	0.2	-8.7	0.1	8.4
英国	-3.4	-8.0	1.2	10.2
意大利	-1.1	-14.8	10.4	5.5
西班牙	0.1	-12.9	4.7	8.1
加拿大	1.8	-2.0	-4.6	4.8
奥地利	6.0	-8.4	-0.9	3.3
韩国	9.3	-11.6	-5.6	8.0
荷兰	5.5	-7.3	-7.1	8.9
全部高收入国家总计	2.9	-4.9	-3.0	5.0
中国	9.3	-9.3	-2.1	2.0
俄罗斯	1.1	-1.6	-2.4	2.8

续表

	资本	低技能劳动力	中等技能劳动力	高技能劳动力
巴西	-6.7	-4.8	7.5	4.0
印度	4.5	-5.9	-1.7	3.1
墨西哥	6.4	-4.2	-0.5	-1.7
土耳其	-12.7	4.5	5.2	3.1
印度尼西亚	5.3	-8.1	1.3	1.6
除高收入国家外的世界其余各国	**3.2**	**-6.3**	**1.4**	**1.7**
全球	**6.5**	**-3.8**	**-4.2**	**1.5**

注：在本表中，要素份额变化的百分点按每个国家给出。根据定义，每个国家四种要素份额的变化加总后为零，但在这里，由于进位，它们相加可能不等于零。各国按 GDP 排序。

资料来源：作者根据 World Input-Output Database 2013 年 11 月发布的数据计算。

为了更准确地说明这一点，让我们考虑一个带有替代弹性参数的生产函数，它可表示为：

$$y = A[\alpha(aL)^{\frac{1-\sigma}{\sigma}} + (1-\alpha)S^{\frac{1-\sigma}{\sigma}}]^{\frac{\sigma}{\sigma-1}}$$

其中 y 表示产出，L 表示非技能劳动力，S 表示其他生产要素的投入组合（资本、技能和生产能力），而 α 是要素投入份额的参数。A 表示要素中性效率水平，a 表示非技能劳动力增强型技术进步参数。假设 $\sigma<1$，意味着非技能劳动力和其他生产投入之间总体是互补的，这和实证研究的文献是一致的［参见 Lawrence（2015）及其引用的文献］，σ 的下限是 0，在该点，L 和 S 之间不存在替代性，且生产函数服从带有固定投入要求的里昂惕夫形式。

我们关注的是该生产函数的两个不同变化：（a）a 的增加；（b）σ 的减少。第一种变化提高了劳动力的生产率，增加了对 S 的相对需求（在 $\sigma<1$ 的假设下），它代表传统的技能偏向型技术进步。第二种变化降低了非技能劳动力对其他生产投入的可替代性，并反映了刚才讨论的生产标准日益严格的情况。

通过一些描述性计算，很容易看出这些变化的共同后果。与上述生产函数相关联的是成本函数，我们可以校准成本函数，以此测度发达国家和发展中国家的企业生产成本。这反过来又使我们了解当相关参数改变时，发展中国家的生产是否可存活。假定发展中国家非技能工人的工资水平只有发达国家工人的20%，且 A 平均只有前者的一半（通常以0.4的标准差分布在均值周围），富国和穷国的生产函数相同。我们先设置 $a=1$ 和 $\sigma=0.8$，然后校准其余参数，在基准均衡中，大约50%的发展中国家是可存活的。（“可存活”一词意味着其单位成本不高于发达国家。）

a 和 σ 改变的后果如图7所示。随着 a 的上升和 σ 的下降，发展中国家可存活企业的比重逐步下降，同样重要的是，这两种效应具有乘数作用，能够相互强化。考虑 a 从1增加到3对应的劳动增强型技术进步的影响。当 $\sigma=0.8$ 时，可存活企业的比重从55%缓慢减少到46%；但是当 $\sigma=0.4$ 时，可存活企业的比重会从42%骤降到19%。同理，当 a 值很高时，σ 的降低将使发展中国家承受更大的竞争压力。要注意，这里是按照发展中国家相对于发达国家的固定工资水平计算的，均衡必然会要求调整工资水平以提高发展中国家的企业生存能力。因此，可以用另一种方式解释这些结果，即在技术变化后，为恢复发展中国家的竞争力，需要使工资水平向下调整多大的量级。

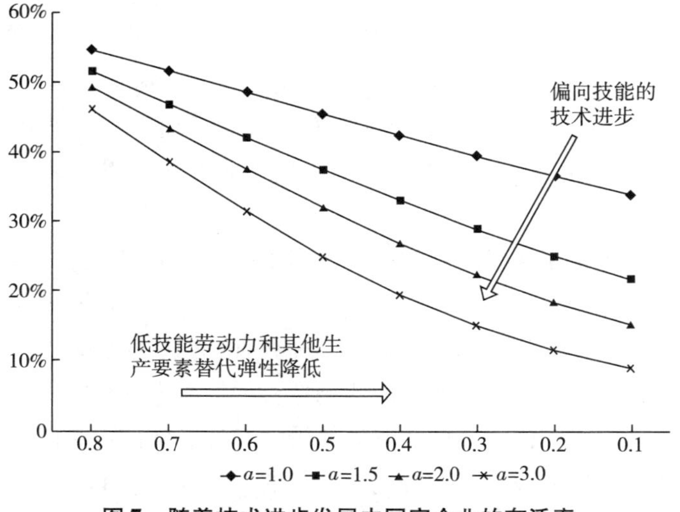

图7　随着技术进步发展中国家企业的存活率

注：计算是基于替代弹性绝对值小于1的CES生产函数。图形主要表现两个参数变动的结果：横轴的替代弹性 σ 和非技能劳动力的增强参数 a（提高技术变化偏向技能的程度），导致曲线向下移动。计算时假定工资不变，且要素中性的生产率差异对所有发达国家都有利。以发展中国家要素中性生产率服从标准差为0.4的正态分布为前提假设，可存活企业的比例通过发达国家和发展中国家的相对单位成本计算得出。校准工资水平以使发展中国家55%的企业都能在 $\sigma=0.8$ 和 $a=1$ 的初始均衡水平下存活。

劳动增强型（和技能偏向型）技术变革已经有相当多的研究文献。至于我假设的替代弹性减少是否有类似的证据呢？关于这种趋势的系统性证据并不多，部分原因是实证分析倾向于将 σ 视为不变的深层参数。然而，在一篇即将发表的论文中，罗伯特·劳伦斯（Robert Lawrence）已经表明，与2000年之前的时期相比，2000年之后的美国制造业 σ 水平较低。我们也可以从横截面研究中推断出一些结论。这些研究认为技术上更复杂的活动往往有较低的 σ。拉瓦尔（Raval，2108）发现，服装和纺织品行业的 σ 比电机行业显著要高（但仍远远低于1）。有学者（Baccianti，2013）通过估计，提供了一个大致相似的排名顺序。奥伯费尔德和拉瓦尔（Oberfield and Raval，2014）发现（在行业层面）σ 在美国比在三个发展中国家都要低得多，而印度的 σ 最高。鉴于这些结果，我们可以合理地假设，发展中经济体采用发达经济体使用的技术往往会降低 σ。

阿西莫格鲁和齐利博蒂（Acemoglu and Zilibotti，2001）关于不合适技术的论文对这一论点提出了补充。他们从同样的现象出发，即认为发展中国家需要从先进国家引进技术。他们认为技术变革的方向取决于要素相对价格。由于富裕国家的技能相对丰富，新技术往往会得到优化，供技能工人使用。当他们与低技能工人一起使用时，生产率就会更低。因此，发展中国家即使能无成本地获得最新技术，在生产率方面也会遭受损失。正如阿西莫格鲁和齐利博蒂表明的，这种技术与技能的不匹配劣势并非使用更多低技能工人能补救的。

所有这些并不是说，采用新技术对发展中国家的生产率提高或者就业创造没有直接的积极作用。相关学者（Banga and te Velde，2018）非常清楚地描述了非洲通过数字化提高了潜在的生产率，他们认为这也提供了乐观的就业前景。但这里的讨论表明，新技术不成比例地青睐拥有丰富技能和资本的富裕经济体而不是发展中经济体。因此，它们使较贫穷的经济体更难以掌握更先进的产品，也削弱了它们在较老、较传统产业中的比较优势。不过，实际的净效应依然无法确定。

5. 服务业是新阶梯吗？

我之前讨论了制造业的特点，它是低收入国家实现发展的阶梯，至少在最新的技术趋势来临之前是如此。如果制造业变得越来越技能和技术密集型，无法再吸收非技能劳动力，那有什么替代产业呢？全球价值链除制造业外，还包括农业和服务业。关于农业，毫无疑问，发展中国家通过更好地利用投入、应用新技术和多样化耕种新作物，具有提高农村生产率的巨大潜力。但在经济发展过程中，即使新技术不是劳动节约型的，农业吸收劳动力的能力也非常有限。在经济增长期间，粮食和其他农产品的预算份额会逐渐下降。无论如何，正在增长的经济体必须为非农产业和城市地区的非技能劳动力创造就业机会。

发展中国家过早工业化的一个后果（Rodrik，2015）是城市服务业的就业增长更快，收入水平则较低。服务业能否取代工业化（或去工业化），推动经济增长？有两位学者（Ghani and O'Connell，2014）说明了服务业的情况。首先，服务贸易日益增加，贸易额的扩大速度快于货物贸易。其次，部分由于全球价值链，服务业的生产率往往不再停滞，可以迅速提高。再次，许多服务行业能够吸收大量就业。最后，服务对环境更友好，服务主导的增长模式将更加绿色。

在大多数发展中国家，服务业的劳动生产率一般高于传统农业。劳动力从农村向城市服务业的转移提高了整个经济的生产率。正如刁新申（Diao et al.，2017）表明的，这是低收入国家近来经济高速增长的一个重要源泉。然而，服务业是各种活动的大杂烩。一些服务业，如旅游、信息技术或金融，确实可贸易程度高，它们与制造业都有技术上动态变化的特征，为发展中国家的生产率向发达国家（无条件）趋同提供了可能。其他服务业，如许多个人服务和零售服务，是不可贸易的，它们的技术停滞不前，并由小型非正规企业主导。问题是，第一类服务业中，很少能吸收大量的非技能劳动力。商业服务业在贸易和全球价值链方面有巨大的潜力，很容易成为全球价值链中技能最密集型的服务业（图 8）。但它们在为低技能劳动力创造就业方面没有太大潜力。

在零售和批发等传统服务业，一些国家成功地提高了生产率，且往往允许外国公司进入。但是，这些活动随后主要由规模更大、资本更密集的生产者进行重组，这往往不利于就业。这类服务业（如零售业）的很大一部分问题在于，吸收过剩劳动力的低生产率小公司占主导地位。当这些公司被逐出市场，就业会受到打击。图 9 显示了两个主要服务业部门——批发和零售贸易以及个人和社区服务中，各国劳动生产率增长与就业创造之间的相关性。这两个部门

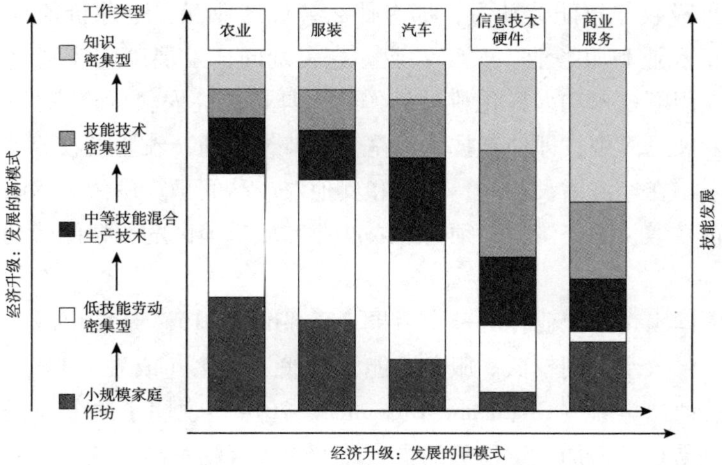

图8　不同全球价值链的技能强度

存在显著的负相关：生产率表现最好的服务业部门通常会裁员；劳动力吸收部门的生产率则通常表现最差。这种规律与刁新申等人（2017）对高增长的低收入国家的研究结果相吻合。劳动力进入城市服务业的问题在于，服务业的扩张往往以生产率长期停滞为代价。劳动力流入服务业比率较高的非洲国家也是服务业生产率表现较差的国家（Diao et al.，2017）。

因此，我们又回到了同样的难题：如何创造就业？

6. 总结

人们常说，全球价值链和新技术为发展中国家进入全球市场提供了更多的机会，使它们更容易在不发展国内供应链的情况下从事特定的生产任务。虽然事实可能的确如此，但全球价值链和新技术也表现出了阻碍经济升级的特点，甚至可能破坏发展中国家的经济表现。我认为，新技术对低收入国家构成了双重打击。首先，它们通常偏向于技能和其他能力。这种偏向削弱了发展中国家在传统劳动密集型制造业（和其他行业）中的比较优势，减少了它们的贸易收益。其次，全球价值链降低了低技能劳动力替代其他生产投入的能力，从而使低收入国家更难以利用其劳动力成本优势来抵消技术劣势。从经济角度看，这是两个会相互加强的独立冲击。换句话说，每一种冲击都会增加另一种冲击的代价。迄今为止，就业和贸易方面的证据表明，这些劣势可能大到足以抵消优势。

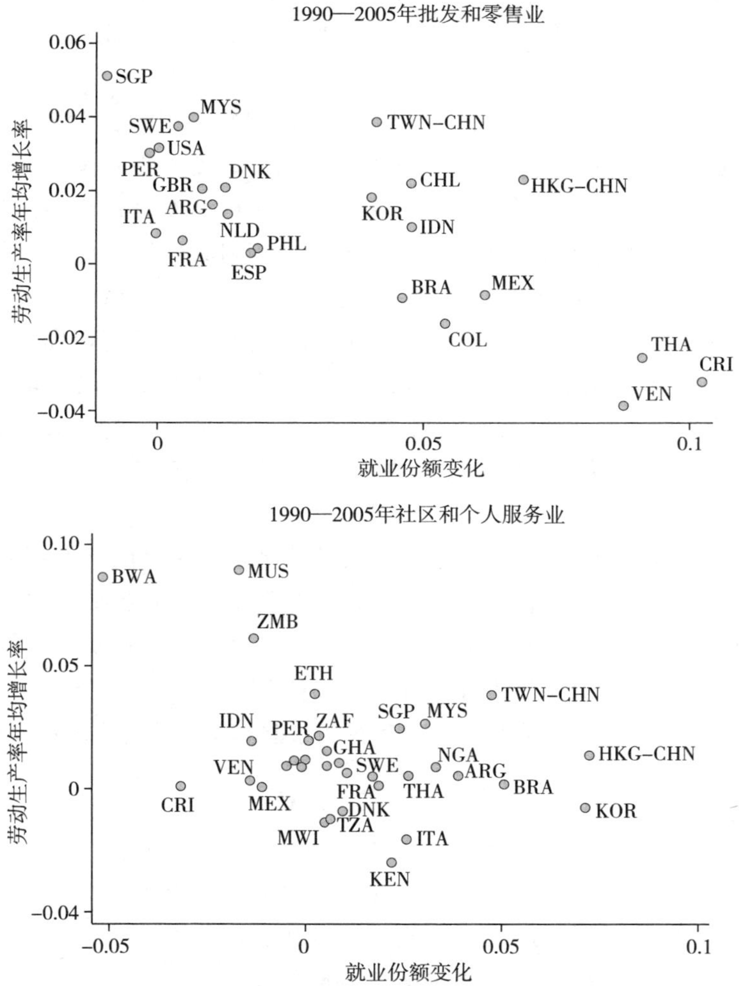

图9　两个服务业部门的生产率增长和就业份额

注：图中各国英文缩写分别为：SGP，新加坡；MYS，马来西亚；SWE，瑞典；USA，美国；TWN，中国台湾；PER，秘鲁；GBR，英国；DNK，丹麦；ARG，阿根廷；KOR，韩国；CHL，智利；HKG，中国香港；ITA，意大利；NLD，荷兰；IDN，印尼；PHL，菲律宾；FRA，法国；ESP，西班牙；BRA，巴西；MEX，墨西哥；COL，哥伦比亚；THA，泰国；VEN，越南；CRI，哥斯达黎加；BWA，博茨瓦纳；MUS，毛里求斯；ZMB，赞比亚；ETH，埃塞俄比亚；ZAF，南非；MWI，马拉维；TZA，坦桑尼亚；GHA，加纳；NGA，尼加拉瓜。

当然，全球价值链在发展中国家的制造业、服务业和农业方面也有所贡献。发展中国家的许多出口是通过全球价值链创造的，全球价值链也是新技术传播的渠道，但受影响的部门和生产活动在国内经济中的比例仍然很小，新的生产能力和生产性就业仍然仅限于一小部分全球一体化的企业。

上述推论的一个直接含义是，发展战略应减少对国际经济一体化的关注，而要更多地关注我们所谓的“国内一体化”。最主要的挑战在于将最先进生产部门中已经具备的生产能力扩散至经济中的所有其他部门。投资人力资本和改善治理肯定有助于改善经济基本面。不过，各国可能更需要积极的政企合作政策，以加强高生产率的全球企业、潜在的当地供应商和国内劳动力之间的联系。这种合作将以简单的交换条件为基础：政府协助消除这些公司面临的具体发展瓶颈，以使它们更多地利用国内资源，包括最重要的资源，即国内劳动力。一些研究在讨论“新产业政策”（例如 Rodrik，2007，2008）时阐述了指导这种积极政策的原则，尽管这些政策当然不会完全集中在制造业。

新产业政策的特点是程序要正确。好的政策主要是好的制度环境的结果，而非自上而下的技术官僚体系的结果。通过激励机制选择合适的扶持部门和预先指定的干预措施，如出口补贴、信贷分配等，为一些东亚国家提供了很好的发展土壤，但它们在其他地方并没有取得太多成功。

相反，我们必须将富有成效的政策视为公共和私人部门之间持续的战略合作过程，并牢记如下目标：

◎ 学习：在不同的生产活动中，企业面临什么约束？
◎ 试验：消除或抵消这些约束的最佳方式是什么？
◎ 协调：政府的所有相关部门是否能相互合作？
◎ 监督和评估：政策变化或干预的效果如何？
◎ 政策调整：是否将学习融入新的政策？

在这样的政策制定模式下，政企关系不会是自上而下模式中的保持距离型，但政府也不会被寻租企业俘获。企业负责制定与公共目标（例如就业扩张）相一致的行动计划。作为回报，政府帮助解除私人部门受到的约束，同时对整个社会负责。

这是一个艰难的平衡，但是并非没有达成这一艰难平衡的例子，例如秘鲁的产业部门圆桌，有学者（Ghezzi，2017）对此进行了讨论。不过，仍不清楚的是，这样的政策能否在足够大的范围内得到执行，并最大程度地减少国内生产一体化面临的挑战。

（南京大学 周 南 许望亭 译 郑江淮 校）

参考文献

Acemoglu Daron, and Fabrizio Zilibotti, "Productivity Differences," *Quarterly Journal of Economics*, May 2001.

African Development Bank (AfDB) et al., *Global Value Chains and Africa's Industrialisation African Economic Outlook 2014*.

Baccianti, Claudio, "Estimation of Sectoral Elasticities of Substitution Along the International Technology Frontier," ZEW – Centre for European Economic Research Discussion Paper No. 13 – 092, 2013.

Banga, Karishma, and Dirk Willem te Velde, "Digitalisation and the Future of Manufacturing in Africa," SET Discussion Paper, March 2018 (https://set.odi.org/wp-content/uploads/2018/03/SET_Digitalisation-and-future-of-African-manufacturing_Final.pdf).

Blum, Bernardo S., "Endowments, Output, and the Bias of Directed Innovation," *Review of Economic Studies*, 77, 2010, 534 – 559.

Cali, Massimiliano, et al., "The Labor Content of Exports Database," Policy Research Working Paper 7615, World Bank, March 2016.

Cowen, Tyler, "Economic Development in an 'Average is Over' World," paper prepared for the Asian Development Bank, April 8, 2016.

Deichmann, Uwe, Aparajita Goyal, and Deepak Mishra, "Will Digital Technologies Transform Agriculture in Developing Countries?" Policy Research Working Paper 7669, World Bank, May 2016.

Diao X., McMillan M., and Rodrik D., "The Recent Growth Boom in Developing Economies: A Structural-Change Perspective," 2017.

Gereffi Gary, and Karina Fernandez-Stark, *Global Value Chain Analysis: A Primer*, 2nd Edition, Duke University, 2106.

Ghani, Ejaz, and Stephen D. O'Connell, "Can Service be a Growth Escalator in Low Income Countries?" Policy Research Working Paper 6971, World Bank, July 2014.

Ghezzi, Piero, "Mesas Ejecutivas in Peru: Lessons for Productive Development Policies," *Global Policy Journal*, July 2017, pp. 369 – 380.

Goger, Annelies, et al., "Capturing the Gains in Africa: Making the Most of Global Value Chain Participation," Duke Center on Globalization, Governance, and Competitiveness, 2014.

International Monetary Fund, "Trade Integration and Global Value Chains in Sub-Saharan Africa: In Pursuit of the Missing Link," March 2016.

Farole, Thomas, "Do Global Value Chains Create Jobs?" *IZA World of Labor*, no. 291, 2016.

Jensen, Robert, "The Digital Provide: Information (Technology), Market Performance, and Welfare in the South Indian Fisheries Sector," *Quarterly Journal of Economics*, Vol. 122, No. 3, August 2007, pp. 879 – 924.

Lawrence, Robert Z. "Recent Declines in Labor's Share in US Income: A Preliminary Neoclassical Account," NBER Working Paper No. 21296, June 2015.

Lawrence, Robert Z., "Changing Labor Shares," John F. Kennedy School of Government, unpublished, forthcoming.

Oberfield, Ezra, and Devesh Raval, "Micro Data and Macro Technology," NBER Working Paper No. 20452, September 2014.

Raval, Devesh, "The Micro Elasticity of Substitution and Non-Neutral Technology," Federal Trade Commission, July 2018.

Rodrik, Dani, "Industrial Policy for the 21st Century," in Rodrik, *One Economics, Many Recipes*, Princeton University Press, Princeton, NJ, 2007.

Rodrik, Dani, "Normalizing Industrial Policy," Commission on Growth and Development Working Paper No. 3, 2008.

Rodrik, Dani, "Unconditional Convergence in Manufacturing," *Quarterly Journal of Economics*, 128 (1), February 2013, 165 – 204.

Rodrik, Dani, "Premature Deindustrialization," *Journal of Economic Growth*, 21 (1), March 2016.

Suri, Tavneet, and William Jack, "The Long-run Poverty and Gender Impacts of Mobile Money," *Science*, Vol. 354, Issue 6317, 9 Dec 2016, pp. 1288 – 1292.

Timmer, Marcel P., et al. "Slicing Up Global Value Chains," *Journal of Economic Perspectives*, vol. 28, no. 2, Spring 2014.

Timmer, Marcel P., G. J. de Vries, and K. de Vries, "Patterns of Structural Change in Developing Countries," Groningen Growth and Development Center Research Memorandum 149, 2014 (b).

Timmer, Marcel P., Bart Los, Robert Stehrer, and Gaaitzen J. de Vries, "An Anatomy of the Global Trade Slowdown based on the WIOD 2016 Release," December 2016.

World Bank, "Factory Southern Africa? SACU in Global Value Chains," Washington, D. C., 2016.

World Bank et al., *Measuring and Analyzing the Impact of GVCs on Economic Development*, Washington, D. C., 2017.

法和经济学

Law and Economics

Comparative

全球上市国有企业的治理挑战
各国经验以及一个改革框架

柯蒂斯·米尔霍特　马里亚纳·帕根德勒

引　言

国家仍在经营企业。尽管在东欧社会主义经济崩溃之后，出现了国有企业覆灭的预言，但国有企业在全球经济中依然非常活跃。截至2010年，国有企业的市值约占全世界企业总市值的五分之一。① 之后，上市国有企业虽然普遍受到近期物价下跌的影响，但仍然在各自的经济体和资本市场中继续扮演主要角色。由于政策制定者鼓励国有企业发行部分股票，以代替私有化或者作为私

---

* Curtis J. Milhaupt，原为哥伦比亚大学法学院比较公司法 Parker 讲席教授和日本法学 Fuyo 讲席教授，现为斯坦福大学法学院教授；Mariana Pargendler，巴西 Fundação Getulio Vargas 大学法学院教授，纽约大学法学院教授。本文根据两位作者提交给 Associação BM&F 的一份报告修改而成。Associação BM&F 是巴西证券期货交易所（BM&FBOVESPAS. A.）下属的非营利组织。感谢两位作者的授权，感谢佛罗里达大学法学院郑文通教授在本文的翻译和出版中提供的帮助。——编者注

** 作者感谢 Sofie Cools、Aurèle Delors、Flavia Fernandes、Gen Goto、Gunnar Norden、Caio Figueiredo Cibella de Oliveira、Mario Engler Pinto Jr.、Daniel Puchniak、Francisco Reyes、Mario Schapiro、Beate Sjhάfjell 以及 Thomas Trebat，他们对这份报告提出了宝贵意见。作者还受益于在 FGV Direito SP、巴西证券期货交易所和巴西证券交易委员会（Comissão de Valores Mobiliάrios）的研讨会上各方发表的评论。感谢 Bruno Becker、Janet Kanzawa 和 Yasmin Saba 提供了出色的研究协助。

① Why China is Different，THE E，Nov. 11，2010.

有化的第一步，上市国有企业，即仍然由政府所有但部分股份可以在公开股票市场交易的企业，在世界各地仍占据重要地位，甚至还有所增强。

上市公司的“混合所有制”模式正在蔓延。比如，沙特阿拉伯以前实行的制度是国家拥有国有企业的全部所有权，最近却宣布打算将石油巨头阿美石油上市。② 在中国，政府支持混合所有制，以改革庞大的国有经济部门。③ 推动混合所有制的理念是，向国有企业注入私人资本后，将改善它们的管理，并使之受到市场规则的约束。

然而，因为“国家”是一种独特的所有者类型，所以混合所有制结构在标准的上市公司的公司治理问题之上，又增加了独特的治理挑战。由于监督国有企业的官员与拥有国有企业的公民相分离，国家所有制产生了自己的代理问题。正如最近在巴西发生的那样，这些独特的治理挑战导致的问题不断引发丑闻。巴西石油股份有限公司（简称“巴西石油公司”）是一家政府控制的石油巨头，其股票在国内和纽约证券交易所上市。此前，该公司一直被视为公司治理和业绩稳健的国际典范，④ 但如今它在两个方面陷入了危机。

首先，在过去 10 年中，巴西政府把巴西石油公司作为宏观经济政策的工具，使油价远低于国际市场价格，以对抗通胀。这导致巴西石油公司遭受了重大损失以及投资能力的减损。⑤ 其次，巴西石油公司处于巴西历史上最大腐败丑闻的中心。执政的工人党及其盟友在该公司任命了许多重要高管。这些被任命的公司高管策划了一场大规模的投标操纵计划，为政界人士提供了一笔竞选贿赂基金，同时为腐败的内部人士提供了丰厚的报酬。⑥ 目前为止，巴西石油已经减记了 20 多亿美元的直接腐败款项，⑦ 但分析人士估计，总损失远大于此。

在本文中，我们评估了与企业混合所有制相关的治理挑战，并考察了各国

---

② Saudi Arabia Considers Aramco Share Sale, FINANCIAL TIMES, Jan. 7, 2016.

③ 参见第二部分第 8 节关于中国的内容。

④ THE WORLD BANK, CORPORATE GOVERNANCE OF STATE-OWNED ENTERPRISES: A TOOLKIT 44 – 5 (2014) (citing Petrobras among “several successful listed SOEs [that] are recognized as world leaders”); Francisco Flores Macias & Aldo Musacchio, The Return of State-Owned Enterprises: Should We Be Afraid?, HARV. INT'L REV., Apr. 4, 2009.

⑤ Edmar Luis Fagundes de Almeida et al., Impactos da contenção dos preços de combustíveis no Brasil e opções de mecanismos de precificação, 35 REV. ECON. POL. 531 (2015).

⑥ What Is the Petrobras Scandal that Is Engulfing Brazil?, FIN. TIMES, Mar. 31, 2016, https://www.ft.com/content/6e8b0e28 – f728 – 11e5 – 803c – d27c7117d132.

⑦ Petrobras, Annual Report on Form 20-F (2015), 第 30 页。

针对上市国有企业的治理方法，着眼于在关注国有企业改革的国家中形成严谨的政策讨论。巴西就是一个关注国有企业改革的国家，而上述危机已经促使私营部门和政府主动采取措施，以恢复投资者和市场的信心。⑧ 2015 年 9 月，巴西证券交易所推出了一项创新性的国有企业治理方案（国家治理计划），为同意遵守最佳实践指引的上市国有企业提供特别认证。2016 年 6 月，巴西颁布了关于国有企业的新法规，其中包含了许多特殊的治理规定。

尽管对混合所有制公司而言，上市国有企业的治理挑战都是共同的，但是各国应对这些挑战的方法各式各样。在本文中，我们描述了上市国有企业适用的制度框架在 8 个国家的演变和现状，展现了不同的经济、法律和政治环境。这 8 个国家分别是法国、美国、挪威、哥伦比亚、巴西、日本、新加坡和中国。我们利用上述比较分析获得的经验教训，批评了国际机构的政策药方，并提出了我们自己的政策建议。

我们在选择目标国家时基于几个考虑。它们代表了诸多方面不同的国家样本：地理、经济发展阶段、政府结构和理念，以及国有企业与国内政治经济的关系。我们还囊括了在国有企业治理上获得很高评价的两个国家：新加坡和挪威。我们之所以选择中国，因为她是一个发展中国家，其国有企业发挥着特别重要的经济作用，而且长期以来，混合所有制一直是中国国有企业改革的首选路径。中国的经验也很有趣，因为她有时把新加坡当作混合所有制企业的典范。而对于挪威、巴西和哥伦比亚，尽管它们在许多其他方面存在巨大差异，但是石油工业部门的国有企业均对国民经济极其重要。法国被选为发达民主国家的代表，其国有企业在政治经济中也发挥着重要作用。美国和日本之所以也被包括在内，部分原因是两国经济的规模和在全球经济中的重要性；此外，美国常常被视为公司治理改革的领导者，而日本对其重要企业实施了部分私有化的独特渐进计划，该计划至今仍在进行。

我们行将讨论的国家经验丰富多样。我们将利用这些经验提供的一个视角，批判性地评估经合组织（OECD）和世界银行关于国有企业治理的指引。这些经验还有利于开展一系列研究，从股权结构和董事会组成到高管薪酬以及混合所有制企业的“公共政策”作用。在应对上市国有企业的治理挑战时，政策制定者可能会发现这些研究是有用的。

---

⑧ 参见第二节第 5 小节关于巴西的内容。

本文安排如下：第一节概述企业混合所有制的基本原理以及与之相关的独特治理挑战。第二节分析上述 8 个国家中，上市国有企业治理制度的演变过程及主要特点。第三节分析从各国治理经验中提炼的治理模式。第四节批判国际组织制定的最佳实践指南。第五节提出改善国有企业治理的概念框架。

一、治理挑战

为什么混合所有制企业在世界各地如此普遍？相比于私有企业，它们的治理挑战有何不同?⑨ 在上市国有企业中，一方面有私人投资者参与，另一方面政府又保持着控股地位。上市国有企业的盛行似乎令人困惑：如果政府想直接从事商业活动，为什么还要将公司的部分所有权转让给私人投资者？原因就在于，相较于国家拥有全部所有权，让国有企业在证券交易所上市，具有许多潜在的优点。外部投资者的监督以及针对上市企业的更严格的治理和约束都有利于国有企业的表现。而且，部分股票上市获得的资本可以允许各国将资金重新分配到其他用途，例如偿还公共债务或者履行重要的政府职能，与此同时，政府不必放弃对公司的控制和国家所有权带来的其他好处。⑩

然而，正如巴西发生的情况，国有企业上市并没有消除公司治理方面的挑战，反而常常加剧了挑战。上市国有企业一般采取股份制形式，这种形式又相应地产生了两个重要的代理问题：（1）经理人与股东之间的代理问题（如果公司所有权分散，该问题会更严重）和（2）控股股东与非控股股东之间的代理问题（如果公司所有权集中，该问题会更严重）。当国家是大股东时，这些问题不会消失而会加剧。两种问题的相对严重性取决于国家作为所有者的行为。

国家是一种独特的所有者。它自身是一个经济和政治组织，由此产生了另一层代理成本，这种代理成本可以称为“国家资本主义的代理成本”。⑪ 国家

---

⑨ 对混合所有制得失的更细致探讨，参见 Mariana Pargendler，Aldo Musacchio & Sérgio G. Lazzarini，In Strange Company：The Puzzle of Private Investment in State - Controlled Firms，46 CORNELL INT'L L. J. 569，574（2013）。

⑩ 政府获取商业企业控制权的动机多种多样，包括就业机会、官员的利益攫取，以及对国家安全的担忧。

⑪ Ronald Gilson 和 Jeffrey Gordon 创造了“代理资本主义的代理成本”（the agency cost of a-gency capitalism）一词，用来描述机构投资者增持公司股票产生的第二层代理成本。参见 Ronald J. Gilson & Jeffrey N. Gordon，The Agency Costs of Agency Capitalism Activist Investors and the Revaluation of Governance Rights，113 COLUM. L. REV. 863（2013）。

内部的主要代理成本是政府官员与公民之间的代理成本，理论上公民应该是国家行为的最终受益者。众所周知，由于种种原因，国家内部的代理成本尤其高昂。首先，公民享有的退出选择比股东的退出选择少得多（而且，在非民主社会中话语权的选择几乎不存在）。第二，公民监督政客比监督私人公司股东面临着更严重的集体行动问题。第三，对政府应该追求的目标以及实现这些目标的手段缺乏明确的共识，阻碍了有效问责制的建立。因此，政府官员的行为将服务于提升自己的权力和财富，而不是公民的利益，这是非常危险的。

上市国有企业可能面临不同的问题，这取决于国家如何以股东的身份行事。如果国家是被动的或者缺席的所有者，管理方面的代理问题将占上风，因此国有企业就可能遭遇管理松弛以及管理层掏空问题（即窃取公司资产）。虽然这些问题对于私有企业也很常见，但是在国有企业中往往更为严重，因为管理方面的代理成本缺乏市场约束。国家作为大股东，阻碍了公司控制权市场通过敌意收购发挥作用。此外，隐性的国家担保削弱了破产威胁，而破产威胁是管理纪律的来源之一。

理论上，如果作为股东的国家积极参与，就可以减少管理方面的代理问题，但代价是增加了控制股东滥用权力的可能性。如同在私营企业中一样，国家把国有企业的收入不成比例地分配给自己，公司治理文献称之为控制权的私人金钱收益，从而损害少数股东的利益。然而，国家所有制加剧了其他风险，例如政府官员可能侵吞金融资产（financial value），从而损害公民和小股东的利益。换言之，国家所有制加剧了腐败的风险。况且，与私人控股股东相比，国家有更强的激励追求控制权的私人非金钱收益。如同旨在提升社会福利的公司政策，国家追求的这些利益即便不能使股东的利益最大化，也可以是良性的。然而，它们也可能是恶性的，比如国有企业在授予合同时偏袒政治盟友，从而损害公民和小股东的利益。因此，国家作为股东的强势地位虽然可以减轻管理上的代理问题，但同时又给控制权的私人收益、政治偏袒和腐败打开了大门。

这两层代理成本相结合，在公民与上市国有企业的外部股东之间形成了两个领域：在一个领域里，双方的利益是一致的；在另一个领域里，双方的利益是对立的。股东和公民的共同利益在于：（1）提高管理层的努力程度，（2）减少管理层掏空企业的行为，（3）约束政治家的寻租行为（从偏袒到公然的腐败）。然而，混合所有制在另一些方面造成了公民与股东之间的利益冲突：（4）国有企业追求社会福利目标，这有利于公民而不直接有利于股东；[12]（5）国家分配到与股权比例不对等的财务收益，至少在短期内有利于公民而不利于股东；（6）国有企业获得补贴，则有利于股东，却不一定有利于公民。

针对这两层代理成本，主要有两种应对机制：一方面是公司法，另一方面是总体的政治和法律制度。以有效的执行机制为基础，强有力的公司法往往也有利于国有企业的小股东。此外，国有企业（包括上市国有企业在内）的治理本质上也取决于现行的法律和政治制度如何减少或放大政客和公民之间的代理问题。例如，在巴西最近的国有企业腐败丑闻中，与政治体制和竞选筹资机制相关的挑战很有可能发挥了重要作用。毋庸置疑，当公司法减少了控制权的私人收益时，或者当政治制度有效地抑制了政府官员的腐败和管理不善时，国有企业往往会运行得更好。

然而，公司法和政治制度尽管非常重要，但不是关注的首要对象。我们的关注点相对较窄，集中在直接针对上市国有企业特殊治理挑战的制度和战略上。与公司法和公司治理的其他领域相比，上市国有企业的制度和治理框架方面的学术文献相对稀少。我们试图在接下来的内容中为纠正这种不平衡尽绵薄之力。

二、各国的经验

在混合所有制企业的治理挑战方面，很少有人对各国的经验进行并列比较。这样做除了能带来纯信息方面的好处外，理解各国如何对待混合所有制企业也许还能带来政策上的收获，这是因为所有国家的混合所有制企业都面临共同的治理挑战。并列比较还提供了一个有益的视角，可用于评估经合组织等国际组织制定的国有企业最佳实践指南，这一主题将在后文讨论。

---

⑫ 在另一篇论文中，我们提出了“政策渠道”（policy channeling）的概念，描述国家通过对国有企业的控制（而不是诉诸监管程序或政府的其他机制）来实现政策目标。尽管政策引导可能不符合国有企业中私人投资者的财务利益，但国家行为人可能会参与这种行为，因为它会产生一种独特的控制权私人利益——我们称之为政治控制权的私人利益。参见 Milhaupt & Mariana Pargendler，RPTs in SOEs：Tunneling，Propping and Channeling，Working Paper（2017）。理论上，国有企业显然应该被允许推行提高社会福利的公共政策，比如让非竞争性行业保持适度价格，或者推行反周期战略。毕竟，这是国有企业最常见的理论依据之一。然而，在实践中，一项既定战略到底是提高福利的公共政策，还是政客和利益集团的寻租行为，人们对此往往存在分歧。

1. 法国

法国以其国家为中心的社会结构和注重国家干预的经济政策而闻名，其政府干预企业的历史源远流长，可以追溯到路易十四时期的贸易公司。然而公司化的国有企业直到20世纪才在法国出现。在19世纪，法国政府从事经济活动的情况很少，代表性的有1810年的烟草专卖和1851年的邮政服务，国家直接经营，没有让独立的商业实体参与。⑬ 混合所有制企业在法国最早出现的时间是两次世界大战的间歇期。一战之后，伴随阿尔萨斯－洛林地区从德国的回归，法国从德国移植和继承了混合所有制企业的经验。⑭ 一开始，法国政府作为小股东参与20世纪30年代的第一批混合所有制企业。但在大萧条和二战之后，为了重建本国经济以及消除特定经济部门的历史性鸿沟，法国政府越来越多地转变为大股东并拥有企业的控制权。⑮

20世纪80年代初，密特朗的社会党政府执政，法国经历了迄今为止最新一波的国有化浪潮。当时，在法国最大的20家公司中，政府拥有了其中的13家，此外还拥有几乎整个信贷部门。⑯ 法国在1986年和1993年经历了两次私有化浪潮，此后就在进一步私有化、政府对私有企业投资新股本以及既不私有化也不国有化的三类政策之间转换。法国政府在上市公司中的持股比例不断变化，从20世纪80年代初的13%减少到了1996年的3%，在金融危机之后又增加到10%—12%。⑰ 另一方面，法国政府持有少数股权的情况越来越普遍。截至2014年，法国政府作为大股东控制的企业价值在经合组织中排名第六；法国政府作为小股东参股的企业市值在经合组织中排名

---

⑬ ANDRE DELION, DROIT DES ENTREPRISES ET PARTICIPATIONS PUBLIQUES 13 (2003).

⑭ JEAN－DENIS BREDIN, L'ENTREPRISE SEMI－PUBLIQUE ET PUBLIQUE ET LE DROIT PRIVE 19 (1957); GEORGES RIPERT, ASPECTS JURIDIQUE DU CAPITALISME MODERNE 315 (1946).

⑮ LA COMMISSION DES PARTICIPATIONS ET DES TRANSFERTS ET LES PRIVATISATIONS EN FRANCE 31－2 (2016), http://www.economie.gouv.fr/files/cptexpo2016.pdf.

⑯ Pepper D. Culpepper, Capitalism, Coordination, and Economic Change: The French Political Economy since 1985 3－9, in CHANGING FRANCE (Pepper D. Culpepper et al., 2008).

⑰ Final Report Submitted to the European Commission and Financial Services User Group, Who Owns the European Economy? Evolution of the Ownership of EU Listed Companies, between 1970 and 2012 (Aug. 2013), http://ec.europa.eu/finance/finservices-retail/docs/fsug/papers/1308-report-who-owns-european-economy_en.pdf.

第一[18]。仅在上市公司中，法国政府的持股就超过了 830 亿欧元。[19] 近期，法国的法律鼓励国家出售国有企业的部分股份，以增加收入，同时又不必放弃对国有企业的控制权以及对公共政策目标的追求。[20]

鉴于国家所有制在法国式资本主义中的传统中心地位，专门的国有企业治理体系已经在法国成型，并在不断地演化。我们对这个体系的论述分为两部分：首先是国有企业的特殊治理安排，然后是一家专业化政府机构自 2004 年以来履行国家集中持股职能的最新经验。

特别法律制度

和其他国家一样，法国的混合所有制企业历来受制于混合的法律制度。这些公司通常采取商业股份有限公司的形式，并与私营公司一起受制于相同的法律制度。当然，也有许多例外。首先，行业规章与法定章程可以做出脱离公司法的特别规定，这导致法国的法理学家乔治·里珀特（George Ripert）[21] 早在 1946 年就抨击这种“行业协会”式的制度。例如，根据《民用航空法》，主管民用航空的部长可以任命一名政府专员，并令其以咨询顾问的身份参与巴黎机场公司的董事会会议。[22] 其次，正如下文会进一步解释的，有些一般性的法律要求国有企业遵守使它们有别于私有企业的不同规则。[23] 当聚焦于公司法与公司治理时，我们还需要认识到，国有企业还额外受到各种公法的约束，包括审计法院（Court of Auditors）的监督、[24] 国家对经济和财政的控制，[25] 以及某

---

[18] ByJon Sindreu，GE and Alstom：In a World of State Ownership，France Prefers Minority Stakes，WALL ST. J.，June 20，2014.

[19] Agence des participations de l'État，L'État ctionnaire（2014 – 2015）［以下简称“APE Report of 2014 – 2015”］，第 8 页，http：//www. economie. gouv. fr/files/files/directions_services/agence-participations-etat/Rapport_APE. pdf。

[20] Ordonnance n° 2014 – 948 du 20 août 2014，article 4；Loi n° 2015 – 990 du 6 août 2015 pour la croissance，l'activité et l'égalité des chances économiques（《 Loi Macron 》）。关于最新发展的讨论，参见 Grégory Kalfleche，Les sociétés à participation publique et l'Etat actionnaire après la loi Macron，REVUE DE JURISPRUDENCE COMMERCIALE 6（2015）。

[21] RIPERT，见注释 14，第 317 页。

[22] 此外，有的法令还规定，政府专员和其他官员要以顾问身份出席大型国有企业（如法国电力集团和阿海珐公司）的董事会会议，以传达政府的政策。

[23] 在法国，这种特殊的法律制度通常在政府收购的股份达到 10% 时触发，并在政府持有大部分资本时得到强化。

[24] Code des juridictions financières Article L133 – 1.

[25] Décret n° 55 – 733 du 26 mai 1955 relatif au contrôle économique et financier de l'Etat.

些决策需要得到国家的预先批准等。㉖

自 20 世纪中叶以来，国家持有的股份只要超过 10%，就可以按其股权比例任命董事会成员，任命的董事必须在两位以上，但不得超过全部席位的三分之二。㉗ 然而在 1983 年，著名的《公共部门民主化法》为国家作为大股东的国有企业，包括上市国有企业制定了一些特别规则。㉘ 在国家持有多数股权但持股比例低于 90% 的公司中，工人有权任命三分之一的董事会成员（或者，在员工数量不超过 1000 名的公司中，工人有权任命 18 名董事中的 3 名），而其余三分之二的董事会成员由受制于国家代表的股东大会任命。但是，《公共部门民主化法》并没有规定国家代表的人数。实际上，在国有企业的董事会中，国家代表的人数偏低。㉙

不仅国有企业董事会的国家代表由总统令任命，而且集董事长与总经理职务于一身的高管也是如此任命。法国的公司治理体制传统上将相当大的权力集中在这一类高管身上。㉚ 这种机制相应地使管理层变动顺应选举周期。㉛《公共部门民主化法》正式规定了董事会成员的任期为五年。但在实践中，国家任命的人员流动率很高。㉜

2014 年，法国颁布了新的法律，旨在简化国有企业的治理，从而使国有企业的治理向适用于私有企业的治理制度靠近，这使法国的国有企业治理体系

㉖ Décret n° 53 – 707 du 9 août 1953 relatif au contrôle de l'Etatsur les entreprises publiques nationales et certains organismes ayant un objet d'ordre économique ou social（对于商业公司形式的国有公司，预算、损益表、资产负债表、利润分配和管理人员的报酬都需要事先获得经济部长的批准）。

㉗ Décret-loi du 30 octobre 1935 organisant le contrôle de l'Etat sur les sociétés, syndicats et associations ou entreprises de toute nature ayant fait appel au concours financier de l'Etat, Article 2, as amended by Loi 49 – 985 1949 – 07 – 25 Art. 12 and Loi 2001 – 420 2001 – 05 – 15 Art. 139.

㉘ Loi n° 83 – 675 du 26 juillet 1983 relative à la démocratisation du secteur public（以下简称 "Law DSP"）。

㉙ 例如，法国燃气公司（Gaz de France）和法国斯奈克玛公司（Snecma）在各自私有化后就采用了这种模式。

㉚ 也可参见 Benjamin Mojuyé, French Corporate Governance in the New Millenium: Who Watches the Board inCorporate France?, 6 COLUM. J. EUR. L. 73, 75 (2000).

㉛ Christophe Boillon, La gouvernance des entreprises à participations publiques: L'État comme actionnaire privé17 (2013 – 2014)，第 18—19 页，http://memoire.jm.u – psud.fr/docannexe/file/4401/La – gouvernance – des – entreprises – à – participations – publiques—Christophe – Boillon—VF.pdf。

㉜ 同上，第 18—19 页。

经历了重大变革。[33] 新规则使所有商业公司（包括国家控股的国有企业）都免于《公共部门民主化法》的约束。它们取消了以前关于董事会规模和董事任期的规定，并允许国家任命非公务员担任董事会成员。其实，这次改革的主要目标是加强政府作为股东的影响力。首先，根据新制度，部长可以在所有国家控股的国有企业中直接任命一名国家代表（必须是公务员）。国家也可以在其直接持股10%以上的公司中直接指定一名代表。[34] 而以前的规定却是，股东大会根据国家的建议任命国家代表。[35] 其次，对于国家直接持股10%—50%的公司，政府也有权在股东大会上推荐与其股权成比例的董事会成员。[36] 这些规则有助于“结束国家在国有企业中的影响力小于私人股东的局面”。[37] 然而，由于在国家控股的国有企业中，国家和员工都享有任命权，它们手上握有控股国有企业董事会三分之一的席位，因此法国国有企业治理体制向私权法律体制的趋同仍然难以实现。

法国法律历来关注的另一个领域是国有企业管理层的薪酬。依照《公共部门民主化法》，国家在国有企业中任命的董事会成员没有任何报酬。自2001年以来，公司必须向董事会的国家代表支付薪酬，只不过这些薪酬又要归还给政府预算。此外，自2012年以来，在国家控股的国有企业中，管理层的薪酬上限暂时定为45万欧元。[38] 根据2014年的改革，国家新任命的国企管理人员如果不是公务员，其薪酬上限由经济部长决定，超出上限的部分也要缴

---

[33] Loi n° 2014 – 1 du 2 janvier 2014 habilitant le Gouvernement à simplifier et sécuriser la vie des entreprises; Ordonnance n° 2014 – 948 du 20 août 2014 relative à la gouvernance et aux opérations sur le capital des sociétés à participation publique.

[34] Ordonnance n° 2014 – 948 du 20 août 2014, article 4; Décret n°2014 – 949 du 20 août 2014 portant application del'ordonnance n° 2014 – 948, article 2.

[35] See former Article 2 du décret – loi du 30 octobre 1935 modifié organisant le contrôle de l'Etat sur les sociétés, syndicats et associations ou entreprises de toute nature ayant fait appel au concours financier de l'Etat et article 139 de la loi n° 2001 – 420 du 15 mai 2001 modifiée, relative aux nouvelles régulations économiques, both abrogated by the Ordonnance n° 2014 – 948 du 20 août 2014.

[36] 同上，第6条。如果股东大会不批准国家提名的人选，国家可以单方面做出这种临时任命，但须经随后的股东大会确认。如果董事会席位超过10个，国家有权任命至少两名董事会成员。

[37] Compte rendu du Conseil des ministres du 20 août 2014, Gouvernance et opérations sur le capital des sociétés à participation publique.

[38] Décret n° 2012 – 915 du 26 juillet 2012 relatif au contrôle de l'Etatsur les rémunérations des dirigeants d'entre prisespubliques.

回政府。

除了监管国有企业的特殊法律制度之外，国家的股东利益也影响了法国的公司法，这种影响在股东投票权领域特别明显。㊴ 虽然法国法律禁止发行多重投票权股票（multi-voting stock），但长期以来，持股至少两年的股东在股东大会上可以获得双重投票权。㊵ 最近，公开的保护主义法案，即2014年通过的 *Loi Florange* 规定，股票一旦被持有两年及以上，就自动适用双重投票权，这项改革明显受到了国家作为股东的利益驱动。㊶ 这样一来，双重投票权得到广泛适用，从而允许法国政府出售部分股份以减少国家债务，同时还能继续以股东的身份，保持甚至扩大在重要公司中的影响。例如，法国政府收购了雷诺汽车公司和法航荷航集团的额外股份，以确保自己在 *Loi Florange* 法案下自动适用双重投票权。㊷

政府持股机构

法国国有企业体系的第二个支柱并不涉及公司法和行业法规授予国家的权利，而是与国家行使所有权职能的制度框架有关。2003年，拉塞尔等人公布了一篇颇有影响的报告，指出了现行国有企业治理制度的若干缺陷，包括国家在国有企业中的角色相当混乱、董事会运作不良，以及国家过度参与企业的日常管理等。㊸ 根据该报告的建议，法国成立了政府持股机构（*Agence departicipation de l'État*，以下简称APE），目的是分离国家的股东职能与监管者职能。㊹

APE与经济部关系密切，集中了国家拥有全部或部分所有权的许多企业的持股责任。然而，并非所有的政府股权都由APE持有。例如，虽然国家直接和间接拥有阿海珐公司85%以上的股份，但APE仅持有其中的28.83%。因为阿海

㊴ 对该模式更早的分析，参见Mariana Pargendler, State Ownership and Corporate Governance, 80 FORDHAM L. REV. 2917, 2953 – 54（2012）（即下文的“所有权结构与公司治理”）。

㊵ 同上。

㊶ Loi n° 2014 – 384 du 29 mars 2014 visant à reconquérir l'économie réelle No. 2014 – 384 of 29 March 2014（“Loi Florange”）.

㊷ 参见APE Report of 2014 – 2015，见注释19，第19页。

㊸ M. René Barbier de La Serre et al., L'État actionnaire et le gouvernement des entreprises publiques（Rapport à M. Francis Mer, Ministre de l'économie, des finances et de l'industrie）（2003），http://www.ladocumentationfrancaise.fr/var/storage/rapports – publics/034000095.pdf.

㊹ Décret n° 2004 – 963 du 9 septembre 2004 portant création du service à compétence nationale Agence des participations de l'Etat.

珐公司的大股东是法国原子能和替代能源委员会（CEA）。㊺

在行使其股东职能时，APE 不仅要考虑国家的财政利益，还要与负有其他（监管）责任的各部协调好工作。对于部长提名的董事会成员，APE 可以提出关于其任免的看法。APE 还在股东大会上代表国家，并与政府专员（如果有的话）一起确保政府代表保持一致立场。此外，APE 还要参与起草其所投资公司与国家之间的合同。

与新加坡的控股公司淡马锡不同，APE 的作用并不仅限于严格根据商业条款管理它投资的公司。尤其是近年来，它的作用还包括“从产业的角度管理投资，并为有关公司制定长期而又明确的产业和经济发展战略”。与此同时，这样的战略必须“同时最大化相关公司的资产价值，最大程度地优化这些公司特定的商业目标和社会目标”，尤其是在国防、能源、汽车工业等战略部门。㊻ 在其最新报告中，APE 专门提到了 2014 年的法律改革，这一改革允许作为股东的国家为了公共利益，发挥更有力、更积极的作用。㊼ 该机构还对其稳定而又负责任的分红政策感到自豪，其分红政策参考了相关风险和受监管行业中同类公司的做法。㊽ 尽管如此，其高于市场水平的股息率还是遭到了审计法院的批评。审计法院担心，较高的股息率会鼓励国家的短期导向，缩短持股期限，从而不利于长期投资。㊾

最后，在 2014 年，法国颁布了关于股东干预的新政策，该政策反映了法国在产业政策、主权和宏观经济方面的综合考虑，包含四个关键目标：（1）确保政府充分控制关系法国主权的战略性公司；（2）保证有一些适应力强的公司能满足国家基本要求；（3）支持公司的发展与合并，特别是对法国经济和欧洲经济至关重要的部门和行业；（4）遵守欧盟的条例，在有系统性风险的时候，帮助出台临时的公司救助计划。㊿

㊺ http：//www. areva. com/EN/finance-1166/shareholding-structure-of-the-world-leader-in-the-nuclear-industry-anmajor-player-in-bioenergies. html.

㊻ The French State as Shareholder，2012 Report，第 7 页，http：//www. economie. gouv. fr/files/files/directions _ services/agence-participations-etat/Documents/Rapports-de-lEtat-actionnaire/2012/Overview_ 2012. pdf.

㊼ APE Report of 2014 – 2015，见注释 19，第 11—12 页 .

㊽ 同上，第 33 页。

㊾ Les dividendes de l’Etat inquiètent la Cour des comptes，REUTERS，May 27，2005.

㊿ APE Report of 2014 – 2015，见注释 19，第 9 页。

2. 美国

美国拥有世界上最大的资本市场，是公司治理“最佳实践”的主要起源地。美国历来特别反对国家拥有企业的所有权。[51] 虽然许多外国国有企业在美国交叉上市，并受制于美国的监管机构，但是在美国交易所上市的大量公司中，没有一家是美国本土的国有企业。

这并不是说美国没有混合所有制企业方面的经验和教训，也不是说美国政府不会参与公司经营。实际上，在早期的美国，政府持有私人公司股份的情况非常普遍，只不过这种模式在后来被有意地根除了。到20世纪，美国出现了一类重要的企业，即政府支持企业（GSE）。这类企业与国有企业一样，一方面，得到了公共支持、拥有公共影响力还负有公共使命；另一方面，也有外部股东的共同参与。2008年金融危机爆发以后，美国政府为了救市，暂时收购了许多私人公司的股权。

目前，美国的混合所有制企业特别少，但是在18世纪末和19世纪初，美国政府通常都是本地银行、铁路和运河的股东。[52] 在美国资本主义的早期，虽然国家支持带来了很多好处，[53] 但也引起了明显的利益冲突。这是由于美国政府拥有了投资者与监管者的双重角色。各种研究表明，当政府在某一行业拥有股份时，就不愿意再成立新的公司，因为它们担心竞争加剧可能危及政府现有投资的财务回报。[54]

关于早期混合所有制企业治理的系统性研究很少。但仍有证据表明，政府从一开始就只是有限度地干预公司决策。各州例行公事地任命公司董事，[55] 但

---

[51] 从美国建国之初，公司就被怀疑是危险的权力集中地。它们的治理与关于联邦制（即国家政府和各州之间的权力合理分配）的辩论密切相关。这一历史遗产的一个重要结果是，在美国，公司法主要是各州的，而不是美国国会的。

[52] 也可参见 Lloyd D. Musolf，American Mixed Enterprise and Government Responsibility，24 WESTERN POL. QUART. 789（1971）.

[53] 对支持这种作用的相关研究的回顾，参见 Robert A. Lively，The American System：A Review Article，29 BUS. HIST. REV. 81（1955）.

[54] 也可参见 John Joseph Wallis，Richard E. Sylla & John B. Legler，The Interaction of Taxation and Regulation in Nineteenth-Century U. S. Banking，in THE REGULATED ECONOMY 121，142（Claudia Goldin & Gary D. Libecap eds.，1994）。有关更普遍的冲突，参见 Pargendler，State Ownership and Corporate Governance，见注释39，第2928—2931页。

[55] 也可参见 Lively，见注释53。

一般不行使投票权以干涉私人经理人的管理。[56] 1837 年，经济萧条使各州的投资恶化，商业公司中的公共股权最终引发了广泛争议。当时，美国提出了一种独特的解决方案，那就是消除混合所有制。到了 19 世纪中叶，大多数的州宪法都禁止政府持有私人公司的股份。[57]

在美国建国之初，联邦政府持有股票的公司较少，不过这些公司都在美国经济中起到了重要作用。我们以 1792 年的美国第一银行为例。在财政部长汉密尔顿的构想之下，该银行将公共使命与私人管理相结合，是美式混合所有制企业的典范。在汉密尔顿眼里，这家银行不只是“私人财产，还是国家最重要的政治机器”。[58] 与此同时，他认为政府容易滥用职权，因而极力主张美国第一银行应“以私人利益而非公共利益为导向，也即将其置于私人利益而非公共政策的指导之下”。[59]

这种对政府干预的怀疑相应地转变成对国家所有权的更多限制。汉密尔顿既反对政府参与公司管理，也反对国家持有全部或者大部分股份。[60] 对于美国第一银行，政府的主要权利是审查银行的运作。[61] 尽管联邦政府在第一银行成立时持有 20% 的股份，但政府很快便卖出，用以偿还自己欠银行的债务。[62]

在 1816 年，美国第二银行刚成立时，联邦政府还是持有 20% 的股份。跟第一银行不同的是，第二银行的章程遵循了各州的惯例，规定由政府任命 5 名董事（总共 25 名）。政府任命的董事占比与国家的投资占比相当。然而，政府任命董事确实会在美国引发争议，而且公众怀疑这种做法的现实意义。据报道，出于对利益冲突的担心，美国第二银行向公众隐瞒了政府任命董事的情况。[63]

1862 年，美国国会授予联合太平洋铁路公司特许权。这是 19 世纪联邦政府支持公司的最后一次重要试验。这一次，政府完全放弃股票所有权，转向一种新

---

[56] JAMES W. ELY, JR., RAILROADS AND AMERICAN LAW 17 (2001).

[57] LAWRENCE M. FRIEDMAN, A HISTORY OF AMERICAN LAW 121 (3rd ed., 2005); John Joseph Wallis, Constitutions, Corporations, and Corruption: American States and Constitutional Change, 1842 to 1852, 65 J. ECON. HIST. 211, 232, 251 (2005).

[58] Final Version of the Second Report on the Further Provision Necessary for Establishing Public Credit: Report on a National Bank (Dec. 13, 1790).

[59] 同上。

[60] 同上。

[61] 同上。

[62] Musolf，见注释 52，第 796 页。

[63] 同上，第 797 页。

的模式，即通过土地赠与和贷款提供慷慨的公共补贴，同时任命少数政府董事（20名董事会成员中，最开始有2名，后来增加到5名）。不过，政府任命的董事报告说，他们被排除在董事会会议之外，并且总是受到其他董事的反对。[64]

企业国有化的局限性

到了20世纪，美国总体上抵制国际上日益增强的企业国有化趋势。面对大萧条后政府公司（government corporation）的激增，国会于1945年颁布了《政府公司控制法案》（Government Corporation Control Act），要求必须通过国会批准才能设立新的政府公司，以此来限制这类公司的建立，并加强这类公司的问责机制。[65] 尽管存在这些限制，政府支持企业逐渐出现。政府支持企业与联合太平洋铁路公司类似，一方面拥有政府的支持，另一方面政府不拥有股份。它们由联邦政府批准建立，被赋予公共使命，但是由私人股东拥有和控制。政府在这类企业中的角色仅限于由美国总统任命少数董事。[66]

最著名的政府支持企业是房利美（联邦抵押贷款协会）和房地美（联邦住房贷款抵押公司）。二者分别于1968年和1989年在纽约证券交易所公开上市。房利美和房地美的任务是帮助公民获得住房，主要手段就是为住房抵押贷款的二级市场提供普遍支持，自20世纪90年代以后，开始直接向低收入和中等收入的借款人发放贷款。[67] 房利美和房地美由联邦政府特许经营，并享有各种法律特权，例如免于州政府管辖，免于地方所得税法和联邦证券法的监管。[68] 其实，这两家公司获取的主要支持是隐形政府担保。即使联邦政府的特许权明确否认对两家公司的债务提供担保，市场参与者也普遍认为，一旦两家公司违约，美国政府就会接手它们的债务，这个看法后来被2008年的金融危机证实。因此，这两家公司能够以明显低于私有企业的成本获得资金，从而推动它们的扩张。

甚至在金融危机之前，房利美和房地美就已经在意识形态谱系的双方之间

---

[64] Herman Schwartz, Governmentally Appointed Directors in a Private Corporation: The Communications Satellite Act of 1962, 79 HARV. L. REV. 350, 359 (1965).

[65] 对该法案的更细致讨论，参见 C. Herman Pritchett, The Government Corporation Control Act of 1945, 40 AM. POL. SCI. REV. 495, 508 (1946).

[66] 在2008年的章程修订之前，总统有权任命房利美和房地美18名董事中的5名。

[67] Housing and Community Development Act of 1992.

[68] THOMAS H. STANTON, GOVERNMENT-SPONSORED ENTERPRISES: MERCANTILIST COMPANIES IN THE MODERN WORLD 23 (2002).

引发了政治争议。在21世纪初，房利美还被指控犯有会计欺诈罪。面对这一丑闻，联邦政府在治理方面变得更加宽容。2004年，小布什总统决定停止任命房利美和房地美的政府董事，这一政策在奥巴马任内继续执行，结果所有董事都由私人股东选举产生。

金融危机以后的经验

2008年金融危机发生以后，美国政府虽然犹豫不决，但还是史无前例地收购私有公司的股份，尤其是陷入危机的金融机构。这种做法是从有丰富的混合所有制经验的英国移植而来的。[69] 不过，美国政府一直强调自己是“不情愿的收购者”，而且这种救火队长的角色只是暂时的。[70] 实际上，政府持有的股权和拥有的控制权确实要低于标准的商业要求，表明政府确实是“不情愿的收购者”。[71]

在金融危机期间，美国政府的救助模式并不单一。相反，交易结构往往是专门设计的，因此治理安排之间存在明显的不同。[72] 在通用汽车公司的破产处理中，联邦政府将其手里的贷款换成了股权，从而获得了控股权。联邦政府直接持有通用汽车的股票，并任命了12名董事会成员中的10名，但是一般不干预该公司的日常管理。到了2009年中，政府任命的所有董事都必须保持独立，并负责提名未来的董事，但政府依然保留了反对或罢免他们的投票权。[73]

在美国国际集团（AIG）的案例中，联邦政府获得了近80%有投票权的股份，然后把股份转交给信托机构，放弃了直接控制权。之所以这么做，主要是因为联邦政府事先没有得到国会的批准。[74] 信托协议还特别提到，纽约联邦储备银行不行使它在美国国际集团的投票权，以“避免与其监管和货币政策职

---

[69] Steven M. Davidoff & David Zaring, Regulation by Deal: The Government's Response to the Financial Crisis, 61 ADMIN. L. REV. 463, 526-7 (2009); Paul Krugman, Gordon Does Good, N. Y. TIMES, Oct. 12, 2008.

[70] 相关讨论参见 Barbara Black, The U. S. as Reluctant Shareholder: Government, Business and the Law, 5 ENTREPRENEURIAL BUS. L. J. 56, 563 (2010)。

[71] Steven M. Davidoff, Uncomfortable Embrace: Federal Corporate Ownership in the Midst of the Financial Crisis, 95 MINN. L. REV. 1733, 1735 (2011).

[72] 同上。

[73] 同上。

[74] 相关讨论参见 Starr International Company v. United States, No. 11 - 779C (United States Court of Federal Claims, June 15, 2015)。

能发生任何可能的冲突”。[75] 虽然受托人可全权处理信托管理，但信托协议明确提到，政府希望受托人不干预公司的日常管理。[76] 该协议还提到，政府不约束美国国际集团的原因，就在于既最大限度地提升美国国际集团偿还政府债务的能力又不干扰金融市场符合最大化信托股票价值的目标。[77]

在花旗集团的案例中，联邦政府直接持有约33%的股权。在日常事务中，政府同意按照与其他股东相同的比例投票，从而限制自己的控制权，但保留了在董事选举和重大交易中的投票权。[78]

然而，房利美和房地美受到了政府最大程度的干预。联邦政府在2008年接管了它们，从而获得了控制权并暂停了股东的投票权。2012年，美国财政部与这两家公司达成备受争议的“资产净值大扫荡”（net worth sweep）。实际上，这次行动以私人股东的利益为代价，将这两家公司未来的利润转移到政府。这一事件引起了激烈的批评。人们认为这是在非法征收私人投资者的财产，[79] 但迄今为止，“资产净值大扫荡”经受住了司法审查。[80]

之后，政府出售了在金融危机期间购入的股票，相关公司已完全恢复私人所有，当然除了房利美和房地美。事实上，尽快撤资的决定是为了尽可能减少破坏性的政治干预。但是，从投资回报最大化的角度看，退出的时机可能还不成熟。[81] 总之，这次治理试验的时间很短，再加上所采用的制度安排差异很大，因而很难对各种安排的有效性得出明确的结论。

但是，我们依然可以从中得到经验教训。第一，美国对混合所有制企业采取了一种独特的方法：通过州宪法和联邦立法的明确限制，回避了政

---

[75] AIG Credit Facility Trust Agreement，于2009年1月16日生效（“AIG Trust Agreement”），https：//www.newyorkfed.org/medialibrary/media/newsevents/AIGCFTAgreement.pdf，Recitals。

[76] 同上。

[77] 同上，Section 2.04（d）。

[78] Exchange Agreement dated June 9，2009 between Citigroup Inc. and United States Department of the Treasury，at http：//www.sec.gov/Archives/edgar/data/831001/000119312509128765/dex103.htm，Section 4.18.

[79] 也可参见 Jonathan Macey & Logan Beirne，Stealing Fannie and Freddie，Working Paper（2014），http：//ssrn.com/abstract=2429974；Richard Epstein，The Government Takeover of Fannie Mae and Freddie Mac：Upending Capital Markets with Lax Business and Constitutional Standards，10 NYU J. L. & Bus. 379（2014）。

[80] Starr International Company v. United States，见注释74。

[81] Davidoff，见注释71，第1757—1758页。

府对公司的所有权，从而避免了可预见的公司治理挑战。当然，最近的一些研究认为，政府与企业的合作以及对企业的支持力度，远比以前认为的要大。[82] 只不过，这种支持一般采取国家贷款和拨款的形式，而不是股权投资的形式。[83]

第二，抑制政府施加影响的各种机制，确实有一定作用，例如，将所有权转移到信托，以及坚决依赖独立董事等，但是，这些机制不足以消除对公司治理和管理的政治干预。[84] 实际上，关于政府对国有商业公司的最优影响程度，目前还没有共识。而一些评论者还批评政府在救助交易中过于自由，缺乏约束。[85] 总之，这些公司治理机制虽然有一定成效，但不能完全避免政治驱动的各种干预。

第三，现有的法律基础设施基本上无法约束政府在救助中的角色。[86] 有的学者已经指出，对由政府所有权造成的政治风险，美国的公司法鞭长莫及，而且美国宽泛的主权豁免原则又加剧了这一问题。[87] 此外，对于政府而言，监管者身份和股东身份之间的利益冲突依然明显。一个例证就是，政府竟然获准占有房利美和房地美的所有利润。据说政府的这一举动得到了联邦法律的授权。但是，这一行动显然违背了政府不会以私人投资者为代价谋取自身利益的普遍看法。[88]

3. 挪威

挪威的国有化程度比其他所有经合组织国家都要高，可以与大型新兴经济

---

⑫ 参见 MARIANA MAZZUCATO，THE ENTREPRENEURIAL STATE：DEBUNKING PUBLIC VS. PRIVATE SECTOR MYTHS（2011）.

⑬ 同上。也可参见 Alberto Mingardi，A Critique of Mazzucato's Entrepreneurial State，35 CATO J. 603，613（2015）（认为 SBIR 计划“除了强迫某些公共机构提供奖金外，没有什么效果”）。

⑭ Starr International Company v. United States，见注释 74，第 472 页。（“纽约联邦储备银行通过直接任命的首席执行官、精心挑选的董事会成员和内部部署的数百名顾问控制美国国际集团，与所有认为信托业务独立的结论不符”）。

⑮ 参见 Black，见注释 70；Davidoff，见注释 71。

⑯ 参见 Pargendler，见注释 39，第 2965—2966 页（讨论了由政府发起的摩根大通对贝尔斯登的收购很可能违反了公司法的规定）。

⑰ 参见 Marcel Kahan & Edward B. Rock，When the Government Is the Controlling Shareholder，89 TEX. L. REV. 1293（2011）。

⑱ 同上，第 1318 页。

体相提并论。⑧⑨ 国家参与商业的动机随着时间在变化。⑨⓪ 挪威政府对企业的大量持股可以追溯到二战之后，当时挪威资本市场疲软，无法保障国内的产业发展。1972 年，在近海发现大量油田之后，挪威成立了国家石油公司（Statoil），这是一家国有企业，甚至是挪威国家制度的一部分。它有两个任务：一是保护自然资源，二是保护本国经济免受“黑金诅咒”（black gold curse）。在 20 世纪 80 年代末的金融危机中，挪威银行业的国有化程度迅速上升。而在过去 10 年中，政府持股占到了奥斯陆证券交易所（Oslo Stock Exchange，简称 OSE）市值的 35%—40%，远高于 20 世纪 90 年代的 15%。⑨① 这一增长的主要原因是，在 21 世纪初，挪威的主要国有企业（包括挪威国家石油公司和挪威电信公司）进行了首次公开发行。⑨②

挪威模式

挪威虽说是发达经济体，但国家所有制在经济中具有绝对的重要性，除此之外，挪威还因其备受赞誉的制度安排而引人注目。石油部门的“挪威模式”，即政策、监管和商业职能的分离，已经成为资源大国的蓝本。⑨③ 在此，我们将着重讨论挪威制度框架的两个维度：(1) 国家的股东职能和 (2) 与上市国有企业相关的公司法和治理框架。

股东职能

根据挪威宪法，国有企业由政府部门管理，但在国有企业相关问题上，挪威议会有权向政府下达指令。根据该治理框架的要求，无论是国家持股变动还是政府注资，都必须事先征得议会同意。然而，如果买卖其他公司的股票是国有企业日常业务活动的一部分，通常无须获得议会批准。挪威审计署负责监督

---

⑧⑨ Thomas Dowling et al. , Norway: Selected Issues, IMF Country Report No. 14/260 (2014), https: //www. imf. org/external/pubs/ft/scr/2014/cr14260. pdf.

⑨⓪ OECD, REGULATORY REFORM IN NORWAY 7 (2013), https: //www. oecd. org/regreform/sectors/15360734. pdf.

⑨① Norwegian Ministry of Trade, Industry and Fisheries, Diverse and value creating ownership, Meld. St. 27 (2013 - 2014) Report to the Storting (white paper) (以下简称“2013 - 2014 White Paper”), 第 89 页, https: //www. regjeringen. no/contentassets/899ac257df2648d788942b78c6d59787/engb/pdfs/stm201320140027000engpdfs. pdf。

⑨② OECD，见注释 90，第 7 页。

⑨③ 也可参见 Mark C. Thurber, David R. Hults & Patrick R. P. Heller, Exporting the “Norwegian Model”: The effect of administrative design on oil sector performance, 39 ENERGY POL'Y 5366 (2011)。

有关部门对国有企业的管理，并向议会提供年度报告。[94]

明确区分政府的股东角色和监管者角色，是挪威模式的一个特点。尤其是2001年以来，挪威政府手中的股权越来越集中，大多数商业类国有企业的股权被分配给了贸易、工业和渔业部的“所有权部门”。[95] 以挪威电信公司为例，所有权部门行使股东职能，而交通和运输部则是公司的监管者。当然，这种模式还是有例外的。例如，挪威国家石油公司的股权由石油和能源部直接管理。[96] 但是在挪威国家石油公司的模式中，依然存在职能分离的设计：监管挪威国家石油公司的是挪威石油理事会（NPD），而非石油和能源部。[97]

2000年以后，挪威仔细研究了控股公司模式的可能性，但最终放弃了这种模式。2004年，负责审查国家所有权的筹备委员会提交了一份报告，没有明确支持设立单纯以价值最大化为目标的控股公司管理国有股权，并指出控股公司的合理性还需进一步评估。该委员会表示，由于明显需要持续的政治治理和监督，不建议用国有企业的控股公司结构达到将总部职能留在挪威的目标。最终，政府放弃了控股公司模式，理由就是这种模式将导致职能重复和责任混乱。挪威政府认为，“所有权问题需要通过一个政治机构来处理”“目前各部的附属机构既能确保所有权的透明度，也能确保民主控制”。[98]

治理制度

挪威的上市国有企业也要遵守管理私营企业的公司法和证券法，包括《公共有限责任公司法》（Public Limited Liability Companies Act）和证券交易的相关条例。挪威公司法制定了严格的平等对待原则。[99] 根据挪威法律，大股东

---

[94] 对于该宪法框架的一般性描述，参见2013－2014 White Paper，见注释91，第60—61页。

[95] OECD，见注释90。然而，国有企业（包括非商业企业）股权的总体集中度较低，截至2005年，65%的国有企业仍处于各部委的监管之下。Stine Ludvigsen，State Ownership and Corporate Governance：Empirical Evidence from Norway and Sweden（2010）（向挪威管理学院提交的博士学位论文），http：//web. bi. no/forskning%5Cpapers. nsf/wSeriesDissertation/4F488755C624C943C125771F0030605F。

[96] 2013－2014 White Paper，见注释91，第29页。

[97] Thurber et al.，见注释93，第2页。

[98] Norwegian Ministry of Trade and Industry，An Active and Long-Term State Ownership，Report to the Storting（White Paper）No. 13（2006－2007）（以下简称“2006－2007 White Paper”），第70页。https：//www. regjeringen. no/contentassets/01527a83111e45639d5dbb0d84882a44/engb/pdfs/stm200620070013000en_pdfs. pdf.

[99] 2013－2014 White Paper，见注释91，第65—67页。

拥有重大决定的决策权，但不得滥用权力损害公司和其他股东的利益。[100] 特别是，相较于私人股东，作为股东的国家并没有优先获得信息的机会。[101] 在平等对待原则下，奥斯陆证券交易所可以向国家石油公司发出质疑，询问其管理层的陈述是否反映了公共投资者无法获得的非公开信息或者其陈述是否出于非财务方面的考虑。[102] 奥斯陆证券交易所和《挪威年度会计法》（Norwegian Annual Accounts Act）还要求所有上市公司报告它们对《公司治理行为准则》（Code of Practice for Corporate Governance）的遵守情况。

根据《公共有限责任公司法》，国家必须通过股东大会行使股东参与权，不过，石油和能源部也可以通过非正式会议施加影响力。[103] 在股东大会上，大公司的股东选举三分之二的公司大会代表，工人选举剩下的三分之一。然后，公司大会选举出三分之二的股东代表和三分之一的工人代表进入董事会。但是，在工人同意的情况下，公司可以不召集公司大会。此时，股东直接选举出三分之二的董事会成员，而工人直接选举出剩下的三分之一。[104]

董事会任命首席执行官（CEO），并决定其薪酬。国有上市公司的董事会没有国家代表。各部委的代表通过提名委员会参与公司治理。[105] 提名委员会由股东或股东代表组成，并对由股东选举产生的董事会成员数量以及他们的薪酬，向股东大会和公司大会（如果有的话）提出建议。实际上，国家的参与程度看起来是适度的，比如最近，尽管国家石油公司67%的资本由国家拥有，

---

[100] Beate Sjåfjell, Sustainable Companies: Possibilities and Barriers in Norwegian Company Law, University of Oslo Faculty of Law Legal Studies Research Paper Series No. 2013 – 20, https://ssrn.com/abstract=2311433.

[101] Statoil, 2014 Board Statement on Corporate Governance, http://www.statoil.com/no/InvestorCentre/AnnualReport/AnnualReport2014/Documents/DownloadCentreFiles/01_KeyDownloads/Board_statement_on_Corporate_Governance.pdf（以下简称"2014 Board Statement"）；Mark C. Thurber & Benedicte Tangen Istad, Norway's Evolving Champion: Statoil and the Politics of State Enterprise 32 (Program on Energy & Sustainable Dev., Working Paper No. 92, 2010), http://iisdb.stanford.edu/pubs/22919/WP_92%2C_Thurber_and_Istad%2C_Statoil%2C_21May2010.pdf.

[102] OECD，见注释90，第23页

[103] Beate Sjåfjell，见注释100，第6页。

[104] 尽管挪威国家石油公司和挪威电信等一些上市国有企业拥有公司大会，但也有一些上市国有企业不遵守这一要求。

[105] 虽然从技术上讲，上市公司不需要设立提名委员会，但按照公司治理准则的建议，挪威所有上市国有企业都设立了提名委员会。

但在提名委员会的全部四名委员中，只任命了一名来自石油和能源部的委员。[106]

与其他国家相比，挪威体制的一个显著特点是，在中央政府任职的公务员不能同时在国有企业的董事会任职。[107] 这项禁令可以追溯到1962年的一起重大事故，当时，工业部长在涉案国有矿业公司的董事会任职。这一事故后来被称为“国王湾事件”（King's Bay affair），相关各方被指控玩忽职守，最终导致工党政府倒台。这一禁令的初衷，主要不是为了防止政治干预公司管理，而是为了减弱政府监管国有企业时存在的利益冲突，[108] 并防止议会让政府对国有企业的商业决策负责。[109] 现行的董事会任职限制并不包括前公务员。公务员离职再进入国有企业董事会的情况相对比较普遍。[110]

挪威一直在努力加强国有企业的公司治理。公司治理被标榜为“对市场信心至关重要，因此也对企业的资本成本至关重要”。[111] 此外，挪威政府一再承认，它在上市公司中的参与程度很高，“因此，公众和投资者对挪威资本市场的信心，深受挪威政府股东身份的影响”。[112]“国家在国有企业中遵循资本投入与投票权成比例的原则，避免作为股东的国家拥有特殊权利。”[113] 根据国际货币基金组织对挪威国有企业的评估，“多数大型企业在商业基础上运营，而且是盈利的”。[114]

2002年，挪威政府制定了国有企业公司治理的十项原则，旨在提高国有企业行使所有权的可预见性。这些原则在2014年进行了适度修订，以进一步加强董事会在国有企业治理和管理中的作用，以及董事会对企业社会责任的承诺。正如挪威政府强调的，这些原则基本上符合经合组织关于国有企业公司治

---

[106] 2014 Board Statement，见注释101，第4—6页。

[107] Thurber & Istad，见注释101。

[108] OECD，见注释90，第14页。

[109] Ludvigsen，见注释95，第39页。

[110] 同上，第122页（调查发现，23%的挪威国有企业董事长属于政治代表）；Jenni Maria Nossum，Corporate Governance in Oil-Lubricated Norway：Regulation，Practice，Ethics and Incoherence，第11页，University of Oslo Faculty of Law Research Paper No. 2015 -16，http://papers.ssrn.com/sol3/papers.cfm?abstract_id=2622072。

[111] 2006-2007 White Paper，见注释98，第22页。

[112] 同上。

[113] 2006-2007 White Paper，见注释98，第21页

[114] Dowling et al.，见注释89，第35页。

理的指导方针。[115]

自2006年以来，政府还颁布了国有企业高管薪酬指引，部分原因是担心高管薪酬与其他员工薪酬的差距不断扩大。[116] 根据2015年版的国有企业高管薪酬指引，高管薪酬应当具有竞争力（而不是领先于业界），且薪酬的主要部分应当是固定薪酬，同时禁止分配股票期权以及类似安排。[117] 挪威的《公司治理行为准则》鼓励董事会成员持有股票，而且国家对这一做法也持积极态度。[118]

同样是从2006年开始，挪威执行了国家所有权筹备委员会之前提出的各项建议，说明了国家所有权在不同情况下的基本目标，主要是减少资本市场的不确定性，从而降低融资成本。根据筹备委员会的建议，可以将国有企业分为四类：（1）以商业价值最大化为目标的公司；（2）以商业价值最大化为目标，同时确保总部职能在挪威的公司；（3）以商业价值最大化为目标，同时还有其他明确目标的公司；（4）以部门政策为目标的公司。[119] 挪威的上市国有企业有8家，其中有6家属于第二类（包括挪威国家石油公司、挪威电信公司和金融公司DNB），其余2家属于第一类，[120] 而第三类和第四类完全由非上市国有企业组成。

2010—2011年的议会报告充分认可国家所有制对挪威经济成功的贡献，以及加强国家所有制管理的计划。[121] 最近，尽管“在政府的评估中，国家直接

---

[115] 挪威2014年公司治理准则如下：“（1）所有股东应平等对待；（2）国家对公司的所有权应当是透明的；（3）所有权的相关决定和决议应当在股东大会上做出；（4）董事会在公司章程的约束下，负责为公司制定明确的目标和战略，而非国家为每家公司制定绩效目标；（5）公司的资本结构应当与公司的目标和具体情况相适应；（6）董事会的成员应当胜任职务、具有能力以及多样化，董事会的构成应当反映各公司的特点；（7）董事会承担公司管理的行政责任，包括代表股东对公司管理层行使独立的监督职能；（8）董事会应制订自身的工作计划，并积极地发展自身的能力以及评价自身的活动；（9）薪酬方案和激励方案应当促进公司内部的价值创造，并被普遍认为是合理的；（10）公司应当系统性地履行企业社会责任。”

[116] 2006－2007 White Paper，见注释98，第71页。

[117] 《国有企业高管薪酬指引》（由贸易、工业和渔业部于2005年2月13日通过，取代2001年3月31日的版本），https：//www. regjeringen. no/contentassets/4391143c1f0a472faa0b3975e00e3c78/guidelines-forremuneration. pdf。

[118] 2013－2014 White Paper，见注释91，第74页。

[119] 2006－2007 White Paper，见注释98，第30页。

[120] 2013－2014 White Paper，见注释91，第5页。

[121] Norwegian Ministry of Trade and Industry，Active Ownership：Norwegian State Ownership in a Global Economy，Meld. St. 13（2010－2011）Report to the Storting（white paper）Summary，https：//www. regjeringen. no/globalassets/upload/nhd/statenseierberetning/pdf/engelsk/active_ownership_norwegian_state_ownership_in_a_global_economy. pdf.

所有权的治理既专业又负责任”，但是保守党政府仍发誓要降低经济中的国有程度。[122] 保守党政府的目标是部分甚至全部放弃第一类国有企业，同时保留第二类国有企业至少34%的股权（通过否决权实现“负控制”）。[123]

在国家所有权方面，挪威政府认为自己仍然面临三个具体的挑战：（1）公司股东与国家其他角色之间的冲突；（2）权力集中从而有削弱私营部门的风险；（3）在行业专业知识上的局限性。尤其是，挪威政府表示，尽管治理安排是有效的，“但只要国家拥有了所有权利益，实际上就不可能通过其组织和行为方式，消除或减轻人们对国家行使权力的中立性表示怀疑”。[124] 政府的这一倡议已经导致国有商业地产公司恩特拉（Entra）于2013年公开上市。

4. 哥伦比亚

在拉丁美洲，国有企业也普遍存在，但上市国有企业在本地经济中的重要性存在很大差异。墨西哥是拉丁美洲唯一的经合组织成员国，也是国有石油巨头墨西哥国家石油公司（Pemex）的总部所在地，但它没有上市国有企业。[125] 虽然世界银行将智利和秘鲁视为国有企业治理改革的“地区性领跑者”，[126] 但是这两个国家都只拥有少量的上市国有企业，而且这些国有企业在交易和资本总额中的份额都比较小。[127] 因此，我们转而重点讨论哥伦比亚和巴西。这两个国家的国有企业在股市和整体经济中都发挥着重要作用，并且在国有企业治理体系的改革上取得了重大进展。

---

[122] 2013－2014 White Paper，见注释91，第10页。

[123] 同上，第11页。

[124] 同上，第41页。

[125] OECD，The Governance of Mixed-Ownership Enterprises in Latin America：Discussion Paper（2012）（以下简称“OECD Discussion Paper”），第4页，https：//www. oecd. org/daf/ca/Second-MeetingLatinAmericanSOENetworkMixedOwnership. pdf。

[126] World Bank，Corporate Governance of State-Owned Enterprises in Latin America：Current Trends and Country Cases（2014），第3页。http：//documents. worldbank. org/curated/en/2014/07/20183864/corporate-governance-stateowned-enterprises-latin-america-current-trends-country-cases。虽然联邦政府是或曾经是哥伦比亚国家石油公司、哥伦比亚输电公司和哥伦比亚电力公司的控股股东，但哥伦比亚电信公司由波哥大首都区拥有和控制。

[127] OECD Discussion Paper，见注释125，第4页。尽管秘鲁正式拥有9家上市国有企业，但几乎所有国有企业要么是国有独资，要么缺乏有意义的交易活动。

直到最近，哥伦比亚共有4家上市国有企业，即哥伦比亚国家石油公司（Ecopetrol）、波哥大电信公司（ETB）、ISA（哥伦比亚最大的输电公司）和ISAGEN（哥伦比亚第三大电力公司），合计占资本市场总市值的15%以上，占国有企业总资产的50%以上。[128] 它们都是在21世纪头十年内上市的，政府在每家上市国有企业持有将近80%的股份。[129] 2016年1月，ISAGEN实现了完全私有化。[130]

哥伦比亚国家石油公司是哥伦比亚最大的上市公司，截至2014年，其预算占GDP的近7%，占政府预算的20%。[131] 几年前，该公司因市值超过了巴西国家石油公司，成为拉丁美洲市值最大的石油公司而登上新闻报道的头条，其中至少部分原因是人们对制度环境质量的感知。[132] 然而，最近由于国际油价下跌，哥伦比亚国家石油公司的经济表现不佳。它还因涉嫌接受外国公司行贿而受到监管部门的腐败调查。[133]

根据哥伦比亚宪法，创建国有企业（包括混合所有制企业）必须得到法律授权。宪法还规定，国家股权的剥离应当以所有权的民主化为导向，尤其是让股权分散到工人群体。[134] 此外，根据宪法和1993年第42号法律，总审计长办公室（Comptroller General's Office）控制国有企业的财务。然而，经合组织认为，总审计长办公室过度热心的监管是一个潜在问题，阻碍了董事会进行专业而独立的决策。[135]

国家持股不足90%的混合所有制企业，普遍受私法的制约。[136] 这些混合所有制企业可以采用法律规定的任何企业形式。实际上，它们的组织形式通常是

---

[128] World Bank，见注释126，第96页。

[129] OECD，OECD Review of the Corporate Governance of State-Owned Enterprises：Colombia (2015)，第23页（以下简称“OECD Review”），http：//www. oecd. org/daf/ca/OECD-Review-Corporate-Governance-SOEColombia. pdf.

[130] Ryan Dube & Daniela Ramirez，Colombia Sells Stake in Power Generator Isagen to Canadian Investment Fund，WALL ST. J.，Jan. 13，2016.

[131] World Bank，见注释126，第96页。在2012年，哥伦比亚国家石油公司的估值接近峰值，仅其一家就占据了当地市场总市值的46%以上。参见OECD Review，见注释129，第23页。

[132] Ed Crooks & Pan Kwan Yuk，Ecopetrol overtakes Petrobras by market cap，FINANCIAL TIMES，Jan. 27，2013.

[133] U. S. Department of State，Colombia Investment Climate Statement（May 2015）at 18，http：//www. state. gov/documents/organization/241730. pdf.

[134] Constitucion，Art. 60；Ley 226 de 1995，Art. 3.

[135] OECD Review，见注释129，第32页。

[136] Código de Comercio de Colombia（Decreto 410 de 1971），Arts. 461 and 464.

公司。上市国有企业还要遵守哥伦比亚的《证券市场法》（2005 年第 964 号法律）以及公司治理准则。在执行国家的公司治理准则方面，上市国有企业的排名都特别靠前。⑬⑦

特别保护

作为控股股东的哥伦比亚政府对小股东提供额外保护。从 2000 年输电公司 ISA 首次公开发行开始，政府就签署了控股股东声明，承诺将采取法律规定之外的治理保障措施。例如，根据哥伦比亚国家石油公司的声明，小股东有权选举一名独立董事（董事会成员为 9 名），以及有权通过波哥大商会（Bogotá Chamber of Commerce）指定的投资银行进行价值评估，根据评估程序确定股价。[138] 该声明的初始有效期为 10 年，2017 年已到期。但是，根据哥伦比亚国有企业的惯例，会把这些内容纳入公司章程，从而使保护措施永续有效。[139]

哥伦比亚上市国有企业的股票实行一股一票。董事会根据公司法任命和罢免首席执行官。国有企业的董事会主要由独立董事组成，[140] 满足证券法规定的 25% 的底线。自 2008 年以来，哥伦比亚国家石油公司就在纽约证券交易所交易，因此也受到美国证券交易委员会的监管。该公司过去也曾在多伦多证券交易所上市，但在 2016 年自愿从该交易所退市。[141]

长期以来，哥伦比亚政府一直利用哥伦比亚国家石油公司为汽油消费提供补贴。2007 年，该公司进行了部分私有化，但依然由政府承担价格补贴的责任。[142] 在目前的监管框架下，该公司以管制价格销售汽油和柴油，随后从政府获得补贴。[143]

[137] See OECD Review，见注释 129，第 36 页。

[138] Declaracion de la Nación en suCalidad de AccionistaMayoritario de Ecopetrol S. A.（Jul. 26，2007），http：//www. ecopetrol. com. co/documentos/40316_Declaracion_del_Accionista_Mayoritario_26-07-07. pdf.

[139] OECD Review，见注释 129，第 53 页。

[140] Consejo Nacional de Política Económica y Social，Política general de propriedad de empresas estatales delorden nacional，Documento CONPES 3851，Nov. 23，2015，第 13 页。

[141] See http：//www. ecopetrol. com. co/wps/portal/es/ecopetrol-web/nuestra-empresa/sala-de-prensa/boletines-deprensa/Boletines/Boletines/Ecopetrol-deslistar-voluntariamente-Bolsa-Valores-Toronto.

[142] Helena Garcia Romero & Laura Calderon Etter，The Political Economy of Fuel Subsidies in Colombia，OECDEnvironmental Working Paper n. 61（2013）7.

[143] 补贴的计算方法是“生产商的规定收入与平价之间的差额；后者相当于当地产品的机会成本，或从美国墨西哥湾以参考价格进口天然气或原油的成本”。参见 Ecopetrol Form 20-F for the fiscal year ended December 31，2014，at F-18（以下简称“Ecopetrol 2014 20-F”）。

尽管在最开始的时候，政府支付的补贴存在延迟，[144] 但此后，这一机制显然运行顺畅。因为哥伦比亚国家石油公司在其证券报告中没有再提及类似的延迟风险。

在最近的财务状况恶化之前，哥伦比亚国家石油公司一直实行慷慨的股息支付。作为持有 88.49% 股份的大股东，国家从高股息中获得了可观收入。这一情况让人怀疑政府行为的短期导向。事实上，哥伦比亚国家石油公司在提交给监管机构的文件中提示到，作为控股股东的国家“可能同意股东大会关于高额股息支付的决定，这既不符合小股东的利益，还导致公司不得不减少投资，从而对公司的前景、经营业绩和财务状况产生负面影响”。[145]

国际认可

国际社会对哥伦比亚上市国有企业自身的治理实践给予了积极的总体评价。观察人士称赞该国的上市国有企业是良好治理的楷模。[146] 最近，经合组织评估了哥伦比亚国有企业的治理实践，强调了哥伦比亚国内专家的看法，即“哥伦比亚的三家上市国有企业（包括 ISAGEN，2015 年时还未私有化）是专业化管理和良好公司治理的典范”，“这些国有企业因良好的公司治理而获得不同奖项”证实了这一看法，“公共舆论对此也普遍认同”。[147] 除了特定的制度外，经合组织的评估还指出，人们认为个人的领导力在这种成功中也发挥了重要作用，并特别强调了哈维尔·古铁雷斯的贡献。此人之前长期担任哥伦比亚输电公司 ISA 的首席执行官，后来又担任哥伦比亚国家石油公司的首席执行官。[148]

经合组织认为，在平等对待股东以及其他利益相关者的参与方面，哥伦比

---

[144] 参见 Ecopetrol Form 20-F for the fiscal year ended December 31，2008，第 9 页。

[145] Ecopetrol 2014 20-F，见注释 143，第 120 页。

[146] 参见 Georgina Núñez & Andrés Oneto，Corporate Governance in Brazil，Chile，Colombia，Mexico an Peru：The Determinants of Risk in Corporate Debt Issuance，Economic Commission for Latin America and the Caribbean（ECLAC）Project Documents Collection（2015），http：//www19. iadb. org/intal/intalcdi/PE/2015/15271. pdf（“哥伦比亚国家石油公司是一个独特的例子，它成功地将多数国有股权与稳固的公司治理结合起来，在公司管理方面给市场注入了信心。”）；Andrés Bernal et al.，Corporate Governance in Latin America：Importance for State-Owned Enterprises—SOEs，Public Policy and Productive Transformation Series n. 6（2002），第 28 页（列举了哥伦比亚国家石油公司和哥伦比亚电力公司以及巴西国家石油公司和巴西水利公司作为“成功上市国有企业”和“世界领袖”的例子）。

[147] OECD Review，见注释 129，第 32 页。

[148] 同上，第 32—33 页。

亚是“很好的例子”，得到了“国际公认”。但它也指出，哥伦比亚在国家所有权的行使上存在一些弱点。[149] 根据哥伦比亚法律，所有权职能的行使由相关部长或部门主管负责。[150] 哥伦比亚的国有企业历来遵循分散化管理的模式，即根据行业和监管的亲疏关系，不同的企业受不同部委的监管。[151] 国有企业被某一部委拥有，同时被另一部委监管，这种现象非常普遍，由此可能引发行政管理上的冲突。[152] 在国有企业的董事会中，既有部长代表又有政府官员的情况也很常见。[153] 根据世界银行的报告，有些时候，董事和管理人员的任命不是基于技术能力，而是其在政治上的忠诚。[154]

哥伦比亚于 2017 年加入经合组织，该国最近宣布了国有企业治理制度的改革计划。[155] 其目标是将所有权职能集中起来，加强国家作为股东的作用。该计划起初作为财政部的试点项目，2019 年将转移到一个专门负责国有企业股权的新部门。哥伦比亚还承诺制定一项全面的政策，以明确国家所有权的目标、向公司传达明确的任务，以及使董事会成员的选拔机制和评价机制制度化。

为了分离国家的股东角色与监管者角色，哥伦比亚将逐步取消部长和其他政府官员参与国有企业的董事会。不过，鉴于哥伦比亚国家石油公司对经济的重要性，对其董事会的改革将放在最后，以便充分利用其他国有企业的经验教训。此外，政府还打算对国有企业颁布公司治理准则。

5. 巴西

尽管巴西在 19 世纪就对国有企业进行了早期试验，但直到 20 世纪下半叶，其国有企业才经历了大规模扩张。从此以后，上市国有企业在巴西的经济和资本市场中发挥了关键作用。在 20 世纪 70 年代，当时，大多数现行的法律框架开始生效，国家拥有多数投票权的混合所有制企业占股市总市值的 70%。[156] 即便经

---

[149] 同上，第 81 页。

[150] Ley 489 de 1998，Art. 99.

[151] World Bank，见注释 126，第 30 页。OECD Review，见注释 129，第 24 页；同上，第 25 页。

[152] OECD Review，见注释 129，第 25 页。

[153] 同上，第 25 页。

[154] World Bank，见注释 126，第 102 页。

[155] 对该计划的详细描述，参见 CONPES，见注释 140。

[156] 参见 Mariana Pargendler，The Unintended Consequences of State Ownership：The Brazilian Experience，13THEORETICAL INQ. L. 503，511（2012）（以下简称“The Unintended Consequences”）。

历了20世纪90年代的私有化浪潮和21世纪头10年私营企业首次公开发行的热潮，2008年国有企业仍占巴西股市总市值的三分之一。[157] 截至2015年，这一比例下降到14%。[158] 然而，这一下降并不是因为国有企业大幅减少，而是由于近年来国有企业的股价下跌。正如下文所述，这个变化很大程度上是由于公司治理方面的问题。

法律框架

同其他国家一样，巴西的混合所有制企业受到公法和私法的双重约束。根据巴西1988年的宪法，只有存在“国家安全需要”或“国家相关利益”时，[159] 国家才能通过国有企业直接从事经济活动。混合所有制企业必须由法令设立，[160] 并受到审计法院的监督。审计法院经由宪法的授权，可以控制政府的活动和开支。[161] 根据巴西宪法，从事经济活动的混合所有制企业也适用于约束私营企业的法律制度，包括民事、商业、劳工和税务。[162] 然而，成文法一直将国有企业排除在破产法之外，这一特殊安排的合宪性也一直是争论的焦点。[163] 此外，在适用一般公司制度时，宪法也允许存在例外，例如要求年度联邦预算包括由联邦政府控制的国有企业投资预算。[164]

巴西的混合所有制企业必须采取股份公司的形式，并基本上受到一般公司法和证券法的约束，但是它们的公司章程不受传统私法制度的管辖。[165] 巴西于2016年颁布了专门针对国有企业的法规。[166] 在此之前，巴西的公司法中关于国

---

[157] Pargendler，State Ownership，见注释39，第2919页。

[158] BM&FBOVESPA，SOE GOVERNANCE PROGRAM 3（2015），http：//www.bmfbovespa.com.br/lumis/portal/file/fileDownload.jsp? fileId=8A828D295048C0EF0150CE2C3F077741.

[159] Constitution of the Federative Republic of Brazil，Art. 173.

[160] 同上，Art. 37，XIX.

[161] 同上，Art. 71，III.

[162] 同上，Art. 173，II.

[163] 这方面的最新规则参见 Law 11，101 of 2005，Art. 2°，I。

[164] Art. 165，§5°，II.

[165] 国有企业章程历来包括各种不受标准法律制度约束的条款。其中一些特别条款加剧了政府的影响，比如给予巴西总统直接任命首席执行官的权力。其他例外情况是对小股东的保护，例如给予他们特别的董事会任命权。

[166] Lei No. 6.404，de 15 de Dezembro de 1976，DIÁRIO OFICIAL DA UNIÃO [D. O. U.] de 17.12.1976（以下简称“LSA”），Art. 235 and § 1°. Subsidiaries of SOEs，however，were subject exclusively to general corporate laws. LSA，Art. 235，§2°.

有企业的具体规定并不多。长期以来，巴西法律一直支持小股东在国有企业董事会中的代表权。这一机制目前已经写进了巴西宪法。[167] 当政府获得私营企业的控制股时，私营企业的股东可以行使评估权。[168] 然而，适用于巴西混合所有制企业的法律制度有一个最重要的特征，在本文探讨的国家中是独一无二的，这个特征包含在公司法第 238 条中（现在，新的国有企业法规中又做了修订[169]）。根据这条法律的规定，控制混合所有制企业的法人实体，其权利和义务与私企的控股股东相同，但是可以指导公司的活动，以使混合所有制企业满足使其得以建立的公共利益。

除了这些适用于国家拥有多数股权的国有企业的特别规则之外，国家在混合所有制企业中的股东利益也影响了巴西的一般公司法制度。巴西法律强调股东的受信义务（fiduciary duty），这专门考虑了国家作为控股股东的利益。这个特点是在国有企业占股市主导地位的背景下形成的。[170] 然而，在国家股东对公司法的影响方面，最引人注目的例子发生在 20 世纪 90 年代的私有化浪潮期间。当时，巴西对公司法进行了改革，取消了小股东在控制权转让和分拆方面的各种权利，以促进私有化，同时允许政府以出售股东的身份占有全部的控制权溢价。[171] 尽管自 20 世纪中叶以来，上市国有企业一直占据着巴西市场，[172] 但在 20 世纪 90 年代末和 21 世纪初，巴西联邦和州政府公开发行了各种各样的国有企业股票。这些股票包括在纽约证券交易所发行的存托凭证，因而这些公司又受到美国证券法及其执行机制的约束。

---

[167] Constitution of the Federative of Republic of Brazil, Art. 173, IV.

[168] LSA, Art. 236, sole paragraph.

[169] Lei No. 13. 303, de 30 de junho de 2016, DIÁRIO OFICIAL DA UNIÃO [D. O. U.] de 1°. 7. 2016（以下简称“SOE Statute”）, Art. 4°, § 1°（该款规定：控制一家混合所有制企业的法人，在 LSA 之下，具有与一般控股股东相同的职责，并且“其控股股东行为必须符合公司的利益，同时受制于被赋予的公共利益使命”）。

[170] 参见 LSA, Art. 117, § 1°, a (Braz.)（将控股股东“引导公司达到与其公司宗旨相违背的外国目标或者损害国家利益的目标，或者使公司偏向于国内、国外的其他公司，损害小股东对公司利润、资产或者国民经济的参与”的行为视为滥用控制权）（重点强调）。

[171] 关于国家在公司法塑造环节和更多环节的利益，参见 Pargendler, State Ownership and Corporate Governance, 见注释 39；Pargendler, The Unintended Consequences, 见注释 156。

[172] 然而，国际文献不精确地将巴西上市国有企业的崛起描述为过去 20 年首次发起的一项战略。参见 WORLD BANK, 见注释 4, 第 44 页；Flores-Macias & Musacchio, 见注释 4。

最近的治理挑战

虽然巴西的上市企业，尤其是巴西国家石油公司，不久前还被誉为良好公司治理和业绩方面的典范，[173] 但从那以后，它们遭遇了危机，经历了困扰混合所有制企业的各种治理挑战。第一，上市国有企业过去10年一直处于公共腐败丑闻的中心，比如巴西银行卷入了政府官员策划国会贿选的丑闻，以及巴西国家石油公司牵连其中的大规模腐败指控。[174]

第二，政府作为控股股东想要实现的社会和政治目标与公司外部投资者的利益存在明显冲突。过去几年，巴西国有企业的行为被公认为损害了私人股东的利益。巴西国家石油公司的价格管制，以及巴西电力公司对特许权合同的重新谈判都说明了它们想要追求的目标不是公司财务利益的最大化。

第三，巴西国有企业还有一些在私营企业中也很常见的问题（尤其是有一个控股股东的公司），比如从事损害小股东利益的关联交易。

最后，对巴西来说，界定政府控制本身就提出了各种难题。与法国一样，巴西越来越依赖政府持有的少数股权而非多数股权。[175] 一方面，政府控制的机构投资者（如国有企业养老基金，以及巴西经济社会发展银行的股权管理公司BNDESPAR）在巴西股市中影响很大；另一方面，国家代理人广泛使用股东协议。这两方面共同提高了政府对公司的干预程度，甚至在政府并不直接拥有多数投票权的公司，政府干预也增多了。然而，根据巴西宪法、公司法和国有企业方面的新法规，适用于国有企业的特别法律制度只适用于国家是大股东的混合所有制企业。对于国家是小股东的企业，即使国家对企业治理仍然有重大的影响力，这些公司也只受私法约束，并没有相应的公共监督机制。[176]

改革计划

最近，为了恢复投资者和社会对上市国有企业的信心，巴西的私营部门

---

[173] 参见注释4以及上下文。

[174] 参见注释6—7以及上下文。

[175] Mariana Pargendler, Governing State Capitalism: The Case of Brazil, in REGULATING THE VISIBLE HAND? THE INSTITUTIONAL IMPLICATIONS OF CHINESE STATE CAPITALISM (Benjamin H. Liebman & Curtis J. Milhaupt eds. 2015)（以下简称"Governing State Capitalism"）。

[176] 同上。

和立法机构都采取了相关的举措。2015 年，巴西证券期货交易所启动了国有企业治理计划。这个计划是证券交易所为上市国有企业提供的首个治理纲领。该计划借鉴了有着高质量公司治理的新市场板（Novo Mercado）的成功经验，即在不改变法律和监管的情况下，实行治理改革并增强投资者信心。[177]

和新市场板以及其他有着高质量公司治理的交易板块一样，参与国有企业治理计划都是自愿的，该计划要求实施更严格的公司治理规则，包含了 25 项公司治理要求，反映了四类行为：（1）信息披露和透明度，（2）内部控制结构及其实践，（3）董事会的组成和管理，（4）政府股东承诺将内部信息保护和非公开信息披露纳入国家行为准则。根据该计划，巴西证券期货交易所将对符合所有要求的国有企业颁发第一类证书。第二类证书颁发给符合六项强制要求，同时得分不少于 27 分（总分为 37 分）的公司，在计算得分时，还使用了其余的公司治理规则，并根据其重要性分配权重。[178] 然而，与新市场板和其他有着高质量公司治理的交易板块不同，国有企业治理计划不是一种上市制度，因此不会对不符合要求的行为施加任何制裁。因此，实际上国有企业可以随时退出该计划。对不遵守或退出的唯一潜在制裁只是声誉上的，这大大削弱了该计划作为一种可信承诺机制的前景。目前为止，该计划还没有吸引到一个成员。不过据说一些国有企业正在考虑加入该计划。

2016 年，根据 1998 年宪法修正案的要求，[179] 巴西颁布了一项法规，旨在为公共企业和混合所有制企业提供特殊的法律制度。[180] 该法规对国有企业施加了一系列新的治理规则，与国有企业治理计划存在部分重叠。第一，该法规强化了对国有企业的信息披露要求，包括有义务阐明国有企业的公共政策

---

[177] 有关新市场板试验的讨论，参见 Ronald J. Gilson，Henry Hansmann & Mariana Pargendler，Regulatory Dualism as a Development Strategy：Corporate Reform in Brazil，the United States and the European Union，63 STAN. L. REV. 475（2011）。

[178] 作为该计划的核心部分，这六个核心规定是：（1）加强证券备案的信息披露，特别是国有企业执行公共政策的行为及其对公司财务绩效的影响；（2）设立合规风险管理部门；（3）设立由多数独立成员组成的内部审计部门和法定审计委员会；（4）制定关联方交易政策，以供独立法人机构分析；（5）确定董事会、高管委员会和监事会构成的最低标准，包括对政治任命的限制，以及禁止任命国有企业监管机构代表、政党董事和选任官员；（6）任职需符合管理人员的聘任条件。

[179] Brazilian Constitution，Art. 173，§ 1°.

[180] Lei No. 13. 303，de 30 de junho de 2016.

目标，并在年度报告中说明这些目标的财务成本。国有企业还必须制定和披露其在关联交易上的政策，以及根据其赖以创立的公共利益制定股息政策。第二，该法规要求，国有企业的内部控制制度必须包括一个内部审计委员会和一个常务审计委员会，以及保证董事会拥有足够的独立性以行使其职能。第三，该法规还包含关于董事会构成的大量规则。它规定董事和高级管理人员的最低资格，以及任命董事会成员和管理人员的各种限制。[181] 一般情况下，独立董事（包括小股东代表）的占比不能低于25%。如果股东同意累积投票的话，董事会中至少也要有一名独立董事。参与国有企业董事会的政府官员人数也被限制在不超过两名。最后，该法规尝试界定了国有企业的社会功能。[182]

行使所有权职能

除了企业治理框架的改革以外，巴西一直在改革负责监督国有企业和行使股东权利的政府机构。尽管巴西的各个国有企业在其市场活动方面与管辖它的部委有诸多联系，但同时也受到不同形式的集中监督和控制。1979 年，政府在计划部下成立了国有企业控制秘书处（SEST），专门收集国有企业的信息。其目的是，当国际危机出现时，政府对国有企业的预算和管理有更大的控制权。1999 年，在私有化浪潮的余波中，这个部门失去了秘书处的地位，变成国有企业协调与控制司（DEST）。

最近，上述结构发生了两个变化。2007 年，巴西联邦政府设立了跨部委的公司治理与政府股权管理委员会（CGPAR），旨在解决与联邦国有企业相关

---

[181] 除了强制要求在国有企业经营的同一或相关领域的政府或私营部门有几年的经验外，该法规列举了一系列不得担任董事或者高管的名单，包括政府各部委的长官、监管者、立法者、政党领袖、工会领袖以及国有企业的合作方。然而，经验要求也许过于严格，可能会背离打造有力、独立且多样化的董事会的目标。

[182] 巴西宪法第 27 条规定如下：“公共企业和混合所有制企业将具有实现集体目标或服务于国家安全需要的法定社会功能。第 1 款：本款涉及的集体利益的实现路径，必须致力于实现经济福利和社会资源在公共企业和混合所有制企业之间的有效配置，以及（1）在经济上可持续地扩大消费者获得公共企业和混合所有制企业的产品和服务的机会；（2）开发或利用巴西国内在产品和服务供给上的生产技术，始终以合理的经济方式进行。第 2 款：公共企业和混合所有制企业必须按照法律的规定，以符合其业务所在市场的环境可持续性和企业社会责任的方式运作。第 3 款：公共企业和混合所有制企业可以与一个自然人或者一个法人签订发起人协议，以促进文化、社会、体育、教育和技术创新活动，只要这些活动被证明与强化企业品牌有关，并且符合本法对采购和合同的规定。”

的战略问题和公司治理问题。2016 年 7 月，政府将国有企业协调与控制司改为国有企业协调与治理秘书处，旨在加强国有企业的治理和监督，同时有可能也在为未来的私有化铺平道路。虽然现在评估这些变化的影响还为时过早，但巴西始终没有充分集中国家的股权职能，而相关部委将继续在国有企业的治理和管理中发挥重要作用。

6. 日本

在日本，提供政府服务或垄断经营的公司被称为“特殊公营公司”。它们的股份完全由财务省拥有，而且，不受适用于私营公司的公司法约束。它们的设立、治理结构和运作受专门法律的约束，同时受到特定政府部门的监督。[183] 在日本的语境中，“私有化”首先需要将特殊公营公司转变为受公司法管辖的正规股份制公司，以便向公众发行股份。[184] 日本的混合所有制企业是该国渐进私有化的结果。

日本特殊公营公司的私有化经历了两次浪潮。20 世纪 80 年代，面对国家债务危机，首相中曾根康弘发起了第一次私有化浪潮。这次浪潮深受英国撒切尔革命的影响，开启了三家特殊公营公司的大规模私有化：日本电报电话公司（NTT）、日本烟盐专卖公司（Japan Tobacco & Salt public Corporation）和日本国有铁道（JRN，以下简称日本国铁）。2005 年，首相小泉纯一郎发起了针对日本邮政（Japan Post）下属金融机构的第二次私有化浪潮，但出于政治原因，到 2015 年其股票才首次面向公众发行。这些对私有化的探索为我们提供了一个窗口，让我们可以看到日本在国有企业私有化以及私有化后政府仍拥有部分股权的企业在治理方面的一些独特特征。

日本国铁

日本的铁路工业于 1906 年被国有化。1949 年，在美国占领日本以后，日本国铁成立，它是管理国内所有铁路运营的特殊公营公司。[185] 根据《日本国有铁路法》（Japan National Railway Law），日本国铁从国会获得拨款。虽然资金

---

[183] KOICHIRO FUKUI，JAPANESE NATIONAL RAILWAYS PRIVATIZATION STUDY 6（1992）.

[184] 如果政府继续持有部分股份，即使在股份向公众发行之后，公司仍将受到私有化之前的特别法律的约束。

[185] YOSHIYUKI KASAI，JAPANESE NATIONAL RAILWAYS：ITS BREAK-UP AND PRIVATIZATION 3（Nozomu Nakaoka & Christopher P. Hood trans.，2003）.

用途的决定权留给了日本国铁的管理者，但法律规定的治理结构给政府控制管理层决策留下了空间。[186] 1981年，为了应付日本国铁积累的巨额债务和整个政府的债务危机，由首相任命的行政改革临时委员会建议将日本国铁、日本电报电话公司和日本烟草公司私有化。关于日本国铁，委员会不仅建议将其私有化，而且建议将该公司分成几个较小的地区性公司和一个全国性的铁路货运公司。这样一来，这些公司将更容易管理，而且铁路产业的发展会更适合各地的情况。经过五年的准备和规划，日本国铁重组法案得以颁布，旨在将日本国铁完全私有化。该法案将日本各家铁路企业的使命从“改善公众福利”转变为“响应市场需求和实现有效管理”。[187]

公司化进程的第一步是原日本国铁下的各家铁路公司都成为新成立的日本国有铁道清算事业团（JNRSC）的全资子公司，而日本国有铁道清算事业团由政府所有，承担了原日本国铁的债务。在20世纪90年代初，日本国有铁道清算事业团开始出售各家铁路公司的股票。1998年，日本国有铁道清算事业团解散，同时日本铁路建设公营公司（JRCPC）成立，以解决前者未尽的义务。[188] 有三家日本铁路企业的股票于21世纪初完成销售。另一方面，由于资产和铁路路线不被看好，仍有四家铁路企业由政府全资拥有，其中一家计划在不久的将来私有化。在日本铁路企业最初被公司化的时候，重要事项需要获得国土交通大臣的批准，包括选聘首席执行官和公司审计师、股票和债券的发行、长期借款、商业计划、重要资产的出售以及公司章程的修订。[189] 仍由政府所有的四家企业也有这些限制，只不过它们不再适用完全私有化的日本国铁下属公司。私有化的日本国铁公司必须符合公司法要求的公司治理结构，包括董事会构成（会中必须有超过法定人数的独立董事[190]），独立的审计委员会，其

---

[186] 内阁任命一名政府官员担任董事会主席；该官员在国土交通大臣的批准下，任命董事会的其余成员。国土交通大臣任命审计委员会的成员。FUKUI，见注释183，第6—7页。

[187] TATSUJIRO ISHIKAWA & MITSUHIDE IMASHIRO，THE PRIVATISATION OF JAPANESE NATIONAL RAILWAYS 2（1998）.

[188] East Japan Railway Company History，FUNDING UNIVERSE，http：//www.fundinguniverse.com/companyhistories/east-japan-railway-company-history/（last visited June 19，2016）.

[189] FUKUI，见注释183，第65页。

[190] 从技术上讲，日本公司法的要求是以“外部”而非“独立”的董事和审计师为框架，前者的分类要求没有后者严格。因此，一些日本公司将特定的董事会成员描述为“独立的外部董事”。这种区别对于我们的分析并不重要，所以我们简单地使用术语“独立的”。

中也必须有超过法定人数的独立审计师。[191]

人们普遍认为，日本国铁的私有化和各铁路公司的区域分工非常成功。[192]将日本国铁划分为地区性公司，鼓励了针对特定区域的商业政策。新形成的企业文化提升了盈利能力。而且由于管制的放松，性价比更高的政策也得以出现。此外，或许最重要的是，这些新公司摆脱了压垮日本国铁的沉重债务负担。

日本电报电话公司和日本烟草公司

20 世纪 80 年代，日本电报电话公司和日本烟草公司这两家特殊公营公司也推行了私有化。但它们采用的策略与铁路系统不同，它们只是被部分私有化。1986 年以前，日本政府持有日本电报电话公司 100% 的股份。通过一系列的股票发行，政府的持股比例逐渐下降到目前的 35% 左右。根据 1984 年颁布的《日本电报电话公司法案》，政府被要求至少保留日本电信电话株式会社（NTT Corporation）三分之一的股份。该株式会社是几个地区性电报电话公司的控股股东。[193] 1997 年，政府在国会表示，不会积极地利用股东身份影响日本电报电话公司的管理。事实上，日本政府也从未行使这一权力。[194] 不过，除了其股东身份外，日本政府对该公司仍然拥有重要的控制权。因为《日本电报电话公司法案》规定，不仅董事和审计师的任免需要邮政大臣（日本内阁改制后，邮政省被并入总务省）批准，而且各地子公司的商业计划也需要上报总务大臣审批。[195]

同样，日本烟草公司也只是被部分私有化。日本烟草公司由《日本烟草

---

[191] 东日本旅客铁路公司（JR East）的董事会有 17 名董事，其中 3 名是独立董事，还有一个由 5 名成员组成的公司审计委员会，其中 4 名是独立的，参见 East Japan Railway Co.，Annual Report 57（2015）。东海旅客铁路公司（JR Central）有 16 名董事（3 名独立董事）及 5 名公司审计师（3 名独立审计师），参见 Central Japan Railway Co.，Annual Report 30（2015）。西日本旅客铁路公司（JR West）有 14 名董事（5 名独立董事）和 4 名审计师（3 名独立审计师），参见 West Japan Railway Co.，Annual Report 42（2015）。

[192] 参见 FUKUI，见注释 183，第 91 页；KASAI，见注释 185，第 160 页。

[193] Law Concerning Nippon Telegraph and Telephone Corporation，Etc.，Law No. 85 of December 25，1984，as last amended by Law. No. 87 of July 26，2005，http：//www.soumu.go.jp/main_sosiki/joho_tsushin/eng/Resources/laws/NTTLaw.htm.

[194] NTT Form 20-F（2009），第 15 页。https：//www.see.gov/Archives/edgar/data/769594/000119312509141360/d20f.htm.

[195] YOSHIRO TAKANO，NIPPON TELEGRAPH AND TELEPHONE PRIVATIZATION STUDY 18（1992）.

公司法案》设立，是一家受《公司法》约束的股份公司。[196] 该法案规定，日本政府必须继续持有该公司已发行股票的三分之一，但是没有投票权的股票不在此范围内。[197] 该法案还规定，新股发行和各种其他重要事项，包括董事和公司审计人员的任免，都需要获得财政大臣的批准。[198] 日本烟草公司的当时董事长曾是大藏省（即后来的财务省）的高级官员，与大藏省和该公司之间有长期的个人渊源。[199]

如前所述，根据法律，日本政府在日本电信电话株式会社和日本烟草两家公司中保留了大量股权和治理权利。在铁路部门完全私有化的同时，政府为何还要保留这两家公司的部分所有权，目前还不完全清楚。[200] 不管理由如何，政府对这两家公司保留潜在的控制权肯定是有意义的，也没有证据表明这两家公司在追求非商业目标的时候受到政界人士的干预，也没有强迫公众股东接受政府从公司价值中获取利益的交易或者政府偏向的其他交易。然而，至少在烟草行业，有人认为出现了不良现象，正是由于政府在烟草业的大比例所有权，削弱了政府为公共卫生而积极管制吸烟的激励。[201]

日本邮政

日本的第二次私有化浪潮始于21世纪头10年的中期。这次浪潮的中心是以日本庞大的邮政网络为基础的金融服务业。日本在19世纪70年代建立了邮政业务和邮政储蓄系统，在1916年建立了邮政人寿保险系统。[202] 为了经营这

[196] Japan Tobacco Inc. Annual Report FY 2014，The Japan Tobacco Inc. Act 第142页，https：//www. jt. com/investors/results/annual_ report/pdf/annual. fy2014_E_all. pdf.

[197] 同上，第51页。

[198] 同上。

[199] Mark A. Levin，Smoke around the Rising Sun：An American Look at Tobacco Regulation in Japan，8 STAN. L &POL. REV. 99（1997）.

[200] 维持某种程度的政府所有权，可能是一种针对这些产业私有化在政治上面临的阻力的手段，也反映了这些产业已知的公共利益。尽管铁路行业可能也是如此，但日本国铁当时的经济困境已经十分可怕了，完全私有化和沿区域性路线的重组似乎是唯一选择。参见 Hiromi Tamamura，TheActual State and Effect of Privatization in Japan，undated working paper，第4—5页，http：//www. jftc. go. jp/eacpf/03/privatization. pdf。

[201] 参见 Levin，见注释167。

[202] 因此，日本的邮局除了提供标准的邮政服务外，还为顾客提供储蓄与购买各种保险和年金的机会。

些企业，日本交通省于1885年成立，1949年被邮政省取代。[203] 依靠邮政储蓄系统，日本政府成为世界上最大的私人资产持有者之一。2000年，邮政储蓄系统拥有260万亿日元，约占日本家庭储蓄的40%。[204] 邮政储蓄和保险系统的利润被归入财政投融资计划（FILP）。该计划由财务省下属的财政局管理。财政投融资计划（通常称为“第二预算”）为公共工程项目和地方政府提供资金。[205] 这使得邮政金融的私有化成为一个非常令人担忧的政治话题。如同上述国有企业的私有化一样，这一进程始于首相成立的一个理事会，以评价私有化的好处以及随后执行私有化计划。小泉纯一郎将邮政储蓄和保险系统私有化的动机，是由于有人批评财政投融资计划是管理不善和政治分肥的根源。[206] 私有化支持者还认为，将邮政金融系统的巨额资产从政府的资产负债表转移到私营部门，将振兴当时正在苦苦挣扎的日本金融业。

2003年，政府成立了日本邮政公司，管理邮政、银行和保险三种服务。2005年，国会通过《邮政私有化法案》，取缔日本邮政公司，转而成立政府控股的日本邮政控股公司（JPH），旗下有四家公司：日本邮政银行、日本邮政保险、日本邮政服务和日本邮政网络。日本邮政公司的资产和业务由四个子公司瓜分。最初的法律要求政府尽快将其在日本邮政控股公司中的股权降至三分之一，还要求日本邮政控股公司在2017年之前出售其在日本邮政银行和日本邮政保险的全部股权。而经营邮政局和邮政派送服务的两家子公司将继续由日本邮政控股公司全资拥有。[207]

由于日本政府的更迭，小泉的私有化计划在他离任后被搁浅。然而，在2011年影响福岛地区的地震和核灾难发生以后，为了给重建工作筹集资金，日本邮政的私有化计划被重新启动。事实上，40亿美元的发行资金被指定用于灾后重建。新政策要求尽快出售日本邮政银行和日本邮政保险

---

[203] Japan Post Holdings Co., Ltd., Offering of 495,000,000 Shares of Common Stock 93 (Oct. 26, 2015).

[204] NOBUYUKI KINOSHITA, THE ECONOMICS OF JAPAN'S POSTAL SERVICES PRIVATIZATION 6 (2008).

[205] 同上，第4页。

[206] Patricia L. Maclachlan, Two Steps Forward, One Step Back: Japanese Postal Privatization as a Window on Political and Policymaking Change, in POLITICAL CHANGE IN JAPAN 157, 165 (Steven R. Reed, Kenneth Mori McElwain & Kay Shimizu eds., 2009).

[207] KINOSHITA，见注释204，第17页。

的所有股份，而不是以原定的 2017 年为最后期限。[208] 而两家从事邮政服务的子公司合并为一家公司，即日本邮政公司（Japan Post Co.），该公司仍是日本邮政控股公司的全资子公司。[209] 在 2015 年秋季的首次公开发行中，政府出售了日本邮政控股公司 11% 的股份，以及日本邮政银行和日本邮政保险各 11% 的股份。这三家公司的股票都受到日本散户投资者的欢迎。[210] 根据私有化法，政府将逐步出售日本邮政控股公司的股份，直至其所有权比例降至三分之一，并逐步处置在日本邮政银行和日本邮政保险的所有股份，尽管法律并没有为此制定时间表。

与日本电报电话公司、日本烟草公司和日本铁路公司都采用了传统日本公司的治理结构相反，日本邮政的私有化选择了此前私有化中未曾有过的一种董事会结构。根据公司法，采用这种新董事会结构的公司需要取缔公司审计委员会，并在董事会中设立三个强制性的委员会（审计、薪酬和提名），每个委员会中独立董事要占到多数。[211] 日本邮政控股公司的董事会有 15 名董事，其中有 10 名是独立董事——数量远远超过日本公司治理准则建议的两名。除了法定的委员会之外，日本邮政控股公司还设立了执行委员会，专门负责监督管理决策，并为董事长和首席执行官提供建议。[212] 相应地，日本邮政银行和日本邮政保险公司具有相同的公司治理结构。[213]

尽管如上所述，首次公开发行被认为是非常成功的。但是，由于时间表不明确，日本邮政的私有化还是受到了一些批评，新公司的成功也受到一些质疑。[214] 这些金融子公司的业务受到法律约束，从而限制了它们与其他金融机构

---

[208] Passage of the Amendment to Postal Privatization Law, House of Councilors (Upper House) of the National Diet of Japan，第 6 页，http://www.sangiin.go.jp/japanese/annai/chousa/rippou_chousa/backnumber/2012pdf/20120904003.pdf。

[209] Japan Post Holdings Co., Ltd.，见注释 203，第 94 页。

[210] Atsuko Fukase, Japan Post and Financial Units Soar in Trading Debuts, WALL ST. J., Nov. 4, 2015, http://www.wsj.com/articles/japan-post-and-financial-units-soar-in-trading-debut-1446600123.

[211] 关于委员会结构，参见 Ronald J. Gilson & Curtis J. Milhaupt, Choice as Regulatory Reform: The Case of Japanese Corporate Governance, 53 AM. J. COMP. L. 343 (2005)。

[212] Japan Post Holdings Co., Ltd.，见注释 203，第 314 页。

[213] Japan Post Bank Co., Ltd., Annual Report 18 (2015); Japan Post Ins., Co. Ltd., Annual Report 32 (2015).

[214] Editorial, Japan Post's Murky Privatization, THE JAPAN TIMES, Oct. 30, 2015, http://www.japantimes.co.jp/opinion/2015/10/30/editorials/japan-posts-murky-privatization/#.V5Mfvflf_fBI.

竞争的能力，这是政府所有权遗留的问题。例如，日本邮政银行不能提供许多标准类型的贷款，如住房抵押贷款；而日本邮政公司作为日本邮政控股公司的全资子公司，被要求在日本各地维持邮政服务，并把盈利能力放在其次。[215] 另一个潜在问题是大众股东与政府之间以及控股公司股东与子公司股东之间的利益分歧。[216] 由于不久前的首次公开发行规模小，所以对日本邮政私有化计划的成功与否，可能要许多年以后才能充分评价。

正如这些事件所示，日本的私有化具有深思熟虑和循序渐进的特点。在每个案例中，都会设立一个政府机构以外的委员会拟订私有化计划。这样做的好处是，在可能的范围内保证私有化进程免受政治变动的影响，可以实现颇有成效的结果以及公平分配私有化工作的负担。[217] 虽然日本特殊公营公司的私有化并不完全，但私有化后的治理并没有受困于政治干预，也没有违背受信义务、榨取大众股东财富。然而，需要注意的是，这个良好结果的原因似乎是日本政府合理的克制，而非健全的制度设计，实际上，继续适用约束混合所有制企业的特殊法律也为政府干预提供了空间。至少在政府相对廉洁和负责任的背景下，日本的私有化表明，在国家所有制和私人所有制这两个极端之间，存在另一种可行的选择，即长期的混合所有制。按照日本的做法，混合所有制虽然不是完全没有问题，但对于改善管理和盈利能力似乎是有效的，同时又使政府能在那些具有公共福利重要性的服务提供上保持一定程度的控制。

7. 新加坡

从新加坡脱离马来西亚独立到英国军队撤出，其经济发展战略很大程度上依赖于该国的“政府关联公司”（government-linked companies）。以政府关联公司为中心的经济战略制定于20世纪60年代。当时，执政的人民行动党政府认为需要支持新加坡的经济转型。该经济战略是基于这样的论点——“控制国内的关键市场和机构，是吸收剩余劳动力和促进经济增长最有效的方法”。[218]

---

[215] Fukase，见注释210。

[216] Japan Post Holdings Co.，Ltd.，见注释203，第68页。

[217] FUKUI，见注释183，第128页。

[218] Cheng Han Tan，Daniel Puchniak & Umakanth Varottil，State-Owned Enterprises in Singapore：Historical Insights into a Potential Model for Reform，NUS Working Paper 2015/003.

过去几十年，新加坡人民行动党的政治合法性与经济的成功发展密切相关。

新加坡政府关联企业的股份由淡马锡控股有限公司持有。淡马锡控股有限公司成立于1974年，隶属于新加坡财政部。但它是一家可豁免于新加坡公司法的私人投资控股公司。[219] 新加坡政府在自己和政府关联企业之间插入一个控股公司，是希望政府关联企业免受政治影响，同时加强其商业导向。[220] 在成立之初，淡马锡控制了许多由其他政府机构拥有的公司。在此之前，政府已经将这些企业组成集团，以培育国家的冠军企业。中国后来也采用了这一策略。因此，淡马锡旗下的每一家公司都是其所属集团的总公司，而每个集团都拥有众多子公司。[221] 如今，淡马锡是新加坡23家最大公司的控股股东，这些公司合计占新加坡总市值的近40%。[222]

淡马锡有两个密切相关的特征，使之有别于中国的国有资产管理委员会（以下简称国资委）：（1）其公开文件明确无误地阐述其商业导向，其业绩也证实了这一导向；（2）其投资组合内的公司高度独立于直接的政治影响。

商业导向

淡马锡自称是一个积极的投资者和负责任的国有资产管理者。这种说法得到了该公司业绩的证明：自1974年成立以来，公司股东的年复合收益率为16%。淡马锡采用各种手段加强财务纪律，比如发行债券（标准普尔AAA级），以及利用市场标准决定管理层的激励型薪酬。这些绩效激励会延期数年发放，还有可能被收回。

独立性

淡马锡的董事会非常专业化，而且是非政治导向的。2015年1月，其董事会的人数从10人扩充到13人，目前主要由私有部门的独立董事组成，其中3人是非新加坡公民，包括世界银行前行长罗伯特·佐利克（Robert Zoellick）和荷兰皇家壳牌前首席执行官傅赛（Peter Voser）。董事会中没有各部委的代表。有趣的是，淡马锡大约有40%的员工不是新加坡公民，因而政治忠诚对

---

[219] 这家公司的股东人数不超过20人，而且没有公司股东。

[220] FAQs：Why was Temasek Established? Temasek，http：//ww. temasek. com/sg/abouttemasek/faqs#.

[221] Grant Kirkpatrick，Managing State Assets to Achieve Developmental Goals：The Case of Singapore and Other Countries in the Regions，OECD Workshop on State-Owned Enterprises in the Development Process（2014）.

[222] Tan et al.，见注释218。

他们的决策动机和工作表现可能没有什么影响。

为了降低政府关联企业受到政治而非商业驱动的风险，新加坡政府构建了一个高度透明和高度定制化的监管体系，旨在防止政府滥用其作为政府关联企业控股股东的地位。[223] 相关的监管制度有很多相互补充的内容。

首先，财政部的股东权利受到各种法律限制。例如，新加坡宪法规定，财政部对淡马锡董事的任命、再任命或免职必须得到新加坡总统（总统不能以政党成员的身份当选，而且当选前至少3年未在政府任职）的批准。[224] 此外，淡马锡的公司章程规定，其董事会有权决定政府股息的金额。

其次，淡马锡董事会也受到限制，以尽量减少受政治动机干预的可能性。作为宪法第5款（Fifth Schedule）下的实体，淡马锡董事会直接对新加坡总统负责。对于某个投资项目，董事会需要证明投资是基于公允的市场价值，而用于投资的累积储备必须得到总统的批准。[225] 此外，对旗下公司的参与，公司章程声明淡马锡自愿接受相关限制。以下全文引用了淡马锡公司章程关于投资部分的内容：[226]

- 淡马锡是一家投资公司。我们基于商业原则拥有和管理资产。
- 作为一个积极的投资者，我们通过增加、持有或减少投资，形成我们的投资组合。这些行为是由一系列商业原则驱动的，目的是在长期中创造以及最大化经风险调整后的收益。
- 作为一个积极参与的股东，我们在投资参股的公司（portfolio companies）里推进健全的公司治理，包括组建一个高素质、经验丰富和多样化的董事会。
- 我们的参股公司由各自的董事会和管理层指导和管理。我们不指导它们的商业决策和运营。
- 同样地，我们的投资、撤资和其他商业决策由董事会和管理层做出。

---

[223] Dan W. Puchniak & Luh Luh Lan, Independent Directors in Singapore: Puzzling Compliance Requiring Explanation, NUS Working Paper 015/006, at 37 (2016), https://papers.ssrn.com/sol3/papers.cfm?abstract_id=2604067.

[224] Constitution of the Republic of Singapore, Arts. 22A, 22C.

[225] 同上，Art. 22B.

[226] Temasek Review (2015), http://www.temasekreview.com.sg/overview/the-temasek-charter.html.

无论是总统还是我们的股东新加坡政府，都不参与我们的商业决策。

淡马锡的公开声明还强调它与投资参股的公司是一种协商关系："我们在被投资公司内部寻找价值创造的机会，并与其董事会和管理层密切联系，酌情分享我们的观点，供他们参考。"㉗ 鉴于其上述投资导向和对投资参股的公司所持的态度，评论人士认为，淡马锡类似于一家敬业的养老基金，提倡良好的公司治理，并积极行使其投票权，但不直接参与管理。㉘

最后，尽管淡马锡得到法律豁免，无须发布公开报告，但它仍然详细地披露其投资组合的结构和业绩，并让一家国际审计公司对其财务报表进行年度审计。因此，淡马锡经常被视为给政府投资基金的透明度设立了"黄金标准"，并在林纳堡—迈达艾尔透明指数（Linaburg-Maduell Transparency Index）中获得最高评级。㉙

对于新加坡政府关联公司的商业导向和政治独立性而言，还有另一种保护方式，即对独立董事的广泛依赖。在淡马锡的投资组合中，上市的政府关联公司受到新加坡《公司治理准则》的约束。该准则在"遵守或解释"的基础上，为上市公司制定了最佳实践标准。该准则规定，上市公司的董事会至少有三分之一的独立董事；董事长参与公司管理的，这一比例应增至二分之一。如前所述，淡马锡董事会成员大部分是独立董事。而且，淡马锡还将首席执行官和董事长的职位分开，董事长是独立于淡马锡管理层的非执行董事。此外，淡马锡还要促进旗下政府关联公司董事会的独立性。最近的研究表明，在淡马锡投资参股的公司中，有65%的政府关联公司的董事被认定为"独立董事"。㉚ 这项研究审查了每名独立董事的公开履历并得出结论：他们"通常是新加坡商界才能卓越的知名人士，似乎独立于各自的政府关联公司的管理层之外"。㉛

尽管存在上述保障措施，但是淡马锡和政府关联公司不可能完全不受政治影响。淡马锡现任首席执行官是新加坡国父李光耀的儿媳。一直以来，淡马锡

㉗ Temasek Review（2015），http：//www. temasekreview. com. sg/investor/as-an-active-investor. html.

㉘ Puchniak & Lan，见注释223，第38—39页。

㉙ http：//www. swfinstitute. org/statistics-research/linaburg-maduell-transparency-index/。挪威主权财富基金GPFG和阿拉斯加基金也获得了最高评级。

㉚ Puchniak & Lan，见注释223，第41页。

㉛ 同上。

及其子公司的董事要么是新加坡公务员，要么是军方人员。甚至在今天，淡马锡子公司的经理都是从新加坡统治阶层中挑选出来的。其结果是，公司广泛同意政府的发展目标，自独立以来，人民行动党一直负责制定新加坡的发展目标。[232] 与此相一致，在被认定为“独立的”148名董事中，有50%目前或者以前在新加坡政府任职。[233] 由于董事和管理人员的背景、世界观以及追求的目标与淡马锡相同，所以政府即使不直接干预，也可以确保淡马锡对政府关联公司的投资策略可以实现政府的政策和战略目标。不过，新加坡政府在政府关联公司持股追求纯粹的商业目标，为淡马锡体系内部的管理者提供了明确的指引。这与其他许多政府持股商业企业在商业目标中掺杂社会目标形成了鲜明的对比。[234]

还应当指出的是，即便淡马锡有着出色的长期投资回报，新加坡政府的政府关联公司战略还是受到了批评。一些人认为以政府关联公司为中心的经济发展战略是错误的，因为这些公司与私营部门竞争，并可能在新的市场、产品和技术上排挤私营企业。淡马锡还因投资一家有政治背景的泰国财团而陷入争议。[235]

不过，这些无关痛痒的指责和批评不足以掩盖新加坡模式的总体成功。在财务业绩、透明度、防范腐败以及小股东利益保护等几乎所有指标上，新加坡模式都取得了显著的成功。新加坡的政府关联公司战略似乎取得了“两全其美”的效果：一方面，通过淡马锡，政府在其投资参股的公司中实现了控股股东的监管权力；另一方面，由于大量的制度约束和政府部门普遍的廉洁之风，避免了控股股东剥削小股东的情况。

新加坡独特的品质可能是政府关联公司战略成功的原因之一。这些特质包括全球化程度高的小规模经济，以及管理精英之间共同的职业道德。如果是这

---

[232] Kirkpatrick，见注释221，第10页。

[233] Puchniak & Lan，见注释223，第42页。尽管这些职位中的大多数属于或曾经属于与财政部无关的政府机构，但“与淡马锡及其投资组合的监管或治理毫无关系”。文献同上。

[234] 这并不意味着，新加坡政府完全切断了对商业企业的参与和更广泛的社会政策目标之间的联系。相反，它的战略是在完全商业化的基础上运营政府关联企业，寻求尽可能高的回报，并利用这些回报为其社会政策融资。这样一来，新加坡式的国家资本主义具有很强的再分配倾向，这与作为社会民主党派的人民行动党的根基是一致的。参见 Chua Beng Huat，State Owned Enterprises，State Capitalism and Social Distribution in Singapore，Working Paper（2015）。

[235] Kirkpatrick，见注释221，第6—7页。

样，在其他地方就很难复制新加坡模式。这也正是中国面临的问题。中国有意识效仿淡马锡，对国有控股结构进行改革。但中国要考虑的是，淡马锡模式能否在那些有着不同制度和文化环境的国家移植和推广？

8. 中国

国家所有制结构

尽管如下所述，混合所有制战略是目前中国国有企业改革的重点，但这并不是一种新模式。自从20世纪70年代末的改革开放以来，中国国有企业和民营企业之间的界限变得模糊。20世纪80年代和90年代初，中国经济奇迹的主要动力之一是非国有企业的出现，它们在全国产出中所占的份额从1978年的22%上升到1993年的42%。[236] 非国有企业的一个重要类别是“集体所有”企业，名义上由集体的“所有公民”拥有。在这些集体企业中，实际上有许多是私人拥有和经营的。之所以被登记为集体所有，只是因为当时没有为民营企业注册登记的法律安排。[237]

随着1994年《公司法》的通过，政府开始将国有企业转变为公司制企业。这场公司化运动不仅造就了全部股份由国家所有的国有企业，也创造出了所有权和经营权由国家和私人股东分享的混合所有制企业。1997年，中国宣布了一项大规模的改革计划，通过“抓大放小”，将大型国有企业以外的国有企业民营化。然而，“民营化”的新国有企业并没有成为民营企业，而是变成了混合所有制企业。据估计，截至2003年，混合所有制企业的GDP占中国GDP的40%。[238] 一些最知名的中国企业，如海尔、TCL和联想，都属于混合所有制。目前，混合所有制是中国国有企业的一种重要所有制形式。例如，在中国海洋石油总公司的34家子公司中，几乎所有公司都是混合所有制公司，平均的国有股比例在40%—65%。[239]

---

[236] Jiahua Che & Yingyi Qian, Insecure Property Rights and Government Ownership of Firms, 113Q. J. ECON. 467, 467 (1998).

[237] Yasheng Huang, How Did China Take Off?, 26 J. ECON. PERSP. 147, 154 (2012).

[238] 参见 Mixed-Ownership Sector Accounts for 40% of Economy; To Hit 80% in 5 - 10 Years, Xinhua Net (Nov. 25, 2003, 14: 15: 17), http: //www. southcn. com/news/china/zgkx/200311250786. htm。

[239] Wang Runqiu: Seventy-Percent of Central SOEs Undergoing Structural Reforms; Promoting the Development of Mixed-Ownership Economy, People's Daily Online, Nov. 26, 2012, http: //dangjian. people. com. cn/n/2012/1126/c117092 - 19693335. html。

在中国，国家一级的国有企业往往是企业集团，由很多公司以等级体系的形式组成。企业集团的概念已经载入了相关法规，根据这些法规的规定，只要企业有符合要求的特定组成单位和多层实体，就可注册为企业集团。企业集团有资格设立一家财务公司，以处理公司内部层面不能涉足的贷款、承销、现金管理和其他金融职能。[240]

根据中国的公司法，国有企业集团的控股母公司采取“国有独资有限责任公司”的形式。[241] 国有独资有限责任公司不需要召开年度股东大会，因为它只有一个股东，即国资委。国资委成立于2003年，是国务院直属机构，旨在加强对所有央企的控制。[242] 国务院监管着大约110家[243]大型企业集团。[244] 而国资委的正式使命则是代表国务院行使股东职能。国资委的职权范围很广，其正式职能包括国有资产保值增值，任免国有企业高管并决定其薪酬，向国有企业派出监事会，起草关于国有资产管理的规定。在高度制度化的安排下，重要国有企业的一把手人选由中共中央组织部任免。而这些国有企业的副职由国资委的党委决定。国资委既是投资者，又是监管机构和合规部门（compliance department），也是传播党的影响力和产业政策的渠道。

可以说，与中国国有企业所有权结构最接近的是新加坡的淡马锡模式。淡马锡和国资委的基本结构相似，表明两国政府实施这一模式是出于相似的动机。如前所述，新加坡以政府关联公司为中心的战略源于“执政的人民行动党政府认为有必要支持新加坡的经济转型”，其结论是“控制国内的关键市场和机构是”促进经济增长的“最有效的方法”。[245] 此外，在这两个国家，经济成功与政

---

[240] Li-Wen Lin & Curtis J. Milhaupt, We are the (National) Champions: Understanding the Mechanisms of State Capitalism in China, 65 STAN. L. REV. 697 (2013).

[241] 中国公司法承认两种基本类型的公司，即股份有限公司和有限责任公司，尽管中国的有限责任公司与美国的有限责任公司没有什么相似之处。相反，它模仿的是被称作GmbH模式的德国有限责任公司。国有独资有限责任公司是《公司法》第2章第4节规定的有限责任公司的一个亚种。

[242] 在国资委成立之前，国有企业通常由特定部委控制。在中央计划经济的转型过程中，国有企业已经与这些部委分离了。

[243] 作为国有部门精简和提升国有部门盈利能力政策的一部分，国资委监管下的国有企业数量一直在减少。官方目标是将这个数量减少到100以下。

[244] 国资委受全国人大常务委员会颁布的《中华人民共和国企业国有资产法》制约。Nat'l People's Cong., Oct. 28, 2008, 2009年5月1日生效。

[245] Cheng-Han Tan, Daniel Puchniak & Umakanth Varottil, State-Owned Enterprises in Singapore: Historical Insights into a Chosen Model for Reform, Unpublished Working Paper, at 9 (2014).

治合法性之间有着密切的联系。鉴于两国的相似之处以及新加坡模式的成功，淡马锡一直被中国视为国有企业股份所有权与监管的典范。[246]

但中国只是有选择地学习了新加坡模式，并没有全盘照搬。国资委远非淡马锡的翻版。正如前文所述，淡马锡有两个密切相关的定义性特征，它们显示出了作为一个真正的持股公司的角色：（1）公开文件中明确阐述了其商业导向，其业绩也证实了这一导向；（2）在管理投资参股的公司时高度独立，几乎不受政治影响。这两个特征是淡马锡与国资委的主要区别。在国资委的监督下，中国国有企业主要以商业为导向。但中国体制存在一些独特特征，使国有企业的商业导向受到质疑。例如，与政府机构协商后，国资委让高管在不同的国有企业集团轮职。有时，国资委还在同一行业中同时轮换几家国有企业的首席执行官。此外，国有企业还会被要求代表国家履行社会职能，比如维持就业。[247] 这些做法表明，出于某些原因，全国性国有企业集团的利益被视为集体利益。也就是说，国资委的考虑是将国有部门的整体利益最大化，而不是单个企业或集团的利益最大化。在中国，国有企业缺乏政治与商业之间的分离，这一点与新加坡明显不同。中国国有企业集团的一个典型特征是“以党为中心”。[248]

混合所有制结构

中国国有企业集团的股权结构是层级化的，最上层是将战略和管理决策高度集中的母公司，即国有独资有限责任公司，然后是下游的各附属公司。集团内部几乎没有自下而上的逆向持股或交叉持股。通常，在母公司之下，有一个或多个子公司公开上市，上市的地点要么是在中国的证券交易所，要么是在香港证券交易所或者某家主要的外国交易所交叉上市。母公司直接或间接持有的股份比例各不相同，但对集团内上市公司的最终控制权总是足够的，尤其是考虑到私人持股往往非常分散的情况。这些公司公开上市的目的，不仅是为了筹

---

[246] 可以参见 World Bank，China 2030（2012）；Boston Consulting Group & China Development Research Foundation Developing Mixed Ownership Structures and Modern Enterprise Systems（2014），http：//www. bcg. com. cn/en/files/publications/reports_pdf/BCG_Developing_Mixed_Ownership_Structures_and_Modern_Enterprise_Systems_Mar2014_ENG. pdf。

[247] 最近，受国资委指示，中国的国有企业雇用了在军队重组中将要转业的军人。

[248] Curtis J. Milhaupt，Chinese Corporate Capitalism in Comparative Context，in THE BEIJING CONSENSUS? HOW HAS CHINA CHANGED THE WESTERN IDEAS OF LAW AND ECONOMIC DEVELOPMENT（Weitseng Chen ed.，forthcoming 2017）.

集资本，因为它们常常可以从国有银行以低成本获得资本，还为了改善管理纪律和提升全球知名度。[249]

由于产能过剩、企业负债水平高以及国内需求低迷等问题，中国经济改革的紧迫性日益增强，而国有企业改革已成为中国领导层的优先任务。2013 年，十八届三中全会高调宣布，当前国有企业改革的一个核心内容是将更多国有企业转变为混合所有制企业，即由国家和私人股东共同持有股份的企业。2015 年 9 月，国务院发布了《关于国有企业发展混合所有制经济的意见》（以下简称《意见》）。《意见》的“出发点”是“国有资本、集体资本和私人资本的交叉持股和相互融合是基本经济制度的重要实现形式”。《意见》要求“进一步确立和落实企业市场主体地位”，要将吸引资本、实现产权多元化、改善公司治理结构相结合。为了实现这些目标，《意见》要求采取一系列措施，包括：（1）鼓励民营资本和外国投资者参与混合所有制改革，同时鼓励国有资本对非国有企业投资；（2）推进公私合营模式；（3）探索优先股和黄金股的使用；（4）研究职工持股计划；（5）完善混合所有制企业的公司治理，促进混合所有制企业的专业化管理。据报道，中国的经济规划机构，即国家发改委正在制订一项计划，到 2020 年，基本完成所有国有企业的混合所有制改革。

十八届三中全会的改革目标是，将混合所有制扩大到各个层级的国有企业。尽管这一目标很大胆，而且围绕该计划的政治措辞也很明确有力，但是要认识到，混合所有制其实是中国过去 20 年一直在走的路。因此，我们有理由质疑，当前的改革战略是否会进一步改善国有部门的治理和绩效。

事实上，这一战略似乎有严重的局限性。[250] 向国有企业注入更多的资本，可能对单个国有企业和中国经济竞争力的改善作用较小。国有部门和民营部门之间的盈利差距正在扩大。将更多民营资本纳入国有部门，不会使国家从市场的主要参与者转变为市场竞争的公正仲裁者。相反，中国的国有企业改革计划旨在创建规模更大的国有企业，其理论依据是大规模有利于国际竞争。[251] 虽然

---

[249] 中国国有企业往往以上市公司的身份为人所知。上市公司的公开注册通常会披露企业内部国家所有权结构，但除了在高管简历里简单涉及其党内职务以外，几乎不会披露党在中国国有部门中的作用。

[250] 更具体的评论，参见 Curtis J. Milhaupt & Wentong Zheng，Why Mixed Ownership Cannot Fix China's State Sector，Paulson Institute Policy Memorandum（2016），http：//www. paulsoninstitute. org/thinktank/2016/01/14/why-mixed-ownership-reforms-cannot-fix-chinas-state-sector/。

[251] Gabriel Wildau，China's State-Owned Zombie Economy，FINANCIAL TIMES，Feb. 29，2016.

国资委监管的国有企业数量在减少，但国资委控制的总资产却在增加。[252] 而且，当前的改革对于消除政治干预似乎没有帮助。在淡马锡模式中，有一道防火墙隔离了国家作为投资者的角色及其对所投资参股公司的管理。迄今为止，还没有迹象表明，中国的国有企业采取了淡马锡的模式。[253]

三、国有企业监管的模式

在研究了各国治理国有企业的经验之后，接下来我们分析国有企业的监管模式。混合制企业的监管模式是否与国有企业整体的监管模式相关？为了更好地回答这个问题，我们制作了表1，它说明某个国家的国有企业监管制度是否有表头所示的特征。

在各国的监管方法中，有几个共同点显而易见。如表1所示，在每个国家，监管私营企业的公司法和证券法通常也要监管国有企业，这一点与国际准则一致。而不同的国家将上市国有企业置于不同的监督机构之下。不过，在国有企业的治理中，公司法和证券法似乎并未发挥核心作用。

虽然有各种例外，但国家所有权集中是国际准则的另一项重要建议，在我们研究的国家中，除美国和巴西外，在所有其他国家都可以看到国家所有权的集中。然而，值得注意的是，只有两个国家（新加坡和中国）以控股公司的形式将国有企业股权集中起来，这是分离国家监管职能和股东职能的最有力方式。表1还表明，国有企业在境外证券交易所交叉上市现象也很普遍。交叉上市对信息披露和公司治理提出了更高的要求。[254] 然而，我们从各国的经验可知，交叉上市可能带来新的公司治理问题。有时候，在境外上市的国有企业会爆发严重的公司治理丑闻。[255]

---

[252] 自十八届三中全会以来，中国政府推动了两家最大的国有铁路车辆制造商之间的合并，以及两家巨型国有电力企业之间的合并。据报道，政府正计划在更多领域合并最大的国有企业，包括造船业和石油行业。

[253] Lucy Hornby, China Rows Back State-Sector Reforms, FIN. TIMES, June 14, 2016, https://next.ft.com/content/92e52600-31f7-11e6-ad39-3fee5ffe5b5b.

[254] 可参见 John C. Coffee, Jr., Racing Towards the Top?: The Impact of Cross-Listings and Stock Market Competition on International Corporate Governance, 102 COLUM. L. REV. 1757 (2002).

[255] 关于中国的案例，参见 CURTIS J. MILHAUPT & KATHARINA PISTOR, LAW AND CAPITALISM: WHAT CORPORATE CRISES REVEAL ABOUT LEGAL SYSTEMS AND ECONOMIC DEVELOPMENT AROUND THE WORLD 124-28 (2008)（讨论了在新加坡证券交易所上市的国有企业中国航油的治理失败）。

表1　国有企业的治理（√＝是　0＝否）

	国有企业对国家政治经济的重要性	上市国有企业受普通公司法和证券法的约束	针对国有企业的非约束性公司治理原则	针对国有企业的证券交易制度	针对国家股东的特殊治理权利	针对上市国有企业的股份使用不同投票权	关于国家所有权的公开披露政策	对政治人物或政府官员出任董事会成员的限制	关于国有企业管理人员薪酬的特殊规则	国有企业股份集中化的国家所有权	国有企业的国家控股公司	国有企业的交叉上市
巴西	高	√	0	√	√（追求公共利益）	√	√（年报；新出台）	√（新出台）	0	0	0	√
法国	高	√	0	0	√	√	√	0	√	√（有少数例外）	0	0
美国	低	√	0	0	0	0	0	0	0（对通用汽车等的例外救助）	0	0	0
挪威	高	√	√	0	0	0	√（国有企业分类）	√	√（基于遵守或解释）	√（有例外）	0	√

（续表）

	国有企业对国家政治经济的重要性	上市国有企业受普通公司法和证券法的约束	针对国有企业的非约束性公司治理原则	针对国有企业的证券交易制度	针对国家股东的特殊治理权利	针对上市国有企业的股份使用不同投票权	关于国家所有权的公开披露政策	对政治人物或政府官员出任董事会成员的限制	关于国有企业管理人员薪酬的特殊规则	国有企业股份集中化的国家所有权	国有企业的国家控股公司	国有企业的交叉上市
哥伦比亚	高	√	√（即将出台）	0	0	0	√（即将出台）	√（新出台）	0	√（即将出台）	0	√
日本	中等	√	0	0	√	0	0	0	0	√	0	√
新加坡	高	√	0	0	0	0	√（淡马锡的公司章程）	0	0	√	√（淡马锡）	√
中国	高	√	0	0	√	0	√（企业国有资产法和国有企业分类）	0	√	√	√（国资委）	√

表 1 还揭示了一个有趣的共性：除巴西外，在其他国家为混合所有制企业创建的治理制度中，都没有利用股票交易规则为混合所有制企业创建一套专门的治理制度。但巴西的制度也是刚刚创建的，还有待时间的检验。

我们从表 1 中可以看到，几乎所有国家对国有企业的控制权都没有超过它在企业中的股权比例。金融危机后，美国政府进行了短期的国有制试验。在试验中，美国政府发挥的影响力小于同样情况下私人投资者合法拥有的影响力。在这方面，法国和巴西是例外。法国不仅为国家股东提供了特殊的治理权利，还将长期股东的双重投票权适用于国有企业，从而有效地放大了国家股东的权利。而巴西广泛依赖无投票权股份和金字塔结构，对国有企业拥有远远超出其现金流权利的投票控制权。在中国，由于给国资委授予的正式权力以及党在国有企业治理中的作用，国家也会对国有企业施加与其股权比例不相称的影响力。

在辨别各国上市国有企业的治理模式时，值得注意的主要一点也许就是各国上市国有企业治理的多样化。这一发现也许并不令人惊讶。国有企业是国家的产物，而且往往凭借出身可以享有与立法者和监管者接触的特权。因此，国有企业往往反映了国家治理的特点。也就是说，国家在国有企业的合适范围、权力分立、社会中的腐败程度以及其他相关方面的主流理念，深深地影响着国有企业监管制度的特点和质量。向私人投资者发行国有企业部分股权的混合所有制似乎不足以将国有企业转变为纯市场主体。

由此可以引出一个规范性的结论：国有企业治理的高质量监管结构似乎没有单一的配方。这个结论可能会让政策制定者失望。以挪威和新加坡为例，这两个国家经常被当作国有企业治理的全球标准。如表 1 所示，两国尽管有共同的监管特征，但都没有遵循相同的国有企业治理模式。最明显的是，新加坡模式以国有控股公司淡马锡为中心，而挪威却一直在回避控股公司，甚至没有完全集中国有企业股权。不过，这两个国家在廉洁政府和法治上都享有盛誉。

另一组对比给出了另一个角度的启发：中国和新加坡在国有企业治理的质量上还存在一定差距。而在国有企业的监管上，两国有许多共同特征。其原因在于，中国的经济改革者将新加坡视为国有企业治理的典范。但是，两国在国家治理方面存在巨大差异，包括腐败程度、政治对经济的干预程度以及法律制度的质量等。与表 1 中的因素相比，国家治理的差异对国有企业治理质量的影响可能要大得多。

从政策的角度看，没有固定的国有企业治理模式也有其好处：我们的研究强调了成功道路的多样性，这种多样性表明每个国家都可以自由地创建最适合本国情况的治理结构。路径依赖并不意味着一个国家国有企业的治理体系必定会失败；相反，面对国有企业带来的独特治理挑战，各国的政策制定者都有试验和创造的空间。

四、对最佳实践指引的批评

经合组织和世界银行等国际组织针对国有企业治理的最佳实践提出了大量的政策药方。典型的例子是2005年最早采用，并于2015年修订的《OECD国有企业公司治理指引》，以及世界银行2014年发布的《国有企业公司治理工具包》。各组织的政策建议虽然很多，但都高度一致地围绕以下基本原则：

- 国家应当作为一个知情和积极的所有者采取行动；
- 国家不应干预国有企业的管理，而要尊重国有企业董事会的独立性；
- 国有企业的法律和监管体系应当确保国有企业与私营企业公平竞争；
- 非国有股东应得到公平对待，并应拥有投资者的全部权利；
- 国有企业应遵守高透明度标准，并遵守与上市私营企业相同的披露、会计和合规标准。

这些原则反映了相关国际组织值得赞赏的愿望：将这些原则设计成具备高度的普适性。这些政策建议的根本目的是确保国有企业像私营企业一样运营。除了改善业绩和保护小股东外，这些建议还关注创造公平竞争的环境。《OECD国有企业公司治理指引》在2015年得到修订后，最重要的新增内容是在一开始就提出的原则，即国家“应仔细评估和披露能证明国家所有权正当性的目标，并对这些目标进行定期评估”。虽然国家未能实现披露能证明其所有权正当性的目标并不会产生直接的法律后果，但是披露意味着要明确阐述国家所有权的正当性，这也许有助于约束国家行为人对国有企业经营管理的干预。而且，信息披露会促进公众监督，因而可能约束国家利用国有企业来实现不明确的目标或受政治驱动的目标。[256]

---

[256] 然而，我们注意到，巴西国家石油公司最近向美国证券交易委员会提交的年度报告（Annual Report on Form 20-F 2015）指出，巴西政府可能会利用该公司来实现其宏观经济目标。这类广泛披露很可能不会对政府造成太大限制。

虽然我们支持促进国有企业良好公司治理的目标，但更深入地考察国际组织倡导的原则，就可以发现这类倡议中存在的一些潜在问题，特别是从政府可能失灵的角度看。第一，国际组织的指引虽然阐明了许多目标，但没有阐明实现这些目标的制度条件。换言之，虽然明确地标示了目的地，但没有提供到达目的地的路线图。

第二，如上文所述，这些指引反映了一个有力的观点，即国有企业应该与私营企业遵守同样的法律制度。然而，与个人或私营企业相比，国家是非常独特的控股股东。这些指引试图将政府转变为“标准”控股股东，具体的方法是：（1）将所有权集中到单一的国家控股机构或国有控股公司，（2）对国有企业和私营企业实行相同的公司法制度。然而，这种政策可能存在严重的弱点。目前，集中所有权并非不言自明地能有效解决国家控股股东带来的独特问题，比如对国有企业管理的政治干预和追求非商业目标。在新加坡，集中所有权的策略非常有效，但在同样被誉为“黄金标准”的挪威，良好治理与集中所有权无关。第二个方法，即对国有企业和私营企业实行统一的法律制度，可能会产生严重的政治经济后果。这种现象的真实例子可以在巴西、法国和中国找到。[257]

第三，国际组织还建议国家要积极行使股东职能，同时又要避免对国有企业管理的政治干预。其实这两个目标之间存在着固有的冲突，因为国家积极行使股东职能为国家干预国有企业管理和国有企业追求非商业目标创造了机制。积极的国家所有权原则与董事会的独立性之间存在着深层冲突。考虑到“国家”根据定义是一个政治行为主体，而且它不是单一主体而是各种利益的聚合体，妥善解决这些矛盾也是一个高度复杂的任务。

我们提出这些问题，不是为了诋毁国际组织为国有企业制定最佳实践的尝试，而是为了强调任务的复杂性，以及基于普遍原则在政治经济环境截然不同的国家推行公司治理的内在局限性。

五、政策应对

在针对政策建议评估各国经验时，我们避免做出明确无误的结论：在哪个国家什么是可行的，以及什么是不可行的。有许多理由支持我们的做法。

---

[257] 参见 Pargendler，见注释 39；Pargendler，The Unintended Consequences，见注释 156。

第一，很难定义国有企业的成功，因为国有企业追求的目标各式各样。国有企业的“成功”到底是稳健的财务业绩、执行有效的产业政策、当地就业的最大化，还是其他？第二，不管如何定义成功，对不同治理机制的结果做出强有力的因果判断，都是有问题的。如上所述，一国的制度和经济环境的其他特征也会影响国有企业的表现。第三，即使可以明确地断定某个国家的国有企业治理机制是“成功”的，以此作为另一个国家改革的政策路线图也是有问题的，因为制度移植的成功与否取决于具体国情。因此，我们以国外的经验作为借鉴，对治理制度提出一些意见和设想，希望在国内有关方面和国际组织中通常考虑的范围之外，为决策者提供关于国有企业各种治理安排的更多理念。

同样地，我们在本研究中发现各国的治理模式多种多样，因此我们不愿意推荐关于混合所有制企业治理的特定方案或最佳实践清单。实际上，我们分析的主要内容不建议这样的方案。在未完全私有化时，并没有解决上市国有企业独特治理问题的万全之策。当然，私营企业同样面临着重大的治理挑战，这些挑战也不适合用按章照抄的方式来解决。

然而，认识到这一现实并不意味着国有企业治理前途无望。恰恰相反，我们研究的几个国家，虽然政治制度和国有企业制度各不相同，但都为混合所有制企业提供了健康的治理环境。

国有企业治理体系的主要目标是将国有企业管理与政治干预相隔离。政治干预会扭曲国有企业的公共使命和商业导向，使公众（包括投资者和公民）更难以理解和监督国有企业。将国有企业管理和政治干预相隔离的具体手段并不特别重要，只要它们符合该国的制度环境即可。通过淡马锡控股公司，以及支持政府关联企业纯粹商业导向的相关法律，新加坡的国有企业在治理结构上就已经隔离了政治干预。日本和挪威得以将混合所有制企业和政治干预相隔离，只有小部分原因是健全的结构，大部分原因是政治官僚的放手。而巴西正在利用有创新力的私人部门和立法行动来改善国有企业的治理，与其他国家都不相同。

当然，为国有企业设计最优制度并非易事。实际上，相比于国有企业治理制度本身，公共治理的质量至少同样重要，甚至更加重要。而且，国家股东干预资本市场带来的治理挑战，已经超出作为国有企业控股股东的角色范围。巴西的国有控股机构，如国有企业养老基金和巴西经济社会发展银行股权管理公司，是许多国有公司的大股东。[258] 日本政府养老投资基金持有数百家日本主要公司的股票，而日本央行持有日本交易型开放式指数基金（ETF）市场60%的股份。国家控制的机构投资者对公司治理的影响提出了重要的问题，我们将把这些问题留给未来的研究和政策讨论。

基于对各国经验的研究和上市国有企业治理挑战的分析，我们认为，如果要改善混合所有制企业的治理制度，政策制定者应当认真思考以下议题。当然，并非每个议题都与每个国家有关，也不是每项建议对某一现行制度的特定环境来说都是最优的。下面论述的内容是从国际组织制定的国有企业治理指引之外，为政策讨论的扩展和变革提供一套方法。

1. 所有权结构

在公司治理中，所有权结构是决定企业行为的一个重要因素。有学者认为，企业投票权与经济权利的分离会强化控股股东攫取控制权私人收益的动机。“小股权控制结构”允许股东在持有公司少数股权的情况下，对公司行使无异议的控制权。这种结构会加剧控制股东和小股东之间的代理问题。[259] 这一问题在国有企业中往往更为严重，因为国有企业股东的激励失调比私营企业中更突出。当政府在国有企业里没有相应的财务利益时，更倾向于通过企业达成政治目标。

除了法国和巴西，所有国家要么实行一股一票，要么像美国一样明确限制国家的投票权。在哥伦比亚，国家只持有单一类别的股票，而且还在其控制的公司中保持了很高的股权比例，从而很可能强化了政府对财务业绩的兴趣。一直以来，法国总是通过正式机制来扩大国家股东的权力，如特别任命权和赋予长期股东双重投票权的制度。巴西则对国有企业广泛实施双重股权（dual-class shares）和金字塔持股结构，这些结构大大增强了国家的权力。[260]

根据我们的理论发现和各国的主要经验，无投票权优先股、上市国有企业的金字塔持股结构以及其他放大国家股东权力的手段都不应当采用，因为它们

---

[258] 关于巴西的具体情况，参见 Pargendler，Governing State Capitalism，见注释175。

[259] Lucian A. Bebchuk，Reinier H. Kraakman & George G. Triantis，Stock Pyramids，Cross-Ownership，and Dual Class Equity：The Creation and Agency Costs of Separating Control from Cash Flow Rights，in CONCENTRATED CORPORATE OWNERSHIP（Randall Morck ed.，2000）.

[260] 例如，巴西国家石油公司采用双重股权结构，允许联邦政府对该公司实施无异议的控制，尽管政府只持有少数股权。其他上市国有企业，如巴西 BB Seguridade 保险公司，是金字塔结构的一部分。

会激励控股股东以公司利益为代价追求自身利益。

2. 董事会的构成及独立性

是否应当允许政治人物和监管者进入上市国有企业的董事会？对于这个问题，不同的国家有不同的答案。挪威广泛禁止政治人物以及公务员进入。巴西最近也禁止监管者、政治人物和工会领袖进入。另一种办法是在董事会中增加小股东任命的董事数量。[261] 与政府控股股东可以随时任免的董事不同，小股东任命的董事享有一定的独立性，可能非常适合于监督公司内部运作。

这些方法的目的是增加国有企业董事会的独立性。而董事会独立是国有企业治理国际准则的一个重要原则。但是，董事会独立于作为控股股东的政府和董事会独立于作为公共政策制定者的政府之间是有矛盾的：从公司治理的角度看，独立是有益的，但是如果认为保持政府所有权是为了实现某个公共目标，独立就是有问题的。认识到这一矛盾意味着，董事会的构成和独立性不应该单纯从公司治理规定的角度考虑。

3. 董事会的作用

重要的是应当认识到以董事会构成为重点的国有企业改革需要考虑企业内部的权力平衡。巴西最近出台的国有企业法律对这个问题有所阐述。如前所述，董事会构成是这部法律的一个重点。然而，与其他国家的公司治理体系相比，巴西国有企业股东拥有的决策权要大得多，而董事会的决策权则相应地较小。[262] 这表明，巴西对国有企业董事会的改革效果比较有限，除非巴西能提升董事会在国有企业治理中的作用。

---

[261] 该机制得到了巴西宪法的支持，见 Brazilian Constitution，Art. 173，§1°，IV（要求对国家全资所有的国有企业和混合所有制国有企业进行特别立法，以“在小股东的参与下”监管其“董事会和监事会的组成与运作”）。

[262] 参见 Mariana Pargendler，How Universal Is the Corporate Form? Reflections on the Dwindling of Corporate Attributes in Brazil，Working Paper（2017）（on file with author）。例如，近年来的一项重大争议涉及国有的巴西电力公司与联邦政府关于特许经营权合同的重新谈判，据称，该合同的条款对该公司不利。批准重新谈判所有协议的决定直接提交给股东大会，然后作为大股东的国家在股东大会上进行投票。该协议并没有披露董事会的立场和关于交易的建议。对该案例的讨论，参见 Mario Engler Pinto Junior，Exercício do Controle Acionário na Empresa Estatal：Comentários a Decisão da CVM no Caso Eletrobrás（2016），http：//ssrn. com/abstract = 2765264。

4. 薪酬待遇

国有上市公司的管理者服务于两个主人——小股东和公民。正如我们在第一部分所述，这两个主人的利益有时一致，但更多的时候是冲突的。到目前为止，国有企业的薪酬问题主要是政府官员出任董事的薪酬是否应当受到特殊监管。各国再次给出了不同答案。尽管法国有中央集权的传统，但它不允许政府官员出任国有企业的董事获得额外薪酬。相比之下，巴西国有企业的董事会历来是一个补充政府官员收入的地方。目前，巴西新出台的国有企业法律规定，只有在董事会和监事会中任职时，政府官员才能获得额外薪酬。在中国，国有企业高管的薪酬由国资委与中纪委共同监管。实际上，根据国际薪酬标准，国有企业给予官员的薪酬很低。但是，在表面规定之下，往往隐藏着巨大的自主管理权，非正式的薪酬往往会超过正式规定的数额。[263]

也许一个更重要的问题是国有企业管理者的薪酬结构该如何确定。在私营企业中，薪酬结构旨在激励管理者，从而使股东价值最大化。但是在国有企业中，应当使什么最大化呢？国有企业中长期存在的国家所有权表明，国有企业管理者的目标不应该是股东价值最大化。国有企业最优薪酬合同的设计不是本文要讨论的内容，但在任何情况下都取决于国有企业的具体目标。我们认为，同董事会的构成和独立性一样，薪酬问题也不应当局限在一个非此即彼的二元架构内。总之，是否应当补偿政府官员在国有企业的服务并不重要，重要的是，应当如何设计薪酬结构，才能推进上市国有企业的商业和非商业目标。

5. 结构性激励

国有企业不仅要和私营企业一样遵守相关的经济和行业法规，还要经常受到政府财政政策和产业政策的影响。在日本，邮政储蓄系统发展成了巨无霸，其私有化用了几十年才得以启动，因为它是政府“第二预算”的资金来源，也是分肥政治的资金来源。巴西近期进行了预算法改革，鼓励通过国有企业促进非经济目标。2009 年以来，巴西国家石油公司和巴西电力公司已经被法律排除在政府预算之外。由于这一排除，从巴西政府的角度看，这两家国有企业

---

[263] Milhaupt & Zheng，见注释 250，第 680—681 页。

的投资和支出就成为“账外”投资和支出。这为巴西政府不是直接而是通过国有企业推行高成本的公共政策提供了激励。[264] 即使在坚决反对政府所有权的美国，联邦政府促进自有住房的政策也对房利美和房地美的冒险行为产生了很大影响。当这两家公司陷入严重困境时，政府只好出手救助。

这些案例表明，政策制定者和投资者必须意识到财政政策和产业政策对国有企业行为的激励作用。没有国家可以完全消除结构性激励（Structural incentives）对国有企业的影响。不过，披露国有企业的非商业行为，可能是减轻潜在负面效应的一种方法。

6. 信息披露与非商业性的决策

上市国有企业独特的治理挑战源于混合所有制企业的两面性：部分是商业性的参与者，部分是公共政策性的参与者。完善国有企业治理，既要关注国有企业的商业方面，也要关注国有企业的非商业方面。

经合组织的国有企业治理指引涉及第二个方面：“与公共政策目标相关的成本应由国家提供资金并予以披露。”[265] 哥伦比亚遵循了这个指引。哥伦比亚国家石油公司向公众低价出售燃油，而由政府向该公司提供补贴。巴西证券交易所的国有企业治理计划和新的国有企业法律要求每家公司都要明确其追求的公共政策目标，并披露实现该目标所需的成本。然而，无论是上述计划还是新法规，都没有对缺乏商业合理性的公共政策目标施加任何实质性限制，也没有要求国家补偿国有企业追求公共政策目标的成本。因此，只要提前公开披露，政府就可以继续让巴西国家石油公司以低价出售燃油。相比之下，哥伦比亚的做法不仅对小股东更公平，而且能更有效地限制国有企业为实现政策目标而进行的扩张。

对于国有企业的公共政策目标，在信息披露和补偿以外，还有其他应对措施值得考虑。例如，可以参照董事会处理利益冲突交易的形式，对特定的公共政策目标，要求国有企业董事证明其合理性、引入正式的批准程序以及向股东

---

[264] 对于该问题更细致的描述，参见 Mariana Pargendler & Bruno Salama, A Contabilidade Paralela das Empresas Estatais, VALOR ECONÔMICO, May 11, 2016。

[265] OECD, OECD GUIDELINES ON CORPORATE GOVERNANCE OF STATE-OWNED ENTERPRISES 22, 49 (2015).

披露相关过程。[266]

7. 执行

我们对各国经验的评述得出了一个有趣的结论：针对国有企业的公共执法相对较少。政府机构不太愿意对一个国有企业采取公共执法行动，因为这样做就意味着一种国家工具在挑战另一种国家工具。[267] 这也表明了私人执法的重要性。在起诉国有企业时，原告往往面临重大障碍。这包括司法部门不愿意受理对政治势力强大的国有企业提起的某些类型的诉讼，[268] 以及增加小股东起诉成本和风险的诉讼程序。[269] 在巴西，无论是证券交易所，还是各个国有企业的章程，都将仲裁作为解决国有企业内部纠纷的强制方式。这是有问题的，因为巴西的仲裁程序可能比诉讼程序更昂贵。而且，仲裁程序是保密的，可以减少外部投资者获得的信息，并降低政府可能蒙受的声誉损失。

至少在理论上，加强公共执法和私人执法是国有企业改革很容易实现的目标，也可以补充市场力量在约束混合所有制企业中的角色弱化。

结　论

本文根据各国经验和理论分析提出了一些见解，这些见解对寻求改善上市国有企业治理的政策制定者会有所启发。我们的研究得出了几个发人深省的事

---

[266] 参见 Milhaupt & Pargendler，见注释 12。

[267] 挪威利用审计法庭、议会和证券交易所的外部监督。新加坡证券交易所对一家在新加坡证券交易所上市的中国国有企业展开了调查，导致该公司花费 440 万美元与新加坡金融管理局达成和解，并使该公司的首席执行官和几名董事受到了制裁。但由于目标国有企业是外国的，新加坡证券交易所的行动可以被视为提升新加坡法治市场国际声誉的战略。参见 CURTIS J. MILHAUPT & KATHARINA PISTOR，LAW AND CAPITALISM：WHAT CORPORATE CRISES REVEAL ABOUT LEGAL SYSTEMS AND ECONOMIC DEVELOPMENT AROUND THE WORLD 125 – 48（2008）。巴西证券交易委员会对联邦政府处以行政罚款，因为后者在股东大会上投票批准了一项涉及巴西电力公司的冲突交易。Processo Administrador Sancionador CVM n° RJ2013/6635。但巴西证券交易委员会执法活动的威慑力受到其罚款数额法定限制的影响。有关这一决策的批评性评估，参见 Pargendler & Salama，见注释 264。关于 CVM 惩罚圣保罗州作为控股股东滥用控制权的另一个类似决策，参见 Processo Administrativo Sancionador CVM n° RJ2012/1131。

[268] 关于这个问题在中国的情况，参见 Zheng Lei，Benjamin L. Liebman & Curtis J. Milhaupt，SOEs and State Governance：How State-Owned Enterprises Influence China's Legal System，收录在 REGULATING THE VISIBLE HAND（Benjamin H. Liebman & Curtis J. Milhaupt eds. 2015）。

[269] 巴西的败诉者付费制度说明了这个问题。

实。与国际最佳实践指引的含义相反，成功的国有企业治理没有既定的“路线图”，而且此处的“成功”可能是一个有争议的词语。此外，至少在非正式观察的层面上，我们发现国有企业治理的质量似乎与该国政治治理的质量密切相关。不过显而易见的是，世界上存在国有企业治理健全的典范国家，也存在应对国有企业治理挑战的创新方法，它们可以为其他国家的政策制定者提供指导。我们的研究揭示了国有企业治理模式的多样性，包括那些应对治理挑战较为出色的国家。由此表明，在给定的制度环境下，只要加上适当的创新和政治意愿，就可以利用现有的工具制定有效的国有企业治理战略，这些或许能让我们保持乐观。

（中国政法大学　黄健栓　译）

改革论坛

Reform Forum

Comparative

以竞争政策推动高质量发展

魏加宁　杨光普

改革开放40年来，我国经济实现了规模迅速扩张和持续高速增长，目前已经进入工业化中后期，经济总量稳居世界第二，技术水平更加接近世界前沿，各级政府已经很难把握新兴产业的发展方向和技术创新的演变路径，因此迫切需要营造公平的市场竞争环境，以使千千万万的各类企业能够通过竞争发现技术创新的路径和产业发展的方向、寻找新的增长动力。然而，目前我国经济运行中还广泛存在着限制竞争、妨碍竞争甚至破坏竞争的诸多因素，导致不同经济主体在市场竞争中处于不平等地位，造成资源配置效率的不断下降，经济发展质量难以得到提高，消费者利益得不到有效保护，我国面临的外部压力也越来越大，人民日益增长的美好生活需要和不平衡不充分的发展之间的矛盾日益突出。解决新时代我国社会的主要矛盾，提高经济发展的质量，亟须确立竞争政策在我国经济政策体系中的基础性地位，这不仅是大势所趋，也是重中之重，更是当务之急。为此，2016年，中央全面深化改革领导小组第二十三次会议首次提出，要确立竞争政策的基础性地位。之后，国务院印发的《关于在市场体系建设中建立公平竞争审查制度的意见》再次明确提出要确立竞

---

* 魏加宁，国务院发展研究中心宏观经济研究部研究员；杨光普，国务院发展研究中心宏观经济研究部副研究员。感谢陈昌盛、项安波、马淑萍、王莹月、唐滔、朱太辉、赵伟欣、陈丹舟、冯立果、胡琨、李芮等人在本文写作过程中提供的宝贵意见，感谢李久盛、孙天琪、杨瑶、宋准等人作为研究助理提供的支持。文中观点仅代表作者的学术观点，与作者供职单位无关。

争政策的基础性地位。2018 年 12 月，中央经济工作会议进一步提出要强化竞争政策的基础性地位。

一、竞争政策的目标、内涵及其理论基础

1. 竞争政策的目标

根据发达国家战后经验，经济民主化往往是经济高速平稳发展的前提，推进竞争政策，其主要目的，一是为了实现公平，二是为了提高效率，三是为了实现消费者福利最大化。

公平的竞争政策既能够降低行业的进入与退出壁垒，为所有企业提供公平参与竞争的机会，还能够规范所有企业的竞争行为，从而营造公平有序的竞争环境与竞争秩序。

有效的竞争政策既能够促进企业降低成本、增加产量、提高质量、鼓励创新，从而提高企业的微观效率；还能够通过优胜劣汰，优化资源配置，提高国民经济的宏观效率。

公平有效的竞争政策能够通过促进竞争和规范竞争，带来供给增加、价格下降和质量提高，从而实现消费者福利最大化的终极目标。

2. 竞争政策的内涵

竞争政策是指为维持和发展竞争性市场机制所采取的各种公共措施，主要包括实现竞争、促进竞争和规范竞争的政策措施和制度体系。在实践中，竞争政策以“竞争中性”为核心原则，主要由反垄断、反不正当竞争、竞争政策审查三大支柱构成。

竞争政策的第一支柱是反垄断。垄断行为包括自然垄断和人为垄断。所谓“自然垄断”，又可分为由规模经济导致的自然垄断和由范围经济导致的自然垄断。对自然垄断行业和企业，反垄断工作的重点是通过规制和监管，规范企业行为，保护消费者利益。所谓“人为垄断”，又可分为市场垄断、行政垄断和法定垄断。防止市场垄断，是反垄断工作的重点；对于行政垄断，原则上要予以打破，部分要结合体制改革进行转型；对于法定垄断不仅不应反对，反而应当加以维护。

竞争政策的第二支柱是反不正当竞争。所谓“不正当竞争”是指经营者

以及其他有关市场参与者，采取违反公平、诚实信用等公认商业道德的手段，去争取交易机会或破坏他人的竞争优势，损害消费者和其他经营者的合法权益，扰乱社会经济秩序的行为。针对这些不正当竞争行为，必须加以遏制，以达到规范竞争和保护消费者利益的目的。

竞争政策的第三支柱是竞争政策审查。所谓“竞争政策审查”，就是各级政府、各个部门新出台的法律法规以及政策条例必须以不破坏统一市场和公平竞争为前提，由竞争政策委员会审查，经审查认为不具有排除、限制竞争效果的，方可实施；具有排除、限制竞争效果的，应当不予出台或者调整至符合相关要求后方可出台；未经公平竞争审查的，不得出台；所有审查结果均需及时向社会公布。

此外，竞争政策还包括为维持和发展竞争性市场机制所采取的一系列政策法规和改革措施。

3. 有关竞争政策的理论基础

竞争理论是竞争政策的理论基础和学理依据，主流的竞争理论大体包括完全竞争理论、不完全竞争理论、有效竞争理论和可竞争市场理论。从政策角度看，虽然完全竞争市场与现实有一段距离，但完全竞争理论为经济政策的制定提供了参照系，即尽量消除市场摩擦，为竞争创造条件，从而提高社会福利水平；不完全竞争理论的政策含义在于如何规制寡头垄断及垄断竞争市场结构下企业的行为；可竞争市场理论的政策含义更加丰富，它修正我们对竞争与规制问题的传统看法，并进一步强调，只要政府放松进入规制，提高市场的可竞争性，新企业进入市场的潜在威胁自然会迫使产业内原有垄断企业提高效率。进入新世纪以来，越来越多的经济学家强调，除了关注配置效率以外，竞争政策还应关注动态效率，尤其是一国经济长期发展所需要的条件，如技术创新、潜在增长率的提高等。

从市场约束机制的角度看，我们认为，应当回到亚当·斯密完整的理论框架下，将《国富论》的核心理念与《道德情操论》的核心思想统一起来。一方面，发展市场经济需要市场这只“看不见的手”发挥作用，这是一个实现商品化的过程。另一方面，建立市场经济体制需要完善三重约束机制：一是市场主体的自我约束机制，即市场伦理和商业道德；二是市场的惩罚与淘汰机制，即纵向的重复博弈和横向的公平竞争；三是对市场失灵的纠正机制，即政府对市场的监管与竞争政策。

市场约束的第一道防线是市场主体的自我约束机制，即市场伦理与商业道德。亚当·斯密曾经在《道德情操论》中提出：每个人内心都有一个“正义观察员”②，所有人在自己做事情或观察别人做事情时，内心都自然会有一个评判。在市场经济条件下，这个“正义观察员”就是市场道德和企业伦理。在发达国家，正规企业大都制定有“本公司企业伦理”或“企业员工道德操守守则”，以约束企业员工尤其是企业高管的行为。因此，当经济主体追求自身利益最大化时，必须以不牺牲消费者的利益为前提。

市场约束的第二道防线是市场的处罚与淘汰机制，即纵向的重复博弈和横向的公平竞争。当市场主体的自我约束机制失灵时，市场就会通过纵向的重复博弈和横向的公平竞争，对违背市场伦理和商业道德的经济主体进行惩罚甚至将其淘汰。即使是在发达国家，其市场经济早期也曾出现过假冒伪劣、坑蒙拐骗等违背市场伦理和商业道德的现象，但只要交易次数足够多或竞争足够充分，这些行为就会遭到市场的有力惩罚甚至被淘汰出局。

市场约束的第三道防线是政府对市场失灵的纠正机制，即对市场的监管与竞争政策。当第二道防线失守时，比如由于外部性、信息不对称、垄断和不公平竞争等因素导致市场失灵的时候，就需要政府有所作为。但政府有所作为并非要替代市场，而是要做好监管者，要对市场进行必要的监管，比如通过明晰产权以克服外部性，通过强制披露信息以减少信息不对称，通过竞争政策打破垄断和维护公平竞争，以便让市场在资源配置中发挥决定性作用。同时，竞争政策审查机制还能防止政府的不当干预。事实上，衡量“政府更好发挥作用”的重要标准就是看市场是否能够更好地发挥作用。由此可见，竞争政策是政府更好发挥作用的一个重要抓手。

二、竞争政策在经济政策体系中的定位

确立竞争政策的基础性地位，本质上就是确立竞争政策在经济政策体系中的基础性地位，用竞争政策来统领和协调其他各项经济政策及法律法规。党的方针政策、法律法规、政府条例以及其他经济政策都要建立在竞争政策的基础之上。所有的经济主体，包括政府、企业和消费者，都要受到竞争政策的约

② 这一概念类似于中国文化中所讲的“良心”。

束，尤其是政府，不仅要在中长期规划、产业政策、政府工作报告等文件及领导讲话中具体体现竞争政策的基本精神，而且无论是新出台的还是现存的经济政策及法律法规，都必须经过竞争政策执法机构的竞争政策审查。

1. 竞争政策与党的方针政策之间的关系

竞争政策是落实十八届三中全会“让市场在资源配置中发挥决定性作用”的基础。党的十八届三中全会在《中共中央关于全面深化改革若干重大问题的决定》中提出，建设统一开放、竞争有序的市场体系，是使市场在资源配置中起决定性作用的基础。市场的资源配置功能，本质是经济主体之间竞争的结果。只有通过竞争，才能发现价格，使之真实反映供求状况和资源稀缺程度，从而引导资源实现优化配置和再配置。因此，只有落实竞争政策、实现公平竞争，才有可能使市场发挥决定性作用。这是检验政府有没有更好发挥作用的重要标准。

确立竞争政策体系是十八届四中全会“依法治国”理念在经济领域的具体体现。党的十八届四中全会《中共中央关于全面推进依法治国若干重大问题的决定》中提出，“社会主义市场经济本质上是法治经济。使市场在资源配置中起决定性作用和更好发挥政府作用，必须以保护产权、维护契约、统一市场、平等交换、公平竞争、有效监管为基本导向，完善社会主义市场经济法律制度”。构成我国“经济宪法”的《反垄断法》与《反不正当竞争法》是确立我国竞争政策的法律基础，在经济领域落实“依法治国”的理念，核心就是保证这两部法律的贯彻实施。

竞争政策理应成为推进“供给侧结构性改革”的主要手段。推进供给侧结构性改革应避免行政命令的方式，更多地依靠竞争政策和市场机制来实现。③ 事实上，发达国家在不同的发展阶段也出现过产能过剩的问题，欧美国家在大萧条时期的做法是“谁产能过剩，倒谁的牛奶”，日本在20世纪70年代化解产能过剩时曾采用补偿制，④ 以确保退出企业和留存企业之间的“公平感”。而我国的过剩产能大多是由国有企业重复建设造成的，但在去产能时通过行政手段，“倒民营企业的牛奶”。

---

③ 我们认为，供给侧结构性改革不应过于重视结构性调整，而应更多重视体制改革，通过体制改革实现结构调整。

④ 即留存企业给退出企业一定的补偿金。

确立竞争政策的基础性地位是贯彻落实十九大“建设现代化经济体系”要求的重要突破口。党的十九大提出，我国经济已由高速增长阶段转向高质量发展阶段，目前正处在转变发展方式、优化经济结构、转换增长动力的攻关期。建设现代化经济体系是跨越关口的迫切要求和我国经济发展的战略目标。建设现代化经济体系的核心任务就是建立统一开放、竞争有序的市场体系和行之有效的经济政策体系，确立竞争政策在经济政策体系中的基础性地位是建设现代化经济体系的重要突破口。

2. 竞争政策与其他市场经济制度之间的关系

产权制度是保障竞争政策有效发挥作用的基础性制度。市场竞争的基础是清晰明确的产权。“有恒产者有恒心。”产权是所有制的核心，产权激励是最大激励，市场经济全部活动都以产权为基础并围绕产权展开，市场主体对利益的追求本质上是对各类产权的追求。明确界定和严格保护产权是市场经济的基础，是稳定投资者预期、增强市场信心、充分发挥各市场主体积极性的基本保障，也是维护市场秩序、巩固信用基础、规范生产经营活动的重要举措。

司法的相对独立性是有效实施竞争政策的内在要求。由于竞争政策多数是通过法律手段加以实施的，所以竞争政策有效实施必然要求执法机构的相对独立性。最近，对经济领域一些疑似冤假错案的重审，引起了巨大的社会反响，并赢得了广泛好评。但不得不承认，此类冤假错案对党和政府形象的伤害以及纠错成本都是巨大的。要想避免类似事件的发生，最有效的途径之一就是强化竞争政策执法机构的相对独立性，使竞争政策能够随时随地发挥纠错作用，而不是等到问题堆积如山时再不得不进行纠错。

完善社会保障制度是有效实施竞争政策的必要条件。一方面，有效的竞争机制通常会伴随着对经济主体的优胜劣汰，企业破产、职工下岗等现象在所难免。这就要求政府对市场竞争的失败者和弱势群体提供失业保险等必要的社会保障。另一方面，由于科技创新、风险投资与资本市场的组合可能使掌握了新技术的人一夜暴富，但没有掌握新技术的人就会面临失业的威胁，至少也是低工资的风险。为此，政府要加快建立和完善社会保障制度，从而为竞争政策的实施创造良好的社会环境和制度保障。

3. 竞争政策与其他经济政策之间的关系

建立并完善与现代化经济体系相匹配的经济政策体系，实现各种经济政策的目标和效果，充分发挥我国社会主义市场经济体制的优越性，要求我们必须协调好各项经济政策之间的关系，尤其是竞争政策与其他经济政策之间的关系。事实上，包括产业政策、监管政策、贸易政策、创新政策以及宏观调控在内的各类经济政策的实施，都有赖于市场功能和竞争机制的健全。

产业政策必须服从于竞争政策，与竞争政策保持一致。关于产业政策与竞争政策的关系，一方面，在学术界，先后共出现至少六种观点，即冲突论、互补论、交叉论、从属论、进化论和阶段论；另一方面，从实践来看，产业政策在许多国家的经济发展过程中都曾扮演过重要角色，例如德国和日本，在其发展早期，为了保护本国传统产业免受发达国家竞争威胁或者为了促进国内幼稚产业的发展，都曾实施过积极的产业政策。但是，当经济发展到一定阶段以后或经济发展的国际环境发生了较大变化时，产业政策对竞争的抑制作用和负面影响就会逐渐凸显，产业政策与竞争政策的矛盾就会更加突出，从发达国家的经验来看，大多都经历了产业政策逐步弱化、转型，而竞争政策不断得到强化巩固的过程。

根据政策生命周期理论，任何政策都有其生命周期，不可能永恒不变。在计划经济时期，我国经济政策体系以指令性计划为核心来统领和协调其他各项经济政策；而在混合经济时期（“有计划商品经济”或“半计划半市场”），提出以产业政策为核心来统领和协调其他各项经济政策；而在市场经济条件下，应当以竞争政策为核心来统领和协调其他各项经济政策，其他经济部门出台任何经济政策之前都必须经过竞争政策委员会（或公平交易委员会）进行竞争政策审查。

监管政策必须服务于竞争政策，与竞争政策相协调。为了维护市场有效运行，克服市场失灵，实现某些公共政策目标，政府通常会针对具体行业（如金融、食品、药品等）出台相应的监管政策，包括对特定行业和微观经济主体的进入、退出、资质、标准、价格及涉及国民健康、生命安全、可持续发展等行为的监督与管理。统一公平、公开透明的市场规则是实现公平竞争、建设现代化经济体系的前提条件。规范行业进入与退出、降低进入与退出壁垒有助于保证市场的可竞争性；严格监管政策、规范企业行为是促进与规范竞争的重要手段。除此之外，对行业标准不健全以及信息不对称、外部性等市场失灵问题及时加以纠正，也是竞争政策的重要任务之一。

以贸易政策强化竞争政策的作用，以竞争政策促进贸易政策转型。根据对国际贸易的态度，贸易政策可以分为鼓励贸易的政策和抑制贸易的政策；根据商品与服务的流动方向，贸易政策又可以分为进口政策和出口政策。在政策实践中，抑制进口的政策和鼓励出口的政策是最常用的两类贸易政策。⑤ 一般而言，鼓励进出口的政策通常是有助于加强市场竞争的，而抑制国际贸易的政策则是有损竞争的。有效的竞争政策能够提升企业在竞争环境中的适应能力，从而提升企业在国际市场上的竞争优势，促进国际贸易。一方面，从我国的发展历程来看，更加开放的进出口政策提升了众多行业的竞争优势与效率，“以开放促竞争”的实践还推动了国内竞争规则的确立与完善，促进了国内竞争格局的形成；另一方面，随着我国对国际市场影响力的不断增强，同时面对生产经营成本（如劳动力成本、环境成本等）上升、传统比较优势减弱的挑战，亟须依靠竞争政策提升我国参与国际经济规则制定与修订的话语权以及我国企业的国际竞争优势，“以竞争促开放”，加快形成全面、双向开放新格局。

竞争政策要有利于创新，创新政策要有利于竞争。一般来讲，竞争有助于效率的提高，创新也有助于效率的提高。就两者之间的关系而言，竞争能够为创新提供良好的土壤——在激烈的竞争中，企业难以获得超额利润；要想从竞争中取胜，企业的唯一选择就是通过持续创新与技术进步取得竞争优势，获取超额利润；但创新在有些时候也会呈现“反竞争”的特点，即一旦某一企业通过创新获得了垄断地位，市场的竞争环境就可能遭到破坏。因此，合理的创新政策既要为经济主体提供足够的创新激励，以保护和鼓励创新；又不能为创新主体提供过多的垄断地位以至于妨碍竞争。合理的竞争政策既要能够保证市场的有效竞争，又要能够为经济主体预留一定的利润空间，为其研发和创新创造必要的条件，从而为经济的持续增长提供动力。

宏观调控必须遵守竞争政策，以不影响公平竞争为前提。为了实现充分就业、物价稳定、经济增长和国际收支平衡，政府通常会采取一系列宏观调控政策。这些政策，无论是需求管理政策还是供给调控政策，都应当是总量政策，其实施必须以尊重微观经济主体为前提，而不应对它们进行区分或歧视。另一方面，竞争政策的实施也要求对所有的经济主体一视同仁。从这个意义上来讲，二者是一致的。不仅如此，公平有序的竞争环境能够为宏观经济的健康运

---

⑤ 出于防止技术外流的考虑或其他战略性考虑，一些国家经常会采取抑制出口的政策，比如禁止高技术（产品）的出口；相应地，也有一些国家会鼓励进口高技术含量产品。

行、宏观经济政策的有效传导提供可靠保障。确立竞争政策在经济政策体系中的基础性地位，意味着所有的宏观调控措施都必须经过竞争政策审查。

三、我国经济运行中妨碍和限制竞争的主要表现与危害

目前来看，妨碍我国公平竞争的主要因素至少有以下几个方面，包括“霸王式”行政垄断⑥、“选择性”产业政策、“分封式”地方保护、“溺爱式”国企政策、“结构性宏观调控”和“歧视性”金融政策。此外，现行的竞争政策体制也无法克服这些障碍，无法及时有效解决市场竞争的不充分、不公平问题。

1.“霸王式”行政垄断抑制了市场竞争

所谓“行政垄断”，是指政府行政机关以行政法规或正式文件的形式授予下属部门、事业单位或个别企业，在某行业领域或关键环节从事经营或办理业务的特权，或禁止其他主体进入，或对产品或服务的价格进行管制，甚至直接干预经营主体的人事、财务等重大决策。由于具有政府的明令授权，拥有这种垄断地位的市场主体通常表现出典型的“霸王式”经营特征。

目前，霸王式行政垄断主要表现在以下几个方面：第一，政府明令授予下属部门、事业单位或个别企业，在某行业领域或关键环节从事经营或办理业务的特权，或禁止其他主体进入该领域；第二，进口实行国营贸易管理和配额政策；第三，政府对一些商品的价格进行直接管制；第四，政府对被授权主体的人事、财务等重大决策进行直接干预。

这些霸王式行政垄断行为不仅对竞争产生了严重的抑制作用，而且还加剧了经济主体间的不平等，破坏了市场规则，降低了市场效率，不利于公平竞争市场环境的形成。同时，还导致了一些行业有效供给不足、运营效率低下、消费者权益得不到有效保障。并且，长期拥有行政垄断地位的企业在研发投入、技术进步、管理创新等方面缺乏足够的动力，甚至有些企业长期依靠财政补贴生存，在国际市场上更是缺少竞争优势。从国家层面来讲，霸王式行政垄断还催生了一些利益集团，他们对相关政策和体制改革方案的制定具有很大游说能力，甚至“绑架”相关决策。不仅如此，霸王式行政垄断的大量存在还给国

---

⑥ 在本节的讨论中，我们区分了行业性行政垄断和地区性行政垄断。此处的“霸王式”行政垄断是指行业性行政垄断，而地区性行政垄断则放在“分封式”地方保护一节中讨论。

际社会提供了口实，妨碍我国“市场经济地位”的获取，并且不利于我国参与国际经济规则的制定。

2. “选择性”产业政策阻碍了公平竞争

当前，我国还广泛存在着纵向的刚性产业政策，⑦ 并且这些产业政策具有很强的选择性和倾斜性特征。这些选择性产业政策主要表现在各级政府对资源在不同产业间进行非均衡的行政性分配，由政府来挑选某些行业，对其发展进行倾斜性的保护、扶持或抑制。其具体做法包括目录指导、市场准入、项目审批与核准、供地审批、贷款的行政核准、强制性清理等。

产业政策的选择性和倾斜性主要表现在以下几个方面：一是对部分“夕阳产业”或其他某些产业进行无底线式的过度保护；二是对新兴产业进行过度扶持，人为地“拔苗助长”；三是对产能过剩行业实施“有保有压”政策，比如对钢铁、煤炭行业采取的一系列去产能措施导致价格迅速反弹，部分未退出的国有企业从中获利。除此之外，一些产业政策的制定与出台甚至被该行业的少数大型企业，尤其是大型国有企业左右。

这些广泛存在且表现多样的选择性产业政策极大地损害了公平竞争和市场效率。首先，能够得到产业政策保护或扶持的企业能够轻易获得各类政策资源，包括市场准入、财政补贴、税收优惠、银行授信、上市融资等政策便利，而得不到产业政策认可或被产业政策抑制的企业则很难获取上述资源，甚至连进入市场都很难，更遑论公平竞争。其次，我国经济的一个显著特征是在各个产业依然存在大量国有企业，产业政策的选择性更多体现在国有企业身上，而能够得到产业政策支持的民营企业占比很小。从这个意义上讲，选择性的产业政策加剧了国有企业与民营企业之间竞争的不公平性。再次，由于选择性的产业政策未必是基于效率标准制定的，在行业发展过程中很可能是低效的，甚至在技术路线选择上本身就是错误的，结果往往导致资源的错配，恶化资源配置的效率，降低潜在增长率。此外，由于产业政策制定者的认知局限和激励扭曲，选择性的产业政策还会对企业家造成误导，使本应通过努力创新而获得超额利润的企业，不得不为争夺政策资源而去获取补贴。这样的产业政策既无法

---

⑦ 所谓“刚性的产业政策”，一方面是指政府制定的产业政策，企业必须执行；另一方面是指产业政策“只进不出”，缺乏退出机制。

保证公平竞争，也无法保证市场效率，还会造成社会福利的损失，甚至造成政商关系的扭曲和寻租腐败的泛滥。

3. “分封式”地方保护阻碍了统一市场的建立

改革开放以来，地区间竞争一方面促进了改革开放的推进，对经济快速发展起到了一定的积极作用；但是另一方面，地方保护得到了强化，并呈现“分封式”的特征。这种分封式的地方保护阻碍了企业间的公平竞争，尤其是跨地区的竞争，并已经成为妨碍统一市场建立的一个重要因素。

目前，分封式的地方保护主要表现在以下几个方面：第一，地方政府随意设定市场准入门槛，严格限制外来企业进入本地区从事经营活动；第二，地方政府对外来企业的具体业务做出强制性规定，如不少地区要求外来企业必须购买本地产品；第三，地方政府重点给本地（国有）企业提供特殊优惠政策，包括土地批租、财政补贴、税收优惠等，而外来企业则很难获得相同待遇；第四，地方政府强制本地（国有）银行给本地（国有）企业贷款，形成国有部门之间的“关联交易”；第五，在政府采购和工程招标中，地方政府经常设定各种门槛，限制外来企业参与投标或阻碍中标；第六，一些地方甚至命令指定一些业务只限本地银行或本地企业经营，而不允许外来企业从事相关经营活动。

分封式地方保护严重阻碍了统一市场的建立，抑制了竞争在全国范围内的展开，降低了市场效率。首先，地方保护割裂了全国统一市场，使得资源无法在全国范围内实现优化配置，阻碍了我国“规模经济”优势的发挥；其次，地方政府对进入本地市场的外来企业设置重重障碍，损害了本地企业与外来企业之间的公平竞争，进而阻碍了在更大范围内实现公平竞争；最后，地方政府往往为本地的低效率（国有）企业提供“保护伞”，阻碍效率的提高，尤其在出现产能过剩时，地方政府通常不愿意让本地“僵尸企业”及时退出，导致市场迟迟难以出清，当地经济长期处于低迷状态，例如东北地区今天面临的经济困境在很大程度上就是这种分封式地方保护的后果。

4. “溺爱式”国企政策导致非国有企业在竞争中处于劣势地位

在我国，国有经济仍然占有过高比重，并且作为“共和国长子”的国有企业长期“吃偏食”“吃小灶”，使得国有企业政策呈现“溺爱式”特征。这些溺爱式国企政策具体表现在以下几个方面：第一，国有企业在市场准入方面具有先天优势，许多领域只允许国有企业进入，而非国有企业则被拒之门外，即便是市场开放准入限制也只是局限于那些低利润环节；第二，国有企业在获取自然资源，尤其是在矿产、能源、土地等方面具有得天独厚的优势，既拥有准入的优先权，又能够享受低成本的待遇；第三，国有企业在获取金融资源方面具有明显的优势，在“借贷双侧预算软约束”⑧ 的条件下，国有企业可以优先获得低息贷款，或优先上市融资或发行债券，甚至不少国有企业将低成本获取的资金高息转贷给民营企业，从中赚取利差；第四，国有企业通常是各项优惠政策的主要受益者，包括行政垄断的庇护、产业政策的扶持、地方政府的保护以及金融机构的偏爱等；第五，国有企业将凭借特权拿到的项目以苛刻的条件转包给民营企业，而当项目完成之后又迟迟拖延付款。

政府对国有企业的溺爱导致竞争不充分、不公平，造成一系列危害。第一，对一些领域的限制性进入实质上是人为地制造垄断，导致竞争不充分、供给不充足，消费者需求得不到满足，甚至价格居高不下，损害消费者福利；第二，自然资源配置中对国有企业的溺爱式倾斜导致资源配置效率低下，浪费严重；第三，“溺爱式国企政策”加大了国企的道德风险；第四，“借贷双侧预算软约束”导致金融资源严重错配、国有企业杠杆率居高不下，由国有企业造成的银行呆坏账长期由纳税人买单，并且国企加杠杆，民企降杠杆，导致整体效率下降；第五，溺爱式的国企政策还压制了非国有企业的发展，尤其是国有企业对民营企业的剥削造成了企业间的严重不公，既妨碍了公平竞争，也拉大了收入分配差距，拉低了经济增长质量；第六，国有企业与政府之间的特殊关系、国有企业作为总承包商与分包商之间的特殊关系，极易形成各种隐形的利益输送并滋生腐败现象，不仅扭曲了政商关系，同时也破坏了营商环境。此外，一些国有企业还常常打着保护民族企业（或民族产业）的旗号，利用特殊的政企关系、政策优惠、资源倾斜，以及封闭式政府采购等多种方式排斥外资企业，尤其是阻碍外资企业参与我国的技术创新活动，从而破坏了国际竞争环境，妨碍了我国在国际上“市场经济地位”的获得。

---

⑧ 所谓“借贷双侧预算软约束”是指，一方面发放贷款的是国有银行，另一方面举债借贷的是国有企业，借贷双侧均呈现预算软约束的特征——国有银行不担心国有企业贷款出现呆坏账，同时国有企业不在乎贷款的使用效率。

5. “结构性宏观调控”恶化了公平竞争的市场环境

为保证充分就业、物价稳定、经济增长和国际收支平衡，宏观调控在我国经济运行和政府决策中一直占据着非常重要的位置。但长期以来，本应该侧重总量调控的宏观经济政策被发改委等部门错用为“调结构”，导致政府对微观市场主体的不当干预，恶化了公平竞争的市场环境，妨碍了市场在资源配置中决定性作用的发挥。这种“结构性宏观调控”突出表现在国有企业和民营企业在经济周期不同阶段的行为差异。在经济周期中，当经济处于复苏阶段时，往往是民营企业捷足先登，率先进入盈利领域；而国有企业往往要观望很久才会有所行动。当经济处于过热阶段时，有关部门往往会将其定义为“局部过热”“部分行业过热”，于是就采取“有保有压”的宏观调控措施，重点是打压民营企业；当经济开始下行时，产能利用率下降、库存增加，盈利状况随之恶化，债务负担更加突出，此时民营企业只能自行消化，经营不下去的民营企业要么破产，要么重组；但是国有企业则可以久拖不决，甚至变成“僵尸企业”，等待政府救援；当经济进入低谷阶段时，政府就会出面给国有企业“买单”：要么实行债转股，要么进行财政补贴，要么剥离不良资产。

这种“有保有压”的“结构性宏观调控”具有明显的歧视性特征，不但破坏了国有企业与民营企业之间的公平竞争，还不利于国有企业的成长，弱化了国有企业的竞争力，其恶性循环还严重损害了民营企业家的信心。首先，“结构性宏观调控”赋予了国有企业很大的优势，严重破坏了公平竞争的市场环境；其次，“结构性宏观调控”还带来巨大的道德风险——由于有政府的最终兜底，加大了国有企业的道德风险，即下一个经济周期来临时，国有企业依然不会改变乱投资行为，而政府为了保国有企业则需要付出更大的代价；再次，由“结构性宏观调控”，尤其是“有保有压”造成的歧视和不公平政策导致政府信用逐渐丧失，民营企业不敢投资，民间投资不断下滑，甚至造成资本大量外逃。

6. “歧视性”金融政策妨碍企业间公平竞争

在现行金融制度下，金融资源在不同经济主体之间的配置具有很强的“歧视性”，这是妨碍市场公平竞争的另一重要因素，并且这种因素的隐蔽性更强、作用更直接、影响力更大，但在有关竞争政策的研究文献中却很少被提及。[9]

在现实中，歧视性金融政策主要表现在以下几个方面：首先，在信贷市场，由于有政府信用作担保，国有企业更容易以较低成本获得国有银行的信贷资源；其次，由于有政府信用作担保，政府融资平台等国有企业在债券市场上也更容易通过发行债券进行融资，其债券融资规模迅速扩张；再次，国有企业以及得到政府扶持的企业仍然是股票市场的主要融资主体。此外，企业上市审批部门还出台了不少特殊地区企业上市的支持政策，例如证监会最近出台的贫困地区、东北地区企业优先上市的有关规定[10]就是一例。

这种歧视性的金融政策，不仅降低了金融资源的使用效率，而且破坏了公平竞争的市场环境，造成了一系列严重危害。第一，目前无论宏观社会效益还是微观经济效益，民营企业都已远远超过了国有企业，[11] 但是民营企业所获得的金融资源少得可怜，[12] 这种向国有企业倾斜的歧视性金融政策导致金融资源严重错配，直接降低了资金的使用效率，导致潜在经济增长率下降；第二，相对于民营企业而言，国有企业能够更容易地以更低的成本获取金融资源，甚至不少国有企业将低成本获取的资金高息转贷给民营企业，从中赚取利差，扮演着影子银行的角色，这不但破坏了金融秩序，也破坏了国有企业与民营企业之间的公平竞争；第三，歧视性金融政策客观上为大量国有企业的经营活动从实体经济转向金融和房地产领域提供了便利，金融资源“脱实向虚”，影子银行泛滥，杠杆率不断攀升，风险在各个领域不断聚集，为金融稳定和经济健康运行埋下诸多安全隐患；第四，针对一些特殊地区或行业出台的“优惠性”金融政策本质上也是差异化的，客观上会破坏公平竞争的市场环境，这些特殊地区或特殊行业的发展本应由财政转移支付或政策性金融予以支持，而非通过倾

---

⑨ 例如，有关中国竞争政策研究的最新成果之一——《以竞争促增长：国际视角》一书在讨论中国妨碍竞争的主要因素时，只提及行政垄断、产业政策和国有企业，而对于地方保护、宏观调控以及金融政策所起的作用未能给予足够的重视。

⑩ 2017 年 9 月 9 日，证监会对贫困地区符合条件的企业上市实行“即报即审、审过即发”的政策；2017 年 12 月 29 日，证监会对十二届全国人大五次会议第 2076 号建议的答复称，将在推行新股发行常态化的同时，继续优先支持符合条件的东北地区企业上市融资。

⑪ 2018 年 11 月 1 日，习近平总书记在民营企业座谈会上指出，民营经济具有“五六七八九”的特征，即贡献了 50% 以上的税收，60% 以上的国内生产总值，70% 以上的技术创新成果，80% 以上的城镇劳动就业，90% 以上的企业数量。

⑫ 根据全国工商联的数据，民营企业所能够获得的融资仅占 20% 左右。

斜式的行政力量对市场化的资源配置进行人为干预。此外，歧视性金融政策还为金融领域的寻租腐败提供了适宜的“温床”。

表1　不同规模企业融资的成本

企业规模	贷款综合成本	其中		
		利息成本	抵押担保费	银行收费
大型企业	6.54%	6.37%	0.10%	0.07%
中型企业	7.94%	7.44%	0.45%	0.05%
小型企业	9.58%	8.68%	0.80%	0.10%

注：银行收费指银行收取的除利息费以外的其他费用，包括咨询费、管理费、理财费等。

资料来源：韩飚，刘胜会，张宏伟，等．中小企业融资成本调查及思考——基于全国18个地市问卷调查的实证分析［J］．金融发展评论，2014（1）：65—75.

7. 现行竞争政策体制难以克服竞争不充分、不公平现象

根据2018年的《深化党和国家机构改革方案》，我国在原国家工商行政管理总局、国家质量监督检验检疫总局、国家食品药品监督管理总局、国家发展和改革委员会的价格监督检查与反垄断局、商务部反垄断局以及国务院反垄断委员会办公室等基础上，组建了国家市场监督管理总局。其中，它的一项重要职责就是承担反垄断统一执法，规范和维护市场秩序。根据国家市场监督管理总局“三定方案”，由反垄断局具体负责反垄断统一执法，包括拟订反垄断制度措施和指南，组织实施反垄断执法工作，承担指导企业在国外的反垄断应诉工作，组织指导公平竞争审查工作，承担反垄断执法国际合作与交流工作，承办国务院反垄断委员会日常工作。由价格监督检查和反不正当竞争局具体负责反不正当竞争执法工作，包括拟订有关价格收费监督检查、反不正当竞争的制度措施、规则指南，组织实施商品价格、服务价格以及国家机关、事业性收费的监督检查工作，组织指导查处价格收费违法违规行为和不正当竞争行为。

相对于改革之前的机构设置，“双层脱钩，三足鼎立”的问题⑬一定程度上已经得到解决，但是还有一些固有的问题尚未解决，具体表现在以下三个方

⑬　参见魏加宁、杨光普：《关于调整我国竞争政策执法机构的政策建议》，国务院发展研究中心《调研报告择要》（2018）第26号（总第2842号）。

面：第一，目前的两个执法机构都是司局级机构，行政级别过低，授权有限，人员编制不足，专业人员匮乏，执法能力受限，难以承担“打破行政性垄断，防止市场垄断”的重任。第二，目前的两个执法机构缺少准司法权和准立法权，难以在依法办案的同时适应形势变化，例如，对于最新出现的“平台垄断”现象，相关部门迟迟不能做出适当反应。第三，无论是国务院反垄断委员会还是两个执法机构都不拥有地方派出机构，导致对跨地区的垄断行为和违法案件无法进行有效应对。其结果是，垄断行为或不正当竞争行为得不到及时处罚或遏制，不利于统一开放、竞争有序的市场体系的建立，不利于发挥市场在资源配置中的决定性作用。

四、确立竞争政策基础性地位的思路、路径与政策建议

上述种种防碍和限制竞争的现象充分说明，现有的经济政策体系已经无法满足高质量发展的需要。尽快构建系统完备、科学规范、运行有效的竞争政策体系，并确立竞争政策在整个经济政策体系中的基础性地位，既是顺应我国经济发展进入新时代的迫切需要，也是建设现代化经济体系、推动高质量发展的迫切需要，同时也是贯彻落实十九大关于“打破行政性垄断，防止市场垄断”的总体要求和战略部署的迫切需要。

1. 应把进一步完善竞争政策执法机构设置作为确立竞争政策基础性地位的突破口

确立竞争政策在经济政策体系中的基础性地位，应从进一步完善竞争政策执法机构设置入手，尽快突破部门利益固化的藩篱，吸取各国反垄断实践的经验教训，更加科学合理地改革我国的反垄断体制，提高竞争政策执法机构的权威性，运用司法、行政、民事等多种手段，不断强化竞争政策审查机制。

针对我国现行反垄断执法机构设置中存在的问题，结合国际经验，特提出有关调整强化我国竞争政策执法机构的方案设想：

首先，做实“国务院反垄断委员会”，将其由一个反垄断工作协调机构转变为一个竞争政策执法机构，更名为“国务院竞争政策委员会”，同时将现有反垄断局与价格监督检查和反不正当竞争局合并到该委员会下面，作为我国的竞争政策执法机构。

其次，该委员会应具有以下职能：一是统一负责《反垄断法》和《反不

正当竞争法》的行政执法；二是统一负责竞争政策的制定与执法；三是全面负责竞争政策审查工作；四是组织实施或委托专门机构对全国以及各地区的市场竞争状况进行调查、评估，并定期发布评估报告；五是负责与竞争政策相关事务的国际协调与合作。

最后，该委员会的行政级别应高于普通部委，并设置大区派出机构。同时，对该委员会应做到，给足编制、配足人力、提供充足的行政办公经费。作为国家的行政执法机关，该机构所有编制均应为穿特定制服的公务员编制。

2. 以修法、清法为路径，确立竞争政策审查机制

建议做实后的“国务院竞争政策委员会”应尽快以修法、清法为路径，确立竞争政策审查机制。具体包括但不限于以下几个方面：

第一，将“公平竞争审查”改为“竞争政策审查”，以涵盖促进竞争的反垄断审查和规范竞争的反不正当竞争审查，并由国务院竞争政策委员会全面负责实施。

第二，国务院竞争政策委员会对国务院、各部委、各省区市政府新制定的法律法规、新出台的各项政策条例进行定期审查；对国务院、各部委、各省区市政府已制定的法律法规、已出台的各项政策条例进行集中审查。凡是与竞争政策相抵触的法律法规和政策条例，要么尽快废除，要么及时修订。

第三，除了国务院竞争政策委员会的审查之外，所有法律法规和各项政策条例在出台之前还应经过第三方评估。

3. 确立竞争政策基础性地位需要十大配套改革

考虑到我国当前所处的发展阶段和国情现实，调整改革竞争政策执法机构、建立竞争政策审查机制，对于确立竞争政策基础性地位、促进我国市场经济公平竞争而言只是必要条件而非充分条件，因为仅靠竞争法律体系尚无法完全解决制约竞争的体制和制度障碍。因此，还需要多方面的配套改革，具体包括但不限于以下几个方面：

第一，转变政府职能。地方政府职能应当尽快实现三个转变：一是要剥离地方政府的经济建设职能，从地方间经济增速竞争转向公共服务竞争；二是要更多发挥竞争政策的作用，从地区间竞争转向企业间竞争；三是要将地方政府事权收缩到非竞争性领域，地方国企必须尽快从竞争性领域退出。

第二，打破行政垄断。按照“竞争中性”原则，尽快清理和废除那些不必要的由行政部门制定的、明令授权特定企业以特许经营权的文件，确保政府的行为不给任何实际的或潜在的市场参与者带来任何“不当的竞争优势”而破坏市场竞争。在税收征管、财政补贴、研发创新、人才管理、行业监管、政府采购等方面给予不同所有制企业同等待遇，以减少对竞争环境的扭曲和破坏。推进具有垄断势力的国有企业所在行业的体制改革，逐步放开军工、电力、民航、电信、石油、供销、农垦、铁路等行业的准入限制，打破准入壁垒，允许民间和境外资本进入，促进行业竞争，并确保国有企业不利用国家的权力强化自己的竞争优势。

第三，推进产业政策转型。一方面，加快产业政策自身转型，由纵向转向横向、由选择性转向功能性、由刚性转向柔性、由倾斜式转向竞争性；另一方面，积极推动经济政策体系从以产业政策为核心转向以竞争政策为基础，清理并大幅减少现有中央各部门、各省市实施的产业补贴或扶持项目，并将保留的优惠扶持政策透明化；对各级政府、各个部门新出台的产业政策必须实施竞争政策审查。从以国家（地方）利益为核心转向以国际规则为准绳。

第四，破除地方保护。营造商品自由流动、平等交换的市场环境，破除市场壁垒和地方保护，完善市场监管体制，改革税制体系，削弱地方政府实行地方保护的动机，增强地方政府维护国内市场统一的激励，促进全国范围乃至更大范围的公平竞争。

第五，加快国有企业改革。加快实现对国有企业以“管企业”为主向以“管资本”为主的转变。加强国有企业兼并重组过程中的反垄断审查。对国有企业按照公益、商业类进行划分，实行分类改革，区分确定哪些企业、哪些业务属于公益类，哪些属于商业类；对于公益类国有企业，政府对其承担公共服务或公共政策职能的成本要给予公平、透明的补偿；对于商业类国有企业，要加快推进混合所有制改革、企业的公司制股份制改造、国有股权公开出售、管理层收购、僵尸企业清理、职工身份转换、企业办社会职能接收等工作，加强国有企业的信息披露。

第六，深化金融体制改革。一是加快国有商业银行的“去国有化”进程，逐步降低其国有股比例，改善公司治理和强化股东管理，切断国有商业银行与国有企业之间的“关联交易”，硬化借贷双侧的预算约束，使商业银行成为真正的市场化经营主体。与此同时，将退出的国有资金用于办好政策银行和完善存款保险制度。二是继续加大金融领域的开放力度，加快将民间资本引入正规金融体系，增加金融服务的有效供给，提高金融市场的竞争度，同时也便于加强政府监管和减少体系外的金融乱象。三是放弃歧视性的金融政策，对不同所有制企业的金融服务应统一标准、一视同仁；当前对金融集团的整治工作应当从维护公平竞争的角度、更多依靠竞争政策执法来加以推进。

第七，完善产权保护制度。认真贯彻落实中共中央、国务院《关于完善产权保护制度依法保护产权的意见》，及时修订宪法、物权法、知识产权保护法中对不同产权的差异化描述，抓紧甄别纠正一批社会反映强烈的产权纠纷申诉案件；强化各级政府的契约精神和对市场的敬畏意识，杜绝因政府换届造成的违约、毁约现象；推动有关国有资产管理的信息公开，强化对国有产权和集体产权的民主监督，防止内部人控制和国有资产流失；加强知识产权的保护和利用。

第八，完善社会保障制度。深化社会保障制度改革亟须实现政府工作重心的三个转变，即从过去的“保企业”转向“保个人”、从过去的“扶强”转向“扶弱”、从过去的“效率优先”转向“公平优先”。一方面，要完善失业保险、医疗保险、养老保险等社会保障制度，解决弱势群体的生老病死问题；另一方面，政府应该鼓励发展职业教育和终身教育，做好再就业培训，对失业人群进行职业指导、职业技能、职业道德和职业纪律培训。此外，加快社会保障的全国性统筹，加大将国有股划拨社保基金的力度，以解决降低企业“五险一金”负担与社会基金资金缺口之间的矛盾；同时加快将社保基金作为国有股东代表参与国有企业治理的步伐，以达到推动国有企业治理结构改革的目的。

第九，关注新经济、新模式中出现的新的平台垄断问题。由于新一轮科技创新导致企业规模扩张的成本很低，很容易从小微企业迅速成长为规模巨大的垄断性企业，为此，竞争政策的制定和执行，既要有利于企业的快速成长，提高其国际竞争力，也要关注可能产生的垄断行为和垄断现象，尤其是对新出现的“平台垄断”要加快进行深入研究，及时推出适当的应对措施。

第十，加强宣传教育，在全社会倡导和培育竞争文化。一方面，有序竞争的市场秩序需要全社会的自觉维护；另一方面，全社会的自觉维护也有利于降低竞争政策的执行成本。为此，我们建议在政府、企业、高校、社区中采取多种形式、利用多种渠道，加强有关市场经济为什么需要竞争、竞争能给我们带来什么好处、垄断与不正当竞争会怎样伤害市场经济、如何界定垄断与不正当竞争、垄断与不正当竞争将受到怎样的惩罚等方面的教育，通过对案例审判过程的公开追踪报道，培养公众的法治意识，进而促进竞争文化在全社会的形成。

参考文献

威廉·科瓦西奇等编著，《以竞争促增长：国际视角》，北京：中信出版社，2017 年。

陈清泰，《产业政策的回顾与转型》，《比较》，第 82 辑，北京：中信出版社，2016 年。

菲利普·阿吉翁等，《产业政策和竞争》，《比较》，第 82 辑，北京：中信出版社，2016 年。

顾昕，《重建产业政策的经济学理论》，《比较》，第 82 辑，北京：中信出版社，2016 年。

韩小威，《经济全球化背景下中国产业政策有效性问题研究》，北京：中国经济出版社，2008 年。

江飞涛、李晓萍，《直接干预市场与限制竞争：中国产业政策的取向与根本缺陷》，《中国工业经济》，2010 年第 9 期。

江小涓，《制度变革和产业发展——进程和案例研究》，北京：北京师范大学出版社，2010 年。

刘世锦，《市场开放、竞争与产业进步——中国汽车产业 30 年发展中的争论和重要经验》，《管理世界》，2008 年第 12 期。

林毅夫、张维迎，《产业政策之辩》，《比较》，第 82 辑，北京：中信出版社，2016 年。

詹姆斯·罗宾逊，《产业政策和发展》，《比较》，第 82 辑，北京：中信出版社，2016 年。

周建军，《美国产业政策的政治经济学：从产业技术政策到产业组织政策》，《经济社会体制比较》，2017 年第 1 期。

卢锋，《中国宏观调控的内在困境》，《宏观纵览周刊》，2010 年。

张维迎、栗树等，《地区之间的竞争与中国国有企业的民营化》，《经济研究》，1998 年第 12 期。

张纯、潘亮，《转型经济中产业政策的有效性研究——基于我国各级政府利益博弈视角》，《财经研究》，2012 年第 12 期。

宋凌云、王贤彬，《重点产业政策、资源重置与产业生产率》，《管理世界》，2013 年第 12 期。

吴意云、朱希伟，《中国为何过早进入再分散：产业政策与经济地理》，《世界经济》，2015 年第 2 期。

宋凌云、王贤彬，《产业政策的增长效应：存在性与异质性》，《南开经济研究》，2016 年第 6 期。

张莉、朱光顺等，《重点产业政策与地方政府的资源配置》，《中国工业经济》，2017 年第 88 期。

鞠建东、刘政文，《产业结构调整中的有为地方政府》，《经济学报》，2017 年第 12 期。

徐林，《国际贸易规则下中国产业政策如何优化》，财新网，2018 年 5 月 3 日。

李强，《以竞争性产业政策推动我国汽车产业升级》，《汽车工业研究》，2015 年第 11 期。

陈卫东、熊启跃，《我国非金融企业杠杆率的国际比较与对策建议》，《国际金融研究》，2017 年第 2 期。

邓海清、林虎，《中国债务杠杆周期的特色及出路》，宏源证券研究报告，2013 年 6 月 24 日。

黄宪、余丹、杨柳，《我国商业银行 X 效率研究——基于 DEA 三阶段模型的实证分析》，《数量经济技术经济研究》，2008 年 25 卷第 7 期。

纪志宏、周黎安等，《地方官员晋升激励与银行信贷——来自中国城市商业银行的经验证据》，《金融研究》，2014 第 1 期。

江伟、李斌，《制度环境、国有产权与银行差别贷款》，《金融研究》，2006 年第 11 期。

李锦生、张宏宇、赵培，《基于 DEA 窗口分析法的商业银行效率研究》，《金融监管研究》，2016 年第 11 期。

刘心、李婷婷、邹翔，《中国商业银行效率 DEA 方法的实证分析》，《辽宁工程技术大学学报》，2016 年第 2 期。

陆正飞、祝继高、樊铮，《银根紧缩、信贷歧视和民营上市公司投资利益损失》，《金融研究》，2009 年第 8 期。

罗知、张川川，《信贷扩张、房地产投资与制造业部门的资源配置效率》，《金融研究》，2015 年第 7 期。

彭文生，《渐行渐近的金融周期》，北京：中信出版社，2017 年。

沈军、白钦先，《中国金融体系效率与金融规模》，《数量经济技术经济研究》，2013 年第 8 期。

王付彪、阚超等，《我国商业银行技术效率与技术进步实证研究（1998—2004））》，《金融研究》，2006 年第 8 期。

王健、金浩、梁慧超，《我国商业银行效率分析——基于超效率 DEA 和 Malmquist 指数》，《技术经济与管理研究》，2011 年第 4 期。

王珏、骆力前、郭琦，《地方政府干预是否损害信贷配置效率》，《金融研究》，2015 年第 4 期。

叶康涛、祝继高，《银根紧缩与信贷资源配置》，《管理世界》，2009 年第 1 期。

杨凯生，《关于去杠杆的几点思考》，第一财经网，2017 年 6 月 26 日。

朱太辉，《我国实体经济债务：演变历程、潜在风险与治理框架》，《东北财经大学学报》，2018 年第 4 期。

李荣、孙亮、张小薇，《法国竞争力集群政策体系对我国产业技术创新联盟的启示研究》，《科技管理研究》，2014 年第 14 期。

李玉平，《法国的产业政策实践及其思考》，《国际经济技术研究学报》，1990 年第 1 期。

李宗元、李瑞琴，《战后法国产业结构的调整及对我国的启示》，《天津党校学刊》，1997 年第 4 期。

张宇，《法国智库专家：法国的产业政策，以及科技创新扮演的关键角色》，2016 - 11 - 07，http：//www. sohu. com/a/118364550_466843。

魏加宁、杨光普，《关于调整我国竞争政策执法机构的政策建议》，国务院发展研究中心《调研报告择要》（2018）第 26 号（总第 2842 号）。

C. J. F. Brown，“Industrial Policy and Economic Planning in Japan and France”，*National Institute Economic Review*，Vol. 93，No. 1，1980，pp. 59 – 75.

Elie Cohen，“Industrial Policies in France：the Old and the New”，*Journal of Industry, Competition and Trade*，Vol. 7，Issue 3，2007，pp. 213 – 227.

Ha-Joon Chang，Antonio Andreoni and Ming Leong Kuan，Centre for Business Research of University of Cambridge，“International Industrial Policy Experiences and the Lessons for the UK”，Working Paper No. 450，2013.

Jonah Levy，“The Return of the State? French Economic Policy under Nicolas Sarkozy”，APSA 2010 Annual Meeting Paper. 2010，Available at https：//ssrn. com/abstract = 1644667.

Deniz Igan，Ali Mirzaei，and Tomoe Moore，How Do Regulations of Entry and Credit Access Relate to Industry Competition? International Evidence，IMF Working Paper，No. WP/18/84，April 2018.

Farrell M J，“The Measurement of Productive Efficiency”，*Journal of the Royal Statistical Society*，1957，120（3）：253 – 290.

Kiyotaki，N.，and J. Moore，“Credit Cycles”，*Journal of Political Economy*，1997，105（2），211 – 248.

Rajan R.，Zingales L.. “What do We Know about Capital Structure?”，*Journal of Finance*，1994，50（5）：1421 – 1460.

比较之窗

Comparative Studies

Comparative

信贷、杠杆率与经济增长
150 年的经验和启示

张晓晶　刘　磊　李　成

2008 年国际金融危机以来，尽管去杠杆成为主要发达国家摆脱危机、回归常轨的基本共识；但 10 年过去了，各大经济体债务攀升、杠杆率高企再次成为令人担忧的全球性现象。

信贷规模、宏观杠杆率（债务占 GDP 比重）伴随着经济周期起起伏伏，但却可以不断上升且屡创新高，这背后到底是什么机制在起作用？信贷变化与经济增长有着什么样的关联？所谓“信贷驱动增长”是可持续的吗？

本文考察了发达经济体 1870 年以来近 150 年的杠杆率长周期变化，① 探讨它与经济增长之间的关系，并尝试对上述问题做出回答。

一、信贷与增长：理论梳理

1. 货币与债务是一枚硬币的两面

借贷与负债行为古已有之，甚至在货币产生之前就已经有之。格雷伯

---

* 张晓晶、李成，供职于中国社会科学院经济研究所；刘磊，供职于中国社会科学院国家金融与发展实验室。感谢中国社会科学院研究生院博士生王晓星在数据整理上的贡献。

① 主要包括 17 个早期工业化国家 1870—2013 年以及 64 个经济体 1980—2016 年的杠杆率与增长。

（Graber，2012）在《债：第一个 5000 年》中认为债务的产生早于货币，最初的货币就是可以流通的债务凭据。而真正的银行信贷的出现可能要追溯到 1614 年荷兰阿姆斯特丹市政创建的借贷银行；80 年后英格兰银行诞生，更是被认为引发了一场“金融革命”，使英国能够从市场上借债进而为始于 1688 年的英法九年战争融资。

虽然货币本身就是债务的衍生品，但黄金和白银被确定为货币后，其作为债务的属性弱化了。在信用货币体系下，货币本身就是一种信用。狭义货币 M0 指的是实体经济中各部门持有的现金，这在资产负债表中表现为中央银行的负债和持有现金一方的资产。其本质就是一种借贷关系，是央行对实体经济的负债。准货币（M2 中非现金部分）指的是实体经济各部门在商业银行的存款，这依然是一种债务形式，表现为商业银行的负债和实体经济各部门的资产。由此，无论是从人类社会经济活动的起源看，还是从现代信用货币体系看，债务与货币都是密不可分的，债务与货币是一枚硬币的两面，银行的负债方对应的是货币，银行的资产方对应的就是债务。更进一步，货币是债务的一个子集，表示在法律意义上可用于支付、结算、财富储存等功能的一种债务凭证。

鉴于货币、信贷与债务之间的密切关联，在讨论中，有时候并不刻意强调它们之间的区别。

2. 货币观点与信贷观点

关于货币、信贷与经济的关系，在经济学思想的长河中一直有广泛探讨。

19 世纪末及 20 世纪初的经验加上 30 年代的大萧条，形成货币观点（money view）的基础。这里最突出的贡献是弗里德曼的货币史研究（Friedman and Schwartz，1963），他认为，狭义与广义货币供给的水平在短期会严重影响产出，因而央行必须要对商业银行总负债施加适度的间接调控。除此之外，银行的实际运作、通过贷款进行的信用创造，在长期内对实际经济均不重要。

20 世纪 80 年代以来，信贷观点（credit view）得到了越来越多的重视。这一观点强调，单纯的货币观点已经无法解释货币（政策）对经济的影响。这一观点源于米什金（Mishkin，1978）、伯南克（Bernanke，1983）、格特勒（Gertler，1988），还可以追溯到费雪（Fisher，1933）以及格利和肖（Gurley and Shaw，1955）。信贷观点的最突出特点就是：影响经济的不仅仅是银行的狭义和广义货币，事实上，整个银行的资产负债表——其资产方、杠杆率以及结构——都会对经济产生作用。最典型的是伯南克提出的金融加速器效应（Bernanke and Blinder，1992），指出信贷渠道是对传统货币传导机制的加强。不过，伯南克也强调，这一信贷渠道并不是真正独立的或平行的渠道，而是强化机制。从这一意义上，信贷渠道是有点“被动”的。

信贷渠道的出现，与银行和金融发展有关。二战以来，信贷开始脱离广义货币而快速增长（见图 1），主要基于两方面原因，一是银行杠杆的提高，二是银行的非货币负债使资金来源增加。此外，在银行资产负债表中，安全性资产开始下降，资产组合中政府债券占比自 1950 年以来大幅下降。这些变化，强化了信贷作用，同时也带来了金融风险的上升。

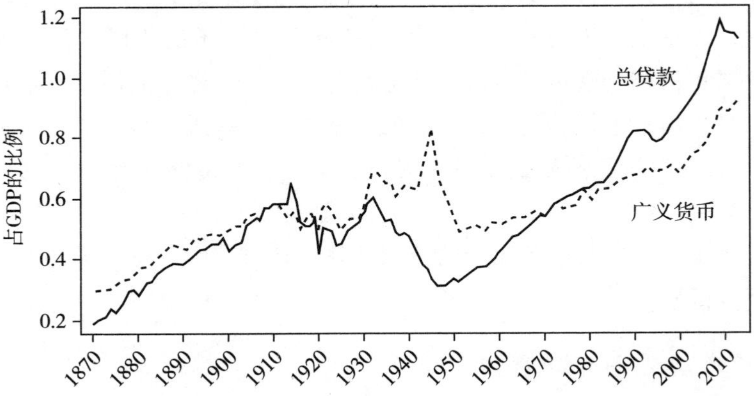

图 1　广义货币与总贷款

资料来源：转引自 Jordà et al.（2017）。

在这些微观变化背后，是更重要的宏观制度性变化。自 20 世纪 70 年代中期布雷顿森林体系崩溃，80 年代以来金融全球化与金融自由化的发展，使信贷出现了前所未有的增长。由此，经济周期的变化开始由信贷金融主导，所谓金融周期开始出现。实际上，金融周期突显了信贷周期以及房地产周期的共同作用。

3. 信贷驱动增长的机制

讨论增长，一般会涉及生产函数。而在生产函数中，并没有信贷什么事。就信贷与产出的文献而言，也主要关注信贷对产出波动的影响，直接探讨信贷与增长的关系也不多见。不过，信贷推动名义需求增长，并在一定时期内推动经济较快增长，这一点基本上是理论共识。如果观察20世纪80年代以来的现象，这一特征表现得更为明显。那么，信贷驱动增长的机制是什么呢？

其实凯恩斯的货币需求理论，就已经阐述了货币信贷对产出的重要性，甚至是经济活动的“第一推动力”。进一步考察信贷与增长的关系，最直接的机制就是信贷对投资与消费的驱动，即促进资本形成与扩大最终消费，从而带来经济增长。

伯南克的金融加速器理论也阐述了信贷作用于实体经济的机制。不过，他强调，这个信贷渠道并非单独起作用，而是要借助于更根本的机制发挥作用，信贷渠道不过是顺势而为，抑或是推波助澜。这其实道出了信贷影响实体经济（无论是增长还是波动）的根本特征。

因此，强调信贷作用的同时，一定不能忽视，信贷其实是借助于实体经济活动才能促进增长：要么是需求侧对投资、消费或净出口的促进，要么是供给侧对生产要素的驱动，如促进资本形成、推动技术创新等。

二、过多的信贷为什么不能带来更快的增长？

信贷驱动增长，尤其就短期而言，几乎是没有争议的。即使弗里德曼的货币观点也支持这一判断。不过，现实的故事却是，过多的信贷未能带来更快增长，相反，信贷过度膨胀之后，往往出现的是危机。著名的凯恩斯主义经济学家、诺奖得主托宾（Tobin，1989）则将“过度信贷”称为经济体系中的“阿喀琉斯之踵”。

那么，为什么过多信贷不能带来更快的增长呢？

首先，金融自由化、创新与发展导致信贷增长脱离实体经济。信贷也好，金融也好，其存在的依据是为实体经济服务。但随着金融自由化、金融创新与发展，通过银行资产负债表扩张的传统信用创造机制，现在由于银行表外业务和非银金融机构的参与增加了信贷扩张的新途径。而由后者创造的信贷，大多并未流向实体经济，而是被房市、股市、债市吸收，在金融体系内部“空转”，从而形成信贷与实体经济的脱离，产生了“异化”。

第二，为现存资产融资导致的信贷扩张对产出增长作用甚微（特纳，2016）。以现存资产作抵押的信贷业务绝大多数是房地产抵押贷款。这部分信贷虽然也有一些用于新房的购买（从而支持新增房地产投资），但更多的是对存量房产的购买（这部分支出不计入 GDP，且不形成新的投资）。图 2 显示，即便发达经济体完全不进行新建房地产投资，银行信贷同样会集中于房地产融资。截至 2010 年，17 个发达经济体房地产信贷接近全部银行信贷的 60%。并且，随着社会富裕程度提高，房地产在财富中的重要性不断上升。以 2010 年为例，发达经济体房地产占国民财富（非金融资产加上对外净金融资产）基本是在 50% 以上。其中，英国 57.4%、法国 61.3%、德国 55.8%、美国 42.2%、加拿大 51.4%（皮凯蒂，2014）。这意味着，房地产对于信贷扩张仍起到了重要的推动作用。

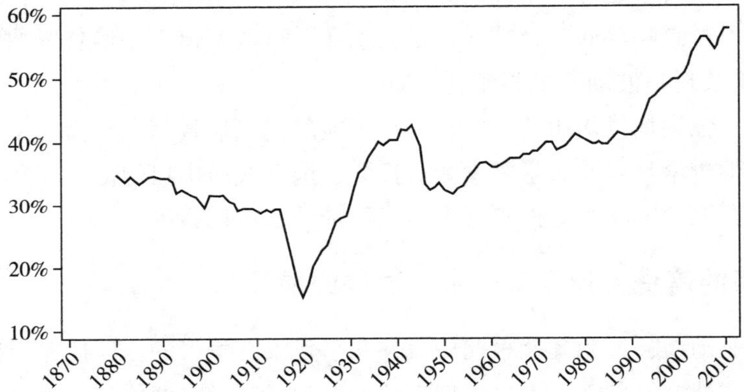

图 2　17 个发达经济体房地产信贷占总贷款比重

资料来源：转引自 Jordà et al.（2016）。

金融周期的经验事实表明，房地产价格与信贷规模存在同步的周期性。信贷增长支撑了房地产价格上涨，房产价值的增加反过来又支撑了信贷需求的上升。这部分贷款并不直接创造 GDP，并且具有更强的顺周期性，其本身便可形成与实体经济无关（或关联较弱）的信贷周期。由此，当为现存资产（特别是房地产）融资导致信贷扩张时，往往并不伴随着新的投资，因而仅仅是信贷增长，却没有相应的产出增长。

第三，贫富差距导致信贷扩张成为很多政府的制胜法宝。信贷或者说债务的产生，在于经济体系中储蓄与投资的不匹配。储蓄转化为投资一般有两条渠道：债权融资与股权融资。到底采用哪种方式，可能与很多因素有关，但我们为什么常常看到的是信贷（或债务）不断攀升呢？一个重要的原因在于贫富差距的存在。贫富差距扩大使不可持续的信贷扩张成为维持经济增长的关键。

一般来讲，社会中相对富裕的群体都会将收入中的更大比例用于储蓄。贫富差距的扩大会导致储蓄率上升，并抑制名义需求增长。而信贷增长能够作为抵消因素。银行信贷部门或其他中介，可以把更多储蓄借给穷人，支持他们在实际收入不变甚至下降情况下维持或提高消费水平。典型的就是美国的房地产抵押贷款（特别是次贷）。通过这种方式，给没有钱的穷人贷款，扩大消费，从而支撑经济增长。这是很多发达经济体，包括发展中经济体采用的办法。政府通过扩大信贷，一方面缓解了穷人困境（部分掩盖了贫富差距，这就是为什么我们看到，美国过去几十年贫富差距不断拉大，却没有导致不同收入阶层消费差距的扩大），另一方面也推动了增长，达到一石二鸟的效果。从图 3 可以看出，美国的收入不平等程度与消费者信贷占比自 20 世纪 60 年代以来以类似的趋势增长，由此带来的危害有目共睹。事实上，那些借债的穷人在危机冲击中所受的损失，要远远大于有钱但杠杆率较低的人群。

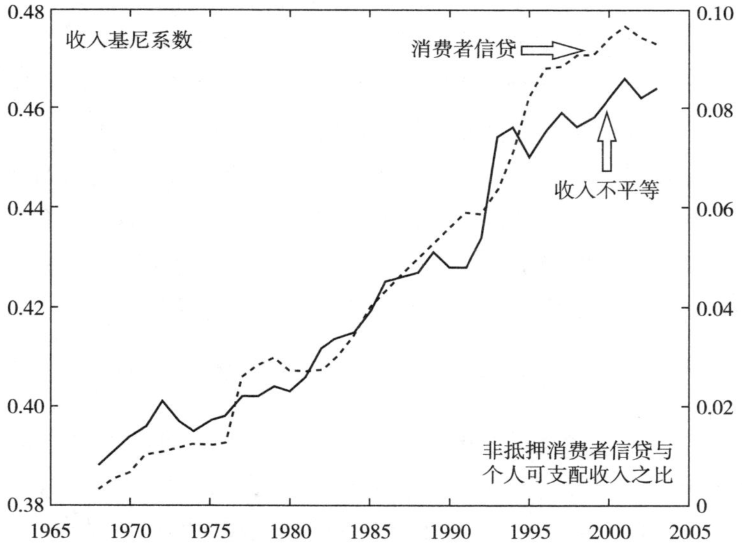

图 3　美国收入不平等与消费者信贷走势一致

资料来源：转引自 Krueger and Perri（2006）。

第四，金融全球化、跨境资本流动与全球失衡进一步推动信贷攀升。就全球看，也存在着储蓄与投资的不匹配，如伯南克所说的中国储蓄过剩问题，以及发达经济体的储蓄不足问题。在贫富差距不断扩大的社会内部，穷人以信贷融资的消费扩张对应于富人的储蓄增长，而纵观世界，美国、英国、西班牙、爱尔兰等国以信贷融资的房地产价格泡沫和消费繁荣则对应于中国、德国、日本等国居高不下的储蓄率。全球失衡（正体现了全球储蓄与投资的不匹配）造成了信贷扩张，发达经济体一定意义上是在借助外部（即国外）杠杆支撑本国增长。此外，金融自由化与全球化的发展，也导致了与实际资本形成无关的大规模跨境资本流动。由此产生的信贷膨胀，不仅对产出增长的积极作用有限；甚至，那些反复无常的跨境资本流动往往还会带来波动与危机，严重抑制增长。

以上从四个方面给出了信贷过快增长不能带来产出快速增长的原因，实际上是讨论了信贷错配是如何形成的，更进一步，是什么原因造成了金融未能很好地服务于实体经济。

三、信贷、杠杆率与产出增长：150 年的历史

这部分主要是经验分析。一方面是长周期的杠杆率变化，另一方面是这些变化与产出增长呈现什么样的关系。大部分的杠杆率研究都基于 20 世纪 60 年代（甚至 80 年代）以来的数据样本，时间跨度都不到 60 年，以此讨论杠杆率的长周期还不够确切。尤为重要的是，在近五六十年中，发达经济体已经跨越了工业化快速发展阶段，杠杆率与产出增长之间的关系也发生了结构性变化。如果要给现在的发展中经济体特别是中国提供经验（或教训），还需要探寻发达经济体早期工业化的历史。因此，我们将数据样本回溯到了 1870 年，即第一次全球化繁荣的起始阶段，也差不多是第二次工业革命的开端。

（一）17 个发达经济体 1870 年以来的经验

我们首先选取 17 个率先完成工业化的国家自 1870 年以来的数据。关于信贷对经济增长驱动的研究，自金融危机之后有大量文献已经做了深入分析，但经验分析中普遍选取的都是 1960 年（有的甚至是 20 世纪 80 年代）以来的数据。由于许多因素在短期内并未发生显著变化，1980 年以来全球也基本处于金融全球化、经济自由化不断深入的时代，对一些因素的长期影响并未得到充分认识。为解决这一困境，我们将研究拉长到第二次工业革命以及经济全球化以来的大历史角度。

1. 研究变量描述

由于我们要做将近 150 年历史的经济分析，必须选择工业化完成较早并且

现在已经全部进入发达国家行列的国家，主要以欧洲国家为主。我们选择的国家包括 13 个欧洲国家：比利时、丹麦、芬兰、法国、德国、意大利、荷兰、挪威、葡萄牙、西班牙、瑞典、瑞士和英国；两个美洲国家：加拿大和美国；一个亚洲国家：日本；一个大洋洲国家：澳大利亚。这 17 个国家已经囊括了所有最重要的早期工业化国家，对其发展历史中债务驱动经济增长模式的分析，将有助于我们理解当前中国工业化过程中的杠杆率发展路径。全部数据频率皆为年度，选取国家及数据区间如表 1 所示。

表 1　研究国家及各国数据区间

国家	符号	区间	杠杆率变量数
比利时	BEL	1885—2013	113
丹麦	DEN	1870—2013	144
芬兰	FIN	1870—2013	144
法国	FRA	1900—2013	97
德国	GER	1883—2013	123
意大利	ITA	1870—2013	144
荷兰	NET	1900—2013	102
挪威	NOR	1870—2013	138
葡萄牙	POR	1870—2013	128
西班牙	SPA	1900—2013	104
瑞典	SWE	1871—2013	143
瑞士	SWI	1870—2013	144
英国	UK	1880—2013	134
加拿大	CAD	1870—2013	144
美国	USA	1880—2013	134
日本	JAP	1875—2013	138
澳大利亚	AUS	1870—2013	142

资料来源：http：//www. macrohistory. net/data/。

我们主要研究杠杆率对经济增长的影响。杠杆率定义为债务与名义 GDP 之比。债务包括私人债务与公共债务：私人债务采用私人贷款数据，公共债务统计为政府贷款和国债之和。② 二战之后随着金融体系发展，私人部门债务除贷款外，还发展出了相当丰富的其他融资工具，企业债券占比也不断攀升。但为了保持数据一致性，我们暂时以私人贷款来代替。根据我们的验证，加入其他融资工具后的私人债务与私人贷款在变化趋势上是很一致的。因此，这里我们以私人贷款和政府债务相加后与名义 GDP 的比值作为总杠杆率，并将其作为核心解释变量。

除杠杆率外，我们还加入了投资率、人口增速、人均 GDP 作为控制变量。这些变量的符号表达、经济含义及数据来源如表 2 所示。

表 2　变量描述

	变量	含义
被解释变量	*DLGDP*	实际 GDP 增速
控制变量	*TotLev*	总杠杆率
	InvRate	投资率
	DLPop	人口增速
	LGDPPC	对数化人均 GDP

资料来源：http：//www. macrohistory. net/data/。

从这 17 个国家杠杆率发展的历史趋势看，私人部门杠杆率在 1960 年之前波动率较大，周期相对更短，而 1960 年之后大部分时间都处于上升趋势直至 2008 年金融危机才普遍去杠杆。而公共部门杠杆率的特征略有不同，在整个 150 年间并未表现出显著趋势，其波动的幅度相比私人部门要更大。这可以理解为：公共部门杠杆率往往是对经济动荡的一种逆周期调节。也就是说，在私人杠杆面临大幅下跌甚至崩溃的情况下，公共部门杠杆快速攀升。这在大危机期间表现至为明显。而且，二战以来总杠杆率的变动大体上可以由公共部门杠杆率的变动来解释。

② 根据国民经济统计核算的框架，一般将一国的国内经济划分为居民、非金融企业、政府和金融机构这四个部门，其中前三者也可被称作实体经济部门，前两项表示实体经济中的私人部分，与政府部门（公共部门）相对应。大部分经济体中金融部门的债务主要为存款，而存款一般是由贷款所衍生，与实体经济的债务是一枚硬币的两面，故一般对杠杆率的研究中只考虑实体经济三部门的债务，典型的代表是国际清算银行（BIS）按季度公布各国实体经济三部门杠杆率。本文后面所涉及的实证分析，均为实体经济部门债务和杠杆率。

2. 面板回归结果

以上从统计描述上直观表现了新增债务对经济增长的影响，以下便通过国际面板数据模型验证这一关系。我们构造的面板模型为：

这里 μ_i 为各国的个体效应与时间效应，$\varepsilon_{i,t}$ 为回归残差。为更深入地分析资本主义不同发展阶段债务驱动经济增长的模式变化，我们将整体时间段划分为两段：1870—1930 年和 1960—2013 年。在前一段时间，几个重要的工业化国家经历了工业化初期的黄金发展阶段，后一阶段伴随着二战后各工业化国家经济自由化和金融全球化过程。1930—1960 年经历了资本主义世界的大萧条和第二次世界大战，数据的连续性较差，故在分段研究中去除。对于这两段区间以及整个 150 年区间分别做回归检验，结果如表 3 所示。

表 3　债务杠杆对经济增长的影响（1870—2013 年）

	全区间	1870—1930	1960—2013
$TotLev_{i,t}$（总杠杆率）	−0.0132*** (−4.44)	−0.0186*** (−2.69)	−0.0183*** (−6.36)
$InvRate_{i,t}$（投资率）	0.1063*** (4.53)	0.2010*** (3.70)	0.0655*** (2.75)
$DLPopu_{i,t}$（人口增速）	0.8203*** (6.88)	0.7950*** (2.67)	1.0356*** (15.75)
$LGDPPC_{i,t-1}$（人均 GDP 数值滞后项）	−0.0234*** (−5.25)	−0.1104*** (−5.84)	−0.0558*** (−9.44)
调整 R^2	0.2944	0.2293	0.6395
国家数	17	16	17
观测数	2027	705	915

注：被解释变量为各国实际 GDP 增速。括号中为 t 统计量。*、**、*** 分别代表在 10%、5%、1% 的水平上显著。

资料来源：作者计算。

可以看出，总杠杆率对实际 GDP 增速具有反向抑制作用。这似乎与一般认为杠杆率开始对经济有促进作用，然后再带来负面影响的观点不一致。我们认为，这里控制了投资率，实际上，是体现杠杆率的正向促进作用，因为投资的实现基本上是基于信贷，在早期更是如此。而如果杠杆率的正向作用由投资率体现，那么，在此之外的杠杆率上升就会带来负作用。所以这个杠杆率的攀升可以看作对增长的风险指标的衡量。

在整个区间，杠杆率每上升 1%，实际 GDP 增速下降 0.01%—0.02%。这一结果的显著性在 1960 年之后明显上升，表明高杠杆率对经济增长的抑制作用这一规律更为稳定。投资率和人口增速用来模拟资本和劳动力对经济增长的促进作用，二者回归系数都为正，且都具有显著性。

投资的驱动作用在前一阶段更明显（从其系数可以看出），这是因为这个阶段刚好是发达经济体的早期快速工业化发展阶段。

人均 GDP 的加入用于控制各国间的不同经济发展阶段，其回归系数为负，说明随着人均 GDP 绝对值的上升，经济增速会缓慢下降。这与经济体由中等收入进入高收入阶段经济增速大幅下降这一规律性认识是完全一致的。

（二）64 个经济体 1980—2016 年的样本分析

下文转而研究 1980—2016 年的债务杠杆对经济增长的影响。此处，我们利用世界银行世界发展指数（WDI）、国际货币基金组织《世界经济展望》（WEO）、佩恩表等数据库（参见表 4），构建了一个包含 64 个国家的面板数据。值得指出的是，这一样本涵盖了各大洲处于不同发展阶段的主要经济体，具有较高的代表性，国家列表参见表 5。

表 4　变量解释与数据来源

变量/项目	来源	备注
私人信贷占 GDP 比重	世界银行，世界发展指数（World Development Indicators，WDI）	—
GDP 增速	同上	按市场汇率计算的实际增速
投资占 GDP 比重	同上	投资指“总资本形成”
消费占 GDP 比重	同上	消费指“最终消费支出”
储蓄占 GDP 比重	同上	储蓄指“总国内储蓄”
城镇人口比重	同上	—
政府债务占 GDP 比重	国际货币基金组织，《世界经济展望》（World Economic Outlook，WEO）	债务指“广义政府总债务”
全要素生产率指数	佩恩表（Penn World Table 9.0 版）	以 2011 年为基期

表 5　样本国家列表

亚洲/大洋洲（15 个）	欧洲（19 个）	非洲（16 个）	南美洲/北美洲（14 个）
中国、印度、印度尼西亚、伊朗、日本、约旦、韩国、马来西亚、菲律宾、沙特阿拉伯、斯里兰卡、泰国、土耳其、阿联酋、澳大利亚	奥地利、比利时、捷克、法国、德国、希腊、匈牙利、以色列、意大利、荷兰、波兰、葡萄牙、罗马尼亚、俄罗斯、西班牙、瑞典、瑞士、乌克兰、英国	贝宁、布基纳法索、布隆迪、喀麦隆、科特迪瓦、埃及、肯尼亚、摩洛哥、尼日利亚、尼日尔、卢旺达、塞内加尔、南非、苏丹、坦桑尼亚、突尼斯	阿根廷、玻利维亚、巴西、智利、哥伦比亚、多米尼加、厄瓜多尔、危地马拉、洪都拉斯、秘鲁、委内瑞拉、加拿大、美国、墨西哥

下文的经验回归公式可表达为：

$$DLGDP_{i,t} = c + \alpha_1 TotLev_{i,t} + \beta_l \sum_{l=1}^{b} Control_{l,i,t} + u_{i,t} + \varepsilon_{i,t}$$

其中，被解释变量为 GDP 增速（*DLGDP*）；核心解释变量是总杠杆率（*TotLev*），被定义为私人信贷同政府债务存量之和与 GDP 的比例。控制变量（*Control*）包括“投资率”等影响经济增长的其他因素。$u_{i,t}$指代未被观测的个体（国家）固定效应和时间（年度）固定效应参数，$\varepsilon_{i,t}$为服从正态分布的随机误差项。表 6 报告了相关面板回归的结果。

首先，由作为基准的“模型 1”的结果可知，在给定其他变量的条件下，债务杠杆（*TotLev*）系数显著为负值，表明债务规模（相对于 GDP）扩大会降低经济增速。这一结果与之前 17 国 150 年的经验规律相同，通过将研究对象的范围扩大，我们进一步确信了信贷扩张对经济活动的负面影响。信贷扩张的主要作用在于将储蓄转化为投资。而当投资给定时，信贷扩张的影响则仅限于增加债务风险，并通过“资产负债表衰退”（辜朝明，2008）的形式制约私人部门的经济活动。同时，公共部门债务高企也会限制财政政策空间，进而拖累私人部门增长（Reinhart et al.，2012）。此外，模型对投资率、人均产出滞后项（反映了增长趋同效应）、全要素生产率（经济增速的组成部分）等控制变量的回归结果均符合理论预期。

表 6　债务杠杆对经济增长的影响（1980—2016 年）

变量/模型	模型 1	模型 2	模型 3	模型 4	模型 5
$TotLev_{i,t}$（总杠杆率）	-0.0108*** (-4.92)	-0.0100*** (7.96)	-0.0002 (-0.04)	-0.0107*** (-4.91)	-0.0157*** (-6.91)
$TotLev^2_{i,t}$（总杠杆率二次项）			-0.0029** (-2.57)		
$InvRate_{i,t}$（投资率）	0.2150*** (12.59)	0.2003*** (10.95)	0.2134*** (12.52)	0.2144*** (12.55)	
$SavingRate_{i,t}$（储蓄率）					0.0901*** (5.76)
$ConRate_{i,t}$（消费率）		-0.0391** (-2.21)			
$LGDPPC_{i,t-1}$（对数人均 GDP 滞后项）	-0.0220*** (-8.04)	-0.0215*** (-7.84)	-0.0224*** (-8.18)	-0.0215*** (-7.70)	-0.0150*** (-5.31)
$DLTFP_{i,t}$（TFP 增速）	0.6884*** (32.07)	0.6901*** (32.18)	0.6940*** (32.25)	0.6893*** (32.09)	0.7119*** (31.50)
$DLPopu_{i,t}$（人口增速）	0.0763 (0.54)	0.0820 (0.58)	0.0842 (0.60)	0.0562 (0.40)	0.2819* (1.91)
$Urban_{i,t}$（城镇人口占比）				-0.0317 (-1.11)	
调整 R^2	0.7596	0.7605	0.7609	0.7596	0.7319
国家数	64	64	64	64	64
观测数	1160	1160	1160	1160	1160

注：被解释变量为各国实际 GDP 增速。括号中为 t 统计量。*、**、*** 分别代表在 10%、5%、1% 的水平上显著。

资料来源：作者计算。

出于稳健性的考虑，在“模型 2”中，我们增加了“消费率”指标。相关结果同模型 1 无明显差异，但消费率的系数显著为负值，这也符合新古典经济增长模型的预期，即经济增速是储蓄率的增函数。接下来，“模型 3”中加入了债务杠杆（*TotLev*）的二次项，用于考察债务杠杆对增长的潜在非线性关系。结果表明，债务杠杆率的一次项符号未变，但显著性消失，二次项则显著为负值，表明了债务对经济增长有某种“加速式”的压抑作用。随后，在“模型 4”中，我们又考察了城镇化进程对增长的影响。结果显示，城镇人口占总人口比重（*Urban*）这一指标系数并不显著，其中的原因可能在于它同投资率有较高相关性，导致所谓的“多重共线性”问题。其他系数则变化较小。最后，在“模型 5”中，我们又以“储蓄率”代替“投资率”进行了回归（即等于“投资”与“国际收支余额”之和同 GDP 的比率）。③ 如表 6 所示，相关结果总体上仍保持稳健，特别是杠杆率系数依然显著为负值。

由此，以更多的样本国家为研究对象，在其他条件不变的情况下，债务积累对经济增长有显著的甚至是“加速式”的负面影响，而且不同模型设定均印证了这一经验事实。其现实含义在于，金融效率在经济增长和管控宏观风险中扮演重要角色。有关决策者应高度重视金融活动——特别是信贷行为——能否以最小成本和风险将储蓄转化为有效投资，进而带动经济增长。这是促进金融业更好地服务实体经济、防范化解金融风险、实现经济可持续发展的关键。

四、杠杆率长周期：典型案例分析

为了更好地理解杠杆率和产出增长的关系，同时也基于长时段数据的可获得性，我们选取美、英、日、德四个典型经济体进行案例分析。前面提到，这几个国家的杠杆率数据可以追溯到 1870 年。为了考察杠杆率长周期的变化，我们把 1870 年到现在近 150 年的时间跨度大致分为四个时期。

周期划分与考察问题的视角有关。我们这里的四个时期划分（每个时期大约三四十年），主要是考虑到制度、政策范式（paradigm）的较大转变（如从金本位到信用本位，布雷顿森林体系与后布雷顿森林体系，金融自由化与金融全球化的发展等）和大的外部冲击（如两次大战、两次大危机等）。具体来说：

（1）1870—1914 年，第一次全球化繁荣时期。除英国外，对其他三个国

---

③ 由国民账户恒等式可知，GDP = 投资 + 消费 + 经常账户余额（可以为正数或负数），也等于储蓄 + 消费。

家而言，也是一个快速工业化的时期。大部分国家在这段时间都有较高的经济增速，但杠杆率并未显著上升，债务与经济活动以近似的速度增长。

（2）1914—1946 年，一战、大萧条和二战，这可以说是“非常时期”。这段时期发达国家的金融体系波动极大，主要特征表现在三个方面。首先，大部分国家在这段时期都曾放弃过金本位制度，各国在寻求信用货币锚的探索阶段。其次，危机发生频繁，大萧条达到了危机的顶点。再次，金融制度大量创新，以美国为例，1913 年出现了美联储，1933 年出现了《格拉斯—斯蒂格尔法案》，这个法案既建立了联邦存款保险公司，还规定了金融分业经营的制度。

（3）1946—1975 年，西方战后增长的“黄金时代”。基本上由布雷顿森林体系主导，特征是国际资本管制与国内金融压抑，在我们研究的样本中，几乎所有国家在这段时期都未曾发生过金融危机。

（4）1975—2013 年，布雷顿森林体系崩溃，金融自由化、金融全球化发展阶段。这段时期的最大特征是金融资产迅速增长，并且伴随着危机的回归。以英国为例，1964 年时金融部门总资产仅占 GDP 的 34%，到 2007 年这一比例已经增长至 500%，2008 年全球金融危机的爆发是这段时期不稳定状态的顶点。

（一）美国

美国历史上发生过三次较为明显的去杠杆过程，包括 1932 年大萧条之后的去杠杆、1946 年二战之后的去杠杆和 2010 年全球金融危机之后的去杠杆，如图 4 所示。

美国经济 1929 年陷入通缩与萧条，1930—1933 年连续四年 GDP 出现负增长，总杠杆率和私人部门杠杆率从 1932 年开始下降。在 1930—1932 年这段时期，经济下滑伴随杠杆率继续提高，政府杠杆率上升加快。在经济连续几年紧缩促使债务出清后，1933 年美元与黄金脱钩出现大幅贬值，相对宽松的流动性带动了经济复苏，私人部门和总杠杆率开始下降。2008 年的全球金融危机起源于过高的居民部门杠杆率，随着房价下跌居民部门出现资不抵债从而引发连锁的债务违约。美国 2009 年开始出现了连续 6 个季度的经济紧缩，私人债务下降的同时政府杠杆率上升。2009 年起美联储实行了三轮量化宽松，同样是在债务和经济出清的环境下通过放松流动性环境来实现去杠杆。

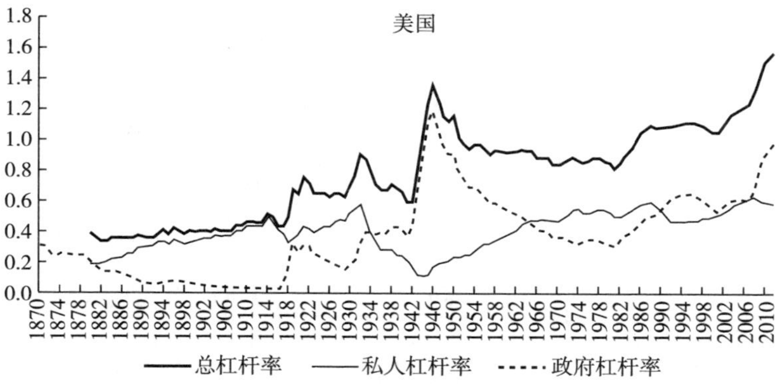

图 4　美国杠杆率

资料来源：http：//www. macrohistory. net/data。

这两次去杠杆有较多的一致性。第一，完美的去杠杆并不产生于债务增速下滑，而是得益于经济增速复苏。债务增速下滑时的杠杆率反而在加大。第二，在去杠杆之前都经历了经济滑入负增长区间的过程。在经济负增长过程中，债务实现了出清。理想中的“无痛去杠杆”是不存在的。第三，在债务出清后，适当的流动性宽松环境会促进经济加速增长，实现完美去杠杆。

我们进一步划分为四个区间予以分析，如表 7 所示。前两段时期的美国实际 GDP 增速要明显快于二战后。二战前平均增速为 3. 5% 左右，二战后降至 2. 7% 。第二段时期的债务增速最快，三、四段时期的债务增速高于第一段时期。排除第二段特殊时期，美国战后较高的债务增速并未起到拉动经济增长的作用，相反，工业化初期，在杠杆率基本稳定的环境中，美国经济保持了平均 3. 5% 的稳定增长。第二和第四段时期的杠杆率上升最为明显，其共同特征是政府债务增速超过私人债务。私人债务增速最快的是第三段区间，平均增速达到 11. 8% ，如果排除 1946 年和 1947 年这两年战后经济负增长时间，这段时期是美国历史上经济增长最稳定繁荣的时期。私人债务增长与经济稳定增长的对应关系非常明显。与之形成反向对比的是第二段时期，这段时间经济波动最大，私人债务增速也最低，平均仅有 1. 6% 。

再比较经济增长与衰退情况下的债务变化。私人债务在大部分经济衰退环境中都表现为增速下降，而政府债务则是在大部分经济衰退环境中表现为增速上升，逆势加杠杆。在第一段时期里，经济衰退期的私人债务增速由平均的 6. 5% 下降到 1. 7% ，政府债务增速由平均的 －1. 7% 上升到 1. 8% 。在第四段

表 7　美国不同时期信贷与产出关系

时期		样本年数	实际GDP平均增速	实际GDP标准差	名义GDP平均增速	私人债务平均增速	政府债务平均增速	总债务平均增速
1870—1914	全部	33	3.5%	4.8%	4.0%	6.5%	-1.7%	4.6%
	经济增长	27	5.1%		5.8%	7.6%	-2.5%	5.3%
	经济衰退	6	-3.4%		-3.8%	1.7%	1.8%	1.4%
1914—1946	全部	32	3.6%	9.1%	5.5%	1.6%	16.8%	8.6%
	经济增长	22	7.8%		10.7%	3.3%	18.2%	11.5%
	经济衰退	10	-5.6%		-6.0%	-2.3%	13.8%	2.3%
1946—1975	全部	29	2.6%	2.8%	6.6%	11.8%	2.3%	5.4%
	经济增长	24	4.3%		7.2%	10.7%	2.4%	5.5%
	经济衰退	5	-5.3%		3.8%	16.2%	1.9%	4.8%
1975—2013	全部	39	2.8%	2.0%	6.1%	6.2%	9.0%	7.6%
	经济增长	34	3.4%		6.5%	7.1%	8.5%	7.8%
	经济衰退	5	-1.3%		3.1%	0.3%	12.5%	6.3%

资料来源：作者计算。

区间里，经济衰退期的私人债务增速由平均的6.2%下降到0.3%，政府债务增速由平均的9.0%上升到12.5%。第二段时期经济衰退期的私人债务增速由平均1.6%下降到-2.3%。不同的是，政府部门债务增速在衰退期也稍有下降，从16.8%下降到13.8%。但这一下降比例较小，基本可视为保持平稳。第三段时期较为特殊。这段时期美国经历了从二战中经济疲弱快速过渡到高速增长的过程，1946年GDP增速为-23.1%，到1950年已经恢复到8.3%（本文的实际GDP同比增速计算方法为对数之差）。因此在最初几年经济的波动性较大，规律并不明显。如果在这段区间中排除掉1946年和1947年这两年经济负增长时期，则同样符合其他三个区间中的规律。经济衰退期的私人债务增速由平均的10.5%下降到8.1%。政府债务增速变化不大，由平均的2.3%下降到1.9%，也可看作基本平稳。在第四段时期，1975年以来美国总共出现过6年经济增速低于0的情况，在这6年中政府债务的平均增速达到

12.5%，而私人债务的平均增速仅为0.3%。从总债务看，经济衰退期间的增速全部低于平均水平，可见私人债务的收缩幅度要高于政府债务的扩张幅度，债务增速总体放缓。在经济增长的环境下，私人债务和总债务普遍呈现更高增速。仍以第四段区间为例，1975—2013年有34年经济增速大于0，这34年私人债务和总债务的平均增速分别为7.1%和7.8%，略高于整个区间的平均水平6.2%和7.6%。

由此，从总体上看，我们可以认为美国在四段时期里私人债务全部表现为顺周期规律，而政府债务在两段时期里具有逆周期特征。

以上特征可归结为三点。第一，私人债务表现出较强的经济内生性。无论在不同时期之间，还是在同一时期的不同增长背景下，稳定环境中的高增长总是伴随着更高的私人债务增速。第二，信贷环境萎缩一般也会伴随着经济增速的下行。市场一般会在这样的环境中实现债务出清，经济衰退的幅度普遍大于债务紧缩的幅度，表面看到的是杠杆率不降反升。第三，政府大部分时候都采用逆周期操作，在经济下行时提高债务增速对冲私人债务的紧缩。

（二）英国

与美国较为类似，英国历史上有四段明显的去杠杆过程：一战前、大萧条后、二战后和全球金融危机之后，而加杠杆比较明显的三段时期分别是：一战开始后至1925年、二战期间和1975年至全球金融危机前，如图5所示。英国持续时间最长的一段去杠杆过程出现在1947—1975年。当时的全球大环境是

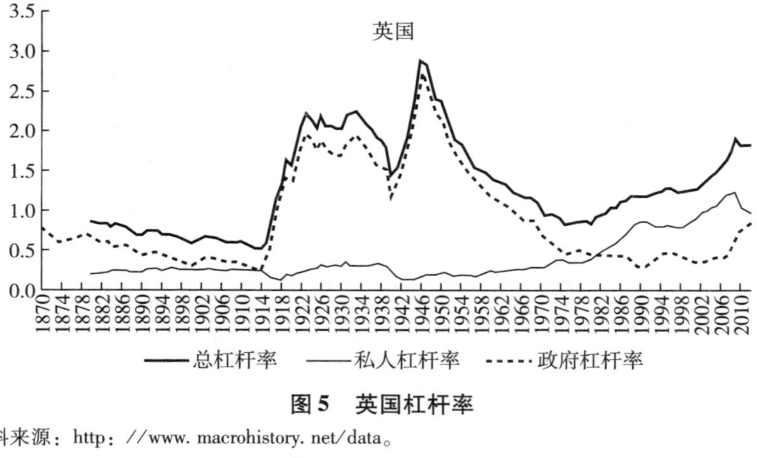

图5 英国杠杆率

资料来源：http：//www.macrohistory.net/data。

发达国家经济普遍快速增长，整体杠杆率比较平稳。由于战争期间的大量负债，英国杠杆率自 1940 年开始快速上升，到 1944—1947 年实际 GDP 连续四年出现负增长，债务也在这个过程中实现出清。1948 年英镑汇率出现大幅贬值，相对于黄金和美元都贬值了 30%，出清后宽松的货币环境促进经济恢复增长。这个过程与美国的几次去杠杆进程非常类似，唯一的区别是英国在这段时期的私人债务水平很低，总杠杆率主要依靠政府部门的债务驱动。

分时期来看，如表 8 所示。前两段时期的经济平均增速较低，均低于 2%；战后两段时期平均增速为 2.3%，且战后经济增长的波动性更低。私人债务增速与经济增速的变化方向一致，四段时期的平均增速分别为 2.6%、2.8%、10.8% 和 9.8%，战后的私人债务增长明显快于战前。第三段时期是英国经济增长最平稳快速的阶段，私人债务增速也相应最快。相反，第二段时

表 8 英国不同时期信贷与产出关系

时期		样本年数	实际GDP平均增速	实际GDP标准差	名义GDP平均增速	私人债务平均增速	政府债务平均增速	总债务平均增速
1870—1914	全部	33	1.9%	2.2%	2.1%	2.6%	-0.5%	0.6%
	经济增长	27	2.6%		2.8%	3.3%	-0.9%	0.6%
	经济衰退	6	-1.5%		-1.1%	-0.6%	1.2%	0.5%
1914—1946	全部	32	1.4%	5.0%	4.3%	2.8%	11.0%	9.1%
	经济增长	24	3.7%		6.6%	1.6%	12.5%	10.0%
	经济衰退	8	-5.6%		-2.6%	6.4%	6.4%	6.6%
1946—1975	全部	29	2.3%	2.0%	7.7%	10.8%	2.4%	4.2%
	经济增长	23	3.2%		8.0%	10.8%	1.8%	3.7%
	经济衰退	6	-1.4%		6.2%	10.9%	5.0%	6.0%
1975—2013	全部	39	2.3%	2.1%	7.6%	9.8%	9.0%	9.4%
	经济增长	33	3.0%		7.4%	9.7%	8.1%	9.1%
	经济衰退	6	-1.7%		8.8%	10.4%	13.8%	10.8%

资料来源：作者计算。

期的经济增速最低，波动性最大，私人债务增速也相对较慢，平均仅有2.8%，远低于同期名义GDP的平均增速4.3%，私人部门杠杆率下降。政府债务的走势在大部分时候与私人债务呈反向关系，第二段时期政府债务增速最高，而在第三段时期政府债务增长较为缓慢。总杠杆率在第四段时期增长最快，经济增长的信贷密度有所加强。

再将每段时期分为不同经济环境来看，英国的私人债务增速在增长和衰退的不同环境中并未表现出明显区别，但政府债务普遍表现出在衰退时期增速更快，由此导致总债务在后两个时期也都表现出衰退时以更快的速度增长。

从以上分析中可以总结出如下特征：第一，私人债务增长与经济增长在不同时期内方向一致，但同一时期里不同环境中则没有明显规律。第二，英国的总债务受政府债务影响较大，这一点与美国有所不同。第三，与美国类似，英国政府普遍采用逆周期操作，在经济下行时期偏向于扩大政府债务。

（三）日本

日本杠杆率的显著特征是除了二战战败后出现过一次彻底的去杠杆和经济出清外，几乎没有发生过明显的去杠杆过程。1945年日本战败后，杠杆率从1944年的顶点274%跌落至1948年的33%。此后，随着私营经济和金融体系的发展，私人部门杠杆率出现快速上升，这一过程持续至今，如图6所示。

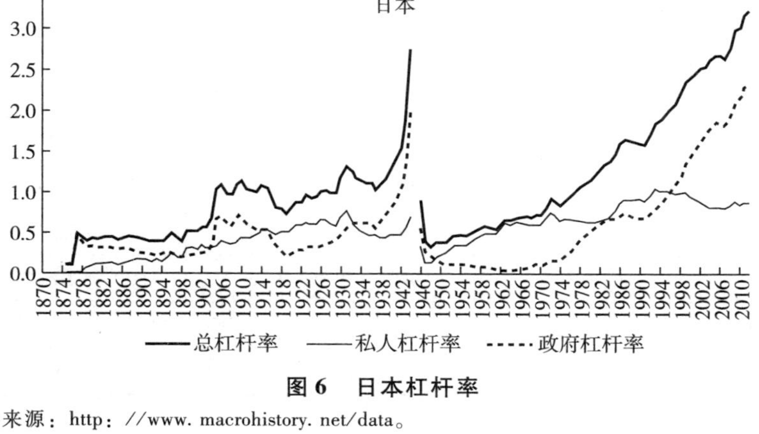

图6　日本杠杆率

资料来源：http：//www. macrohistory. net/data。

自20世纪70年代以来，政府部门杠杆率一直在快速增长，1965年日本政府杠杆率仅为6.5%，到2013年已增长至243%。但90年代之后经济增速开始回落，陷入了长期通缩，私人杠杆率出现下降，而政府杠杆率仍在快速上升。与英美两国不同的地方在于，日本经济没有实现出清（大量僵尸企业的存在就是证明），也就无法实现完美去杠杆（Dalio，2012）。过高的杠杆率成为抑制经济增长的重要因素，至今也未走出低速增长的阴影。虽然债务增速大幅下降，但经济增速下降更多，杠杆率持续增长。

分时期来看，如表9所示。日本经济增长最辉煌的时期是二战后到1975年这段时间，实际GDP平均增速达到8.6%，且仅在1975年出现过一次经济衰退。这段时期的债务增速也最快，私人债务增长领先于政府债务。1975年后，日本经济发展模式发生较大幅度的转变，平均经济增速滑落至2.3%，债务增速也相应下降，且私人债务增速降幅更大。政府债务增幅仅是略有下降，

表9　日本不同时期信贷与产出关系

时期		样本年数	实际GDP平均增速	实际GDP标准差	名义GDP平均增速	私人债务平均增速	政府债务平均增速	总债务平均增速
1870—1914	全部	38	2.4%	4.9%	5.9%	18.0%	10.2%	11.8%
	经济增长	28	4.6%		7.9%	17.7%	11.8%	12.7%
	经济衰退	10	-3.6%		0.4%	19.0%	5.9%	9.2%
1914—1946	全部	31	3.4%	13.9%	8.5%	9.8%	12.9%	11.8%
	经济增长	25	5.1%		10.2%	9.5%	11.8%	11.1%
	经济衰退	6	-3.7%		1.5%	10.9%	17.1%	14.7%
1946—1975	全部	28	8.6%	3.2%	20.0%	22.6%	15.9%	19.9%
	经济增长	27	8.9%		20.1%	23.1%	15.6%	20.1%
	经济衰退	1	-1.3%		17.7%	10.4%	22.7%	12.8%
1975—2013	全部	39	2.3%	2.3%	3.3%	4.0%	10.0%	6.8%
	经济增长	35	2.8%		4.0%	4.5%	10.5%	7.2%
	经济衰退	4	-2.3		-3.0%	-0.4%	5.9%	3.2%

资料来源：作者计算。

平均增幅仍达到 10%，总杠杆率也在政府债务的带动下快速增长。政府债务的逆周期现象非常明显。比较前两段时期，第一段时期经济平均增速略低于第二段时期，但波动性较小，私人债务增速在第一段时期也相应高于政府债务，但两段时期总债务增速基本保持一致，平均都为 11.8%。政府债务在全部区间里的平均增速基本一致，每个阶段的平均增速都在 10%—15% 之间。私人债务的波动性更大，第三段时期平均增速达到 22.6%，而 1975 年之后仅有 4.0%，因此总债务增速主要是由私人债务决定的。

从划分增长和衰退的不同环境看，在战后的两段时期里，私人债务都在经济增长时以更快的速度上升，而政府债务并无明显规律，总债务也具有顺周期性，在增长时增速更快。而在前两段时期里，私人债务增速的变化并不明显。

从上述分析可以总结出以下特征：第一，日本私人债务同样在经济稳定增长的第三段时期增速最快，而在波动性最大且增速较慢的第二段时期缓慢增长，这与其他国家的经验类似。第二，与美国类似，日本信贷环境萎缩时同样伴随着经济增速下行，杠杆率不降反升。第三，政府债务在战后体现出逆周期操作的规律，与其他国家类似，这并没有推动经济增长。

（四）德国

德国曾在一战后由于糟糕的战后和约造成了严重的经济后果，在魏玛共和国时期通胀率极高，1922—1924 年通胀率都在 200% 以上，1923 年甚至超过了 2000%。这段时期债务增速与名义 GDP 增速也极高，社会金融体系遭到破坏。由于恶性通胀的作用，存量债务被稀释，到 1923 年地方政府债务仅占当年 GDP 的 0.09%，去杠杆得以实现。二战后的情况也与日本类似，债务被强制出清，杠杆率降到最低点。杠杆出清后，总杠杆率开始上升，至今尚未出现显著的去杠杆过程，如图 7 所示。

由于出现过几次剧烈震荡，德国数据在前两个阶段的缺失点较多，我们排除掉这些异常点及数据缺失年份后进行分段分析，如表 10 所示。私人债务增速最快的时期仍然是第三段时期，这一时期经济增速最快，波动性最小。政府债务增速与名义 GDP 增速持平，政府杠杆率保持稳定。在第四段时期中，经济增速下滑，波动性上升，债务增速也随之下降，但由于经济增速下滑更快，杠杆率依旧上升。比较特殊的是 2000 年以来，私人杠杆率开始下降，政府杠

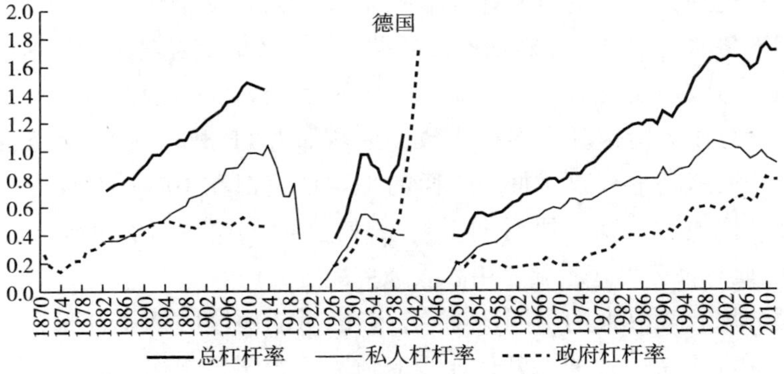

图 7　德国杠杆率

资料来源：http：//www. macrohistory. net/data。

表 10　德国不同时期信贷与产出关系

时期		样本年数	实际GDP平均增速（%）	实际GDP标准差（%）	名义GDP平均增速（%）	私人债务平均增速（%）	政府债务平均增速（%）	总债务平均增速（%）
1870—1914	全部	30	3.0	3.6	2.9	6.3	3.7	5.2
	经济增长	28	3.3		3.0	6.5	3.3	5.2
	经济衰退	2	-1.3		0.7	3.1	8.4	5.5
1914—1946	全部	13	3.2	20.3	3.7	8.9	14.4	11.9
	经济增长	9	6.6		10.5	9.9	17.4	14.2
	经济衰退	4	-4.4		-11.6	6.4	7.5	6.9
1946—1975	全部	24	5.6	4.4	9.4	14.5	9.0	12.4
	经济增长	24	5.6		9.4	14.5	9.0	12.4
	经济衰退							
1975—2013	全部	39	2.4	4.7	4.2	5.0	7.8	6.0
	经济增长	33	3.1		4.5	4.9	6.9	5.6
	经济衰退	6	-1.6		2.8	5.6	13.1	7.9

资料来源：作者计算。

杆率以更快的速度上升，总杠杆率趋于稳定，但这段时期宏观经济的波动性更大，政府债务对经济的拉动作用有限。

从不同经济增长环境看，除第二段时期外，德国的政府债务表现出较明显的逆周期性，在经济衰退时更倾向于提高政府债务增速。这一规律在第四段时期最为明显，政府债务增速在衰退时期达到 13.1%。相反，私人债务则更多为顺周期特征。德国的总债务增长受政府债务影响较大。

德国的情况可以归纳如下：第一，私人债务在稳定增长环境中的增速最快。第二，债务紧缩时，经济增速下滑更快。第三，政府债务的逆周期特征也很明显。

总结这几个国家的经验，发达经济体的长周期杠杆率与经济增长呈现以下特征：

（1）政府债务相对私人债务来说更不稳定，逆周期现象明显，且对经济增长的拉动作用有限。在经济陷入衰退期时，大多数政府都更倾向于加大债务增速对冲私人部门投资意愿的下降。从对经济增长的影响看，各国经济繁荣时期，往往对应着私人债务温和增长而政府债务增速有限的时期。可见，私人部门主动加杠杆是经济增长的重要动力，有助于实现长期稳定的经济增长；而政府杠杆率一般不具有可持续性。在政府加杠杆的早期，经济依然可以维持一定增长，但随着政府债务的积累，对经济增长的拉动往往缺乏后劲，最后总是以经济衰退或危机收场。由此，也可以区分私人部门与公共部门杠杆率在增长中的不同角色。一般来说，公共部门杠杆率是“补台”，是熨平波动的；而私人部门杠杆率才是在短期内推动增长的真正动力。长期来看，无论是公共部门杠杆率还是私人部门杠杆率，积累到一定程度都会对金融稳定造成冲击，对增长带来负面影响。

（2）20 世纪 70 年代以来，经济的信贷密度在上升，迎来了一个对信贷依赖度持续攀升的新时期。一方面，金融自由化与金融全球化，带来了信贷的快速增长，另一方面，发达经济体经历了二战后增长的黄金时代，经济增长趋于下滑。这二者的结合，导致信贷占 GDP 比重（信贷密度）不断上升。从另外一个角度看，发达经济体普遍较高的杠杆率，基于两个原因：一是经济对信贷的依赖是由整个经济范式（包括制度、体制以及相应的政策安排）决定的，并不简单取决于决策者或市场的偏好；二是成熟市场经济体的经济增速回落是无法阻挡的规律，债务增长对经济的拉动作用有限，只有创新才是增长的持续推动力。这种信贷依赖症在未来的较长一段时间也难以有变化，因为这将取决于国际货币体系、金融监管与法律框架、跨境资本流动以及金融科技等诸多方面的发展与变革。

（3）杠杆率变化呈现某种长周期特征。从最长的时段来看，150 年的变化基本上经历了两次大的债务高增长，且以危机告终。如果进一步细化，则杠杆率大致呈现三四十年的变化周期。这实际上与后发经济体快速追赶的时间相一致，事实上，20 世纪 90 年代末亚洲金融危机国家（或地区）基本上都是经历了三四十年的高速增长。考虑到中国改革开放 40 年的后发赶超，当前宏观杠杆率也基本处在一个周期的峰值附近，因此，去杠杆政策成为必然之选。这不仅是着眼于杠杆率本身蕴含的风险，也是着眼于 40 年快速发展累积的各类风险在杠杆率上的体现。

五、结论与政策建议

过多的信贷为什么不能带来更快的增长？我们从理论层面给出了四个理由：（1）金融自由化、创新与发展导致信贷增长脱离实体经济，产生“异化”。（2）为现存资产融资导致的信贷扩张对产出增长的作用甚微。（3）贫富差距导致信贷扩张成为很多政府的制胜法宝。（4）金融全球化、跨境资本流动与全球失衡进一步推动信贷攀升。

从经验层面看：（1）17 个发达经济体 150 年的杠杆率经验表明，如果杠杆率的正向作用由投资体现，那么，在此之外的杠杆率上升就会带来负作用。所以这个杠杆率的攀升可以看作衡量增长风险的指标。从回归的系数可以看出，投资驱动作用在前一阶段（即 1870—1914 年）更明显，这是因为该阶段刚好是发达经济体早期快速工业化发展阶段。这也说明该时期信贷的正向作用更明显，因为信贷主要是用于支持投资。（2）对 64 个经济体 1980—2016 年的计量分析，以及近年来的国际经验均表明，在其他条件不变的情况下，债务积累对经济增长有着显著的甚至是“加速式”的负面影响，而且不同模型设定均印证了这一经验发现。其现实含义在于，金融资源的配置效率（比如杠杆率的配置）在经济增长和管控宏观风险中扮演重要角色。有关决策者应高度重视金融活动——特别是信贷行为——能否以最小的成本和风险将储蓄转化为有效投资，进而带动经济增长。这是促进金融业更好地服务实体经济、防范化解金融风险、实现经济可持续发展的关键。

认识到杠杆率的变化是一个长周期过程，特别是它在不同阶段对产出增长的不同作用，就需要在政策层面对杠杆率攀升有合理的应对：

第一，杠杆率本身的变化取决于诸多因素，除了一般的周期性因素（如经济波动甚至危机），还和社会经济范式有关，这包括制度、体制、政策等诸多层面。制度上，后布雷顿森林体系、金融自由化（放松监管）、金融全球化，都推动了信贷膨胀；体制上，是否存在对市场主体信贷扩张的约束机制以及是否存在因政府担保带来的道德风险，也使不同经济体对信贷依赖的程度呈现差异；政策上，货币当局在经历滞胀阶段后积累了治理通胀的经验，且货币政策的关注点只在通胀而非资产价格，这些都会纵容信贷扩张而忽视其潜在风险。制度、体制与政策安排，既是社会经济范式的主要内容，它们的组合也反映了当局的治理能力。总体上，发达经济体的治理能力更强，对债务的承受能力也更高，也就是说，面临较高的杠杆率，仍然可以正常地发展。当然，发达经济体的治理能力与债务耐受力强都是相对的（即相对于发展中国家），本轮国际金融危机也暴露出对信贷的过度依赖终会超过其治理能力的限度，遭致巨大损失。

第二，公共部门杠杆与私人部门杠杆率往往呈现此消彼长的特征，这实际上是政府干预经济、熨平波动、保持增长的重要职能的体现。可以想象，没有政府杠杆率在非常时期（包括危机或战争）的“补台”（这时候私人杠杆率往往都接近于崩溃），要渡过难关是难以想象的；同时，这种补台也预示着实体经济部门的总杠杆率会越升越高，后一个周期的峰值甚至会超过前一个周期的峰值。

第三，针对杠杆率变化的长周期，在去杠杆过程中就要有定力。要稳中求进，不能操之过急。尤其是，危机以来，我们看到，各大经济体都是金融去杠杆取得成效，但实体经济部门的杠杆率仍在攀升（当然内部结构上有所变化，比如私人部门去杠杆，政府部门加杠杆）。这就意味着，我们在强调去杠杆的时候，也要更加理性、客观、务实。从一般性去杠杆到结构性去杠杆，就是务实精神的体现。国内一些学者一提到去杠杆，恨不得每个部门都能做到去杠杆，认为这样风险才会得以化解。这种片面的、一厢情愿的想法，未能着眼于中国经济发展的全局，未能着眼于杠杆率变化的长周期，以及未能着眼于改革、发展与稳定三者的统一（张晓晶等，2018）。

第四，典型案例分析揭示了实现完美去杠杆的前提条件。达里奥（Dalio，

2012）区分了糟糕去杠杆与完美去杠杆。糟糕去杠杆要么体现为货币支持不足（即通缩式），要么体现为货币支持过度（即通胀式）；而完美去杠杆，则体现为货币支持适度，实体经济复苏，使得名义增长高于名义利率，最终实现去杠杆。当前有人强调要以宽松的环境实现完美去杠杆，却忘记了达里奥并非提供了去杠杆的“三种武器”由我们自由选择，而是指出了去杠杆的三阶段。完美去杠杆的前一阶段是市场出清的过程，会出现糟糕的通缩式去杠杆；而下一阶段是过度加大信贷刺激力度，导致糟糕的通胀式去杠杆。因此，我们可以将强制性的市场出清导致的经济收缩看作完美去杠杆的前提。没有市场出清（伴随着企业破产倒闭和债务清理），就难以出现之后的经济复苏和杠杆率下降。那种只想要完美去杠杆而不想要市场出清过程的提法是一厢情愿的，完全没有理解达里奥去杠杆的实质。此外，还要警惕那些一味强调宽松环境去杠杆的观点，鉴于信贷刺激措施实在是太好用了，以至于跟政府的其他选项相比，它们很可能被滥用，从而导致“糟糕的通胀去杠杆”。从这个意义上看，中国的去杠杆需要总体上偏紧一点的货币环境。

参考文献

格雷伯，《债：第一个5000年》，北京：中信出版社，2012年版。

辜朝明，《大衰退：如何在金融风暴中幸存和发展》，上海：东方出版社，2008年版。

特纳，《债务和魔鬼：货币、信贷和全球金融体系重建》，北京：中信出版社，2016年版。

皮凯蒂，《21世纪资本论》，北京：中信出版社，2014年版。

张晓晶、常欣、刘磊，《结构性去杠杆：进程、逻辑与前景》，《经济学动态》，2018年第5期。

Bernanke, B. S., 1983, "Nonmonetary Effects of the Financial Crisis in Propagation of the Great Depression", *American Economic Review*, Vol. 73, pp. 257－276.

Bernanke, B. S. and A. S. Blinder, 1992, "The Federal Funds Rate and the Channels of Monetary Transmission", *American Economic Review*, Vol. 82, pp. 901－921.

Dalio, R., 2012, "An In-depth Look at Deleveragings", Bridgewater Report.

Fisher, I., 1933, "The Debt-deflation Theory of Great Depressions", *Econometrica*, Vol. 1, pp. 337－357.

Friedman, M. and A. J. Schwartz, 1963, *A Monetary History of the United States*, 1867－1960, Princeton University Press.

Gertler, M., 1988, "Financial Structure and Aggregate Economic Activity: An Overview", *Journal of Money, Credit and Banking*, Vol. 20, pp. 559－588.

Gurley, J. G. and E. S. Shaw, 1955, "Financial Aspects of Economic Development", *Ameri-*

can Economic Review, Vol. 45, pp. 515 – 538.

Jordà, Ò, M. Schularick and A. M. Taylor, 2016, "The Great Mortgaging: Housing Finance, Crises and Business Cycles", *Economic Policy*, Vol. 31, pp. 107 – 152.

Jordà, Ò, M. Schularick and A. M. Taylor, 2017, "Macrofinancial History and the New Business Cycle Facts", *NBER Macroeconomics Annual*, Vol. 31, pp. 213 – 263.

Krueger, D. and F. Perri, 2006, "Does Income Inequality Lead to Consumption Inequality? Evidence and Theory", *The Review of Economic Studies*, Vol. 73, pp. 163 – 193.

Mishikin, F. S. , 1978, "The Household Balance Sheet and the Great Depression", *Journal of Economic History*, Vol. 38, pp. 918 – 937.

Reinhart, C. M. , V. R. Reinhart and K. S. Rogoff, 2012, "Public Debt Overhangs: Advanced – Economy Episodes Since 1800", *Journal of Economic Perspectives*, Vol. 26, pp. 69 – 86.

Tobin, J. , 1989, "Review of Stabilizing an Unstable Economy by Hyman P. Minsky", *Journal of Economic Literature*, Vol. 27, pp. 105 – 108.

图书在版编目（CIP）数据

比较 . 第 100 辑 / 吴敬琏主编 . -- 北京 : 中信出版社，2019.2
ISBN 978-7-5217-0050-3

I. ①比… II. ①吴… III. ①比较经济学 IV. ① F064.2

中国版本图书馆 CIP 数据核字（2019）第 025298 号

比较 · 第 100 辑

主　　编：吴敬琏
策 划 者：《比较》编辑室
出 版 者：中信出版股份有限公司
经 销 者：中信出版股份有限公司 + 财新传媒有限公司
承 印 者：北京华联印刷有限公司
开　　本：787mm × 1092mm 1/16　　印　　张：19　　字　　数：300 千字
版　　次：2019 年 2 月第 1 版　　印　　次：2019 年 2 月第 1 次印刷
书　　号：ISBN 978-7-5217-0050-3
定　　价：38.00 元

http://www. caixin. com

E–mail: service@caixin.com